2023年度安徽省质量工程立项教材建设项目
21世纪高等学校工程管理系列教材

工程项目管理

第 2 版

主　编　陈云钢
副主编　张　玮　宗志芳　刘百国　练兰英
参　编　周天旭　常生福　李凌洋
主　审　穆静波

机械工业出版社

本书在现有工程项目管理研究成果与实践应用的基础上，全面系统地介绍了工程项目管理的基本原理，反映了工程项目管理的基本规律，体现了当前先进成熟的工程项目管理方法。本书在保证知识体系完整的基础上，参考建造师执业资格考试的要求设置相关内容。本书共 12 章，主要内容包括工程项目管理概述、建设工程项目的组织、工程项目策划、工程项目进度管理、工程项目质量管理、工程项目成本管理、工程项目招标投标管理、工程项目安全管理与环境管理、工程项目合同管理、工程项目资源管理、工程项目风险管理、工程项目管理数字化。

　　本书可作为普通高等院校工程管理、工程造价、土木工程及其相关专业的本科生教材，也可作为相关工程技术及管理人员的参考书。

图书在版编目（CIP）数据

工程项目管理/陈云钢主编 . —2 版 . —北京：机械工业出版社，2024.4
（2025.8 重印）
　21 世纪高等学校工程管理系列教材
　ISBN 978-7-111-74642-3

　Ⅰ.①工…　Ⅱ.①陈…　Ⅲ.①工程项目管理—高等学校—教材　Ⅳ.
①F284

中国国家版本馆 CIP 数据核字（2024）第 013775 号

机械工业出版社（北京市百万庄大街 22 号　邮政编码 100037）
策划编辑：林　辉　　　　　责任编辑：林　辉　刘春晖
责任校对：李可意　张　薇　　封面设计：张　静
责任印制：常天培
北京联兴盛业印刷股份有限公司印刷
2025 年 8 月第 2 版第 3 次印刷
184mm×260mm · 18.5 印张 · 456 千字
标准书号：ISBN 978-7-111-74642-3
定价：59.00 元

电话服务　　　　　　　　　　网络服务
客服电话：010-88361066　　　机 工 官 网：www.cmpbook.com
　　　　　010-88379833　　　机 工 官 博：weibo.com/cmp1952
　　　　　010-68326294　　　金　书　网：www.golden-book.com
封底无防伪标均为盗版　　　机工教育服务网：www.cmpedu.com

前　　言

工程管理专业人才在我国的工程建设中发挥着重要的作用。"工程项目管理"课程作为工程管理专业的一门必修专业基础课,在帮助学生掌握工程项目管理的基本原理、方法和规律,培养学生独立思考的能力方面起着重要作用。

本书根据《全国高等学校工程管理专业本科教育培养目标和培养方案及主干课程教学基本要求》《高等学校工程管理本科指导性专业规范》,以及"工程项目管理"课程教学大纲,结合高等学校工程管理专业本科教育教学与人才培养的发展,在现有工程项目管理研究成果和实践实用的基础上,全面系统地介绍了工程项目管理的基本原理,反映了工程项目管理的基本规律,体现了当前先进成熟的工程项目管理方法,并融入了建造师执业资格考试要求的知识点。

为深入推进党的二十大精神进教材,本书在 2019 年安徽工业大学"工程项目管理"一流教材建设(修订)工作的基础上,注重提炼与挖掘课程思政元素,以适应新时代国家对于教材立德树人的总体要求。

本书共 12 章,主要内容包括工程项目管理概述、建设工程项目的组织、工程项目策划、工程项目进度管理、工程项目质量管理、工程项目成本管理、工程项目招标投标管理、工程项目安全管理与环境管理、工程项目合同管理、工程项目资源管理、工程项目风险管理、工程项目管理数字化等。

为拓宽学生视野和知识面,巩固所学知识,本书各章末均设有阅读材料、思考题和习题。本书配有教学大纲、教学 PPT 课件、习题答案和知识点授课视频等资源,需要者请登录机械工业出版社教育服务网(www.cmpedu.com)注册后下载。

本书可作为普通高等院校工程管理、工程造价、土木工程专业及其相关专业的本科生教材,也可作为相关工程技术及管理人员的参考书。

本书由安徽工业大学陈云钢主编,北京建筑大学穆静波教授主审,编写分工如下:宗志芳编写第 1、3 章;练兰英编写第 2、9、11 章;张玮编写第 4、10、12 章;刘百国编写第 5、7 章;周天旭编写第 6 章;陈云钢、常生福、李凌洋共同编写第 8 章。

在编写本书过程中,编者参考了许多专家、学者的著作及相关资料,在此谨向其作者表示衷心的感谢!由于编者水平有限,时间仓促,书中不妥之处在所难免,希望广大读者批评指正。

编　者

目 录

前言

第 1 章　工程项目管理概述 ·········· 1
学习目标 ·········· 1
1.1　工程项目 ·········· 1
1.2　项目管理和工程项目管理 ·········· 4
1.3　工程项目生命周期 ·········· 12
1.4　工程项目管理的发展及其趋势 ·········· 14
阅读材料——中国海洋石油集团有限公司的项目管理 ·········· 18
思考题 ·········· 19
习题 ·········· 19

第 2 章　建设工程项目的组织 ·········· 20
学习目标 ·········· 20
2.1　系统与组织 ·········· 20
2.2　项目结构分析在项目管理中的应用 ·········· 22
2.3　组织结构在项目管理中的应用 ·········· 26
2.4　工作任务分工在项目管理中的应用 ·········· 31
2.5　管理职能分工在项目管理中的应用 ·········· 36
2.6　工作流程组织在项目管理中的应用 ·········· 40
2.7　合同结构在项目管理中的应用 ·········· 42
2.8　施工项目经理部和项目经理 ·········· 42
阅读材料——某软件园项目的组织结构 ·········· 47
思考题 ·········· 50
习题 ·········· 51

第 3 章　工程项目策划 ·········· 55
学习目标 ·········· 55
3.1　工程项目策划概述 ·········· 55
3.2　工程项目策划的分类及主要任务 ·········· 58
3.3　工程项目前期策划 ·········· 60
3.4　工程项目实施策划 ·········· 73

阅读材料——某楼盘营销策划的启示 ··· 79
　　思考题 ·· 80
　　习题 ·· 80

第 4 章　工程项目进度管理 ·· 81
　　学习目标 ·· 81
　　4.1　工程项目进度管理概述 ·· 81
　　4.2　工程项目进度计划 ·· 82
　　4.3　网络计划技术 ·· 86
　　4.4　网络计划优化 ·· 102
　　4.5　工程项目进度控制 ·· 108
　　阅读材料——巴西世界杯一半球场建设逾期的进度控制 ······················ 119
　　思考题 ·· 120
　　习题 ·· 120

第 5 章　工程项目质量管理 ·· 124
　　学习目标 ·· 124
　　5.1　工程项目质量管理概述 ·· 124
　　5.2　工程项目质量控制 ·· 127
　　阅读材料 1——佛山苑小区质量创优的启示 ·· 141
　　阅读材料 2——工程项目参与主体的质量责任和义务 ·························· 145
　　思考题 ·· 147
　　习题 ·· 147

第 6 章　工程项目成本管理 ·· 150
　　学习目标 ·· 150
　　6.1　工程项目成本概述 ·· 150
　　6.2　工程项目成本计划 ·· 152
　　6.3　工程项目成本控制 ·· 155
　　6.4　工程项目成本核算、分析与考核 ·· 159
　　阅读材料——提高施工企业全员经济意识措施 ······································ 164
　　思考题 ·· 166
　　习题 ·· 166

第 7 章　工程项目招标投标管理 ·· 167
　　学习目标 ·· 167
　　7.1　概述 ·· 167
　　7.2　工程招标 ·· 169
　　7.3　工程投标 ·· 177

阅读材料——某招标投标案例及评析 181
　　思考题 182
　　习题 182

第8章　工程项目安全管理与环境管理 186
　　学习目标 186
　　8.1　项目安全管理 186
　　8.2　工程项目安全生产控制 188
　　8.3　工程项目现场文明施工和绿色施工 193
　　阅读材料1——某国际广场绿色施工示范项目 196
　　阅读材料2——港珠澳大桥建设"圆钢桶围岛"减少对环境的破坏 198
　　思考题 199
　　习题 199

第9章　工程项目合同管理 201
　　学习目标 201
　　9.1　概述 201
　　9.2　建设工程合同的类型与内容 202
　　9.3　合同的谈判与签订 206
　　9.4　合同的实施管理 209
　　9.5　合同的索赔管理 214
　　阅读材料1——《建设工程施工合同（示范文本）》节选 222
　　阅读材料2——不良行为记录认定标准 224
　　思考题 227
　　习题 227

第10章　工程项目资源管理 230
　　学习目标 230
　　10.1　工程项目资源管理概述 230
　　10.2　工程项目人力资源管理 232
　　10.3　工程项目材料管理 236
　　10.4　工程项目机械设备管理 238
　　10.5　工程项目技术管理 241
　　10.6　工程项目资金管理 242
　　阅读材料——某工程项目工程材料管理 244
　　思考题 246
　　习题 246

第 11 章　工程项目风险管理 · 247

学习目标 · 247
11.1　风险的含义 · 247
11.2　风险管理 · 250
11.3　风险识别 · 251
11.4　风险评估 · 256
11.5　风险应对 · 261
11.6　风险的监控 · 264
阅读材料——某俱乐部风险管理的启示 · 265
思考题 · 268
习题 · 268

第 12 章　工程项目管理数字化 · 270

学习目标 · 270
12.1　工程项目管理数字化概述 · 270
12.2　工程项目管理数字化技术 · 274
12.3　工程项目管理数字化系统 · 276
阅读材料——"数字建造"跑出智慧机场建设"加速度" · 280
思考题 · 284
习题 · 284

参考文献 · 286

第 1 章

工程项目管理概述

学习目标

熟悉工程项目和工程项目管理的概念和特征,掌握工程建设的基本程序和建设工程的生命周期以及生命周期各个阶段的工作内容,了解工程项目管理的现状及发展趋势。

1.1 工程项目

1.1.1 工程项目的概念

人类有组织的社会活动可分为两种:一种是连续不断、周而复始的活动,被称为运作,如企业的日常生产活动;另一种是临时性、独特性的活动,被称为项目,如企业的研发活动。国际上,一般把项目定义为"创造独特的产品、服务或成果而进行的临时性工作"。项目可以创造一个产品,该产品可能是其他产品的组成部分、某个产品的升级,也可能本身就是最终产品;项目可以创造一种服务或提供某种服务的能力;项目还可以创造一种成果,如某个研究项目的结果或文件等。

工程项目是指为了形成特定的生产能力或使用效能而进行投资和建设,并形成固定资产的各类项目,包括建筑安装工程和设备购置。

1.1.2 工程项目的分类

依据不同的标准,工程项目有不同的分类方式。按投资来源,分为政府投资项目、企业投资项目、利用外资项目及其他投资项目;按建设性质,分为新建项目、改建项目和扩建项目;按项目用途,分为生产性项目和非生产性项目;按产业领域,分为工业项目、交通运输项目、农林水利项目和社会事业项目等;按项目经济特征,分为竞争项目、公共项目和其他项目。不同类别的工程项目,在管理上既有共性要求,又存在一些差别。

国际上对项目的分类主要以项目的产出物性质、服务对象、主要效益特点、资金来源、对社会的贡献等几个方面为依据。

1. 生产类项目(Productive Sector Projects)

该类项目包括工业和农业类。这类项目的主要特点有:项目直接为社会生产物质产品;在为社会提供产品的同时,为社会提供财政税收和直接积累;此类项目可以完全市场化运作;项目财务效益明显;投资资金来源可以完全由资本市场筹集,一般无须动用政府预算或财政资金，主要依靠资本市场融资。但是，农业项目则比较特殊，产品对社会十分重要，但往往财务效益较差，加之农业的从业人员多，社会影响大，所以许多国家都对本国农业采取特殊的资助政策。

2. 基础设施类项目（Infrastructure Sector Projects）

该类项目包括交通、通信、邮电、供排水设施等项目。这类项目的特点：项目为生产类行业和人民生活提供服务，一般没有直接的物质产品产出；项目垄断性较强，只能在特定条件下参照市场模式运作；项目财务效益不明显，但社会效益显著；项目的资金来源主要是政府预算和政策允许的其他资金。

3. 社会发展和人力资源开发类项目（Social Development and Human Resources Development Sector Projects）

该类项目包括社会公共设施、环境保护、文化体育、教育培训、医疗卫生、社会福利等行业项目。这类项目的主要特点是：项目直接为改善和提高人民生活质量的公共事业服务；一般无财务效益，属于非营利性行业，不能提供财政税收和社会积累；此类项目的运营在政府直接监管下运作，不能完全市场化；项目的产出主要是社会效益；项目资金来源一般全部来自预算资金和公共资金。此类项目是政府关注、投入和监管的重中之重。

本书中所指的工程项目即建设工程项目。《辞海》（1999）对建设工程项目的定义为："在一定条件约束下，以形成固定资产为目标的一次性事业。一个建设项目必须在一个总体设计或初步设计范围内，由一个或若干个互有内在联系的单项工程所组成，经济上实行统一核算，行政上实行统一管理。"一般而言，建设工程项目是指为了特定目标而进行的投资建设活动，以下简称工程项目。

1.1.3 工程项目的特征

工程项目除了具有一般项目的特征之外，还具有以下自身的特征：

（1）项目的唯一性　尽管某些工程项目提供的产品或服务具有高度的相似性，但由于每个工程项目都具有特定的建设时间、地点和条件，其实施都会涉及某些以前没有做过的事情。所以，它总是唯一的。例如，尽管建造了成千上万座住宅楼，但每一座楼都是唯一的。

（2）项目的一次性　每个工程项目都有确定的起点和终点，所有工程项目的实施都将达到终点，而不是持续不断地工作。从这个意义来讲，项目都是一次性的。当一个工程项目的目标已经实现，或已经明确知道该项目的目标不再需要或不可能实现时，该工程项目就达到了其终点。一次性不意味着时间短，实际上，很多工程项目要经历若干年。

（3）项目目标的明确性　工程项目具有明确的目标，即提供特定的产品，用于某种特定的目的。例如，修建一所希望小学，用于改善当地的教育条件。

（4）项目相关条件的约束性　工程项目都是在一定的约束条件下实施，如项目的工期、项目的资金投入、项目产品或服务质量、人财物等资源条件、投资建设法律法规、公众习惯等。这些约束条件既是工程项目的实施依据，也是工程项目是否成功的衡量标准。

工程项目与一般项目相比，更具复杂性。工程项目的复杂性主要体现在以下三个方面：

（1）工程项目交易及生产过程的复杂性　工程项目交易不同于一般商品的交易，具有先交易、后生产的典型特征。由于工程项目各参与方信息沟通中存在"信息孤岛"等问题，相关因素的不确定及风险、业主期望的不明确性、工程设计的局限性、工程技术的复杂程度不断增大造成的施工过程的难度等原因，导致工程项目交易及生产过程的复杂性。

（2）工程项目组织的复杂性　由于工程项目的目标多、涉及面广、群体作业，因而参与项目工作的组织和人员也多。直接参与管理者除了项目建设单位的人员外，还有咨询单位的咨询工程师、设计单位的设计人员、勘察单位的勘察人员、设备制造企业的相关人员、施工承包单位和分包单位人员、工程监理机构的人员等，而且各方可能来自不同的国家和地区，存在一定的文化差异。此外，还涉及政府、保险、银行等机构，以及项目所在地的社会组织和相关群体等。这些都是项目的相关利益方，对项目的成效关系重大，也增加了项目管理的难度和复杂度。

（3）工程项目环境的复杂性　工程项目建设的周期长，期间国际国内的政治局势、政治、经济、法律、文化方面可能发生变化。另外，工程项目团队的上级组织和合作伙伴的上级组织也可能发生变化，项目的建设条件和自然条件也可能发生变化，如地震灾害等。所有这些环境的变化，都会增加项目管理的复杂性。

1.1.4　工程项目的类型

工程项目可以按照多种方式进行分类，如图1-1所示。例如，按建设性质划分，可以分为新建工程、扩建工程、迁建工程、改建工程和恢复工程；按工程的自然属性划分，可以分为建筑工程、土木工程和机电工程三类，见GB/T 50841—2013《建设工程分类标准》；按项目的建设规模划分，可以分为大型工程、中型工程和小型工程；按项目的投资效益划分，可以分为竞争性工程、基础性工程和公益工程等。

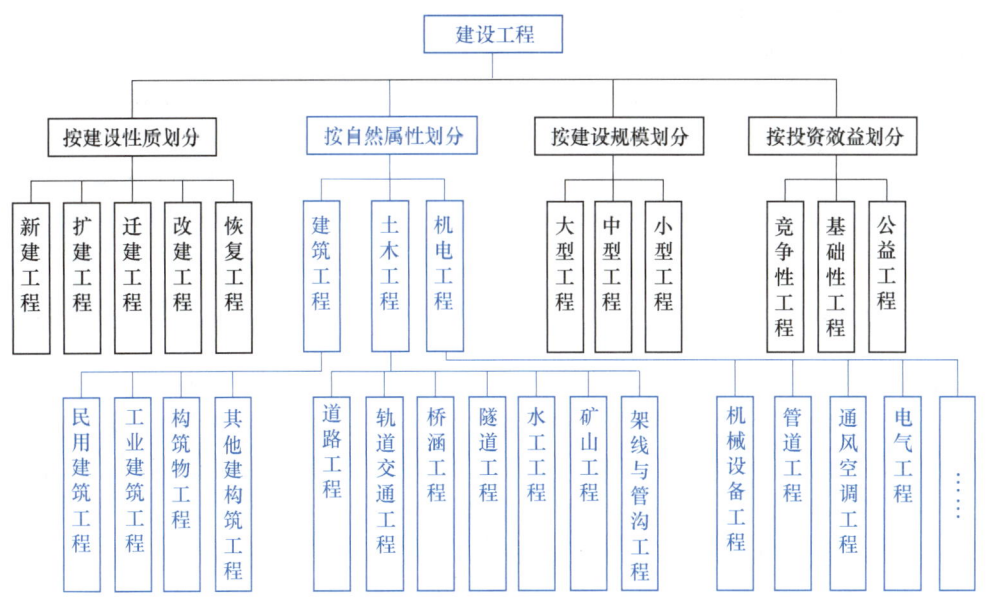

图1-1　建设工程项目的类型

工程项目的内部，是由一系列单项工程、单位工程、分部工程和分项工程等子系统构成的。分项工程是建设工程中最小的构成单位，若干个分项工程合在一起就形成一个分部工程，若干个分部工程合在一起就形成一个单位工程，若干个单位工程合在一起就形成一个单项工程，一个或者若干个单项工程合在一起构成一个建设工程项目。

（1）单项工程　单项工程是指一个建设工程项目中，具有独立的设计文件，竣工后能独立发挥生产能力或效益的工程项目。建设项目一般由一个或数个单项工程组成。一般而言，工业建筑中的一座厂房，公共建筑中的一栋教学楼，市政工程中的一个标段的道路工程，都可以视为一个单项工程。

（2）单位工程　单位工程是指具有独立的设计文件，具备独立施工条件并能形成独立使用功能，但竣工后不能独立发挥生产能力或工程效益的工程，它是构成单项工程的组成部分。建筑工程类工程项目中，其包含的土建工程、采暖工程、通风工程、照明工程以及热力设备及安装工程、电气设备及安装工程等都可称为单位工程。

（3）分部工程　分部工程是指不能独立发挥能力或效益，又不具备独立施工条件，但具有结算工程价款条件的工程。分部工程是单位工程的组成部分，通常一个单位工程，可按其工程实体的各部位划分为若干个分部工程。分部工程一般是按照单位工程的结构形式，工程部位、构建性质、使用材料、设备种类等的不同而划分的工程项目。房屋建筑工程的分部工程主要包括地基与基础工程、主体结构工程、装饰装修工程、屋面工程、智能建筑工程、电梯工程等。当分部工程较大时，可将其分为若干子分部工程，如装饰工程可分为地面、门窗和吊顶工程。

（4）分项工程　分项工程是分部工程的组成部分，是施工图预算中最基本的计算单位。它是按照不同的施工方法、不同材料的不同规格等将分部工程进一步细分。土建工程的分项工程，如模板工程、混凝土工程、钢筋工程、砌筑工程等多数以工种划分；安装工程的分项工程一般依据工程的用途、种类以及设备装置的组别、系统特征等确定。通常在施工过程中为方便验收，将分项工程按照其所在部位与楼层划分为不同的检验批。检验批是指按同一生产条件或按规定的方式汇总起来供检验用的，由一定数量样本组成的检验体。例如，某一层楼的钢筋工程，即可化为一个检验批。检验批是工程质量验收的基本单元。

1.2　项目管理和工程项目管理

1.2.1　项目管理

美国项目管理协会（Project Management Institute，PMI）对项目管理的定义是：项目管理是一种将知识、技能、工具和技术投入到项目活动中去的综合应用过程，目的是满足或超越项目所有者对项目的需求和期望。其中，项目所有者对项目的需求和期望由彼此之间既互相竞争又保持动态均衡的因素构成，包括项目的范围、时间、成本和项目品质；对项目持有不同需求和期望的项目所有者；对项目明确的需求（要求）及不明确的要求（期望）。

对以上广义的项目管理概念的理解，应注意以下几个方面的特点：

1）项目管理具有特定的目标。项目管理的目的是满足或超越项目所有者对项目的需求和期望，因此不同项目均有其特定的项目管理目标。

2）项目管理是一个过程。项目的实施是一个过程，而项目管理是伴随项目实施全过程的一个管理过程，在此过程中，需要综合应用项目管理相关的知识、技能、工具和技术，是一个知识管理的过程。

3）项目的目标之间是对立统一的矛盾关系。不同项目所有者对项目有不同的期望和需求，项目所有者对项目的基本和共性的期望和需求可以归纳为项目的质量需求、费用需求和时间需求三个方面。项目的质量、费用和时间三大基本目标之间，存在"彼此之间既互相制约又保持动态平衡"的矛盾统一关系。例如，质量目标的提升会影响费用目标和时间目标的控制，而脱离质量目标，费用目标和时间目标则毫无意义。

1.2.2 工程项目管理

工程项目管理是运用科学的理念、程序和方法，采用先进的管理技术和现代化管理手段，对工程项目投资建设进行策划、组织、协调和控制的系列活动。

工程项目管理的任务是通过选择合理的管理方式，构建科学的管理体系，进行规范有序的管理，力求项目决策和实施各阶段、各环节的工作协调、顺畅和高效，以达到工程项目的投资建设目标，实现投资建设投资省、质量优、效果好。

英国皇家特许建造师学会（Chartered Institute of Building，CIOB）对工程项目管理的定义是：贯穿于项目开始至完成的一系列计划、协调和控制工作，其目的是在功能与财务方面都能满足客户的需求；客户对项目的需求表现为项目能够在确定的费用和要求的质量标准前提下及时、安全地完成。

根据上述工程项目管理的定义，可以将工程项目管理归纳为从项目开始至项目完成，通过项目计划和项目控制，以使项目费用目标、时间目标和质量目标尽可能好地实现的过程。

1.2.3 项目管理知识体系

项目管理知识体系（Project Management Body of Knowledge，PMBOK）现在已经成为一个有固定含义的专有名词，它专指由一些项目管理专业组织如美国项目管理协会（PMI）、国际项目管理协会（IPMA）和英国项目管理学会（APM）等所制定的项目管理标准化文件。这些项目管理标准化文件主要规定项目管理的工作内容和工作流程，具体包括项目管理中所要开展的各种管理活动，所要使用的各种理论、方法和工具，以及所涉及的各种角色的职责和它们之间的相互关系等一系列项目管理理论与知识的总称。

1987年8月，美国项目管理协会（PMI）正式发布了《项目管理知识体系》（*The Project Management Body of Knowledge*），这是世界上第一个项目管理知识体系。PMI项目管理知识体系对项目管理学科的最大贡献是它首次提出了项目管理知识体系的概念。项目管理知识体系的重要意义在于它确立了项目管理学科和专业的基础，它规范、统一了项目管理学科和专业的内容和范围，为项目管理的理论研究和实践活动提供了必要的平台。到目前为止，国际上已有美国、英国、德国、法国、瑞士、澳大利亚等国的十几个版本的项目管理知识体系。中国项目管理研究委员会于2001年5月推出了《中国项目管理知识体系》（C-PM-BOK）。

项目管理知识体系既是项目管理理论研究的基础，又具有很好的实用性，因而兼有理论和实践意义。项目管理知识体系还是项目管理专业组织对项目管理专业人员进行专业认证的依据。

1. PMBOK

1996年，美国项目管理协会标准委员会正式颁布了《项目管理知识体系指南》（*The*

Guide to the Project Management Body of Knowledge，PMBOK）。PMBOK 已经成为美国项目管理的国家标准之一。PMBOK 的主要目的是系统地定义和描述项目管理知识体系中那些已被普遍接受的知识体系，另一个目的是希望提供一个项目管理专业通用的词典，以便于对项目管理进行讨论，并为那些对项目管理专业感兴趣的人员提供一个基本参考书。在 PMBOK 中，将项目管理划分为 9 个知识领域具体内容，如图 1-2 所示。其中"范围、时间、质量和成本"是项目管理的四个核心领域。

1. 项目整合管理	2. 项目范围管理	3. 项目时间管理
制定项目章程	收集需求	定义活动
制订项目管理计划	定义范围	排列活动排序
指导与管理项目执行	创建工作分解结构	估算活动资源
监控项目工作	核实项目范围	估算活动持续时间
实施整体变更控制	控制范围	制订进度计划
结束项目或阶段		控制进度
4. 项目成本管理	5. 项目质量管理	6. 项目人力资源管理
估算成本	规划质量	制订人力资源计划
制订预算	实施质量保证	组建项目团队
控制成本	实施质量控制	建设项目团队
		管理项目团队
7. 项目沟通管理	8. 项目风险管理	9. 项目采购管理
识别干系人	规划风险管理	规划采购
规划沟通	识别风险	实施采购
发布信息	实施定性风险分析	管理采购
管理干系人期望	实施定量风险分析	结束采购
报告绩效	规划风险应付	
	监控风险	

图 1-2　项目管理知识领域

2. PRINCE

PRINCE（Projects in Controlled Environments，受控环境下的项目管理）是一项着眼于组织、管理与控制的机构化项目管理方法，是一套科学完整的项目管理知识体系，该方法最初由英国中央计算机与电信局（Central Computer and Telecommunications Agency，CCTA）于 1989 年建立。为适应对所有的项目而不单纯是信息系统项目进行管理的需求，CCTA（现为英国商务办公室）基于众多项目成功的经验和失败的教训进一步开发了 PRINCE2，并于 1996 年发布。PRINCE2 是基于过程（Process-based）的结构化的项目管理方法，适合于所有类型项目（不管项目的大小和领域，不再局限于 IT 项目）的易于剪裁和灵活使用的管理方法。

PRINCE2 中涉及 8 类管理要素（Component）、8 个管理过程（Process）及 4 种管理技术（Technology）。管理要素包括组织（Organization）、计划（Plans）、控制（Controls）、项目阶段（Stages）、风险管理（Management of Risk）、在项目环境中的质量（Quality in a Project Environment）、配置管理（Configuration Management）以及变化控制（Change Control）等。8 类管理要素是 PRINCE2 管理的主要内容，其贯穿于 8 个管理过程中。PRINCE2 提供

从项目开始到项目结束覆盖整个项目生命周期的基本过程（Process-based）的结构化的项目管理方法，共包括 8 个过程，每个过程描述了项目为何重要（Why）、项目的预期目标何在（What）、项目活动由谁负责（Who）以及这些活动何时被执行（When）。它们是：指导项目 Directing a Project（DP）、开始项目 Starting up a Project（SP）、启动项目 Initiating a Project（IP）、管理项目阶段边线 Managing Stage Boundaries（MSB）、控制一个阶段 Controlling a Stage（CS）、管理产品交付 Managing Product Delivery（MPD）、结束项目 Closing a Project（CP）和计划 Planning（PL）。其中，DP 和 PL 这两个过程贯穿于项目始终，支持其他六个过程。项目管理过程中常用到的一些技术主要有基于产品的计划（Product-based Planning）、变化控制方法（Change Control Approach）、质量评审技术（Quality Review Technique）以及项目文档化技术（Project Filing Techniques），有效使用这些技术为项目管理的成功提供了有力的保障。

3. ICB

ICB（International Competence Baseline，国际项目管理资质标准）是国际项目管理协会（IPMA）建立的知识体系。IPMA 于 1987 年 7 月 14 日在卢布尔雅那 Ljubljana 会议上，确认了全球通用体系（ICB）的概念，2006 年发布了 ICB 的最新版本 ICB3.0。ICB3.0 要求国际项目管理人员必须具备的专业资质包括 7 大类、60 细项，见表 1-1。

表 1-1　ICB3.0 能力要素一览表

基本项目管理	①项目和项目管理；②项目管理实施；③项目化管理；④方法整合；⑤项目规范；⑥项目阶段和生命周期；⑦项目发展和评估；⑧项目目标和战略；⑨项目成功和失败标准；项目启动；⑩项目结束
方法和技术	①项目结构；②内容和范围；③时间表；④资源；⑤项目成本和财务；⑥配置和调整；⑦项目风险；⑧绩效度量；⑨项目控制；⑩信息、文件和报告
组织能力	①项目组织；②采购、合同；③标准和规章；④问题处理；⑤谈判会议；⑥永久组织；⑦业务流程；⑧个人发展；⑨组织学习
社会能力	①团队合作；②领导力；③沟通；④冲突和危机
一般管理	①项目质量管理；②项目信息系统；③变革管理；④营销和产品管理；⑤系统管理；⑥安全、健康和环境；⑦法律事务；⑧金融和会计
个人态度	①沟通能力；②动机（主动、积极、热情）；③关联能力（开放度）；④价值升值能力；⑤说服能力（解决冲突、论辩文化、公正性）；⑥解决问题能力（全面思考）；⑦忠诚度（团队合作，乐于助人）；⑧领导力
一般印象	①逻辑；②思维的结构性；③无错；④清晰；⑤常识；⑥透明度；⑦简要；⑧中庸；⑨经验视野；⑩技巧

每一细项的评判分为高、中、低三个档次。分类、标准、指导及参照构成了完整的 ICB 评估系统，ICB 作为项目管理资质与能力评估模型，建立在美国项目管理协会（PMI）的方法论及道德伦理基础之上。然而，与 PMI 关注于项目流程、PRINCE2 关注于项目产品不同的是，ICB 关注点是项目管理者的资质和能力。

1.2.4　工程项目管理的利益相关者

1963 年，斯坦福大学研究院首次提出了利益相关者的概念，将其定义为"利益相关者是这样一些团体，没有其支持，组织就不可能生存"。20 世纪 80 年代，美国经济学家米尔顿·弗里曼（Milton Friedman）将利益相关者定义为"任何能够影响或被组织目标所影响的团体或个人"。这个定义正式将社区、政府、环境保护主义者等实体纳入利益相关者管理的研究范畴。20 世纪 90 年代之后，利益相关者理论逐渐完善和发展，主要应用于公司治理、绩效评价、战略管理等方面。

如何在管理过程中协调各方利益以实现项目整体利益的最大化是工程项目管理的最终目标。因此，在工程项目管理中应用利益相关者理论对工程项目利益相关者进行系统分析，对提高项目利益相关者的满意程度，实现项目整体效益的最大化，保证项目顺利实施具有重要意义。

根据利益相关者的定义，工程项目的利益相关者可定义为在工程项目实现的全过程中，能够影响工程项目的实现或受工程项目影响的团体或个人，如图 1-3 所示。

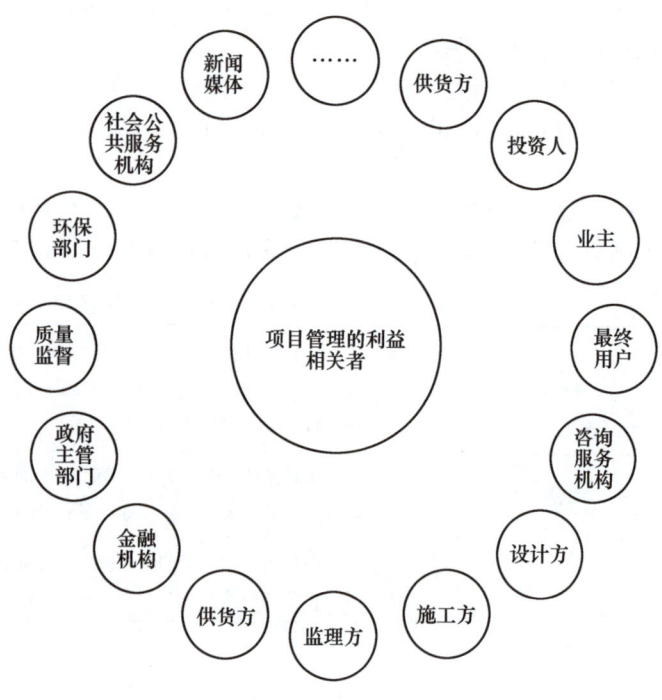

图 1-3　工程项目管理的利益相关者

1. 投资人

投资人是为工程项目提供资金的人，可能是工程项目的发起人，也可能是工程项目发起人的融资对象。投资人的目的是通过投资，使工程项目完成，使产品满足其获得收益的期望。作为发起人，其职责是发起工程项目并提供资金，保证工程项目的正确方向，为工程项目提供与发起人身份相称的支持，对工程项目范围的界定予以审核、批准，批准工程项目的策划、规划、计划、变更报告，监督工程项目的进程、资金的运用和质量，对需要其决策的问题做出反应。

2. 建设单位（业主或项目法人）

建设单位可能是投资人，也可能是受投资人委托，进行工程项目建设组织和管理的单位。根据国家相关规定，国有单位经营性基本建设大中型项目在建设阶段必须组建项目法人，按公司法的规定建立有限责任公司或股份有限公司。建设单位应从投资者的利益出发，根据建设意图和建设条件，对项目投资和建设方案做出决策，并在项目的实施过程中履行建设单位应尽的义务，为项目的实施者创造必要的条件。建设单位的决策水平、管理水平和行为的规范性等，对一个工程项目的建设成功与否，起着关键作用。

3. 工程项目产品使用者（最终用户）

工程项目产品使用者可能是建设单位或投资者，也可能是国家政府机构、社会公众。工程项目产品使用者对工程项目的功能要求起主导作用，也包括费用要求、工期要求和质量要求等。随着社会生产力的发展和生活水平的提高，消费观念和要求也会发生新的变化，这对工程项目的策划、决策、设计、施工乃至保修，都提出了越来越高的要求。工程建设必须坚持质量第一、用户至上、综合效益满意的指导思想，把使用者的评价作为评价工程项目管理效果的依据。

4. 咨询服务机构或监理单位

当建设单位不具备工程项目要求的相应资质、管理能力和经验时，或制度要求必须时，可聘请具有相应资质与能力的社会服务性工程咨询服务机构进行管理或咨询，如进行项目策划，编制项目建议书，进行可行性研究，编制可行性研究报告，进行设计和施工过程的监理、造价咨询、招标代理、项目管理等。咨询公司、招标代理公司、造价咨询公司、工程监理公司、工程项目管理公司等，均可为建设单位提供所需要的服务。监理公司进行的工程项目监理，也属于工程项目管理范畴。按照我国有关法规规定，承担工程监理、造价咨询、招标代理等业务的咨询服务机构，应具备相应的资质。

5. 设计单位（设计方）

设计单位将建设单位的意图、建设法律法规规定和建设条件作为输入，经过设计人员在技术和经济方面综合的智力创造，最终输出可指导施工和安装活动的设计文件。设计单位的工作联系着工程项目的决策和施工两个阶段，既是决策方案的体现，又是编制施工方案的依据。设计单位还必须把工作延伸到施工过程，直至竣工验收交付使用的工程项目管理最后阶段，以便处理设计变更和其他技术变更，通过参与验收确认施工中间产品和最终产品与设计文件要求的一致性。因此，设计单位不但责任重大、工作复杂、工作时间长，而且应独立地进行设计方项目管理。按照我国有关法规规定，承担工程设计的单位应具备相应的工程设计资质。

6. 施工承包单位（施工方）

施工承包单位包括施工总承包单位及施工分包单位。施工单位承建工程项目的施工任务，是工程项目产品的生产者，施工单位是建设市场的主要主体之一，一般都要通过竞争取得施工任务，通过签订工程施工合同与建设单位建立协作关系，然后编制施工项目管理规划（施工组织设计），组织投入人力、物力、财力进行工程施工，实现合同和设计文件确定的功能、质量、工期、费用、资源消耗等目标，产出工程项目产品，通过竣工验收交付给建设单位，继而在保修期限内进行保修，完成全部工程项目的生产和管理任务。施工单位的主要任务是提供合格的产品，是工程产品生产过程的主要责任单位，为此，施工单位必须进行独立的、贯穿工程施工全过程的项目管理。

施工分包单位一般从总承包单位已经接到的任务中获得任务，双方成交后建立分包分工的合同关系。分包单位在工程质量、工程进度、工程造价、安全等方面对总包单位负责服从总包单位的监督和管理。即使由建设单位直接发包的分包单位，一般也纳入总承包单位管理的范围，在工程质量、工程进度、工程造价、工程安全等方面对总包方负责，服从总承包单位的监督和管理。按照我国有关法规规定，承担工程施工分包的单位应具备相应专业的工程施工承包资质。

7. 生产厂商（供货方）

生产厂商包括建筑材料、构配件、设备、其他工程用品的生产厂家和供应商。生产厂商为工程项目提供生产要素，是工程项目的重要利益相关者。生产厂商的交易行为、产品质量、价格、供货期和服务体系，关系到项目的投资、进度和质量目标的实现。工程建设过程中，必须注意生产厂商的这些影响，在进行目标制订、设计、施工、监督中认真为选择生产厂商，充分利用市场优化配置资源的基础作用，搞好供应，加强资源计划、采购、供应、使用、核算等各方面的管理，为工程项目取得良好技术经济效果打下基础。

8. 政府主管部门

政府主管部门是指代表社会公权力进行建设工程管理的发展改革、建设行政、国土、规划、交通、消防、卫生等政府相关部门。政府主管部门在工程建设过程中具有以下作用：

1）贯彻工程项目管理的法律、法规，制定发布有关部门规章、标准、规范、规定、办法，保护社会公众利益，满足工程项目管理上层建筑方面的需要。

2）按照《中华人民共和国建筑法》中关于建筑许可方面的规定，负责发放施工许可证、对项目管理组织资质的认定与审批、对技术与管理人员执业资格的认定与审批。

3）执行宏观调控，通过调控建设市场，引导建设工程各参与主体的行为。

4）对企业在市场与项目管理中的行为进行行政监督、执法监督、程序监督、价格监督等。

5）在国家或区域总体上对工程项目进行计划平衡管理，审批有关重点项目的规划、项目建议书、可行性研究报告、立项、概算、设计，组织对工程项目进行国家验收等。

9. 质量监督机构和质量检测机构

质量监督机构代表政府对工程项目的质量进行监督，对设计、材料、施工、竣工验收进行质量监督，对有关组织的资质与工程项目需要的匹配进行检查与监督，以充分保证工程项目的质量。

我国实行质量检测制度，由国家技术监督部门认证批准建立工程质量检测中心。它分为国家级、省（自治区、直辖市）级和地区级三级，按其资质依法接受委托承担有关工程质量的检测试验工作，出具检测试验报告，工程质量的认证和评价、质量事故的分析和处理、质量争端的调解与仲裁等提供科学的检测数据和权威性的证据。

10. 社会公共事业服务机构

工程项目所在地区有许多系统的接口与配套设施，既为工程项目提供条件，同时也对其提出要求，包括供电、供气、给水、排水、消防、安全、通信、环卫、环保、道路、交通、运输、治安、街道居民、商店、其他建筑设施及其使用者等。与社会公共事业服务机构建立密切的沟通与协调、相互支持和理解是非常必要的。在工程建设过程中，不可忽视其中的任何一个方面。

11. 社会公众与新闻媒体

工程建设对工程所在地的环境造成不可逆的影响，社会公众对工程的关注度越来越高，特别是对工程建设过程中的安全、环保和社会效益方面，社会公众正成为重要的利益相关方。随着传播速度的加快与传播手段的多样化，新闻媒体在社会各项事物中扮演的角色越来越重要，在建设工程领域也是如此。新闻媒体代表社会公众利益，对建设工程各方主体的建设行为实施媒体监督。工程建设过程中应充分重视新闻媒体与社会公众监督的重要性，将其监督行为视为激励力量及约束力量，各项管理工作均应在法律法规的框架下开展，特别是在安全、环保、投资效益等方面，除满足法律法规外，还应重视管理者的社会责任。

工程项目管理的利益相关者分析对工程项目管理有巨大的帮助。工程项目管理的成功，一定是多个团队共同协作的结果。工程项目管理的利益相关者对工程项目管理绩效或多或少存在潜在的影响，因此工程项目管理过程中一定要协调好各方利益相关者的利益诉求。

从博弈论的角度看，如果将工程项目管理视为一个多方参与的多轮动态博弈过程，而工程项目管理的利益相关者则是博弈的参与方。业主方或代表业主利益的项目管理方往往是博弈的主导方与先行方，具有先发优势和制订博弈游戏规则的优势，但必须注意平衡好博弈各方的激励约束和参与约束，最终形成"多赢"的博弈格局，而不能将博弈过程视为"零和博弈"。

1.2.5 工程项目管理的类型

直接或间接参与到工程项目中的单位或个人共同构成了工程项目的利益相关者。由于不同利益相关者对工程项目的目的、利益、工作性质、要求和期望不同，则形成了不同类型的项目管理。按照工程项目不同参与方的工作性质和组织特征划分，工程项目管理主要包括如下类型：

（1）业主方项目管理（Owner Project Management，OPM） 业主方的项目管理是对工程项目全过程的管理，包括项目构思到竣工验收的整个过程。从实施角度而言，业主方的项目管理主要有组织协调，合同管理，信息管理，进度、投资、质量控制等。

（2）设计方项目管理（Designer Project Management，DPM） 设计方作为工程项目的一个重要参与方，其项目管理主要服务于项目的整体利益和设计方本身的利益。其项目管理主要包括设计的成本目标、设计的进度目标和设计的质量目标，以及项目的投资目标。

（3）施工方项目管理（Constructer Project Management，CPM） 施工方的项目管理是指施工企业为履行工程承包合同和落实企业生产经营方针目标，依靠企业技术和管理的综合实力，对工程施工全过程进行计划、组织、指挥、协调和监督控制的系统管理活动。其项目管理主要包括安全管理目标、成本目标、进度目标和质量目标。

（4）供应方项目管理（Supplier Project Management，SPM） 供应方的项目管理是指供应方为履行供应合同，对合同规定范围内具体供应业务开展的全过程管理工作。供应方作为项目建设的一个参与方，其项目管理主要服务于项目的整体利益和供货方本身的利益。其项目管理的目标包括供应方的成本目标、供货的进度目标和供货的质量目标。

项目投资方、开发方或咨询公司提供的代表业主利益的项目管理服务都属于业主方的项目管理。施工总承包方和分包方的项目管理都属于施工方的项目管理。材料和设备供应方的项目管理都属于供货方的项目管理。其中业主方的项目管理是项目管理的核心。

工程项目管理可以从主体、客体和环境三个方面理解。

1. 工程项目管理的主体

工程项目管理是一种多主体的管理。工程项目业主作为工程项目的责任者，对工程项目进行管理；政府作为公共管理机构和政府投资项目的投资者，必须对工程项目进行管理；咨询单位、施工单位、材料设备供应单位作为工程项目的参与者，应参与工程项目的管理。

工程项目管理按行为主体分为项目内部管理和外部管理两个层次。两者的管理角度和内容各有侧重，互为依托。

工程项目内部管理是指项目业主、工程承包单位和项目管理服务单位对工程项目投资建设活动进行的管理。工程项目内部管理按管理阶段分为：项目前期阶段的策划和决策管理；

建设准备阶段的勘察、设计、采购、融资管理；建设施工阶段的施工、监理、竣工验收管理；投产运营阶段的总结评价管理。按管理层面分为：项目决策层管理、项目执行层管理；按管理要素分为：资源、人力、资金、技术、进度、质量、风险、职业健康、安全、环保等管理；工程项目内部管理主要是通过建立和运行科学的管理体系实现。

工程项目外部管理主要是指各级政府部门按职能分工，对工程项目进行的行政管理。外部管理方式和内容因投资主体不同而不同，主要是从工程项目的外部影响和约束方面进行管理。外部性管理侧重工程项目建设方案和建设实施是否满足宏观规划、产业政策、技术政策、市场准入、土地利用、征地拆迁、移民安置、开工建设等管理要求。政府部门主要通过法律、法规、规章、标准、规范和行政许可对工程项目实施外部管理，具有强制约束作用。

业主是工程项目管理的总策划者、总组织者和总集成者。随着业主方项目管理观念和水平的逐步提高，将对项目管理的参与者提出更高的要求，这些要求也必将促使工程项目管理思想、技术和工具的变化和发展，成为推动工程项目管理创新的动力。

2. 工程项目管理的客体

工程项目投资建设周期内的各项任务和内容是工程项目建设的客体。各参与方涉及项目管理的客体不尽相同，业主方项目管理的客体是项目从提出设想到竣工、交付使用全过程所涉及的全部工作；承包商项目管理的客体是所承包工程项目的范围，其范围与业主要求有关，取决于业主选择的发包方式，并在承包合同中加以明确；设计方项目管理的客体是工程项目设计的范围，旨在实现合同约定目标和国家强制性规范目标，大多数情况下只涉及工程项目的设计阶段，但也可以根据需要将范围项目前后延伸。

3. 工程项目管理的环境

工程项目管理的环境是指对工程建设过程中的管理绩效存在潜在影响的系统外部因素。建设工程项目管理的环境分为内部环境和外部环境。内部环境包括组织文化、结构和流程、人力资源状况、人事管理制度、内部沟通渠道、组织信息化程度等。外部环境范围较广，工程项目管理处于多种因素构成的复杂环境中，工程项目管理团队对于这个扩展的范畴必须有正确的了解和熟悉。特别是国际工程项目，其参与方来自不同的国家和地区，其技术标准、规范规程相当庞杂。国际工程的合同主体是多国的，因此国际工程项目必须按照严格的合同条件和国际惯例进行管理。国际工程项目也常常产生纠纷和矛盾，当争端出现时，处理起来也比较复杂和困难；此外，国际工程由于是跨国的经济活动，工程项目受到所在国家的社会、经济、文化、政治、法律等因素影响明显增多，风险相对增大。所以，国际工程项目管理者不仅要关心工程项目本身的问题，也要非常关注工程项目所处的国际环境变化可能给工程项目带来的影响。

1.3 工程项目生命周期

工程项目是以形成固定资产为目的，受到一定资源约束的一组互相关联的活动组成的特定过程，因此工程项目具有特定的开始和结束时间，具有一定的生命周期。工程项目的生命周期是指从项目投资意向（构思）到整个项目竣工验收交付使用（或保修及后评价工作结束）为止所经历的时间，它由前期论证、投资决策、建设准备、建设实施、竣工验收直至投产运营所经历的全过程，如图1-4所示。鉴于不同行业项目特征不同，且参与单位的管理与控制需求也不一样，工程项目生命周期内各阶段划分的方法、名称和数量可能会进行适当调整。

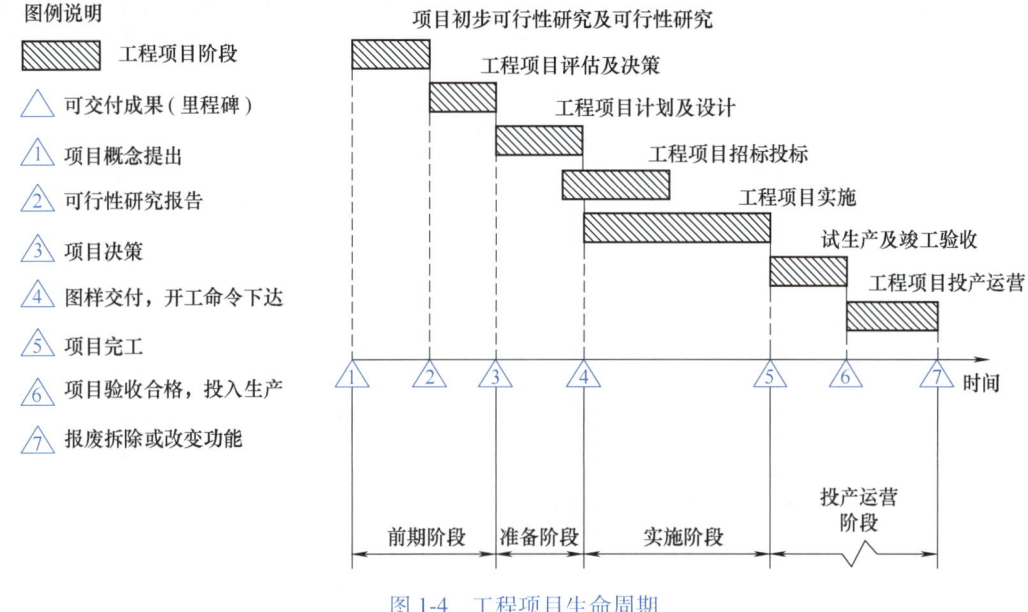

图 1-4　工程项目生命周期

工程项目各阶段的主要工作随工程项目生命周期的全过程次第展开。工程项目生命周期的不同阶段，由于工作内容和要求不同，管理工作的重点也不同。

1. 工程项目前期阶段

该阶段的主要工作包括：投资机会研究、初步可行性研究、可行性研究、项目评估及决策等。该阶段的主要任务是对工程项目投资的必要性、可能性、可行性，以及何时投资、在何地建设、如何实施等重大问题进行科学论证和多方案比较。本阶段虽然投入少，但对项目效益影响大，前期决策的失误往往会导致重大的损失。为保证工程项目决策的科学性，可行性研究和项目评估工作应委托高水平的咨询公司独立进行，但应由不同的咨询公司来完成。该阶段的工作重点是对项目投资建设的必要性和可行性进行分析论证，并做出科学决策。

2. 工程项目准备阶段

该阶段的主要工作包括：工程项目的初步设计、技术设计和施工图设计，工程项目征地及建设条件的准备，货物采购，选定工程招标及承包商、签订承包合同等。本阶段是战略决策的具体化，在很大程度上决定了工程项目实施的成败及能否高效率地达到预期目标。该阶段的工作重点是准备和安排项目所需建设条件。

3. 工程项目实施阶段

该阶段的主要任务是将建设投入要素进行组合，形成工程实物形态，实现投资决策目标。在这一阶段，通过施工、采购等活动，在规定的范围、工期、费用、质量要求内，按设计要求高效率地实现工程项目目标。该阶段的主要工作包括：工程项目施工、联动试车、试生产、竣工验收等。工程项目试生产正常并经业主验收后，工程项目实施阶段即告结束。本阶段在工程项目建设周期中工作量最大，投入的人力、物力和财力最多，工程项目管理的难度也最大。

4. 工程项目投产运营阶段

该阶段的工作不同于上述三个阶段，主要工作由业主单位自行完成或者成立专门的项目公司承担。对于经营性工程项目，如高速公路、垃圾处理厂等，其运营阶段工作较为复杂，包括经营和维护两大任务。对于非经营性工程项目，如住宅地产等，运营阶段主要通过鉴定、修缮、加固、拆除等活动，保证工程项目的功能、性能能够满足正常使用的要求。

运营是通过开展持续的活动生产规定产品或提供服务的一种组织职能。项目是指为创造独特的产品、服务或成果而进行的临时性工作。项目管理与运营管理存在着本质的差别。工程项目运营一般不包括在项目管理的范畴，但在工程项目管理的全过程中应考虑到运营问题。

从工程项目管理的范围来看，在项目运营期间，主要工作有工程的保修、回访、相关后续服务、项目后评价等。项目后评价是指对已经完成项目的目的、执行过程、效益、作用和影响所进行的系统的、客观的分析，一般在项目竣工验收后 2~3 年内进行。通过对项目实施过程、结果及其影响进行调查研究和全面系统回顾，与项目决策时确定的预期目标以及技术、经济、环境、社会等相关指标进行对比，找出差别和变化，分析原因、总结经验、汲取教训、得到启示、提出对策建议，通过信息反馈改善投资管理和决策，达到提高投资效益的目的。根据工程项目复杂程度和实际管理的需要，工程项目阶段划分还可以逐级分解。

1.4 工程项目管理的发展及其趋势

有建设就有项目，有项目就有项目管理，因此项目管理有着悠久的历史。但是历史中的项目管理只是凭借经验和直觉进行管理，并没有上升为理论，没有形成一门系统的专门研究的学科。项目管理成为一门科学和学问是从 20 世纪开始的，之后有了极大的发展。

项目管理基本是第二次世界大战的产物（曼哈顿计划）。项目管理于 20 世纪 50 年代取得突破性进展，在 1950—1980 年间，应用项目管理的主要是国防部门和建筑公司。由于项目管理注重成果、注重合作、提供跨职能部门的解决方案、通过借助外部资源以有效降低成本、管理柔性大，从 20 世纪 80 年代起开始应用到各个领域。

1.4.1 国外工程项目管理的发展

20 世纪 20 年代起，美国开始有人研究工程项目管理，在当时"科学管理"和经济学领域成就的基础上，项目计划管理方法与经济分析方法有了一定的进展。1936 年，美国在洪水控制工程中提出了"效益与投资比"的基本准则。

20 世纪 50 年代，美国"北极星导弹计划"利用计算机原理，开发出"计划评审技术（PERT）"，这一技术的出现被认为是现代项目管理的起点。美国在其他项目中还开发了武器系统投资效益分析方法等技术。

20 世纪 60 年代，美国在"阿波罗计划"中，通过立案、规划、评价、实施、开发出著名的"矩阵管理技术"，美国还成功开发了"国防部规划预算系统（PPBS）"。1962 年，为了解决航天技术落后于苏联的问题，美国召开了"全国现金技术管理会议"，出版了会议文献汇编《科学、技术与管理》。随着项目管理理论与方法的发展和学术研究的需要，欧洲于 1965 年成立了一个国际性组织——IPMA（International Project Management Association），几乎所有欧洲国家都是其成员；美国 1969 年成立了项目管理学术组织——PMI（Project Management Institute）。

20 世纪 70 年代，美国在"能源自主计划"中，将以前积累下来的管理技术进一步完善和系统化，形成了新的评估方法。

20 世纪 80 年代，项目管理实践总结提高的理论性著作开始出版，如《项目管理手册》《系统工程管理指南》（1983 版，1986 第 2 版，1990 第 3 版）。美国项目管理协会从 1976 年开始进行将项目管理的通用惯例上升为"标准"的工作，经过 20 年的努力，于 1997 年正式出版了《项目管理概览》。

20 世纪 90 年代，项目管理科学有很大的发展，学术研究活跃。各种国际会议相继召开。项目管理理论和方法趋向成熟，在许多国家项目管理已成为一门多维度、多层次的综合性交叉学科，项目管理的范畴也发展为全寿命管理。项目管理已广泛应用于工业工程、系统工程、决策分析、计算机技术与软件工程理论等，发展成为一门综合性交叉学科。管理理论与方法不断有新的突破。

1.4.2　我国工程项目管理的发展

20 世纪 60 年代初，钱学森等人致力于推广系统工程理论和方法，十分重视重大科技工程的项目管理。20 世纪 70 年代，引进了全寿命管理概念，派生出全寿命投资管理（LCC）、一体化后勤管理、决策点控制等。20 世纪 80 年代和 90 年代，项目管理取得新进展。

1982 年，工程项目管理理论首先从德国传入我国，之后其他发达国家特别是美国和世界银行的项目管理理论和实践经验随着文化交流和项目建设，陆续传入我国。

以工程项目为对象的招标投标承包制从 1984 年开始推广并迅速普及，使建筑施工企业的环境发生了变化。云南鲁布革引水隧道工程（世界银行贷款项目）于 1982 年实行国际招标（实行设计和施工总承包，日本大成公司中标），1984 年 11 月正式开工，1988 年 7 月竣工。在 4 年多的时间里，创造了著名的"鲁布革工程项目管理经验"。1987 年在推广鲁布革工程经验的活动中，建设部提出了在全国推行的项目法施工理论，并展开广泛实践。20 世纪 90 年代，我国项目管理学术研究取得了很大进步，学术组织——项目管理学术研究委员会于 1991 年 6 月正式成立，于 1992 年、1995 年和 1997 年召开了三次会议并出版了论文集。我国项目管理发展的主要里程碑事件有：

1）1983 年由原国家计划委员会提出推行项目前期项目管理负责制。

2）1988 年开始推行建设工程监理制度。

3）1995 年国家建设部颁布了《建筑施工企业项目经理资质管理办法》。

4）2000 年国家建设部发出《关于建筑业企业项目经理资质管理制度向建造师执业资格制度过渡有关问题的通知》。

5）2002 年 5 月 1 日实施 GB/T 50326—2001《建设工程项目管理规范》，2006 年 6 月、2017 年 5 月分别进行了修订。

1.4.3　现代项目管理的特点

PMI 于 1976 年提出了制定项目管理标准的设想。经过近 10 年的努力，1987 年他们推出了项目管理知识体系指南（Project Management Body of Knowledge，PMBOK）。这是项目管领域的又一个里程碑,因此项目管理专家们把 20 世纪 80 年代以前的项目管理称为传统项目管理阶段,把 80 年代以后的项目管理称为新的项目管理阶段,即现代项目管理阶段。

1. 项目管理理论、方法、手段的科学化

现代项目管理吸收并使用了现代科学技术的最新成果,具体表现在:

1)现代管理理论的应用,如系统论、信息论、控制论、行为科学等在项目管理中的应用。它们奠定了现代项目管理理论体系的基石。

2)现代管理方法的应用,如预测技术、决策技术、数学分析方法、数理统计方法、模糊数学、线性规划、网络技术、排队论等。它们可以用于解决各种复杂的项目问题。

3)管理手段的现代化,最显著的是计算机的应用,以及现代图文处理技术,精密仪器应用,多媒体和互联网的使用等。目前以网络技术为主的项目管理软件已在工期、成本、资源等的计划、优化和控制方面十分完善,可供用户使用。这大大提高了项目管理的效率。

2. 项目管理的社会化和专业化

由于现代社会对项目的要求越来越高,项目的数量越来越多、规模越来越大、越来越复杂,需要职业化的项目管理者,这样才能有高水平的项目管理。项目管理发展到今天已不仅是一门学科,而且成为一个职业。近十几年来,在我国,项目管理普遍得到人们的重视,项目管理教育在许多工程技术和工程管理领域中得到普及。我国已推广建设工程监理制度,在监理工程师、造价工程师、建造师的培训和执业资格考试中都包括工程项目管理的内容。

3. 项目管理的标准化和规范化

项目管理是一项技术非常强、十分复杂的工作,要符合社会化大生产的需要,项目管理必须标准化、规范化。这样项目管理才有通用性,才能专业化、社会化,才能提高管理水平和经济效益。

4. 项目管理的国际化

项目管理的国际化即按照国际惯例进行项目管理。这主要是由于国际合作项目越来越多,例如,国际工程、国际咨询和管理业务、国际投资和国际采购等。现在不仅一些大型项目,连一些中小型项目及其要素都呈国际化趋势,这就需要国际化的管理。项目国际化中项目管理的困难主要体现在不同文化和经济制度背景的人,由于风俗习惯、法律背景等的差异,在项目中协调起来很困难。而国际惯例就能把不同文化背景的人包罗进来,提供一套通用的程序、通行的准则和方法、统一的文件,使得项目中的协调有一个统一的基础。

1.4.4 工程项目管理的发展趋势

为了适应建设工程项目大型化、项目大规模融资及分散项目风险等需求,建设工程项目管理呈现以下发展趋势:

1. 项目管理集成化

在项目组织方面,业主变自行管理模式为委托项目管理模式。由项目管理咨询公司作为业主代表或业主的延伸,根据其自身的资质、人才和经验,以系统和组织运作的手段和方法对项目进行集成化管理,包括项目前期决策阶段的准备工作,协助业主进行项目融资,对技术来源方进行管理,对各种设施、装置的技术进行统一和整合,对参与项目的众多承包商和供货商进行管理等。尤其是合同界面之间的协调管理,要确保各合同方之间的一致性和互动性，力求项目全生命周期内的效益最佳。在项目管理理念方面，不仅注重项目的质量、进度和造价三大目标的系统性，更加强调项目目标的全生命周期管理。为了确保项目的运行质量，必须以全面质量管理的观点把控项目策划、决策、设计和施工全过程的质量。项目进度控制也不仅仅是项目实施（设计、施工）阶段的进度控制，而是包括项目前期策划、决策在内的全过程控制。项目造价的全生命周期管理是将项目建设的一次性投资和项目建成后的日常费用综合起来进行控制，力求项目全生命周期成本最低，而不是追求项目建设的一次性投资最省。

2. 项目管理国际化

随着经济全球化及我国经济的快速发展，在我国的跨国公司和跨国项目越来越多，我国的许多项目已通过国际招标、咨询等方式运作，我国企业走出国门在海外投资和经营的项目也在不断增加。

3. 项目管理信息化

伴随着网络时代和知识经济时代的到来，项目管理的信息化已成为必然趋势。许多项目管理单位已开始大量使用项目管理软件进行项目管理，同时还从事项目管理软件的开发研究工作。借助于有效的信息技术，将规划管理中的战略协调、运作管理中的变更管理、商业环境中的客户关系管理等与项目管理的核心内容（造价，成本、质量，安全、进度，工期控制）相结合，建立基于Internet的工程项目管理信息系统，已成为提高建设工程项目管理水平的有效手段。

4. 质量管理/性能化设计

质量管理是工程项目管理中一个永恒的主题。建筑产品的性能化设计对质量控制提出了新的挑战。同时质量管理的概念也从确保可交付实体产品的质量范畴延伸到建筑产品的全面性能/功能（Total Performance）和工程项目全过程管理的质量保证，如可行性研究的质量、设计的质量，以及通过资格预审等确保采购的质量、运营和维护管理的质量（如为产品增值）。随着社会的进一步发展和对工程建设管理过程要求的进一步提高，目前发达国家的建设规范正在逐渐向性能化转变。在交付性能化产品的要求下如何实施工程项目管理，即如何提供一个性能化的工程项目管理服务，就成为一个极其重要的战略问题。它涉及对工程项目管理目标的再认识、对整个建设过程的重组、各专业和各个阶段工作的协调等众多具体问题，这一趋势必须引起我们的重视。

5. 成本管理/价值工程

目前的成本管理主要是关于成本估计、成本控制和成本变化风险等，其中的全面成本管理和全生命周期成本管理概念已成为各国关注的热点。特别是全生命周期成本管理，它在一个拉长的时间轴上（项目全生命周期）综合考虑项目的总成本，包括建设成本、运营成本、维护/维修成本、损失成本（如对环境的破坏）和拆除成本等，而不是仅仅关注某个阶段、某个方面的成本，为工程项目管理中的成本管理赋予了新的内涵，使其更为全面。

6. 安全、健康与环境

经济的发展和社会的进步使得安全、健康与环境问题在世界范围内受到空前关注。工程建设领域由于劳动力密集而使安全和健康问题突出，由于改变自然状态而对环境产生极大影响。因此工程项目管理中的安全、健康与环境管理正在成为一个热点，有关安全与环境的法律法规正在加强，安全与环境管理的保证体系正在被越来越多的企业接受，并被有机集成到工程项目管理流程中。

7. 风险管理/应急管理

风险管理是近十几年来工程项目管理领域的热点问题。无论项目大小，工程项目的不确定性都会导致其具备一定的风险。项目管理者在复杂的环境中对不确定的事物做出判断和决策，项目自身的复杂性、位置、参与方、过去的相关经验等都是风险的来源。风险管理致力于在风险发生前，通过减少风险发生的可能性或降低风险发生后可能带来的损失来达到风险管理的目的。

8. 廉洁管理

世界各国，包括发达国家，在发展的过程中都曾面对腐败问题的困扰，腐败问题近些年更成为经济和社会发展的严重障碍。各国政府多年来动用各种法律的、行政的手段打击腐败现象，取得了一些成效。然而工程项目管理中的腐败问题还可以通过企业管理和工程项目管理的手段得到遏制。一个公开、公平、公正及高度透明的管理制度不但符合公众利益，还可消除腐败，因此越来越受到工程管理者的重视。2001年，国际咨询工程师联合会（FIDIC）出版了工程咨询业的廉洁管理指南，提出了廉洁管理的原则和工程咨询公司的廉洁管理框架，包括道德规范、政策宣示、检查表格等可操作的管理工具。

阅读材料

中国海洋石油集团有限公司的项目管理

中国海洋石油集团有限公司至今历经40多年，在对外合作与自营开发实践中，引进并掌握了国际通行的项目管理理论和方法，并且在项目进度、费用、质量、安全四大控制目标管理方面均取得了良好的效果。项目管理工作中对于量化项目管理进行了深入的分析。量化项目管理首先要明确项目管理的总流程和各级控制系统，即界定项目实施的主纲和第一层次，明确项目的目标、分级分项的工作内容和工作流程、管理程序、基础控制系统，并且在项目实施进程中不断地自我完善，主要包括以下内容：

1）总流程的最顶端是项目的总目标，即在总体开发方案（ODP）报告的基础上经过基本设计所确立并获得上级主管单位审查批准的总体方案、建设周期、项目概算等各项目标的综合。

2）根据项目总目标建立项目一级控制系统，即项目执行计划（PEP），包括：项目WBS结构、项目组织机构与职责、管理程序，项目主要工作内容与总体计划，项目采办策略与工程发包策略等。

3）根据基本设计成果，在项目WBS结构的基础上对项目的分项工程、子项工程的工作内容进行分解，建立初步的项目工作量分解体系。然后，根据初步的项目工作量分解体系，进一步细化项目一级控制系统，建立项目二级控制系统，包括：项目建造方案，进度控制系统，费用控制系统，质量与健康、安全、环保（HSE）的保证与控制体系，项目工作程序和报告体系等。

4）按照项目目标体系，根据项目一、二级控制系统，具体组织项目实施并进行相应的控制，根据实施情况，不断细化项目工作量分解体系，完善各级控制系统。

5）对实施情况进行动态跟踪统计，对各项目标的偏离情况进行分析，查找原因并落实对策，及时调整相应的控制系统，保证目标贯彻始终并最终得以实现。

思 考 题

1. 结合所了解的工程项目,说明工程项目管理的重要性。
2. 结合你见到的工程项目,说明工程项目管理的作用有哪些?
3. 工程项目中各参与方之间的关系有哪些?
4. 结合工程项目阶段特征说明工程项目的生命周期。
5. 工程项目的利益相关者有哪些?他们对项目有什么影响?
6. 简述项目管理知识体系的内容。
7. 工程项目的主要特征是什么?
8. 比较项目与工程项目之间的区别和联系。

习 题

一、判断题

1. 项目是一种临时性、独特性的活动。( )
2. 项目按照用途可分为新建项目、改建项目和扩建项目。( )
3. 单位工程是指具有独立的设计文件,具备独立的施工条件并能形成独立的使用功能,但竣工后不能独立发挥生产能力或工程效益的工程,它是构成单项工程的组成部分。( )
4. 项目的目标之间是对立统一的矛盾关系。( )
5. PRINCE 的全称是 Projects in Controlled Environments。( )
6. 施工方的项目管理是项目管理的核心。( )
7. 建设工程项目管理可以从主体、客体、环境三个方面理解。( )

二、单选题

1. ( )不是项目的特点。
   A. 一次性　　　　B. 复杂性　　　　C. 目标明确性　　　D. 可重复性
2. ( )是指按同一生产条件或按规定的方式汇总起来供检验用的,由一定数量样本组成的检验体。
   A. 单项工程　　　B. 单位工程　　　C. 分部工程　　　　D. 检验批
3. 美国项目管理协会的简称是( )。
   A. PMI　　　　　B. PIM　　　　　C. IPMA　　　　　D. ICB
4. 项目管理知识体系是( )。
   A. PMI　　　　　B. PMBOK　　　　C. IPMA　　　　　D. ICB
5. 建设工程项目的生命周期不包括( )。
   A. 前期　　　　　B. 准备期　　　　C. 酝酿期　　　　　D. 运行期
6. 施工图设计属于项目的( )期。
   A. 前期　　　　　B. 准备期　　　　C. 实施期　　　　　D. 决策期

第 2 章

建设工程项目的组织

学习目标

掌握组织论的基本理论和主要的组织工具,如项目结构、组织结构模式、工作任务分工、管理职能分工、工作流程和合同结构等;熟悉施工项目经理部的作用和项目经理的作用、应具备的素质和职责权限等。

2.1 系统与组织

1. 系统和组织的概念

系统取决于人们对客观事物的观察方式,系统可大可小,最大的系统是宇宙,最小的系统是粒子。一个企业、一个学校、一个科研项目或一个建设项目都可以被视为一个系统。但这些不同系统的目标不同,从而形成组织观念、组织方法和组织手段也就会不相同,各种系统的运行方式也不同。

对建设工程项目而言,实施或参与项目管理,且有明确的职责权限和相互关系的人员及设施的集合,包括发包人、承包人、分包人和其他有关单位为完成项目管理目标而建立的管理组织,简称组织。

建设工程项目作为一个系统,它与一般的系统相比,有其明显的特征,如:

1) 建设工程项目都是一次性,没有两个完全相同的项目。

2) 建设工程项目全寿命周期一般由决策阶段、实施阶段和运营阶段组成,各阶段的工作任务和工作目标不同,其参与或涉及的单位也不相同,它的全寿命周期持续时间长。

3) 一个建设工程项目的任务往往由多个,甚至很多个单位共同完成,它们的合作多数不是固定的合作关系,并且一些参与单位的利益不尽相同,甚至相对立。

因此,在考虑一个建设工程项目的组织问题,或进行项目管理的组织设计时,应充分考虑上述特征。

2. 系统的目标和组织关系

如图 2-1 所示,影响一个系统目标实现的主要因素除了组织以外,还有:

1) 人的因素,包括管理人员和生产人员的数量和质量。

2) 方法与工具,包括管理的方法与工具,以及生产的方法与工具。

结合建设工程项目的特点,其中人的因素包括:

1) 建设单位和该项目所有参与单位(设计、工程监理、施工、供货单位等)的管理人员的数量和质量。

2）该项目所有参与单位的生产人员（设计、工程监理、施工、供货单位等）的数量和质量。

其中方法与工具包括：

1）建设单位和所有参与单位的管理方法与工具。

2）所有参与单位的生产方法与工具（设计和施工的方法与工具等）。

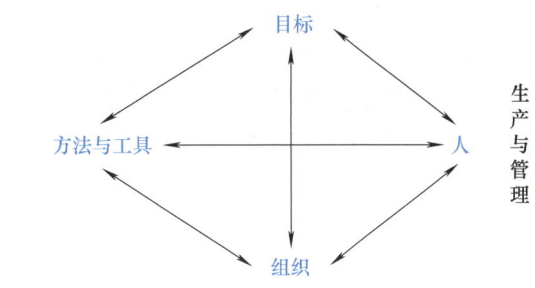

图 2-1　影响一个系统目标实现的主要因素

系统的目标决定了系统的组织，而组织是目标能否实现的决定性因素，这是组织论的一个重要结论。如果把一个建设工程项目的项目管理视为一个系统，其目标决定了项目管理组织，而项目管理的组织是项目管理目标能否实现的决定性因素，由此可见项目管理组织的重要性。

控制项目目标的主要措施包括组织措施、管理措施、经济措施和技术措施，其中组织措施是最重要的措施。如果对一个建设工程的项目管理进行诊断，首先应分析其组织方面存在的问题。

3. 组织论和组织工具

组织论是一门学科，它主要研究系统的组织结构模式、组织分工和工作流程组织，如图 2-2 所示，它是与项目管理学相关的一门非常重要的基础理论学科。

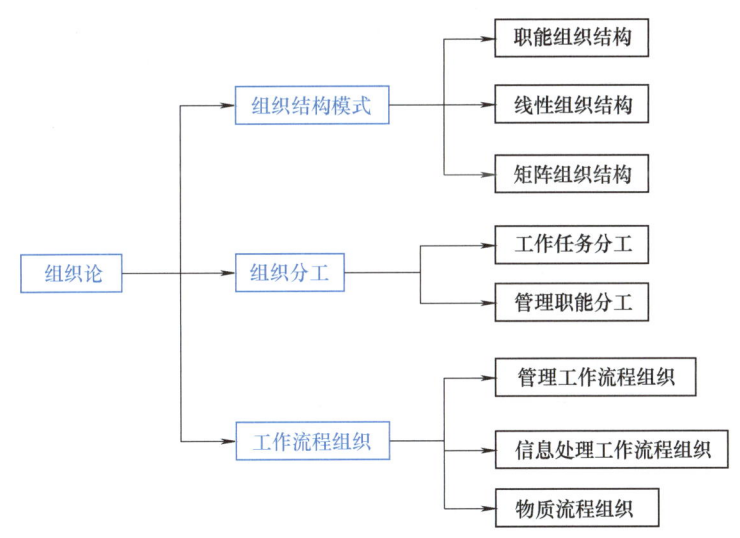

图 2-2　组织论的基本内容

组织结构模式反映了一个组织系统中各子系统之间或各元素（各工作部门或各管理人员）之间的指令关系。指令关系是指哪一个工作部门或哪一位管理人员可以对哪一个工作部门或哪一位管理人员下达工作指令。

组织分工反映了一个组织系统中各子系统或各元素的工作任务分工和管理职能分工。组织结构模式和组织分工都是一种相对静态的组织关系。

工作流程组织则可反映一个组织系统中各项工作之间的逻辑关系，是一种动态关系。图 2-2 所示的物质流程组织对于建设工程项目而言，是指项目实施任务的工作流程组织。例如，设计的工作流程组织可以是方案设计、初步设计、技术设计、施工图设计，也可以是方案设计、初步设计（扩大初步设计）、施工图设计；施工作业也有多个可能的工作流程。

组织工具是组织论的应用手段，用图或表等形式表示各种组织关系，它包括：项目结构图、组织结构图（管理组织结构图）、工作任务分工表、管理职能分工表、工作流程图等。

2.2 项目结构分析在项目管理中的应用

2.2.1 项目结构图

项目结构图（Project Diagram，或称为 WBS-Work Breakdown Structure）是一个组织工具，它通过树状图的方式对一个项目的结构进行逐层分解，以反映组成该项目的所有工作任务，如图 2-3 所示。项目结构图中，矩形表示工作任务（或第一层、第二层子项目等），矩形框之间的连接用连线表示。

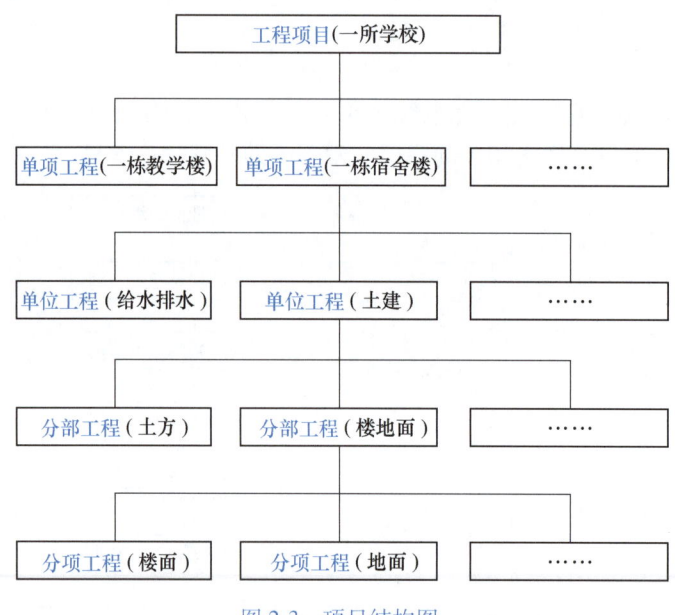

图 2-3 项目结构图

图 2-4 所示是某学校项目结构图的一个示例，它是一个群体项目，它可按照功能区进行第一层次的分解，即教学区、生活区、运动区。

如对其进行第一层次的分解，其中教学区包括：教学楼 A、教学楼 B、教学楼 C 等。每一栋教学楼为单项工程，如有必要（如投资、进度和质量控制的需要），还可进一步分解为单位工程，如教学楼 A 可分解为土建工程、安装工程、给水排水工程等，单位工程又可根据建筑部位及专业性质分为多个分部工程，如土建工程可分解为地基与基础、主体结构、建筑装饰装修、建筑屋面等，分部工程又可进一步按主要工种、材料、施工工艺、设备类别等划分为多个分项工程。其他功能区也可再进一步分解。

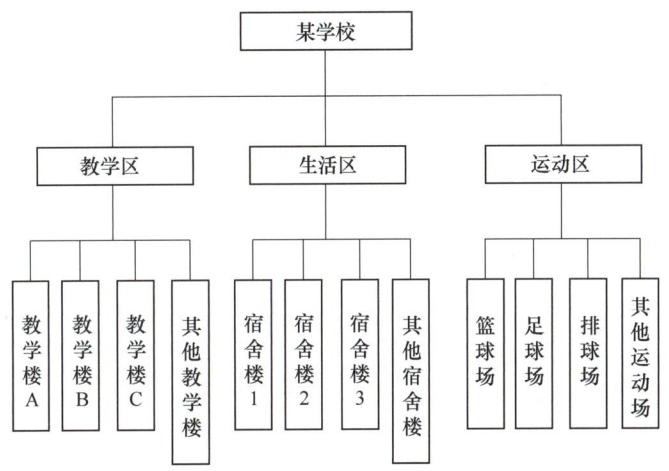

图 2-4　某学校项目结构图

居住建筑开发项目，可根据建设的时间对项目的结构进行逐层分解，如第一期工程、第二期工程和第三期工程等。工业建设项目往往按其生产子系统的构成对项目的结构进行逐层分解。

同一个建设工程项目可有不同的项目结构的分解方法，项目结构的分解应与整个工程实施的部署相结合，并与将采用的合同结构相结合，如地铁工程主要有两种不同的合同分解方案，其对应的项目结构不相同。

1）方案1：地铁车站（一个或多个）和区间隧道（一段或多段）分别发包。该方案的项目结构如图2-5所示。

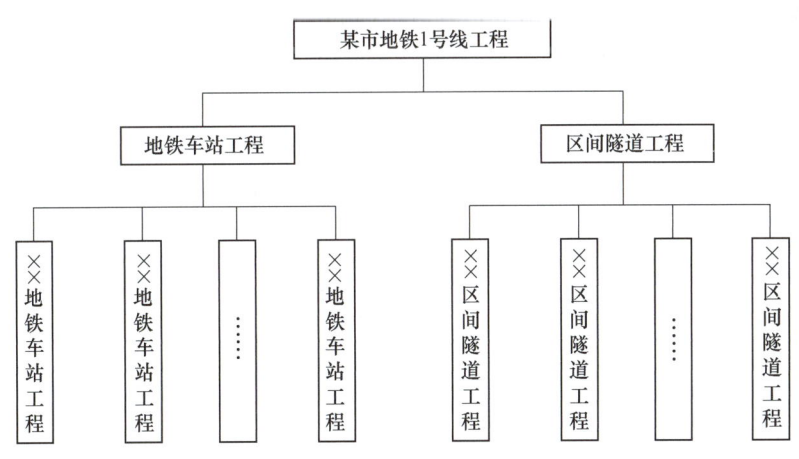

图 2-5　方案 1 的项目结构

2）方案2：一个地铁车站和一段区间隧道，或几个地铁车站和几段区间隧道作为一个标段发包。该方案的项目结构如图2-6所示。

综上所述，项目结构分解并没有统一的模式，但应结合项目的特点和参考以下原则进行：

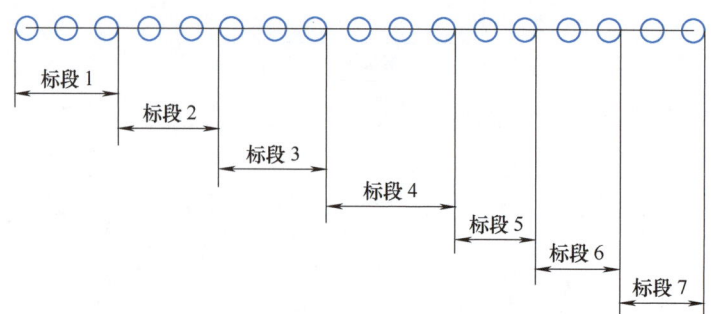

图 2-6　方案 2 的项目结构

1）考虑项目进展的总体部署。
2）考虑项目的组成。
3）有利于项目实施任务（设计、施工和物资采购）的发包和有利于项目实施任务的进行，并结合合同结构。
4）有利于项目目标的控制。
5）结合项目管理的组织结构等。

2.2.2　项目结构的编码

每个人的身份证都有编码，最新版编码由 18 位数字组成，其中的几个字段分别表示地域、出生年月日和性别等。交通车辆也有编码，表示城市、购买顺序和车辆的分类等。编码由一系列符号（如文字）和数字组成，编码工作是信息处理的一项重要的基础工作。

一个建设工程项目有不同类型和不同用途的信息，为了有组织地存储信息、方便信息的检索和信息的加工整理，必须对项目的信息进行编码。例如：

1）项目的结构编码。
2）项目管理组织结构编码。
3）项目的政府主管部门和各参与单位编码（组织编码）。
4）项目实施的工作项编码（项目实施的工作过程的编码）。
5）项目的投资项编码（业主方）/成本项编码（施工方）。
6）项目的进度项（进度计划的工作项）编码。
7）项目进展报告和各类报表编码。
8）合同编码。
9）函件编码。
10）工程档案编码等。

以上这些编码是因不同的用途而编制的，如投资项编码（业主方）/成本项编码（施工方）服务于投资控制工作/成本控制工作；进度项编码服务于进度控制工作。

项目结构的编码依据项目结构图，对项目结构的每一层的每一个组成部分进行编码。项目结构的编码和用于投资控制、进度控制、质量控制、合同管理和信息管理等管理工作的编码有紧密的有机联系，但它们之间又有区别。项目结构图和项目结构的编码是编制上述其他编码的基础。

图 2-7 所示为某施工单位天津液化天然气（LNG）项目技术文件的编码。编号以四个字段代码形式表示，每一字段代码之间用"—"分隔，具体为：项目代号—（单项工程代码+单位工程代码+专业代码）—文件类型码—同类型文件流水号。结构形式如下：

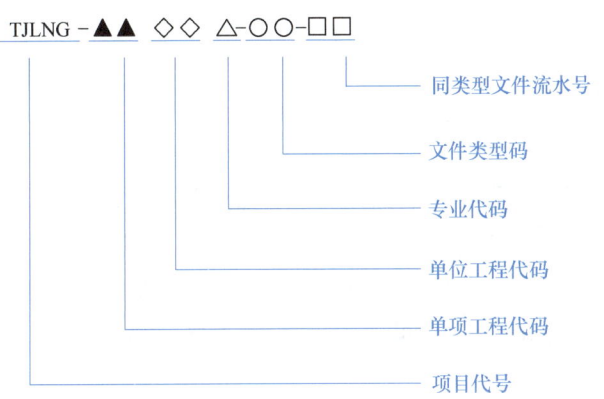

图 2-7　某施工单位天津液化天然气（LNG）项目技术文件的编码

第二字段：单项工程代码+单位工程代码+专业代码。

▲▲：单项工程代码。由两位阿拉伯数字组成，数字应用项目工程范围及主项表中的相应编码。与单项无关的区域或其他工程事务文件，这两位单项工程代码编号统一使用"00"。

◇◇：单位工程代号。由两位阿拉伯数字组成，必须使用本单位编制并经项目监理部审查、总协调和建设单位同意，并由建设单位档案部门备案的单位、分部、分项工程划分表中的单位工程代号。如不涉及某一个单位工程，或者涉及不止一个单位工程时，这两位单位工程编号标注为"00"。

△：专业代码。规定如下：T 为土建专业代码，A 为安装专业代码，W 为给水排水专业代码，N 为暖通专业代码，X 为消防专业代码，S 为设备专业代码，G 为管道专业代码，D 为电气专业代码，Y 为仪表专业代码，F 为防腐保温专业代码，Z 为其他类或综合类文件代码。

第三字段：文件类型码。

文件类型码用 SH/T 3903—2017《石油化工建设工程项目监理规范》表格中的"表格分类号"表示。

如果所使用表格没有分类号时，用表格名称中的两个关键字的第一个大写拼音字母表示，代码使用前需经项目监理部审查、总协调和建设单位同意并由档案部门备案。

当所编制文件是非表格形式的文字性文件时，用文件名称中两个关键字的第一个大写拼音字母表示。例如，会议纪要 JY，总结 ZJ，技术交底 JD 等代码表示。

第四字段：同类型文件流水号，用两位数表示，两位数不够用时，自动生成三位数。

备注：竣工图文件编号应与详细设计文件一致。

图 2-8 所示的厦门国际会展中心一期工程项目结构编码为典型的树状图父子层次结构编码。

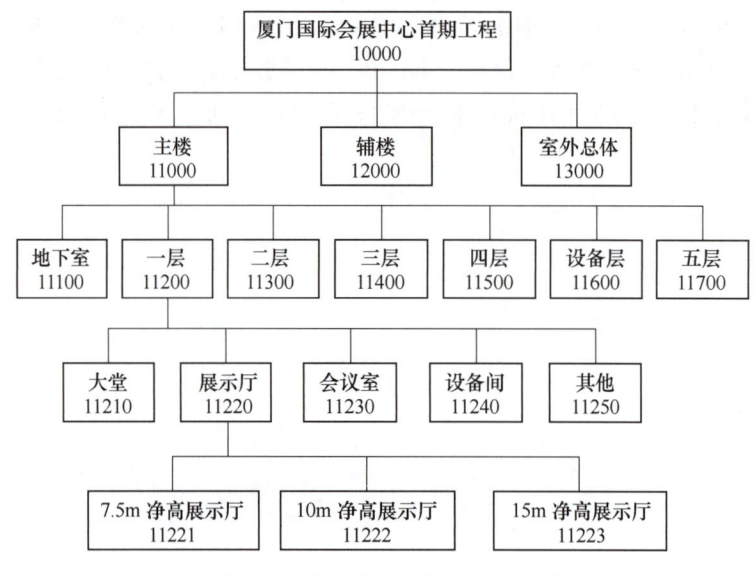

图 2-8 厦门国际会展中心一期工程项目结构编码

2.3 组织结构在项目管理中的应用

2.3.1 基本的组织结构模式

组织结构模式可用组织结构图来描述，组织结构图也是一个重要的组织工具，反映一个组织系统中各组成部门（组成元素）之间的组织关系（指令关系），如图 2-9 所示。在组织结构图中，矩形框表示工作部门，上级工作部门对其直接下属工作部门的指令关系用单向箭线表示。

组织论的三个重要的组织工具：项目结构图、组织结构图和合同结构图。合同结构图示例如图 2-10 所示。它们的区别见表 2-1。

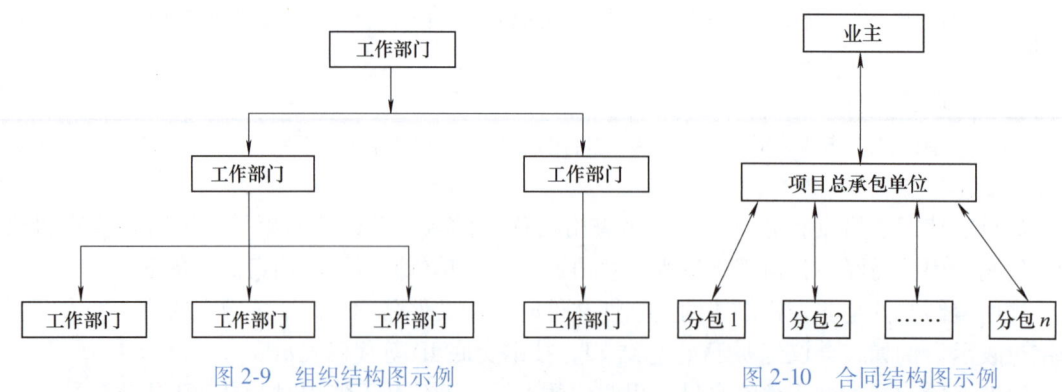

图 2-9 组织结构图示例   图 2-10 合同结构图示例

常用的组织结构模式包括职能组织结构（见图 2-11）、线性组织结构（见图 2-12）和矩阵组织结构（见图 2-13）等。这几种常用的组织结构模式既可以在企业管理中运用，也可在建设项目管理中运用。

第2章 建设工程项目的组织

表 2-1 项目结构图、组织结构图和合同结构图的区别

	表达的含义	图中矩形框的含义	矩形框连接的表达
项目结构图	对一个项目的结构进行逐层分解，以反映组成该项目的所有工作任务（该项目的组成部分）	一个项目的组成部分	直线
组织结构图	反映一个组织系统中各组成部门（组成元素）之间的组织关系（指令关系）	一个组织系统中的组成部分（工作部门）	单向箭线
合同结构图	反映一个建设项目参与单位之间的合同关系	一个建设项目的参与单位	双向箭线

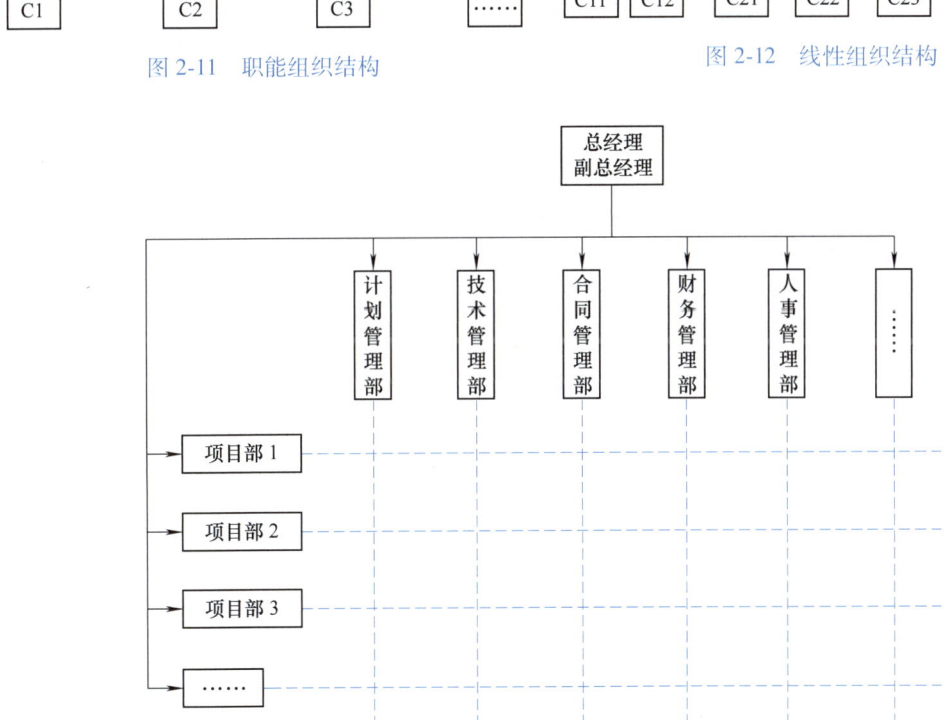

图 2-11 职能组织结构

图 2-12 线性组织结构

图 2-13 施工企业矩阵组织结构模式的示例

组织结构模式反映了一个组织系统中各子系统之间或各组织元素（如各工作部门）之间的指令关系。组织分工反映了一个组织系统中各子系统或各组织元素的工作任务分工和管理职能分工。组织结构模式和组织分工都是一种相对静态的组织关系。工作流程组织则反映一个组织系统中各项工作之间的逻辑关系，是一种动态关系。在一个建设工程项目实施过程

中，其管理工作的流程、信息处理的流程，以及设计工作、物资采购和施工的流程的组织都属于工作流程组织的范畴。

1. 职能组织结构的特点及其应用

在人类历史发展过程中，当手工业作坊发展到一定的规模时，一个企业内需要设置对人、财、物和产、供、销管理的职能部门，这样就产生了初级的职能组织结构。因此，职能组织结构是一种传统的组织结构模式。在职能组织结构中，每一个职能部门可根据它的管理职能对其直接和非直接的下属工作部门下达工作指令，因此，每一个工作部门可能得到其直接和非直接的上级工作部门下达的工作指令，它就会有多个矛盾的指令源。一个工作部门的多个矛盾的指令源会影响企业管理机制的运行。

在一般的工业企业中，设有人、财、物和产、供、销管理的职能部门，另有生产车间和后勤保障机构等。虽然生产车间和后勤保障机构并不一定是职能部门的直接下属部门，但是，职能管理部门可以在其管理的职能范围内对生产车间和后勤保障机构下达工作指令，这是典型的职能组织结构。在高等院校中，设有人事、财务、教学、科研和基本建设等管理的职能部门（处室），另有学院、系和研究中心等教学和科研的机构，其组织结构模式也是职能组织结构，人事处和教务处等都可对学院和系下达其分管范围内的工作指令。我国多数的企业、学校、事业单位目前还沿用这种传统的组织结构模式。许多建设项目也还用这种传统的组织结构模式，在工作中常出现交叉和矛盾的工作指令关系，严重影响了项目管理机制的运行和项目目标的实现。

在图 2-11 所示的职能组织结构中，A、B1、B2、B3、C1、C2 和 C3 都是工作部门，A 可以对 B1、B2、B3 下达指令；B1、B2、B3 都可以在其管理的职能范围内对 C1、C2 和 C3 下达指令；因此 C1、C2 和 C3 有多个指令源，其中有些指令可能是矛盾的。

2. 线性组织结构的特点及其应用

在军事组织系统中，组织纪律非常严谨，军、师、旅、团、营、连、排和班的组织关系是指令按逐级下达，一级指挥一级和一级对上一级负责。线性组织结构就是来自于这种十分严谨的军事组织系统。在线性组织结构中，每一个工作部门只能对其直接的下属部门下达工作指令，每一个工作部门也只有一个直接的上级部门。因此，每一个工作部门只有唯一的指令源，避免了由于矛盾的指令而影响组织系统的运行。

在国际上，线性组织结构模式是建设工程项目管理组织系统的一种常用模式，因为一个建设工程项目的参与单位很多，少则数十，多则数百，大型项目的参与单位将数以千计，在项目实施过程中，矛盾的指令会给建设工程项目目标的实现造成很大的影响，而线性组织结构模式可确保工作指令的唯一性。但在一个特大的组织系统中，由于线性组织结构模式的指令路径过长，有可能会造成组织系统在一定程度上运行的困难。例如，在图 2-12 所示的线性组织结构中：

1）A 可以对其直接的下属部门 B1、B2、B3 下达指令。

2）B2 可以对其直接的下属部门 C21、C22、C23 下达指令。

3）虽然 B1 和 B3 比 C21、C22、C23 高一个组织层次，但是，B1 和 B3 并不是 C21、C22、C23 的直接上级部门，不允许它们对 C21、C22、C23 下达指令。

在该组织结构中，每一个工作部门的指令源是唯一的。

3. 矩阵组织结构的特点及其应用

矩阵组织结构是一种较新型的组织结构模式。在矩阵组织结构最高指挥者（部门）下设纵向和横向两种不同类型的工作部门。纵向工作部门如人、财、物、产、供、销的职能管理部门，横向工作部门如生产车间等。一个施工企业，如采用矩阵组织结构模式，则纵向工作部门可以是计划管理、技术管理、合同管理、财务管理和人事管理等部门，而横向工作部门可以是项目部，如图 2-13 所示。

一个大型建设工程项目如采用矩阵组织结构模式，则纵向工作部门可以是投资控制、进度控制、质量控制、合同管理、安全控制、材料管理、财务管理、信息管理和人事管理等部门，而横向工作部门可以是各子项目的项目管理部，如图 2-14 所示。矩阵组织结构适宜用于大的组织系统，在上海地铁和广州地铁一号线建设时都采用了矩阵组织结构模式。

在矩阵组织结构中，每一项纵向和横向交汇的工作（如图 2-14 所示的项目管理部 1 涉及的投资问题），指令来自于纵向和横向两个工作部门，因此其指令源为两个。当纵向和横向工作部门的指令发生矛盾时，由该组织系统的最高指挥者（部门），即图 2-15a 所示的 A 进行协调或决策。

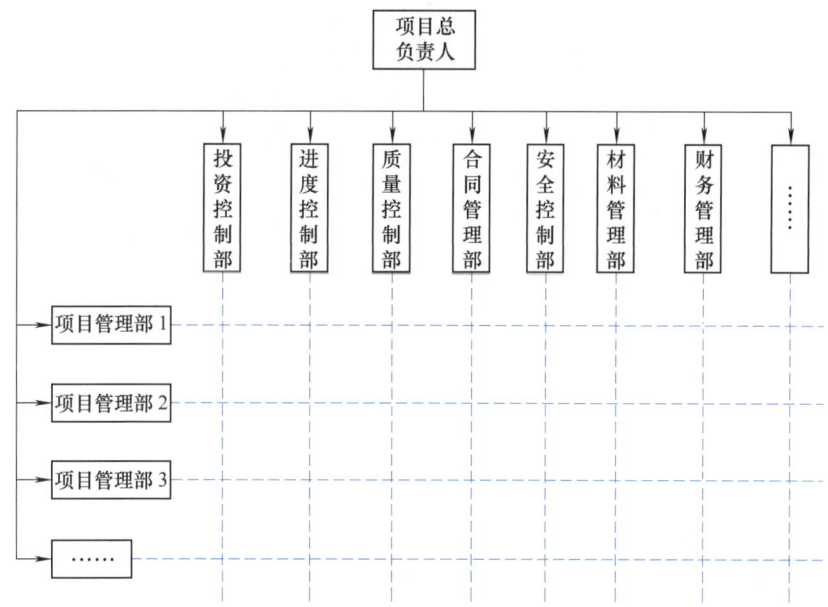

图 2-14 一个大型建设工程项目采用矩阵组织结构模式的示例

在矩阵组织结构中，为避免纵向和横向工作部门指令矛盾对工作的影响，可以采用以纵向工作部门指令为主（见图 2-15b）或以横向工作部门指令为主（见图 2-15c）的矩阵组织结构模式，这样也可减轻该组织系统的最高指挥者（部门），即图 2-15b 和图 2-15c 所示中 A 的协调工作量。

2.3.2 项目管理的组织结构图

对一个项目的组织结构进行分解，并用图的方式表示，就形成项目组织结构图（OBS 图，Diagram of Organizational Breakdown Structure），或称为项目管理组织结构图。图 2-16 所示为某工程项目部项目组织结构图。

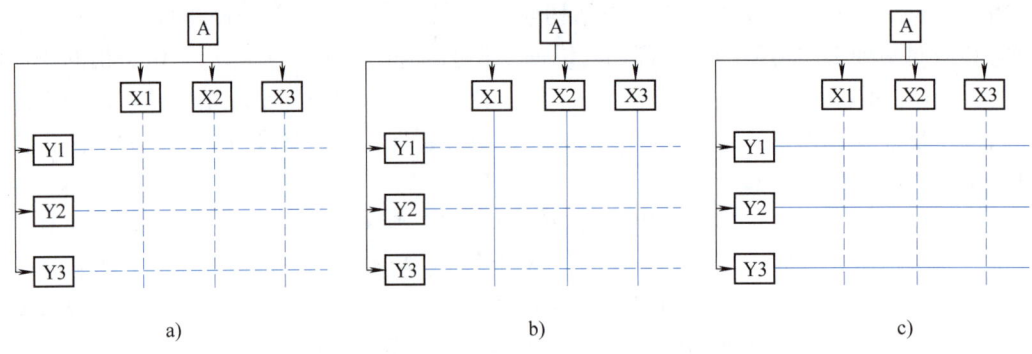

图 2-15　矩阵组织结构
a) 矩阵组织结构　b) 以纵向工作部门指令为主的矩阵组织结构　c) 以横向工作部门指令为主的矩阵组织结构

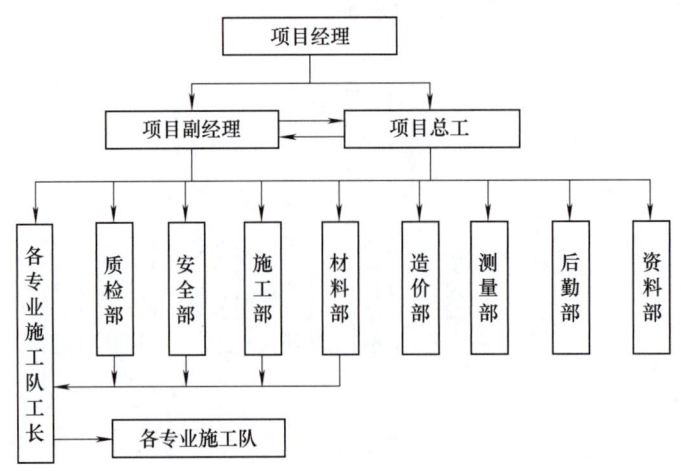

图 2-16　某工程项目部项目组织结构图

项目组织结构图反映了一个组织系统（如项目管理班子）中各子系统之间和各组织元素（如各工作部门）之间的组织关系，反映的是各工作单位、各工作部门和各工作人员之间的组织关系。而项目结构图描述的是工作对象之间的关系。

图 2-17 所示为某工厂技术改造项目组织结构图的示例，业主方内部是线性组织结构，项目实施方则是职能组织结构。该组织结构的运行规则如下：

1）在业主代表和业主副代表下设三个直接下属管理部门，即土建与建筑设备工程管理（C）、工艺设备工程管理（D）和综合管理部门（E）。这三个管理部门只接受业主代表和业主副代表下达的指令。

2）在 C 下设 C1、C2、C3 和 C4 四个工作部门，C1、C2、C3 和 C4 只接受 C 的指令。在 D 下设 D1 和 D2 两个工作部门，D1 和 D2 只接受 D 的指令。E 的情况与 C 和 D 相同。

3）施工单位将接受土建与建筑设备工程管理部门、工艺设备工程管理部门和工程监理单位的工作指令，设计单位将接受土建与建筑设备工程管理部门和工艺设备工程管理部门的指令。

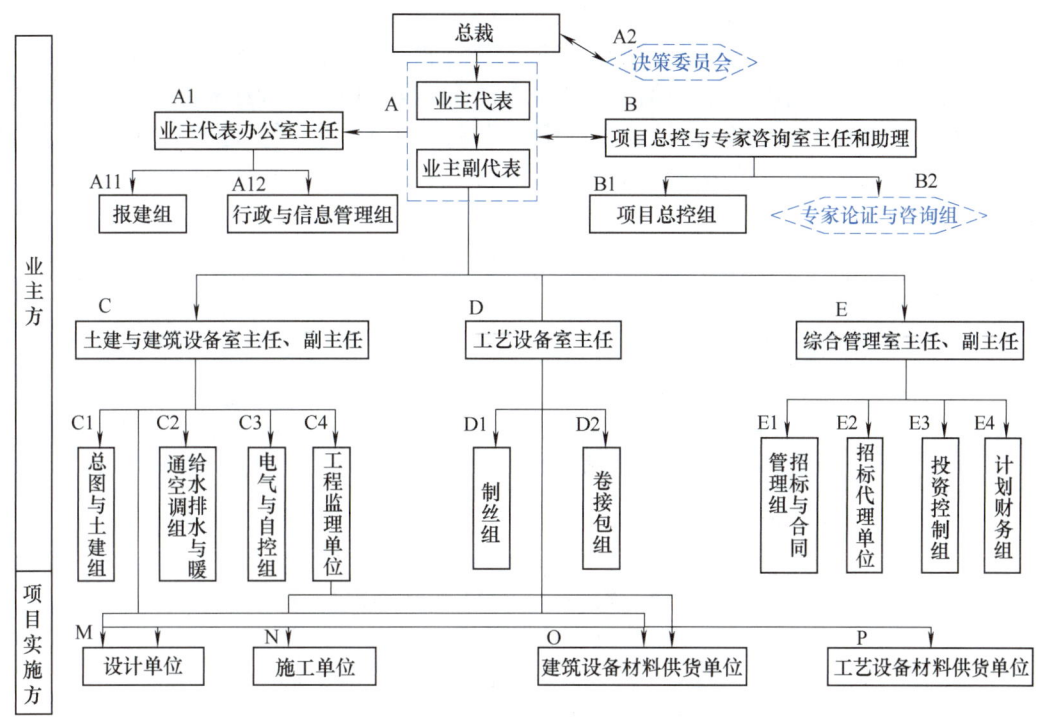

图 2-17　某工厂技术改造项目组织结构图的示例

一个建设工程项目的实施除业主方外，还有许多单位参加，如设计单位、施工单位、供货单位和工程管理咨询单位以及有关的政府行政管理部门等，项目组织结构图应尽可能表达业主方以及项目的参与单位有关的各工作部门之间的组织关系。

业主方、设计方、施工方、供货方和工程管理咨询方的项目管理的组织结构都可用各自的项目组织结构图予以描述。项目组织结构图应反映项目经理和费用（投资或成本）控制、进度控制、质量控制、合同管理、信息管理和组织与协调等主管工作部门或主管人员之间的组织关系。

2.4　工作任务分工在项目管理中的应用

业主方和项目各参与方，如设计单位、施工单位、供货单位和工程管理咨询单位等都有各自的项目管理的任务，上述各方都应该编制各自的项目管理任务分工表。

为了编制项目管理任务分工表，首先应对项目实施各阶段的费用（投资或成本）控制、进度控制、质量控制、合同管理、信息管理和组织与协调等管理任务进行详细分解，在项目管理任务分解的基础上定义项目经理和费用（投资或成本）控制、进度控制、质量控制、合同管理、信息管理和组织与协调等主管工作部门或主管人员的工作任务。

2.4.1　工作任务分工

每一个建设工程项目都应编制项目管理任务分工表，这是一个项目的组织设计文件的一部分。在编制项目管理任务分工表前,应结合项目的特点,对项目实施各阶段的费用(投资或成本)控制、进度控制、质量控制、合同管理、信息管理和组织与协调等管理任务进行详细分解。以某居住小区工程为例,对业主在设计阶段的项目管理任务进行分解,在项目管理任务分解的基础上,明确项目经理和费用(投资或成本)控制、进度控制、质量控制、合同管理、信息管理和组织与协调等主管工作部门或主管人员的工作任务,进而编制出工作任务分工表,见表2-2。

表2-2 某居住小区设计阶段业主工作任务分工表

2. 设计阶段项目管理的任务			备注
	2.1 设计阶段的投资控制		
		2101	在可行性研究的基础上,进行项目总投资目标的分析、论证	
		2102	根据方案设计,审核项目总估算,供业主方确定投资目标参考,并基于优化方案协助业主对估算做出调整	
		2103	编制项目总投资切块、分解规划,并在设计过程中控制其执行;在设计过程中若有必要,及时提出调整总投资切块、分解规划的建议	
		2104	审核项目总概算,在设计深化过程中严格控制在总概算所确定的投资计划值中,对设计概算做出评价报告和建议	
		2105	根据工程概算和工程进度表,编制设计阶段资金使用计划,并控制其执行,必要时,对上述计划提出调整建议	
		2106	从设计、施工、材料和设备等多方面做必要的市场调查分析和技术经济比较论证,并提出咨询报告,如发现设计可能突破投资目标,则协助设计人员提出解决办法,供业主参考	
		2107	审核施工图预算,调整总投资计划	
		2108	采用价值工程方法,在充分满足项目功能的条件下考虑进一步挖掘节约投资的潜力	
		2109	进行投资计划值和实际值的动态跟踪比较,并提交各种投资控制报表和报告	
		2110	控制设计变更,注意检查变更设计的结构性、经济性、建筑造型和使用功能是否满足业主的要求	
	2.2 设计阶段的进度控制		
		2201	参与编制项目总进度计划,有关施工进度与施工监理单位协商讨论	
		2202	审核设计方提出的详细的设计进度计划和出图计划,并控制其执行,避免发生因设计单位推迟进度而造成施工单位要求索赔	
		2203	协助起草主要甲供材料和设备的采购计划,审核甲供进口材料设备清单	
		2204	协助业主确定施工分包合同结构及招标投标方式	
		2205	督促业主对设计文件尽快做出决策和审定	
		2206	在项目实施过程中进行进度计划值和实际值的比较,并提交各种进度控制报表和报告(月报、季报、年报)	
		2207	协调室内外装修设计、专业设备设计与主设计的关系,使专业设计进度能满足施工进度的要求	

2. 设计阶段项目管理的任务		备注
2.3 设计阶段的质量控制		
2301	协助业主确定项目质量的要求和标准,满足设计质监部门质量评定标准要求,并作为质量控制目标值,参与分析和评估建筑物使用功能、面积分配、建筑设计标准等,根据业主的要求,编制详细的设计要求文件,作为方案设计优化任务书的一部分	
2302	研究图样、技术说明和计算书等设计文件,发现问题,及时向设计单位提出;对设计变更进行技术经济合理性分析,并按照规定的程序办理设计变更手续,凡对投资及进度带来影响的变更,须会同业主核签	
2303	审核各设计阶段的图样、技术说明和计算书等设计文件是否符合国家有关设计规范、有关设计质量要求和标准,并根据需要提出修改意见,确保设计质量获得有关部门审查通过	
……		
2311	会同有关部门对设计文件进行审核,必要时组织会议或专家论证	
2.4 设计阶段的合同管理		
2401	协助业主确定设计合同结构	
……		
2407	向业主递交有关合同管理的报表和报告	
2.5 设计阶段的信息管理		
……		

2.4.2 工作任务分工表

在工作任务分工表(见表 2-3)中应明确各项工作任务由哪个工作部门(或个人)负责,由哪些工作部门(或个人)配合或参与。在项目的进展过程中,应视必要对工作任务分工表进行调整。

表 2-3 工作任务分工表

工作任务	工作部门						
	项目经理部	投资控制部	进度控制部	质量控制部	合同控制部	信息控制部	…

某大型公共建筑属国家重点工程,在项目实施的初期,项目管理咨询公司建议根据项目生命周期分为决策阶段、项目审批阶段、设计前准备阶段、设计阶段、招标阶段、材料设备

采购供应阶段、施工前准备阶段、施工阶段、竣工验收阶段、租售阶段和使用阶段,针对这10个阶段任务编制了工作任务分工表(见表2-4),随着工程的进展,工作任务分工表还将不断深化和细化,该表有如下特点:

1)工作任务分工表主要明确哪项任务由哪个工作部门(机构)负责主办,另明确协办部门和配合部门,主办、协办和配合在表中分别用三个不同的符号表示。

2)在工作任务分工表的一行中,即每一个任务,都有至少一个主办工作部门。

3)运营部和物业开发部参与整个项目实施过程,而不是在工程竣工前才介入工作。

表 2-4 某大型公共建筑的工作任务分工表

项目全寿命周期	工作任务 (☆—主办 △—协办 ○—配合)	董事会	总经理	投资开发	销售管理	工程技术	项目经理	造价管理	材料设备	质量管理	财务	审计	档案室	行政部	人力资源	综合办公
决策阶段	项目建议书筹划与编制	☆	○	△		○					○	○				
	可行性研究报告筹划与编制		☆	○	△		○				○	○				
项目审批阶段	办理建设用地规划许可证相关事宜			☆										○		
	办理建设工程规划许可证相关事宜			☆										○		
	办理国有土地使用证相关事宜			☆										○		
	办理建设工程开工证相关事宜			☆										○		
	办理商品房预售许可证相关事宜			☆										○		
设计前准备阶段	编写设计要求文件、设计任务计划书			☆		△	○	○	○							
设计阶段	组织设计方案比选或设计招标			☆		△								○		
	设计委托合同商签			○		☆					○	△				
	与设计单位对于项目事宜的协调工作			△		☆	○	○						○		
	施工主要材料和设备的选型、清单审核			○		△		☆	○							
	审核工程估算、概算、施工图预算			☆		△		○								
	设计文件、施工图会审			☆		△	○	○								
	监督控制设计进度情况			△		☆										
	设计文件的批报工作			△		☆										

（续）

项目全寿命周期	工作任务（☆—主办 △—协办 ○—配合）	董事会	总经理	投资开发	销售管理	工程技术	项目经理	造价管理	材料设备	质量管理	财务	审计	档案室	行政部	人力资源	综合办公
招标阶段	拟订建设工程施工招标方案及条件					☆	△	○	○	○						
	办理施工招标的申报工作					△	☆							○		
	编制施工招标文件					☆	△	○	○	○			△			
	组织建设工程项目施工招标					△	☆				○		○			
	施工合同商签					△	☆				○		△			
材料设备采购供应阶段	制订施工材料设备供应计划和资金需求计划					☆	○	△	○		○					
	材料和设备相关条件的分析比选					○	△	○	☆	○						
	确定供货单位，签订供货合同						△		☆				△			
施工前准备阶段	施工单位选择的分包单位的资质审核					○	△					☆				
	施工方质量保证体系和安全技术措施的检查					△	☆			○	○					
	组织设计方对施工方进行设计交底					△	☆									
施工阶段	建设工程项目投资控制					○	☆									
	建设工程项目进度控制					○	☆									
	建设工程项目质量控制					○	☆									
	工程项目施工安全管理					○	☆									
	企业及相关项目信息处理、管理					○	△	○	○	○			○	☆		
	与施工方、设计方、供货方、监理单位等外部机构的组织和协调					○	☆	○	○	○				○		
	施工突发情况或重大事故应急措施处理					☆	△									
	审核设计变更					☆	△									
竣工验收阶段	组织协调工程预验收和工程竣工验收					△	☆		○	○			○	○		
	竣工资料工程验收资料的审核、归档					○	△						☆			

(续)

项目全寿命周期	工作任务（☆—主办 △—协办 ○—配合）	董事会	总经理	投资开发	销售管理	工程技术	项目经理	造价管理	材料设备	质量管理	财务	审计	档案室	行政部	人力资源	综合办公
租售阶段	项目开盘前的市场调研				☆											
	制订并组织实施营销方案和销售策略				☆											
	制订、上报并执行销售计划				☆											
	客户开发和来访客户接待、楼盘讲解、引领参观等				☆											
	销售合同的签订、整理及归档				☆								△	△		
	办理客户银行按揭手续、催收房款				☆						○					
	办理客户购房登记、交易和客户产权事宜				☆						○			△		
	办理客户入住手续				☆									△		
	制作销售报表、进行销售分析				☆											
使用阶段	保修期执行				△				○	○				☆		
	物业管理				△				○	○				☆		
	提升服务质量、树立企业形象	☆	△	△	△	△	△	△	△	△	△	△	△	△	△	△

2.5 管理职能分工在项目管理中的应用

如图 2-18 所示，管理职能是由多个环节组成的过程，即：

1）提出问题。
2）筹划——提出解决问题的多个可能的方案，并对可能方案进行比较分析。
3）决策——从多方案中选择最优方案。
4）执行——执行决策。
5）检查——检查决策是否被执行以及执行效果。

这些组成管理的环节就是管理的职能。管理的职能在一些文献中也有不同的表述，但其内涵是类似的。

下面以一个示例来解释管理职能的含义：

1）提出问题——通过进度计划值和实际值的比较，发现进度推迟了。

2）筹划——加快进度有多种可能的方案，如改一班工作制为两班工作制，增加夜班作业，增加施工设备和改变施工方法，应对这三个方案进行比较。

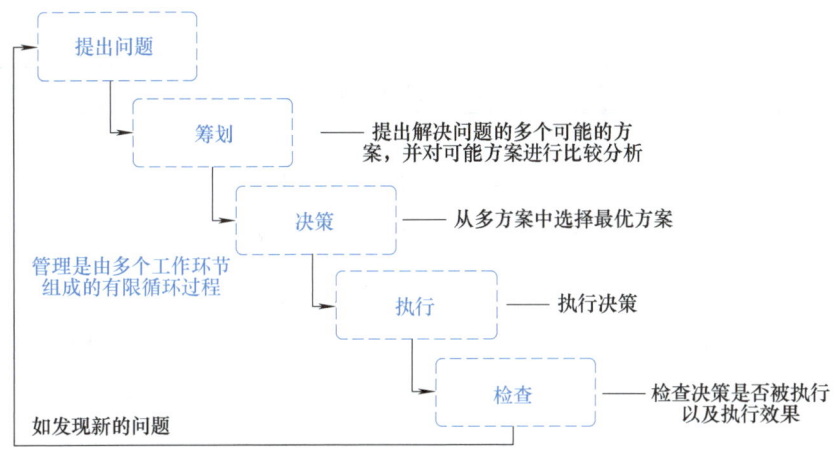

图 2-18 管理职能

3) 决策——从上述三个可能的方案中选择一个将被执行的方案，如增加夜班作业。

4) 执行——落实夜班施工的条件，组织夜班施工。

5) 检查——检查增加夜班施工的决策有否被执行，如已执行，则检查执行的效果如何。

如果通过增加夜班施工，工程进度的问题解决了，但发现新的问题，施工成本增加了，这样就进入了管理的一个新的循环：提出问题、筹划、决策、执行和检查。整个施工过程中管理工作就是不断发现问题和不断解决问题的过程。

以上不同的管理职能可由不同的职能部门承担，如：

1) 进度控制部门负责跟踪和提出有关进度的问题。

2) 施工协调部门对进度问题进行分析，提出三个可能的方案，并对其进行比较。

3) 项目经理在三个可供选择的方案中，决定采用的方案，如增加夜班作业。

4) 施工协调部门负责执行项目经理的决策，组织夜班施工。

5) 项目经理助理检查夜班施工后的效果。

业主方和项目各参与方，如设计单位、施工单位、供货单位和工程管理咨询单位等都有各自的项目管理的任务和其管理职能分工，上述各方都应该编制各自的项目管理职能分工表。

管理职能分工表是用表的形式反映项目管理班子内部项目经理、各工作部门和各工作岗位对各项工作任务的项目管理职能分工（见表2-5）。表中用拉丁字母表示管理职能。管理职能分工表也可用于企业管理。

表2-6所列为苏黎世机场建设工作的管理职能分工表，它将管理职能分成7个，即决策准备、决策、执行、检查、信息、顾问和了解。决策准备与筹划的含义基本相同。从表2-6可以看出，每项任务都有工作部门或个人负责决策准备、决策、执行和检查。我国多数企业和建设项目的指挥或管理机构，习惯用岗位责任制的岗位责任描述书来描述每一个工作部门的工作任务（包括责任、权利和任务等）。工业发达国家在建设项目管理中广泛应用管理职能分工表，以使管理职能的分工更清晰、更严谨，并会暴露仅用岗位责任描述书时所掩盖的矛盾。如使用管理职能分工表还不足以明确每个工作部门的管理职能，则可辅以使用管理职能分工描述书。

表 2-5 管理职能分工表

工作任务	工作部门						
	项目经理部	投资控制部	进度控制部	质量控制部	合同管理部	信息管理部	……

每一个方块用拉丁字母表示管理的职能

表 2-6 苏黎世机场建设工作的管理职能分工表

编号	工作任务 P—决策准备；K_o—检查； B—顾问；E—决策； I—信息；D—执行； Ke—了解	项目建设委员会	项目建设委员会成员	机场经理会	机场经理会成员	机场各部门负责人	工程项目协调部门	工程项目协调工程师	工程项目协调组
1	总体规划的目的/工期/投资	E	B K_o	Ke	K	K	—	—	—
2	组织方面的负责	E	B K_o	Ke	K	K	—	—	—
3	投资规划	E	B K_o	Ke	K	K	—	—	—
4	长期的规划准则	E	K_o	B K_o	K	K	B	B	—
5	机场-机构组成方面的问题	E	B	Ke	Ke	Ke	—	—	—
6	总体经营管理	E	E	Ke	Ke	Ke	—	—	—
7	有关设计任务书，工期与投资的控制检查	K_o	K_o	D I	D I	I	—	—	—
8	与机场有关的其他项目	Ke	Ke	E	I K_o	P	B K_o	B K_o	Ke
9	施工方面有关技术问题的工作准则	—	—	E	B I K_o	B	Ke	P K_o	Ke
10	施工方面有关一般行政管理与组织的工作准则	—	—	E	B I K_o	B	P K_o	B K_o	
11	投资分配	Ke	Ke	E	B	B	Ke	P	
12	设计任务书及工期计划的改变	Ke	Ke	Ke	E	B	D	B K_o	
13	施工现场场地分配	—	—	E	B	D	P D	B K_o	
14	总协调	Ke	Ke	E K_o	D	D	D	D	

(续)

编号	工作任务 P—决策准备；K_o—检查；B—顾问；E—决策；I—信息；D—执行；Ke—了解	项目建设委员会	项目建设委员会成员	机场经理会	机场经理会成员	机场各部门负责人	工程项目协调部门	工程项目协调工程师	工程项目协调组
15	总体工程项目管理组织各岗位人员的确定	Ke	Ke	B K_o	ED	Ke	B Ke	B Ke	
16	对已批准的设计建设规划的监督	Ke	Ke	K_o	K_o	Ke	Ke	Ke	
17	对已批准的工期计划的监督	Ke	Ke	K_o	K_o	Ke	D	D	
18	设计监督	Ke	Ke	K_o	K_o	Ke	B Ke	B Ke	
19	在工程项目管理组织内部信息	—	—	K_o	D	D	D	D	

为了区分业主方、代表业主利益的项目管理方和工程建设监理方等的管理职能，也可以用管理职能分工表表示。表 2-7 所列为某项目管理职能分工表，表中用英文字母表示管理职能。

表 2-7 某项目管理职能分工表

序号	任务		业主方	项目管理方	工程建设监理方
		设计阶段			
1	审批	获得政府有关部门的各项审批	E		
2		确定投资、进度、质量目标	DC	PC	PE
3	发包与合同管理	确定设计发包模式	D	PE	
4		选择总包设计单位	DE	P	
5		选择分包设计单位	DC	PEC	PC
6		确定施工发包模式	D	PE	PE
7	进度	设计进度目标规划	DC	PE	
8		设计进度目标控制	DC	PEC	
9	投资	投资目标分解	DC	PE	
10		设计阶段投资控制	DC	PE	
11	质量	设计质量控制	DC	PE	
12		设计认可与批准	DE	PC	
		投标阶段			
13	发包	招标、评标	DC	PE	PE
14		选择施工总包单位	DE	PE	PEC
15		选择施工分包单位	D	PE	PEC
16		合同签订	DE	P	P

（续）

序号	任务		业主方	项目管理方	工程建设监理方
投标阶段					
17	进度	施工进度目标规划	DC	PC	PE
18		进度项目采购进度规划	DC	PC	PE
19		项目采购进度控制	DC	PEC	PEC
20	投资	招标阶段投资控制	DC	PEC	
21	质量	制定材料设备质量标准	D	PC	PEC

注：P—筹划；D—决策；E—执行；C—检查。

2.6　工作流程组织在项目管理中的应用

工作流程组织包括：

1) 管理工作流程组织，如投资控制、进度控制、合同管理、付款和设计变更等流程。
2) 信息处理工作流程组织，如与生成月度进度报告有关的数据处理流程。
3) 物质流程组织，如钢结构深化设计工作流程，弱电工程物资采购工作流程，外立面施工工作流程等。

每一个建设工程项目应根据其特点，从多个可能的工作流程方案中确定以下几个主要的工作流程组织：

1) 设计准备工作的流程。
2) 设计工作的流程。
3) 施工招标工作的流程。
4) 物资采购工作的流程。
5) 施工作业的流程。
6) 各项管理工作（投资控制、进度控制、质量控制、合同管理和信息管理等）的流程。
7) 与工程管理有关的信息处理的流程。

这也就是工作流程组织的任务，即定义工作的流程。

工作流程图是用图的形式反映一个组织系统中各项工作之间的逻辑关系，它可以描述工作流程组织。工作流程图是一个重要的组织工具，如图 2-19 所示。工作流程图用矩形框表示工作，如图 2-19a 所示，箭线表示工作之间的逻辑关系，菱形框表示判别条件，也可用图 2-19b 所示的方式表示工作和工作的执行者。

工作流程图应视需要逐层细化，如投资控制工作流程可细化为初步设计阶段投资控制工作流程图、施工图阶段投资控制工作流程图和施工阶段投资控制工作流程图等。

业主方和项目各参与方，如工程管理咨询单位、设计单位、施工单位和供货单位等都有各自的工作流程组织的任务。

建筑工程的质量问题是影响建筑物外观及使用功能的主要因素，工程施工是形成工程项目实体的过程，也是决定最终产品质量的关键阶段，工程项目施工涉及面广，是一个极其复杂的过程，影响质量的因素很多，如设计、材料、机械、地形、地质、水文、气象、施工工艺、操作方法、技术措施、管理制度等，均直接影响着工程项目的施工质量。图 2-20 所示为简化版施工单位质量控制工作流程图。

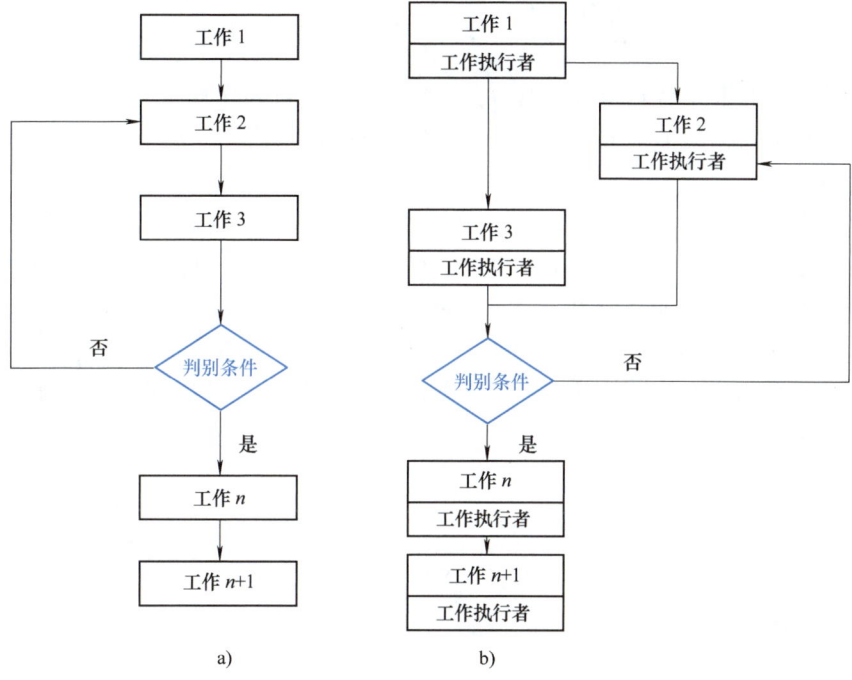

图 2-19 工作流程图示例

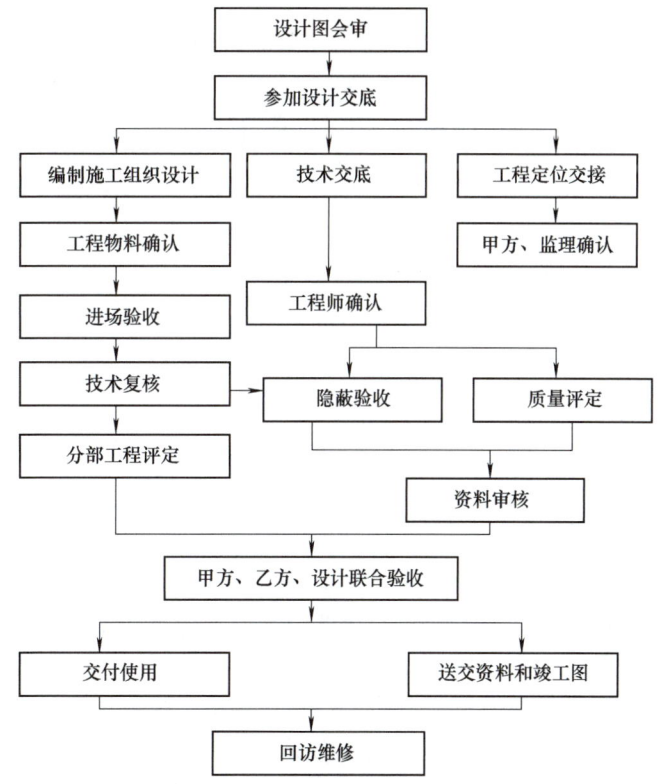

图 2-20 施工单位质量控制工作流程图

2.7 合同结构在项目管理中的应用

合同结构图反映业主方和项目各参与方之间,以及项目各参与方之间的合同关系。通过合同结构图可以非常清晰地了解一个项目有哪些或将有哪些合同,以及了解项目各参与方的合同组织关系。

如果两个单位之间有合同关系,在合同结构图中用双向箭线联系,如图2-21所示。在项目管理的组织结构图中,如果两个单位之间有管理指令关系,则用单向箭线联系。

在整个工程的建设管理过程中,项目管理基本任务是对工程的三大目标(投资、进度和质量)进行控制,而控制的依据是合同,所以,项目合同结构是后续的项目进度管理、项目质量管理和项目成本管理的基础,也是所有工作的基础。所以,策划合理的合同结构是项目目标实现的重要因素。

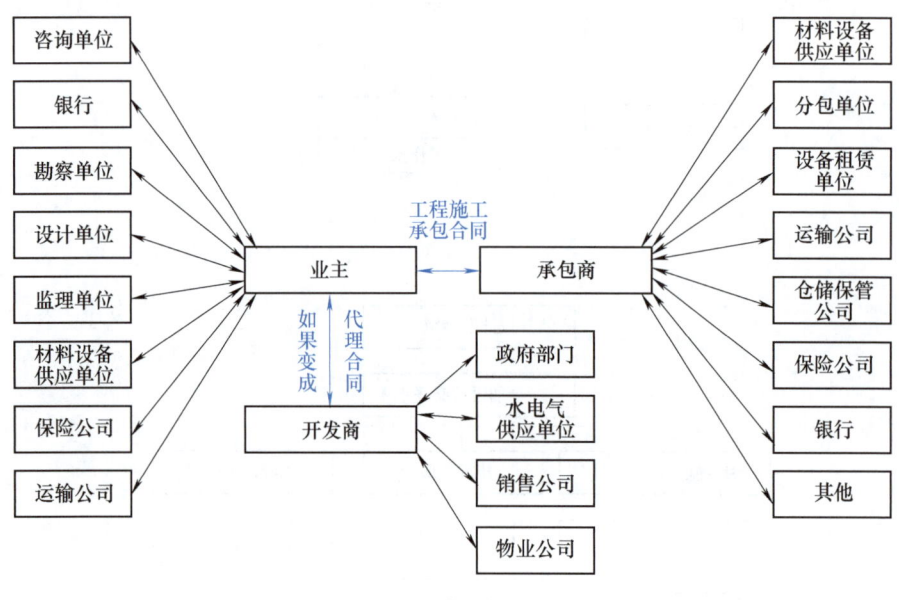

图 2-21 合同结构图

2.8 施工项目经理部和项目经理

2.8.1 施工项目经理部

施工项目经理部(Construction Project Management Team)是施工企业为了完成某项建设工程施工任务而设立的组织。由项目经理在企业的支持下组建并领导、进行项目管理的组织机构。项目经理部,也就是一个项目经理(项目法人)与技术、生产、材料、成本等管理人员组成的项目管理班子,是一次性的、具有弹性的现场生产组织机构。项目经理部不具备法人资格,而是施工企业根据建设工程施工项目而组建的非常设的下属机构。

1. 施工项目经理部的作用

施工项目经理部是施工项目管理工作班子,置于项目经理的领导之下。为了充分发挥施工项目经理部在项目管理中的主体作用,必须对施工项目经理部的机构设置加以特别重视,设计好,组建好,运转好,从而发挥其应有功能。

1)施工项目经理部在项目经理的领导下,作为项目管理的组织机构,负责施工项目从开工到竣工的全过程施工生产经营的管理,是企业在某一建设工程项目上的管理层,同时对作业层负有管理与服务双重职能。作业层工作的质量取决于项目经理部的工作质量。

2)施工项目经理部是项目经理的办事机构,为施工项目经理决策提供信息依据,当好参谋,同时又要执行项目经理的决策意图,向施工项目经理全面负责。

3)施工项目经理部是一个组织体,其作用包括:完成企业所赋予的基本任务项目管理和专业管理任务等;凝聚管理人员的力量,调动其积极性,促进管理人员的合作,建立为事业的献身精神;协调部门之间,管理人员之间的关系,发挥每个人的岗位作用,为共同目标进行工作;影响和改变管理人员的观念和行为,使个人的思想、行为变为组织文化的积极因素;贯彻组织责任制,搞好管理;沟通部门之间、项目经理部与作业队之间、与公司之间、与环境之间的信息。

4)施工项目经理部是代表企业履行工程承包合同的主体,也是对最终建筑产品和业主全面、全过程负责的管理主体;通过履行主体与管理主体地位的体现,使每个工程项目经理部成为企业进行市场竞争的主体成员。

2. 施工项目经理部的设置

(1) 施工项目经理部的设置原则

1)要根据所设计的项目组织形式设置项目经理部,因为项目组织形式与企业对施工项目的管理方式有关,与企业对项目经理部的授权有关。不同的组织形式对施工项目经理部的管理力量和管理职责提出了不同要求,提供了不同的管理环境。

2)要根据工程项目的规模、复杂程度和专业特点设置项目经理部。例如,大型项目经理部可以设职能部、处;中型项目经理部可以设处、科;小型项目经理部一般只需设职能人员即可。如果项目的专业性强,便可设置专业性强的职能部门,如水电处、安装处、打桩处等。

3)施工项目经理部是一个具有弹性的一次性施工生产组织,随工程任务的变化而进行调整,不应搞成一级固定性组织。在工程项目施工开始前建立,在工程竣工交付使用后,项目管理任务完成,项目经理部应解体。项目经理部不应有固定的作业队伍,而是根据施工的需要,在企业内部市场或社会市场吸收人员,进行优化组合和动态管理。

4)施工项目经理部的人员配置应面向施工项目现场,满足现场的计划与调度、技术与质量、成本与核算、劳务与物资、安全与文明施工的需要。不应设置专管经营与咨询、研究与开展、政工与人事等与项目施工关系较少的非生产性部门。

5)在项目管理机构建成以后,应建立有益于组织运转的工作制度。

(2) 施工项目经理部的规模设计 目前国家对施工项目经理部的设置规模尚无具体规定。结合有关企业推行施工项目管理的实际,一般按项目的使用性质和规模分类。只有当施工项目的规模达到以下要求时才实行施工项目管理:1 万 m^2 以上的公共建筑、工业建筑、住宅建设小区及其他工程项目投资在 500 万元以上的均实行项目管理。有些试点单位把项目经理部分为三个等级：

1) 一级施工项目经理部：建筑面积为 15 万 m^2 以上的群体工程；面积在 10 万 m^2 以上（含 10 万 m^2）的单体工程；投资在 8000 万元以上（含 8000 万元）的各类工程项目。

2) 二级施工项目经理部：建筑面积在 15 万 m^2 以下，10 万 m^2 以上（含 10 万 m^2）的群体工程；面积在 10 万 m^2 以上，5 万 m^2 以上（含 5 万 m^2）的单体工程；投资在 8000 万元以下，3000 万元以上（含 3000 万元）的各类施工项目。

3) 三级施工项目经理部：建设总面积在 10 万 m^2 以下，2 万 m^2 以上（含 2 万 m^2）的群体工程；面积在 5 万 m^2 以下，1 万 m^2 以上（含 1 万 m^2）的单体工程；投资在 3000 万元以下，500 万元以上（含 500 万元）的各类施工项目。

建设总面积在 2 万 m^2 以下的群体工程，面积在 1 万 m^2 以下的单体工程，按照项目管理经理责任制有关规定，实行栋号承包。承包栋号的队伍，以栋号长为承包人，直接向公司（或工程部）经理负责。

3. 施工项目经理部主要管理制度

施工项目经理部组建以后，首先进行的组织建设就是立即着手建立围绕责任、计划、技术、质量、安全、成本、核算、奖惩等方面的管理制度。项目经理部的主要管理制度有：

1) 施工项目管理岗位责任制度。
2) 施工项目技术与质量管理制度。
3) 图样和技术档案管理制度。
4) 计划、统计与进度报告制度。
5) 施工项目成本核算制度。
6) 材料、机械设备管理制度。
7) 施工项目安全管理制度。
8) 文明施工和场容管理制度。
9) 施工项目信息管理制度。
10) 例会和组织协调制度。
11) 项目分包及劳务管理制度。
12) 内外部沟通与协调管理制度。

2.8.2 项目经理

建筑施工企业项目经理（以下简称项目经理），是指受企业法定代表人委托，对工程项目施工过程全面负责的项目管理者，是建筑施工企业法定代表人在工程项目上的代表人。

项目经理是指工程承包在总包合同专用条款和本合同专用条款中指定的负责施工管理、履行总包合同及本合同的代表，一般由取得国家注册的建造师担任。我国的施工企业在进行施工项目管理时，实行项目经理责任制度。建造师是一种专业人士的名称，而项目经理是一个工作岗位的名称，应注意这两个概念的区别和关系。取得建造师执业资格的人员表示其知识和能力符合建造师执业的要求，但其在企业中的工作岗位则由企业视工作需要和安排而定，如图 2-22 所示。

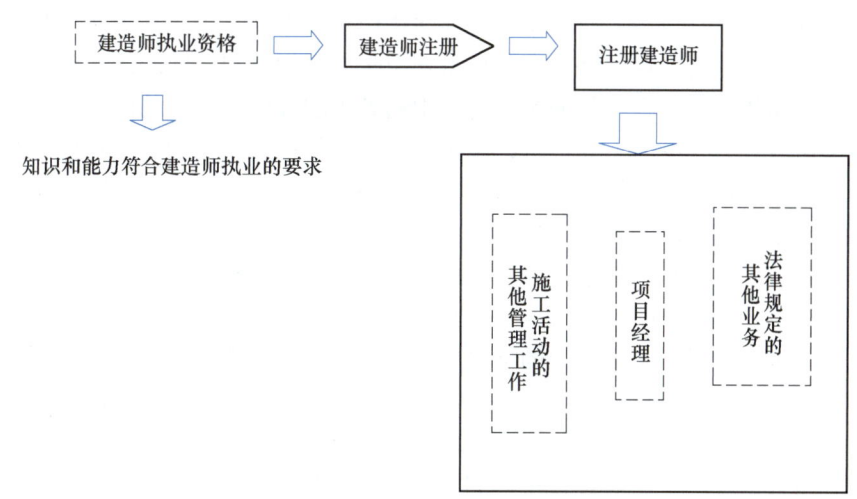

图 2-22　建造师的执业资格和执业范围

1. 施工项目经理的特征

1）项目经理是施工企业任命的一个工程建设项目的项目管理班子的负责人，但他并不一定是一个企业法定代表人在工程项目上的代表人。因为一个企业法定代表人在工程建设项目上的代表人，从法律方面来讲，赋予其的权限范围不会太大。其主要任务是项目目标控制与组织协调。

2）项目经理并不是一个技术岗位，也不是"技术职称"，更不是职业资格，而是一个管理岗位。他是一个组织系统中的管理者，至于他是否有人权、财权、材料和设备的采购权等，应由其企业的管理层来定。

3）项目经理应接受企业法定代表人的领导，接受企业管理层、建设单位、监理单位的检查与监督。一个施工项目从开工到竣工，企业不得随意撤换项目经理，一般只有在施工项目发生重大安全、质量事故或项目经理违法、违纪时，施工企业才可撤换项目经理。

4）一个项目经理只能担任一个施工项目的管理工作，当其负责管理的施工项目临近竣工阶段且经建设单位的同意时，才可以兼任另一项工程的项目管理工作。

2. 项目经理应具备的素质

一个胜任的施工项目经理必须在政治水平、知识结构、业务技能、管理能力、身心健康等诸方面具备良好的素质。

1）具备领导才能是成为一个好的施工项目经理的重要条件，团结友爱、知人善任、用其所长、避其所短，善于抓住最佳时机，并能当机立断，坚决果断地处理将要发生或正在发生的问题，避免矛盾或更大矛盾的产生。具有了这些能力就能更好地领导项目经理部的全体员工，唤起大家的积极性和创造性，齐心协力完成施工项目的建设。

2）要有较强的组织协调能力，能够调动团队的集体智略，把项目部一帮人的才能"捏合"在一起，达到相互支持、取长补短的效果。项目部是一个团队，如果一个项目经理没有较强的组织协调能力，那么这个团体就会变成一盘散沙，就没有活力，项目部人员之间也就缺乏默契的配合，从而导致无法正常开展工作。

3）要具备专业技术知识，是业务行家。作为一名项目经理，要开展具体工作，对业务一无所知，指挥别人也是空谈，要想发挥好领导作用，就必须熟知相关的业务知识，所谓知己知彼，方能百战百胜。掌握熟练的专业技术知识是成为优秀项目经理的必要条件。如果没有扎实的专业知识作后盾，在项目的实施过程中遇到难题或模棱两可的问题就无从下手、手忙脚乱，最终导致人力、物力上的浪费，甚至造成更大的错误。作为一个好项目经理的同时更要精通本专业各方面的技术知识。在精于本专业各项技术的同时应该有更广泛的知识面，要了解多学科、多个专业的知识，也就是说什么都知道、什么都懂。这样就可以在施工中轻松自如地领导各方面的工作，化解来自各方面的矛盾，顺利完成项目施工任务。

4) 要善于团结下属，不要用不正确的方式批评，特别是对有错误的下属和反对过自己的下属。我们常说，对任何犯了错误的下属，只要他能改正，还是个好下属。而对于反对过自己的下属，要搞清楚为什么人家会反对你。人与人之间有矛盾是正常的，一旦出现了矛盾，应该要正视它，而不是回避它，更不是激化它，只有这样才能从根本上解决它。批评下属时，应掌握批评的技巧，不要让被批评的下属不但不服气，反而产生怨恨。

5) 有工作干劲、有敬业精神、为人正直、敢于主动承担责任。在工程建设实施的过程中，项目经理要接触很多人，处理复杂多样的工作也会遇到各种各样的问题。例如，施工中遇到技术问题难以解决，经过业主、监理、施工单位多方面的探讨拿不出成熟方案，此时工期紧张，需要尽快拿出解决施工方案，此时就需要施工项目经理挺身而出，大胆提出设想，与业主同心协力解决难题。

6) 思维敏捷、精力充沛。工程项目施工是一项纷繁复杂的工作，需要多方面考虑，紧密的布置。这需要有强健的体魄和充沛的精力来完成，在遇到突发事件时及时正确快速地处理，没有敏锐的思维是不可能做好这方面工作的。

7) 掌握好"事不躬亲"与"事必躬亲"的度。能授权的事情就不要亲自做，必亲自动手的必动手。把许多事情进行分工，责任到人，并不表示责任已了，只是将整个项目部的工作分解到人，亲自参与责任制的制定，亲自抓落实，才能事半功倍。

3. 项目经理的职责权限

（1）项目管理目标责任书　项目管理目标责任书应在项目实施之前，由法定代表人或其授权人与项目经理协商制定。编制项目管理目标责任书应依据下列资料：

1) 项目合同文件。
2) 组织的管理制度。
3) 项目管理规划大纲。
4) 组织的经营方针和目标。

项目管理目标责任书可包括下列内容：

1) 项目管理实施目标。
2) 组织与项目经理部之间的责任、权限和利益分配。
3) 项目设计、采购、施工、试运行等管理的内容和要求。
4) 项目需用的资源的提供方式和核算办法。
5) 法定代表人向项目经理委托的特殊事项。
6) 项目经理部应承担的风险。
7) 项目管理目标的评价原则、内容和方法。
8) 对项目经理部奖励的依据、标准和办法。

9）项目经理解职和项目经理部解体的条件及办法。

（2）项目经理的职责　项目经理应履行下列职责：

1）项目管理目标责任书规定的职责。
2）主持编制项目管理实施规划，并对项目目标进行系统管理。
3）对资源进行动态管理。
4）建立各种专业管理体系，并组织实施。
5）进行授权范围内的利益分配。
6）收集工程资料，准备结算资料，参与工程竣工验收。
7）接受审计，处理项目经理部解体的善后工作。
8）协助组织进行项目的检查、鉴定和评奖申报工作。

（3）项目经理的权限　项目经理应具有下列权限：

1）参与项目招标、投标和合同签订。
2）参与组建项目经理部。
3）主持项目经理部工作。
4）决定授权范围内的项目资金的投入和使用。
5）制定内部计酬办法。
6）参与选择并使用具有相应资质的分包人。
7）参与选择物资供应单位。
8）在授权范围内协调与项目有关的内、外部关系。
9）法定代表人授予的其他权力。

项目经理应承担施工安全和质量的责任，要加强对建筑业企业项目经理市场行为的监督管理，对发生重大工程质量安全事故或市场违法违规行为的项目经理，必须依法予以严肃处理。

项目经理对施工承担全面管理的责任：工程项目施工应建立以项目经理为首的生产经营管理系统，实行项目经理负责制。项目经理在工程项目施工中处于中心地位，对工程项目施工负有全面管理的责任。

我国在施工企业中引入项目经理的概念已多年，取得了显著的成绩。施工企业项目经理是在一个施工项目上施工单位的总组织者、总协调者和总指挥者，他所承担的管理任务不仅仅依靠项目经理的管理人员来完成，还可能依靠整个企业各职能管理部门的指导、协作、配合和支持。项目经理不仅要考虑项目的利益，还应服从企业的整体利益。他的任务包括项目的行政管理和项目管理两个方面。其在项目管理方面的主要任务是施工成本控制、施工进度控制、施工质量控制、施工安全管理、工程合同管理、工程信息管理、工程组织与协调等，只有详细而系统地由项目经理参与的控制计划才是项目成功基础。

阅读材料

某软件园项目的组织结构

1. 项目结构图示例

图 2-23 所示是某软件园项目结构图的一个示例，它是一个群体项目，可按照功能区进行第一层次的分解，即：

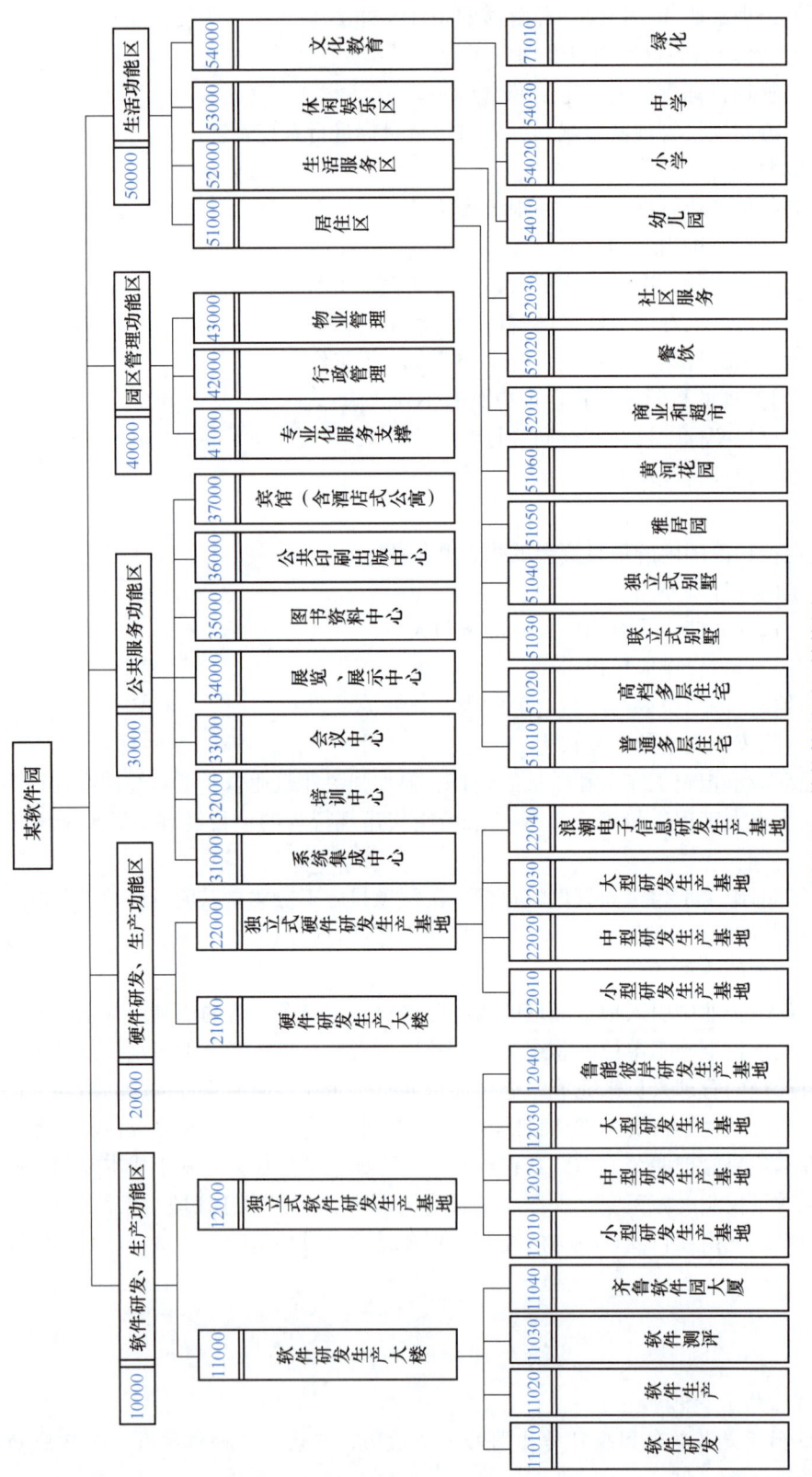

图 2-23 某软件园项目结构图

1）软件研发、生产功能区。
2）硬件研发、生产功能区。
3）公共服务功能区。
4）园区管理功能区。
5）生活功能区。

如对其进行第一层次的分解，其中软件研发、生产功能区包括：软件研发生产大楼和独立式软件研发生产基地。其他功能区也可再分解。某些第二层次的项目组成部分（如独立式软件研发生产基地）还可再分解。

2. 组织结构图示例

三峡工程是世界上规模最大的水电站工程，1992年获得我国全国人民代表大会批准建设，1994年正式动工兴建，2003年6月1日下午开始蓄水发电，于2009年全部完工。整个工程分为三期，总工期17年。三峡水电站大坝高程185m，蓄水高程175m，水库长2335m，静态投资1352.66亿元人民币。

三峡工程具有工程量大、施工强度高、技术复杂、工期长等特点。工程建设伊始，即引入了以项目法人责任制为中心的招标承包制、工程建设监理制和合同管理制等机制，形成了符合三峡工程特点的建设管理体系。为了保证三峡工程的顺利实施，国务院成立了三峡工程建设委员会（以下简称"三建委"），作为三峡工程的最高决策机构，三建委下设办公室作为日常办事机构，同时成立了中国长江三峡工程开发总公司和三峡工程移民局，分别负责工程建设和移民工作。图2-24所示为三峡工程项目管理机构图。

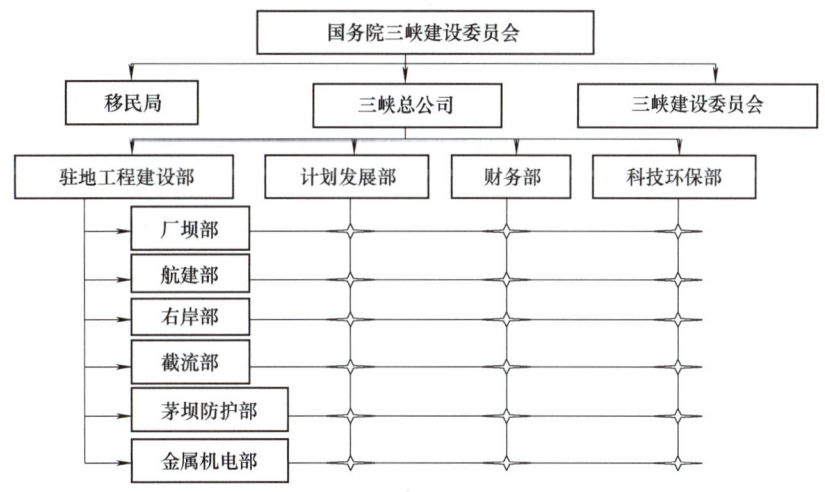

图2-24 三峡工程项目管理机构图

3. 工作流程图示例

某软件园的策划工作由工程管理咨询（顾问）公司承担（以下简称策划方），规划工作由规划设计方承担，开发方对策划和规划的阶段性成果表达其意见，政府对规划的阶段性成果要履行审批职能。策划方、规划设计方、开发方和政府有关部门的工作按一定的顺序进行，相互之间也有一定的交叉。用工作流程图可清晰地表达有关的逻辑关系。图2-25所示为该软件园策划工作的工作流程图示例，将图面纵向地划分为4个条块，可以非常清楚地识别哪些工作由哪方承担。

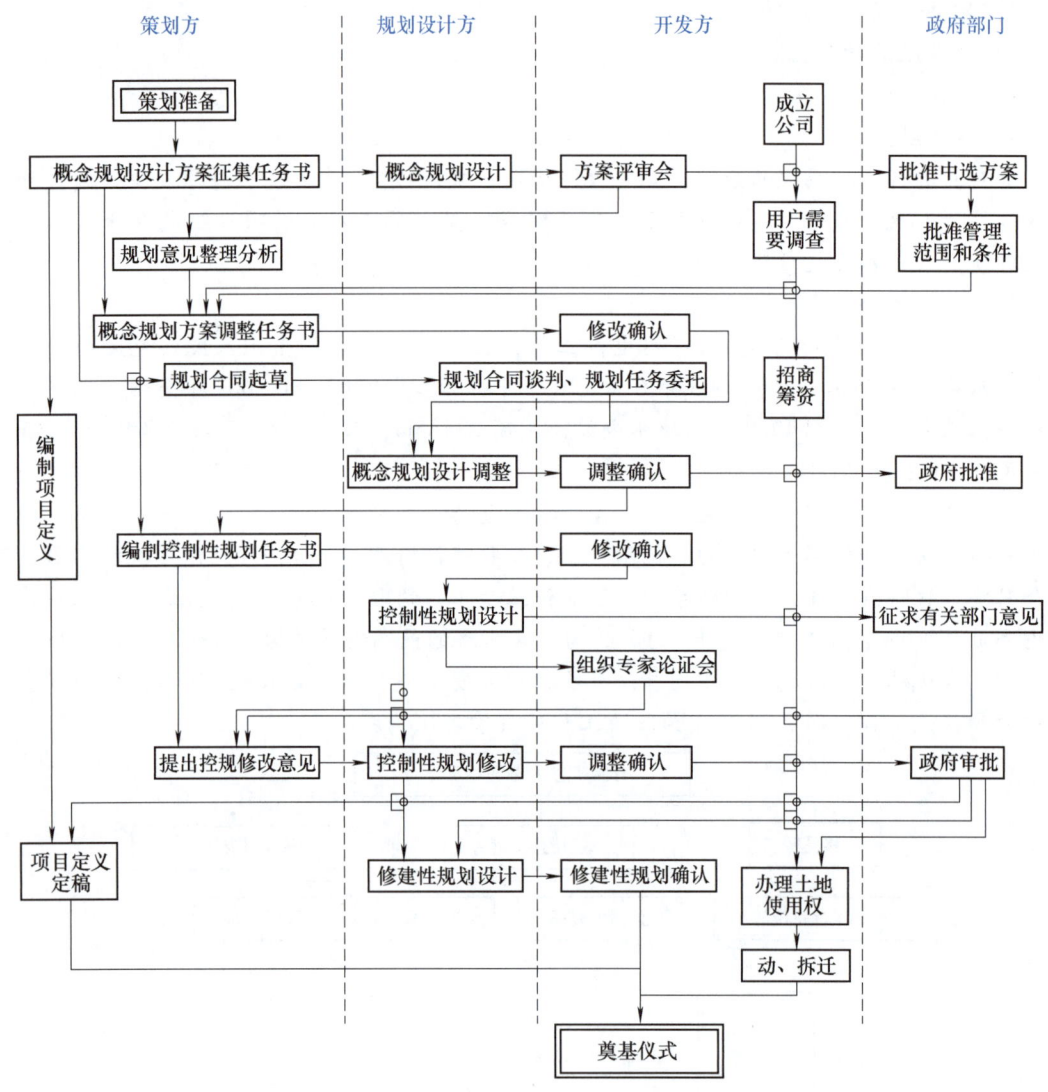

图 2-25 某软件园策划工作的工作流程图示例

思 考 题

1. 简述组织论与工程项目管理的关系。
2. 简述项目结构图、组织结构图和合同结构图的区别。
3. 简述职能组织结构、线性组织结构和矩阵组织结构的特点。
4. 简述管理任务分工和管理职能分工的意义。
5. 试绘制投资控制工作流程图。
6. 试绘制一张项目结构图。
7. 简述项目结构和合同结构的关系。
8. 简述项目经理部的作用和主要管理制度。

9. 简述项目经理的主要职责权限。

习　题

一、单选题

1. 一个系统目标能否实现，其决定因素是（　　）。
　　A. 经济　　　　B. 技术水平　　　　C. 组织　　　　D. 经验
2. 在控制项目目标措施中，（　　）是最重要的措施。
　　A. 经济措施　　B. 技术措施　　　　C. 管理措施　　D. 组织措施
3. 在下列各种图中，（　　）是通过树状图的方式对一个项目的结构进行逐层分解，以反映组成该项目的所有工作任务。
　　A. 项目组织结构图　　　　　　　　B. 项目结构图
　　C. 工作流程图　　　　　　　　　　D. 合同结构图
4. 在项目结构图中，每一个组成部分都要进行编码，称为（　　）。
　　A. 项目组织编码　　　　　　　　　B. 信息管理编码
　　C. 进度控制编码　　　　　　　　　D. 项目结构编码
5. 项目结构图也称为（　　）。
　　A. WBS 图　　B. OBS 图　　　　C. WPS 图　　　D. PD 图
6. 在项目的组织工具中，用以反映项目所有工作任务及其层次关系的是（　　）。
　　A. 管理职能分工表　　　　　　　　B. 工作任务分工表
　　C. 项目结构图　　　　　　　　　　D. 组织结构图
7. 图 2-26 所示的组织工具图表示的是（　　）。

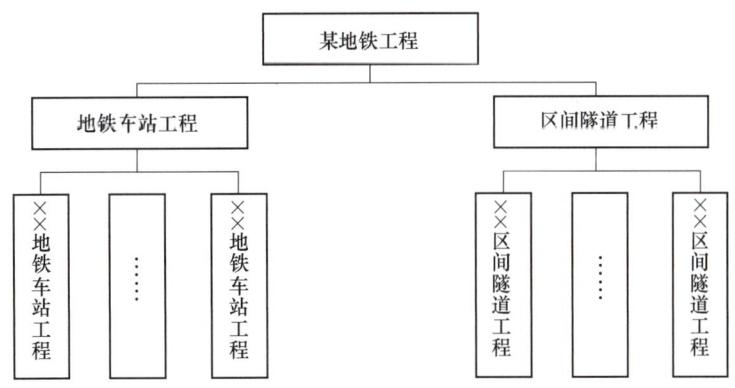

图 2-26　习题 7 图

　　A. 项目结构图　　　　　　　　　　B. 工作流程图
　　C. 组织结构图　　　　　　　　　　D. 合同结构图
8. 某建设工程项目的规模不大，参与单位不多，为提高管理效率，避免出现矛盾指令，宜采用（　　）模式。
　　A. 线性组织结构　　　　　　　　　B. 混合组织结构
　　C. 矩阵组织结构　　　　　　　　　D. 智能组织结构
9. 在下列哪种组织结构中，每一个工作部门只有一个指令源，避免了由于矛盾的指令影响组织系统的运行（　　）。
　　A. 矩阵组织结构　　　　　　　　　B. 职能组织结构
　　C. 线性组织结构　　　　　　　　　D. 复合式组织结构

10. 指令源分别来自于纵向和横向工作部门组织结构是（　　）。
    A. 职能组织结构　　　　　　　　B. 矩阵组织结构
    C. 事业部　　　　　　　　　　　D. 复合式组织结构
11. 组织分工反映的是一个组织系统中各子系统或各元素的工作任务分工和（　　）。
    A. 管理目标分工　　　　　　　　B. 管理职能分工
    C. 管理责任分工　　　　　　　　D. 管理权限分工
12. 编制项目管理工作任务分工表，首先要做的工作是（　　）。
    A. 进行项目管理任务的详细分解　B. 绘制工作流程图
    C. 明确项目管理工作部门的工作任务　D. 确定项目组织结构
13. 管理是由多个环节组成的过程，为了说明组成管理的这些环节可以使用（　　）。
    A. 项目组织设计文件　　　　　　B. 项目任务分期表
    C. 工作任务分工表　　　　　　　D. 管理职能分工描述书
14. 关于编制项目管理任务分工表的说法，正确的是（　　）。
    A. 业主方应对项目各参与方给予统一指导和管理
    B. 首先应对项目实施各阶段的具体管理任务做详细分解
    C. 首先要定义主管部门的工作任务
    D. 同一类别的项目可以集中编制通用的分工表
15. 为明确混凝土工程施工中钢筋制作安装、混凝土浇筑等工作之间的逻辑关系，施工项目部应当编制（　　）。
    A. 组织结构图　　　　　　　　　B. 任务分工表
    C. 工作流程图　　　　　　　　　D. 工作一览表
16. 工作流程图是以图示形式反映一个组织系统中各项工作之间的（　　）联系。
    A. 合同　　　B. 经济　　　C. 逻辑　　　D. 指令
17. 工作流程组织反映一个组织系统中各项工作之间的（　　）关系。
    A. 静态组织　B. 动态组织　C. 工艺　　　D. 从属
18. 在下列各种图中，（　　）反映业主方和项目各参与方之间，以及项目各参与方之间合同关系。
    A. 项目结构图　　　　　　　　　B. 工作流程图
    C. 项目组织结构图　　　　　　　D. 合同结构图
19. 关于建造师和项目经理的说法，正确的是（　　）。
    A. 取得建造师注册证书的人员即可成为施工项目经理
    B. 大、中型工程项目施工的项目经理必须由取得建造师注册证书的人员担任
    C. 建造师是管理岗位，项目经理是技术岗位
    D. 取得建造师注册证书的人员只能担任施工项目经理
20. 在本企业法定代表人授权范围内，建设工程施工方项目经理的管理权力包括（　　）。
    A. 调配企业人力及机械设备　　　B. 调整项目投资目标
    C. 审定危险性较大的工程专项施工方案　D. 调整项目技术负责人

二、多选题
1. 关于组织与目标之间关系的叙述，（　　）是正确的。
    A. 系统的目标决定了系统的组织　B. 系统的组织决定了系统的目标
    C. 组织是目标能否实现的决定因素　D. 目标是组织能否实现的决定因素
    E. 影响一个系统目标实现的主要因素除了组织以外，还有人的因素，以及生产与管理的方法与工具等

2. 关于组织和组织工具的说法，正确的有（　　）。
   A. 组织分工一般包含工作任务分工和管理职能分工
   B. 工作流程图反映一个组织系统中各项工作之间的指令关系
   C. 工作流程图是一种重要的技术工具
   D. 组织结构模式和组织分工是一种相对静态的组织关系
   E. 在线性组织结构中，每一个工作部门的指令源是唯一的

3. 下列关于项目管理组织结构模式的表述中，正确的有（　　）。
   A. 职能组织结构中每一个工作部门只有一个指令源
   B. 矩阵组织结构中有横向和纵向两个指令源
   C. 大型线性组织系统中的指令路径太长
   D. 线性组织结构中可以跨部门下达指令
   E. 职能组织结构适用于大型组织系统

4. 下列关于项目组织结构图的叙述，（　　）是正确的。
   A. 反映一个组织系统中各子系统之间或各元素之间的指令关系
   B. 项目参与方项目管理组织结构都可以用各自的项目组织结构图描述
   C. 在组织结构图中，可以反映组成该项目的所有工作任务
   D. 可以反映出一个组织系统中各项单位之间的合同关系
   E. 应反映项目经理和各项管理任务主管工作部门或主管人员之间的关系

5. 组织分工反映了一个组织系统中各子系统或各元素的（　　）。
   A. 指令关系　　B. 工作任务　　C. 管理职能分工
   D. 静态组织关系　　E. 动态组织关系

6. 管理是由多个环节组成的过程，每一过程即为管理职能，它包括（　　）。
   A. 提出问题、策划　　B. 决策　　C. 执行、检查
   D. 反馈　　E. 纠偏

7. 下列关于工作流程图的叙述，（　　）是正确的。
   A. 工作流程图反映了一个组织系统中各项工作之间的组织关系
   B. 工作流程图可视需要逐层细化
   C. 可运用工作流程图描述各项项目管理工作流程
   D. 投资控制工作流程图、进度控制工作流程图和质量控制工作流程图等都属于工作流程图
   E. 工作流程图是一种相对静态的组织关系

8. 项目经理在承担项目施工管理过程中，需履行的职责有（　　）。
   A. 贯彻执行国家和工程所在地政府的有关法律、法规和政策
   B. 确定项目部和企业之间的利益分配
   C. 对工程项目施工进行有效控制
   D. 严格财务制度，加强财务管理
   E. 确保工程质量和工期，实现安全、文明生产

9. 施工项目经理的职责包括（　　）。
   A. 确保项目建设资金的落实到位
   B. 贯彻执行有关的法律法规
   C. 确保工程质量
   D. 预防重大工程质量安全事故的发生
   E. 确保工程工期

10. 根据 GB/T 50326—2017《建设工程项目管理规范》，项目经理应具有的权限包括（　　）。
    A. 代表本企业与业主签订承包合同
    B. 主持项目经理部工作
    C. 负责组建项目经理部
    D. 制定项目经理部内部计酬办法
    E. 参与选择物资供应单位

第 3 章

工程项目策划

学习目标

熟悉工程项目策划的基本概念和类型,了解工程项目策划的作用和意义,掌握工程项目前期策划的主要工作和策划过程,掌握工程项目实施策划的工作方法,熟悉工程项目实施的组织策划。

3.1 工程项目策划概述

3.1.1 策划的含义

策划是一种策略、筹划、谋划或者计划、打算,它是个人、企业、组织结构为了达到一定的目的,充分调查市场环境及相关联的环境的基础之上,遵循一定的方法或者规则,对未来即将发生的事情进行系统、周密、科学的预测并制订科学的可行性的方案。基本上策划都是针对未来的事物或就未来要发生的事情做当前的判断。换言之,策划是依据事物的因果关系,衡量未来可以采取的方案,作为目前项目决策判断的依据,是预先决定做什么,何时做,如何做,以及谁来做的问题。可见,策划是一项立足现实,面向未来的活动,根据现实的各种情况与信息,判断事物变化的趋势,围绕某一活动的特定目标来全面构思、设计、选择合理可行的行动方式,从而形成正确的决策和高效工作的过程。由此可见,策划是在现实基础上进行的,具有明确的目的性,按特定程序运作的系统活动,是一种超前性的人类特有的思维过程和计划方案,是针对未来和今后发展及其结果所做的筹划,能有效地指导未来工作的开展并取得良好的成效。精心的策划是实现科学决策的重要保证,也是实现预期目标,提高工作效率的重要保证。

通过理解策划的含义可知,未来任一目标的实现都需要有一个策划的过程。建设工程项目更是如此。

工程项目策划是指项目业主或策划人员根据业主的投资设想与总目标的要求,从不同角度出发,对工程项目进行系统地分析,对项目建设活动的整体策略进行运筹规划,对工程建设活动的全过程做预先的考虑和设想。工程项目策划的目标是在工程项目实施活动的时间、空间和任务的三维关系中选择最佳的结合点,有效地利用资源和开展项目运作,以保证实现项目的目标,并获得满意的经济效益、环境效益和社会效益。由于工程项目策划是一种把工程建设活动意图转换成定义明确、系统清晰、目标具体且富有策略性动作思路的高智力的系统活动,因此工程项目策划通常需具备三点基本要素:一是要有依据国家、地方法规和业主要求而设定的建设工程项目;二是在对项目的实施、运行与未来发展做出预测的基础上进行策划;三是要有能对手段和结论进行客观评价的可能性。

3.1.2 工程项目策划的意义和作用

1. 工程项目策划的意义

工程项目策划主要包括工程项目的前期策划和项目决策两个重要组成部分。项目的前期策划工作是项目决策的准备阶段,主要产生项目构思,确立目标,并对目标进行论证,为项目的批准提供依据。作为孕育工程项目阶段的前期策划不仅对项目的整个生命期,对项目的实施和运营都起着决定性影响。

项目构思和项目目标的确立解决的是项目方向性问题。项目的前期费用投入较少,项目的主投入是在建设施工阶段;但项目前期策划对项目生命期的影响最大,稍有失误就会导致项目的失败,产生不可挽回的损失,而施工阶段的工作对项目生命期的影响较小。

由目标决定任务的工程项目,其任务决定着技术方案和实施方案或措施,再由实施方案产生工程活动,进而形成一个完整的项目技术系统和项目管理系统。作为项目目标规定的项目和项目管理的各阶段与各方面所形成的一条贯穿始终的主线,若目标设计出错,常会产生工程建成后无法正常运行,达不到使用效果;工程项目虽可正常运行,但其产品或服务无市场,不能为社会接受;或因运营费用高,没有效益,缺乏竞争力;或因项目目标在工程建设过程中不断变动造成投资超额,工期滞后等不良后果。

工程项目前期策划工作具有全局性的影响。工程项目的建设须满足国家、地方和企业发展的需要,提供社会急需的产品与服务。若拟建的项目,其结果不能解决决策层亟待解决的问题,就不能为决策层所接受。一旦决策失误,就会造成不良的后果。

2. 工程项目策划的作用

(1) 构思工程项目系统框架 项目策划的首要任务是根据项目投资意图进行项目定义和定位,全面构想一个待解的项目系统。此项目定义即对项目的用途性质做出明确的界定,如某类工业项目、公共项目、房地产开发项目等。具体描述工程项目的主要用途或综合用途与目的;而项目定位即根据市场和需求,综合考虑投资能力和最有利的投资方案,决定项目的规格和档次。

在项目定义和项目定位明确的前提下,提出项目系统构建的框架,从项目功能的分析确定项目系统的组成结构,使其形成完整配套的能力。如要建设一个现代化的飞机场,应在项目定位的基础上,对其规模和系统构成做出策划,该构成包括飞机跑道等级、停机坪大小、候机楼面积与水准、停车场面积、导航系统、油料和货物输送系统、安全检查系统及其他后勤服务系统等,以使项目的基本设想变成具体明确的建设内容和要求。

(2) 形成项目的竞争优势 在市场经济条件下,项目策划的根本目的是实现项目业主(投资人)的投资目标。因此,策划人员提出的项目构想和目标与实施方案要保证项目建设的顺利开展,所拟订的产品(服务)方案必须确保项目建成投产后生产的产品(服务)在市场上有竞争力,能形成项目的竞争优势。否则,工程项目尤其是工业项目预期的经济效益无法实现。

(3) 为决策提供保证 工程建设项目投资决策建立在项目可行性研究的基础上,且该研究的前提是建设方案本身及其所赖以生存和发展的社会经济环境和市场。建设方案并非由投资主体的主观愿望和某种意图的简单构想就能完成,须通过专家在总体和若干重要细节上的策划,如项目定位、系统构成、目标确定及管理运作等具体策划,并做实施可能性的分析,才能使建设方案建立在可运作的基础上。工程项目策划的决策保证作用体现在策划人员为项目业主决策所做的科学缜密的项目谋划、构思、拟订多种备选方案上。决策者以策划方案为基础,进行选择和决断,从而保证决策的科学性。

(4) 作为项目计划的依据　策划人员在做项目计划或规划前,运用科学的策划程序对项目计划进行构思和设计,为项目计划的制订提供必要的基础信息,使项目计划切实可行,使项目预算投向准确。

(5) 起到预测的作用　根据项目业主对项目发展的要求,策划人员针对工程项目生命期内社会环境的变化,进行超前研究,预测未来发展趋势,思考未来可能出现的问题与风险,并提出相应的对策,帮助项目业主提高在未来项目实施与运营过程中的适应能力。

(6) 起到项目管理创新作用　策划本身就是一种创新活动。每个工程项目的投资时期不同,社会条件不同,所在地区不同,拥有的资源也不同,故要求策划人员具有创造性思维,对项目的功能系统、技术系统、管理系统进行创新,并深入到项目系统构成的各个层面,乃至针对各个阶段的项目管理的运作方案提出全面的构想。由此可见,项目策划实质上是一个管理创新的过程。

3. 工程项目策划中需要注意的问题

为搞好工程项目前期策划,在策划的过程中需重点关注以下三个方面的问题:

1) 须优先注意在策划过程中的环境调查,并对环境发展趋向做合理的预测。首先,环境是确定项目目标,进行项目定义,分析可行性的最重要影响因素,是进行正确决策的基础;其次,在整个过程中要对多重反馈的过程有充分认识,以不断地进行调整、修改、优化,甚至放弃原定的构思、目标或方案;最后,注重项目前期策划过程中阶段决策的极端重要性,这需要在整个过程中设置几个决策点,以对阶段工作结果进行分析、选择。

2) 项目前期策划工作的安排,须重视在现代工程项目中项目管理专家的早期介入。在国际工程中,咨询工程师甚至承包商在项目目标设计,甚至在项目构思阶段就进入项目。如此不仅能防止决策失误,而且能保证项目管理的连续性,进而能保证项目的成功,提高项目的整体效益。与此同时,在项目的前期策划阶段应注意决策层管理者的任务是提出解决问题的期望,或将总的战略目标和计划分解,而不必过多地考虑目标的细节以及如何去完成目标,更不能立即提出解决问题的方案,应争取高层的支持,以获得由高层人士,如投资者、政府官员、权力部门、企业管理者决策的工程项目立项,这是项目成功的关键因素之一。但不应忽视工程中潜在的风险,这会导致项目决策的失误。协调好战略层和项目层的关系。非技术经济或财务专家的决策层管理者一般不懂项目管理,但要做项目决策,这往往是项目的一个基本矛盾。为此决策的依据须建立在科学基础上,须有财务和工程经济、项目管理专家的支持。故在项目前期就应在组织上、工作责任和工作流程上建立战略层和项目层之间的关系,使整个前期工作有条不紊地进行。最后是重视项目的实施和运行。达到项目目标需要许多构成项目要素的条件,对通常的工程项目,这些要素包括产品或服务的市场、资金、技术(专利、生产技术、工艺等)、原材料、生产设备和管理人员、土地、厂房、工程建设力量等。获得这些要素是使项目顺利实施的必要保证;要使项目有好的经济效益,须对这些要素进行优化组合,在前期策划中应考虑如何获得这些要素和对这些要素进行优化组合。随着国际经济的一体化，人们有越来越多的机会和可能性在整个国际范围内取得这些项目要素。

3）在项目前期策划中还应注意决策层系统的问题、目标和项目的联系与区别；注意充分开发项目产品的市场和边界条件的优化；充分利用环境条件，选择有利地址，合理利用自然资源和当地的供应条件、基础设施；充分考虑与其他单位的合作机会和可能性。

3.2 工程项目策划的分类及主要任务

3.2.1 工程项目策划的分类

工程项目策划按照不同的分类标准可以分成不同的类型。

1. 按照策划的阶段划分

1）项目前期策划。项目前期策划在项目决策之前完成，为项目决策服务。项目前期策划要回答建设什么、为什么要建设的问题，又称为项目决策评估。

2）项目实施策划。项目实施策划在项目实施阶段的前期完成，为项目管理服务。项目实施策划要回答怎么建的问题，将项目决策付诸实施，形成具有可行性、可操作性和指导性的实施方案，又称为项目实施评估。

项目决策策划和项目实施策划两者统称为项目策划。

3）项目运营策划。有的项目还进行项目运营策划，项目运营策划在项目实施阶段完成，包括项目运营方式、运营管理组织、运营机制和运营准备等方面的策划，用于指导项目动用准备和项目运营，并在项目运营阶段进行调整和完善。

2. 按照策划的范围划分

1）项目总体方案策划。

2）项目局部方案策划。

3. 按照策划的内容划分

1）项目的构思策划。

2）项目的经济策划。

3）项目的组织策划。

4）项目的目标控制策划。

5）项目的采购策划。

6）项目的风险策划等。

3.2.2 工程项目策划的主要任务

1. 项目前期策划的任务

项目前期策划，即项目决策策划，最主要的任务是定义如何组织开发或建设该项目，包括明确项目进行的规模、内容、使用功能和质量标准，估算项目总投资和投资收益，以及与项目决策有关供货的组织、管理和总进度规划等问题。

项目前期策划一般包括以下六项任务：

1）建设环境和条件的调查和分析。

2）项目建设目标论证与项目定义。

3）项目结构分析。
4）与项目决策有关的组织、管理和经济方面的论证与策划。
5）与项目决策有关的技术方面的论证与策划。
6）项目决策的风险分析。

2. 项目实施策划的任务

项目实施策划主要是对项目目标、组织、环境和实施过程的安排，包括组织设计、招标、组织施工、组织供货等方面的策划。

项目实施策划的基本任务如下：
1）项目实施的环境调查和分析。
2）项目目标分析和再论证。
3）项目实施的组织策划。
4）项目实施的管理策划。
5）项目实施的合同策划。
6）项目实施的经济策划。
7）项目实施的技术策划。
8）项目实施的风险分析与风险管理策划等。

项目决策和实施阶段的策划任务见表 3-1。

表 3-1 项目决策和实施阶段的策划任务表

策划任务	项目决策阶段	项目实施阶段
环境调查和分析	1. 调查分析总体的宏观经济环境、项目的市场环境（包括市场需求和供给，市场竞争状况等）、政策环境 2. 项目当地的自然环境，包括气象、水文和地质条件等 3. 项目所在区域的建筑环境，即周围环境和建筑物的风格、色调、体型、体量等	1. 调查分析项目所在地的政策环境（地方法规、条例、建设标准等） 2. 市场环境（当地原材料、劳动力的供给和价格） 3. 建设环境（能源、基础设施等）和建筑环境（风格、主色调等）
项目目标分析和再论证	1. 确定项目建设的目的、宗旨及其指导思想 2. 项目的规模、组成、功能和标准的定义 3. 项目的总投资规划和论证 4. 建设开发周期规划和论证	1. 投资目标分解和论证 2. 编制项目投资总体规划 3. 进度目标分解和论证 4. 编制项目建设总进度规划 5. 项目功能分解 6. 建筑面积分配 7. 确定项目质量目标
组织策划	1. 决策期的组织结构 2. 决策期任务分工及管理职能分工 3. 决策期的工作流程 4. 实施期组织总体方案 5. 项目的编码体系分析	1. 业主方项目管理班子的组织结构 2. 任务分工和管理职能分工 3. 确定项目管理工作流程 4. 建立编码体系
管理策划	1. 实施期管理总体方案 2. 界面管理方案 3. 运营期设施管理总体方案，运营期经营管理总体方案	1. 确定项目实施各阶段的项目管理工作的内容 2. 界面管理的具体实施

(续)

策划任务	项目决策阶段	项目实施阶段
合同策划	1. 决策期的合同结构 2. 决策期的合同内容和文本 3. 实施期的合同结构总体方案等	1. 实施期的合同结构总体方案等 2. 确定项目管理委托、设计施工和物资、采购合同结构方案 3. 确定各种合同类型和文本
经济策划	1. 项目建设成本分析 2. 开发或建设效益分析 3. 融资方案 4. 编制资金需求量计划	1. 项目建设成本分析 2. 投资估算及融资方案的深化分析
技术策划	1. 技术方案分析和论证 2. 关键技术进行分析和论证 3. 技术标准、规范的应用和制定等	1. 技术方案的深化分析和论证 2. 关键技术的深化分析和论证 3. 技术标准和规范的应用和制定 4. 材料和设备选型，组织进场
风险分析与风险管理策划	1. 决策期风险（政治风险、政策风险、经济风险、技术风险、组织风险和管理风险等）的识别 2. 风险分析和风险管理措施制定 3. 实施期风险管理策划	1. 实施期风险（环境风险、组织风险、经济与管理风险、技术风险等）识别和分风险策划的识别 2. 风险控制管理流程和措施制定

3.3 工程项目前期策划

任何项目都源于项目构思，经过一系列的调查分析，也就是项目前期策划的过程，在此期间，需要经历不断的反馈与更新过程，最终形成项目任务书，工程项目前期策划的主要阶段及过程如图3-1所示。

根据具体项目的不同情况，前期策划的形式可能有所不同，有的形成一份完整的策划文件，有的可能形成一系列策划文件。一般而言，项目前期策划的工作包括环境调查与分析、项目产业策划、项目功能策划、项目经济策划等（见图3-2）。其中，项目产业策划、项目功能策划和项目经济策划是项目决策策划的主要内容，而环境调查与分析则是产业策划、功能策划与经济策划的基础。

3.3.1 环境调查与分析

充分占有信息是工程项目策划的先决条件，否则策划工作将成为照本宣科、纸上谈兵，缺乏针对性，结论将缺乏真实性。而信息的充分占用要通过环境调查与分析，这是项目策划工作的第一步，也是最基础的一环。

1. 环境调查与分析的目的

策划的过程是知识管理与创新的过程，因此无论是大型城市开发项目策划还是单体建筑策划，都需要进行多渠道信息的收集。科学的项目决策建立在可靠的项目环境调查和准确的项目背景分析的基础上。环境调查与分析是对影响项目策划工作的各方面环境进行调查，并进行认真分析，找出影响项目建设与发展的主要因素，为后续策划工作提供参考。不同类型的工程项目，其环境调查的内容不尽相同，而且在项目生命期的过程中，调查因不同的主体（业主、投资者、开发者等）、不同的需求，有不同的调查内容和深度，需要根据具体情况确定调查方案。不仅项目决策策划过程中需要进行环境调查与分析，而且在项目实施策划过程中也需要进行环境调查与分析，但两者的具体内容有所区别。前者着重为项目决策服务，后者着重为项目实施服务，从前者到后者是一个逐步深化、细化的过程。

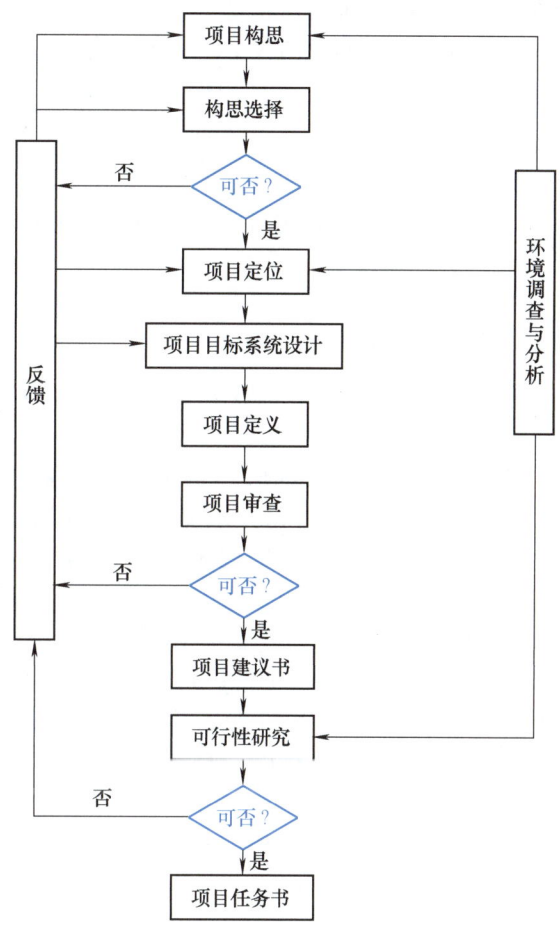

图 3-1 项目前期策划的主要阶段及过程

2. 环境调查的准备工作

由于环境调查的涉及面广，被调查者往往来自不同的行业，有着不同的知识背景和专业特长，而且环境调查各个方面要求的调查深度不同，有的需要得到很精确的数据，有的则只需要得到一个宏观的概况，所以在正式进行环境调查工作之前，调查人员有必要做好详细周全的准备工作，这样可以有针对性、有条理性地展开环境调查实施工作，提高工作效率。环

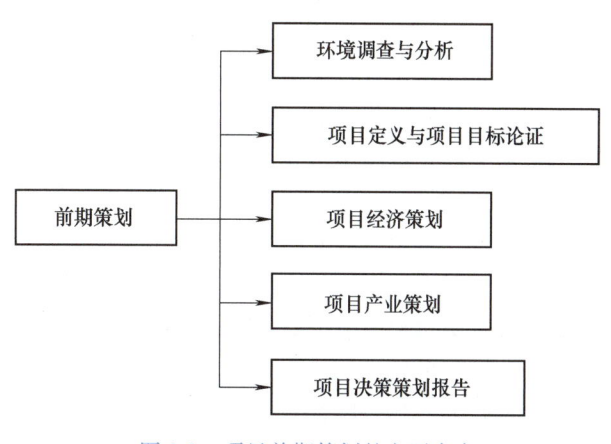

图 3-2 项目前期策划的主要内容

境调查准备工作的步骤包括：确定环境调查的内容，确定环境调查的对象，列出环境调查的提纲，形成完整的环境调查计划和方案。

3. 确定环境调查的内容

环境调查的内容为项目本身所涉及的各个方面的环境因素和环境条件，以及项目实施过程中可能涉及的各种环境因素和环境条件。政策法律环境、社会文化环境、宏观经济环境等对项目都会产生影响。考虑到影响有直接、间接之分，以及影响程度各异，为了节省成本，通常侧重于研究那些对项目有直接影响而且影响程度较高的因素。另外，不同项目环境调查的内容可能差别很大，针对不同的项目类型还需要对不同的特殊环境对象进行调查。

环境调查的内容应力求全面、深入和系统，具体内容可参考建设工程项目管理的环境相关内容。

4. 环境调查的依据

环境调查与分析应该以项目定位为基本出发点，将项目实施可能涉及的所有环境因素做系统性的思考，以其中对项目策划和项目实施影响较大的关键因素作为主要的考虑对象，进行全面、深入的调查与分析。

项目环境调查与分析的主要依据有以下几种：国家颁布的政策、法规及有关统计年鉴、市场信息的数据、指标等；有关社会状况和市场形势的资料、数据等；关于市场形势的资料、数据等；关于市场发展趋势的专家咨询意见与分析报告；城市规划、区域经济发展规划、旅游规划、项目实施计划和对环境保护的要求；相近项目的环境因素构成和变化资料等。除此之外，还有其他许多数据可对项目前期策划进行支撑。

因项目本身的特点不同、项目策划工作的侧重点不同等原因，环境调查可侧重在上述工作范围中，选择关键性比较高的一部分或几部分内容进行细化，也可以对工作范围中的内容重新进行分类与组合，为后续策划工作提供参考。

5. 确定环境调查的对象

环境调查的对象即调查人员取得调查资料的来源。调查者应思考希望获得哪些资料，并根据这些资料来源渠道有针对性地调查相关的单位、人员和档案资料。环境调查的对象一般包括以下两类：

（1）项目相关部门　项目相关部门是项目宏观、中观与微观背景资料的主要来源，从这些部门获取的资料具有相当的权威性和及时性，有时甚至是尚未正式发布的草案，对了解宏观背景的发展趋势具有极大的帮助。

（2）项目有关人员（群）　走访的相关人员（群）是重要的环境调查对象，通常包括业主方相关人员、最终用户、有关领导、相关专家和专业人士，以及其他相关人员等，通过对这些相关人员（群）的访谈，可以了解项目相关人员（群）和项目的关系，以及对项目的意见或建议。为了提高调研效率，可以集中召开座谈会。

6. 确定环境调查的提纲

确定调查内容与对象后便可以着手编写调查提纲，调查提纲应包括以下主要内容：

1）调查目的，希望获取哪些资料。
2）调查内容，对调查目的的细化。
3）被调查者情况，一般包括被调查人所在部门及其职位等。

4）调查的问题及备注，准备问哪些问题，并留下谈话记录的空间。

5）调查的资料编号及其名称，希望索要哪些资料（有些可能是有偿的）。

6）调查人与调查日期等。

7. 环境调查资料的分析整理

环境调查的最终目的是为项目策划服务，因此环境调查的分析至关重要，它是大量的资料与信息提炼的过程，也是思考、分析和归纳的过程，甚至是出点子、出思路的创新过程。没有经过整理与分析的资料不仅对策划没有帮助，反而会成为大量的信息垃圾，大大降低信息的价值，因此应充分关注对环境调查资料的整理与分析。环境调查分析报告没有固定的格式，根据策划的需要进行设定，但一般包括资料的简要论述、对比，由此得出的结论及对策划的启示，此外还包括主要参考资料清单及资料来源目录，重要的参考文献也可分类装订成册作为附件，以便查阅。一般情况下，环境调查分析报告可以涵盖以下几个方面的内容：

1）自然环境分析。
2）历史与文化环境分析。
3）社会发展环境分析。
4）经济环境分析。
5）政策环境分析。
6）产业发展环境分析。
7）需求环境分析。
8）建筑市场环境分析等。

案例 3-1

某高端医院项目，拥有先进的技术和服务水平，主要面向国际友人和高收入人群的高端医疗需求。在该项目的前期策划工作中，策划小组从前期策划的基本方法出发，综合考虑医院项目自身专业化的特点，同时结合本项目的特殊性，主要从四个方面对该医院项目进行了环境调查与分析，如图3-3所示。

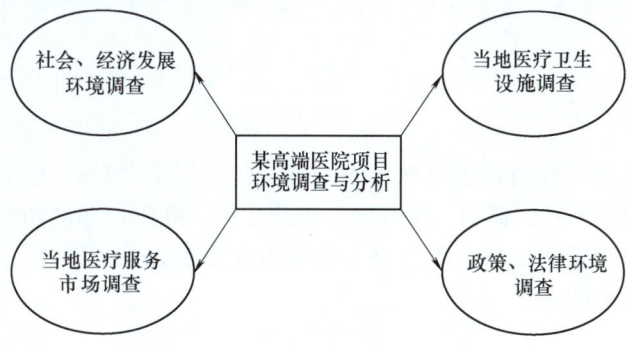

图 3-3　项目环境调查与分析的内容

1. 社会、经济发展环境调查

医院项目的建设，是依托于一定的社会、人群而存在的，一般医院提供的服务是直接面向当地人口，而不像工业产品审查项目，可以通过运输把产品销售到远距离的区域。因此，项目所在地的社会、经济发展情况和医疗卫生设施建设的现状和规划对项目是否应该建设具有非常重要的指导意义。因此，应对当地的社会经济发展和环境方面重点了解以下内容：

1）城市人口规模。
2）国民生产总值、人均国民生产总值、当年的增长速度。
3）医疗费用占国内生产总值的比例。
4）人均收入。
5）高收入人群数量。
6）外籍人士数量、增长速度等。

2. 当地医疗卫生设施调查

政府部门对当地的医疗卫生设施建设有严格的控制和规划，而新建医院必要打破当地卫生设施的现状格局，影响现有医院的营业水平，因此必须注意到项目所在地的医疗卫生设施的现状及发展规划，以便策划工作的顺利和有效开展。因此要重点对当地的医疗卫生水平做总体情况调查，以及对具体选址区域的医疗卫生水平做详细调查。

3. 当地医疗服务市场调查

对当地医疗服务市场进行调查，目的在于掌握市场的实际情况和发展动向，发现进入市场的切入点，调查内容主要包括基本情况、需求情况和供给情况三个方面。

4. 政策、法律环境调查

政策对医院的建设和发展是非常重要的。国家根据承担任务和功能的不同，将医院分为营利性医院和非营利性医院，分别有不同的管理方式。对两种医院的投资、价格、税收政策，以及当地对医疗卫生机构的发展规划进行详细了解调查。此外，还需要调查外籍医生是否能够驻华行医等内容。

除了上述内容之外，还需要调研医院建设和运营的成本、项目所在地建筑市场环境，以及对相关风险因素等进行调查分析。

3.3.2 项目定义与目标论证

项目决策策划的根本目的是进行项目的准确定位，对整个项目进行全面的、系统的定义，将业主的建设意图和功能需求反映到项目结构中去，并提出总体功能的定位。只有在准确定位的基础上做出的投资估算才有依据，也只有在准确定位的基础上做出的投入产出分析、经济效益分析才可信。

1. 项目定义

项目定义是建立在环境调查基础之上的，定义的结论又是投资估算、技术经济评价、投入产出分析和规划设计的基础。我国目前建设项目在做可行性研究时，由于环境调查的不充分，导致了项目定义不准确，投资估算"拍脑袋"，这样使得技术经济评价的结果与实际情况相差很大，没有发挥其应有的作用。

项目定义是将项目建设意图和初步构思,转换成定义明确、系统清晰、目标具体、具有明确可操作性的构思方案。项目定义用于回答"建什么"的问题,只有明确了"建什么",才有可能正确分析"要不要建"。项目开发建设的过程中,项目定义是很重要的一个环节,关系到项目开发建设的目标、功能定位,决定了项目的发展方向。

2. 用户需求分析

项目定义的一个非常重要的方法是用户需求分析,以最终用户的需求为导向,先进行人群分类,把最终用户分解为不同的人群,通过换位思考和调研,直接明确使用者对项目的需求,从而得出项目的目标。

用户需求分析是指对项目潜在的最终用户进行分类,归纳出每一类最终用户的主导需求,并就项目的功能与客户需求达成一致,最终形成项目开发目标的一个过程。简言之,需求分析就是解决"做什么"的问题,就是要全面理解并准确地表达用户的各项需求。从广义上理解,需求分析包括需求的获取、分析、说明、变更、验证、管理的一系列工作;狭义上理解,需求分析是指需求的分析、定义过程。用户需求分析是项目功能策划的第一步,并强调以最终用户需求为导向的原则。

案例 3-2

2010 年上海世博会人群需求分析

与奥运会体育设施不同,上海世博会项目的最大难点是需求不确定,尽管是大型会展设施,但建设的内容、规模、标准有许多不确定性,尤其需要进行用户需求分析。

1. 最终用户的类型

归纳起来,2010 年上海世博会有六大类主要人群,分别是参观人群、参展人群、园区管理和服务人群、后备保障人群、决策指挥控制人群和新闻媒体人群。这些人群有不同的需求,这些需求将对世博会的建设、运行和管理带来巨大影响。

2. 最终用户的需求分析

1) 参观人群需求分析。参观人群的需求包括远程了解世博信息、网上预约购票、交通工具和交通路线选择、酒店入住、现场购票、排队服务、寄存服务、参观引导、园区交通服务、气象服务、咨询服务、紧急帮助、饮食服务和特色服务等。

从参观人群的需求分析出发,世博园区的功能除了场馆建筑以外,还应该有广场、停车场、园内餐饮设施、公共厕所、休息区、排队等候区、机动车和步行道路等,这些设施的数量、位置和标准等都应进行详细分析。

2) 参展人群需求分析。参展人群的需求包括展位布局与展位信息、物流与仓储服务、销售管理、参观人群预警与管理、信息通信与信息服务、应急通信保障、后勤供应和能源供应等。

从参展人群的需求分析出发,世博园区的功能除了能供应水、电、气等能源外,还应该方便布展,包括大型展品的运输、入关手续、仓储、垃圾清运、参展人群的生活设施、布展的需求等。

3) 园区管理和服务人群需求分析。园区管理和服务人群包括物业管理人员、安保人员、设施保障人员、活动组织人员、卫生保洁人员等,这些不同人群对项目的需求也不同，要分别进行分析。从园区管理和服务人群的需求出发，他们希望世博园区的建筑功能应该满足便利而全面地对整个园区的设施进行科学化管理，且具备针对管理和服务人群本身的生活设施等。

4）后备保障人群需求分析。后备保障人群包括医护人员、消防人员、武警官兵备品备件供应商、水电气供应单位等，他们对世博园区的功能也存在一定的需求，使之可以实时掌握世博会的各项动态，做好预案和应急准备，在最短的时间内到达需要后备保障的区域。

5）决策指挥控制人群需求分析。决策指挥控制人群包括一级指挥平台、二级指挥平台、分区指挥部等，他们对园区功能的需求包括设置专门的功能区域，使之及时掌控世博会各项活动、各类设施和各个系统的运行信息，要能快速地启动应急措施或应急设施，要能及时地调度各种后备资源，但同时又不影响园区的正常运行。

6）新闻媒体人群需求分析。新闻媒体人群的需求包括需要提供专门的新闻中心及相关通信设施，可以提供便利、可靠、快速的通信服务和信息服务，如为记者提供语音接入和数据接入，保证全球的新闻媒体能够方便地采访世博会场和高速同步地发布文稿、图片、视频等信息。

3. 用户需求分析结论

从历届世博会的实践经验来看，要满足这些人群的需求，分门别类地分析，将不同人群的不同需求进行分析、细化，从如何满足这些需求的角度出发，去指导项目的定位、确定设计的原则，给设计提要求，从而确保设计的成功。

3. 项目功能分析

项目功能分析是指在总体构思和项目总体定位的基础上，在不违背对项目性质、项目规模及开发战略等定位的前提下，结合潜在最终用户的需求分析，将项目功能、项目内容、项目规模和项目标准等进行细化，以满足项目投资者或项目使用者的要求。对项目拟具有的功能、设施和服务等进行详细界定，是对功能定位的分解和细化，明确拟建项目究竟要实现哪些功能，主要包括明确项目的性质、项目的组成、项目的规模和质量标准等。

只有总体构思，没有功能分析，项目的定位就太粗放，在此基础上所做出的投入产出分析就缺乏依据，项目决策就带有盲目性，这是许多项目可行性研究的通病。

项目功能分析应从项目建成后运营使用的活动主体（使用人群和企业）出发，分析项目为满足他们的活动所应提供的各种设施和服务，从人群的功能需求和企业的功能需求两个方面对项目进行功能策划。项目功能分析可以是分层次的，即明确项目要实现的功能，每一项功能又包含的子功能，这样一层层细化，直到功能分析得非常清楚为止。项目功能分析的工具是功能分析结构图。

4. 项目面积分配

项目面积分配是建设工程项目定义的重要工具，它是对项目功能定位在数量和规模上的进一步量化，是从功能需求上为项目的具体规划提供设计依据，使规划设计方案更具合理性和可操作性，使投资估值更具准确性。另外，项目面积分配是工程项目决策策划的内容之一，它并不能代替规划设计，而是着重于功能需求，体现了项目策划的理念对于项目定位思考的深度，已远远超过普通的项目可行性研究对项目的定位深度，是对项目决策依据的补充和完善。

在功能分析的基础上，要对项目的整体面积进行分解和分配，项目整体的建筑面积是根据项目建设的标准确定的。因此，各功能分区的面积分配有两种方法：第一种方法是将总面积根据项目各功能分区按照一定的比例进行分配；第二种方法是根据项目的空间，按照建设标准的要求，确定项目每个房间的面积需求，汇总即可得到项目的总面积和各功能分区的面积分配计划。

（1）功能区的面积分配依据　如果说功能区的划分仅仅是对功能的定性分析，那么各个功能区面积大小的分配就涉及定量分析的问题，需要进一步从使用功能的角度进行估计和计算。

功能区的面积分配涉及许多方面，需要从多个角度进行分析。一般而言，功能区的面积分配主要考虑以下几个方面：

1）项目的整体构想，项目的整体功能的实现方式是功能区面积分配的主要依据。

2）项目的战略目标（包括项目的规模大小、预计使用类型、规模，以及项目的长远发展规划等），也是决定项目面积分配的重要因素。

3）项目建设的资金状况及整体建设的分期实施在投资和进度上决定了项目的面积分配比例，需要在现有的资金实力和时间范围内，考虑各功能区的面积分配以达到项目建设目的。

4）项目的功能区的划分方式和空间使用方式是决定项目各分区面积比例的直接因素，这些因素决定了各功能区在项目中如何实现，以及对空间布局的要求，是划分各功能区面积的直接依据。

5）一些特定的指标，如政府办公楼需要考虑规定的人均办公面积指标，病房需要考虑病人人均面积指标，教室需要考虑人均面积指标等。

面积分配是从使用功能上考虑空间数量上的划分，从使用角度（生产和生活）提出对占地面积和使用面积的需求。

（2）面积分配步骤　项目面积分配的具体步骤包括以下三个阶段：

1）从使用功能的角度对项目的空间构成进行分析，按照功能需求的类型对其空间构成进行分类。

2）在空间分类的基础上，对项目的使用过程中所需的占地面积和建筑面积进行设想。

3）根据各功能区在项目中的作用及其所提供功能的范围，对各功能区进行详细的面积分配。

策划人员所提出的面积需求，是从使用功能角度提出的，是对规划设计从使用角度提出的要求，并不能直接代替设计，仅供设计参考。面积分配比例和具体的面积分配数字可作为具体的规划设计和建筑设计的参考或依据。

3.3.3　项目经济策划

项目经济策划作为工程项目前期策划的重要组成部分，在项目前期通过较准确的项目定位，对项目的投融资和财务状况进行分析和预测，使项目投资风险降低到最小。它不仅可作为项目的最终决策依据，也可作为项目可行性研究、相关部门审批、投融资渠道选择等的重要参考资料。

项目规模、标准、投资额度等条件不同，项目经济策划工作开展程度也有所不同。一般而言，项目经济策划的主要工作内容包括项目总投资估算、项目融资方案、项目经济评价三个部分，如图3-4所示。其中，项目总投资估算是项目经济策划的首要工作，它包括估算建筑面积、投资分解结构、估算汇总及明细表；项目经济评价是指财务评价和国民经济评价。

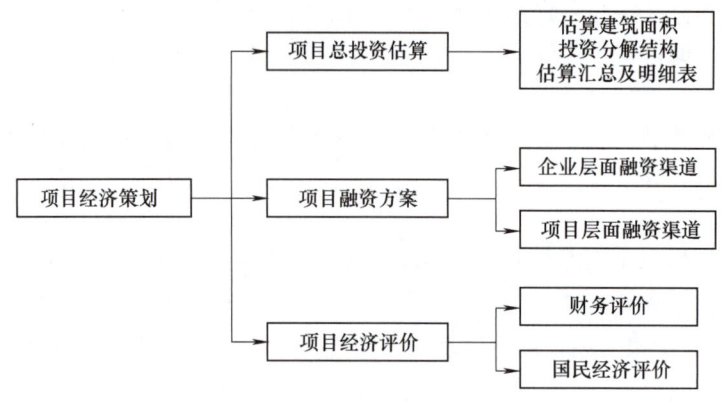

图3-4 项目经济策划工作内容

1. 项目总投资估算

项目总投资估算是项目经济策划的重要内容，与投资决策过程中的各个工作对应，投资估算也需按相应阶段进行编制。

项目总投资估算并不是一次确定的，需要根据项目进展情况逐步精确、细化，故与实际值之间存在差距。按照项目时间维度，工程项目总投资估算可分为以下三个阶段：

（1）投资机会研究阶段的投资估算 这一阶段主要是选择有利的投资机会，明确投资方向，提出概略的项目总投资估算。该阶段工作比较粗略，投资额的估计一般通过与已建类似项目的对比得来，总投资估算的误差率在±30%左右。

（2）初步可行性研究阶段的投资估算 这一阶段主要是在投资机会研究结论的基础上，在项目定义和目标论证正在进行且未最终定稿的过程中，逐步弄清项目的投资规模、原材料来源、工艺技术、厂地、机构和建设进度等情况，做出初步投资评价。总投资估算的误差率一般要求控制在±20%左右。

（3）详细可行性研究阶段的投资估算 该阶段主要是在已有明确的目标论证和项目定义结论的基础上，进行全面、详细、深入的技术经济分析，要评价选择拟建项目的最佳投资方案，对项目的可行性提出结论性意见。该阶段研究内容详尽，总投资估算的误差率应控制在±10%以内。

以上三个阶段所具备的条件和掌握的资料不同，因而总投资估算的准确程度不同，进而每个阶段总投资估算所起的作用也不同。随着项目的不断发展，调查研究的不断深入，积累的资料越来越丰富，总投资估算也越来越准确。

2. 项目融资方案

由于项目开发资金需求量特别大，投资人自有资金可能无法完全满足需求，通过其他渠道落实项目资金就成为项目前期策划必须解决的一个重要问题。随着我国建筑行业的逐步完善，资金筹集渠道也越来越多。

项目融资方案策划主要内容是确定项目的融资主体及其出资方式，主要包括融资组织与融资方式的策划、项目开发融资模式的策划等。

项目资金的筹集一般必须以项目投资者所属企业即项目法人为主体进行，因而从企业的角度对项目开发资金的筹集显得十分重要；而实际上，在进行开发项目的可行性研究、资金筹集方案的比较时，一般又都是以具体项目为主体进行开展的，因而从项目的角度进行融资策划也具有很强的实践意义和操作性。

(1) 企业融资策划　项目的投资主体大都以企业的形式表现出来。对于企业层面而言，其主要融资方式包括自有资金、银行贷款、发行债券或股票，以及一些其他的方式。

1) 自有资金的筹集。项目投资者对任何开发项目都必须投入相当量的自有资金，这是项目开发的基本条件之一。通常，开发商可以筹集的自有资金包括现金和其他速动资产、近期可收回的各种应收款。有时企业内部一些应计费用和应交税金，通过合理安排，也可应付临时的资金需求。速动资产包括企业持有的各种银行票据、股票、债券等，以及其他可以立即售出的建成楼宇等。

2) 银行贷款。常用的银行贷款有三种：一是开发企业流动资产贷款，它是金融机构对开发企业发放的生产性流动资金贷款，其贷款对象是在规定贷款范围内，具有法人地位，实行独立经济核算的企业。二是开发项目贷款，它是指金融机构对具体开发项目发放的生产性流动资金贷款。它的特点是贷款只能用于规定的开发项目，贷款对象是一些投资金额大、建设周期长的开发项目。三是项目抵押贷款，它是指借款人以借款人或第三人合法拥有的项目以不转移占有的方式向银行提供按期履行债务的保证而取得的贷款。

3) 债券筹资。发行公司债券是项目开发商的资金来源之一，与银行贷款一样，同属企业外来资金，但可使用时间较长。由于公司债券比政府债券风险大，其利率要高于政府债券利率，企业债券发行主体为项目开发股份有限公司，国有独资项目公司和两个以上国有企业或者两个以上的国有投资主体设立的项目有限责任公司。

4) 股票筹资。对项目开发商而言，发行股票是有效的筹资渠道之一，其发行主体属于项目开发股份有限公司，包括已经成立的股份有限公司和经批准拟成立的股份有限公司。

(2) 项目融资策划　从项目的角度来看，在项目开发融资策划中，需要特别注意项目融资的组织策划。

融资组织策划主要包括确定项目融资的主体及主体所采用的组织方式，不同项目的融资主体不同，需要根据实际情况进行最佳组合和选择。从国内外经验来看，融资方式有图3-5所示的几种。其中，直接安排融资即通过项目投资者所属公司进行融资，

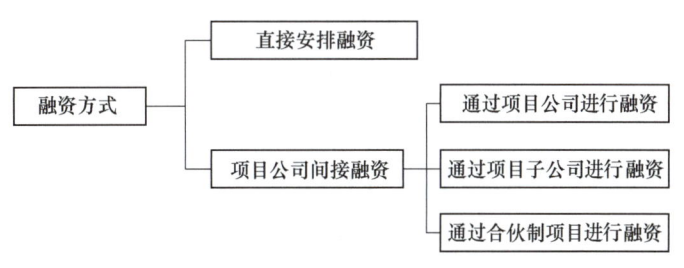

图3-5　项目融资组织方式

这种方式灵活性较小，开发公司承担的资金压力和财务风险比较大。除此之外，大多数项目往往通过组建项目公司的组织形式进行间接融资，具体实现途径有以下三种：

1) 通过项目公司进行融资。由开发公司独资或合资的方式组建一个项目公司，并以项目公司的名义建设、拥有项目和安排有限追索融资。项目建设期间，由开发公司等投资者为

贷款银行提供完工担保。

2) 通过项目子公司进行融资。建立项目公司的项目子公司,以该子公司的名义与其他投资者组成合资机构进行融资。由于项目子公司缺乏必要的信用记录,可能需要投资者提供一定的信用支持和保证。

3) 通过合伙制项目进行融资。投资人通过合伙协议确定投资与建设关系,以各自出资额承担法律责任,并以投资人信用申请银行贷款。

项目融资方式可根据具体项目予以灵活应用,以上海嘉定总部园区项目经济策划为例,在其开发过程中,建立了总部园区项目公司,以解决包括项目基础设施、交通道路及公共服务设施建设在内的整个项目的资金融资;同时,部分地块开发和建设同时考虑了联建等其他方式进行融资。待整个项目开发结束后,计划由总部项目公司继续持有该园区内部分物业产权,并负责后期运营服务及物业管理;或可能注销项目公司,由开发公司持有总部园区的产权,并委托其他专业公司承担园区管理及服务。

(3) 新型基础设施项目融资模式 基础设施项目,由于其公共服务性,传统上由政府直接投资并管理或由政府控制国有企业投资运营两种投资方式。随着我国建筑市场开放程度的逐步提高以及大量国外建筑相关企业的涌入,出现了基础设施特许经营等多种新型融资模式。基础设施特许经营是由国家或地方政府将基础设施的投资和经营权,通过法定的程序,有偿或者无偿地交给选定的投资人投资经营。典型的基础设施特许经营方式有以下几种:

1) BOT。BOT(Build-Operate-Transfer)即"建设—经营—移交",意指根据合同安排,项目承办者承担建造,包括该设施的融资、维护,经营该设施一个固定时期,并允许对设施的使用者收取合理的使用费、酬金、租金及其他费用,但不超过投标书建议的或谈判并体现在合同中使项目承办者能够收回的投资和经营、维护费用,在限定的期限将该设施移交给政府(政府机构或政府控制的公司)或地方有关政府部门。BOT 投资的实质是一种债务与股权相混合的产权。BOT 除了普通模式,还有 20 多种演化模式,比较常见的有:BOO(建设—经营—拥有)、BT(建设—转让)、BOT(建设—经营—拥有—移交)、BLT(建设—租赁—转让)、BTO(建设—转让—经营)等。

2) PPP。PPP(Public-Private-Partnership)是指政府与民间投资人合作投资基础设施。在这种方式下,政府通过法定程序选定基础设施的投资运营商,政府将基础设施的投资经营权以特许经营方式授予选定的投资运营商,政府同时对基础设施的投资提供包括投资资金、运营补贴、减免税收在内的资金支持,或者给予其他支持。政府也可能从基础设施的经营中分享收益。特许经营期末,基础设施以有偿或者无偿的方式转交给政府,或者重新安排继续特许经营。

3) TOT。TOT(Transfer-Operate-Transfer)是从特许权经营方式 BOT 演变而来。它是指政府或者需要融入现金的企业,把已经投产运行的项目(公路、桥梁、电站等)移交(T)给出资方经营(O),凭借项目在未来若干年内的现金流量,一次性地从出资方那里融得一笔资金,用于建设新的项目,原项目经营期满,出资方再把它移交(T)回来。TOT 方式可以积极盘活资产,只涉及经营权或收益转让,不存在产权、股权问题,可以为已经建成项目引进新的管理,为拟建的其他项目筹集资金。

4) PFI。PFI(Private-Finance-Initiative)即私人主动融资,其根本在于政府从私人处购买服务。目前这种方式多用于社会福利性质的建设项目,不难看出这种方式多用于基础设施相对已经较为完善的发达国家采用。比较而言，发展中国家由于经济水平的限制，将更多的资源投入到了能直接或间接产生经济效益的地方，而这些基础设施在国民生产中的重要性很难使政府放弃其最终所有权。

5）ABS。ABS（Asset-Backed-Securitization）即资产收益证券化融资。它是以项目资产可以带来的预期收益为保证，通过一套提高信用等级计划在资本市场发行债券来筹集资金的一种项目融资方式。具体运作过程是：第一，组建一个特别目标公司；第二，目标公司选择能进行资产证券化融资的对象；第三，以合同、协议等方式将政府项目未来现金收入的权利转让给目标公司；第四，目标公司直接在资本市场发行债券募集资金或者由目标公司信用担保，由其他机构组织发行，并将募集到的资金用于项目建设。第五，目标公司通过项目资产的现金流入清偿债券本息。

除以上几种形式外，未来还可能不断演化出各种新型的融资方式，这里不再赘述。

3. 项目经济评价

项目的经济可行性评价系统包括项目国民经济评价和财务评价两个部分，它们分别从不同的角度对项目的经济可行性进行分析。国民经济评价从国家、社会宏观角度出发考察项目的可行性，而财务评价则是从项目本身出发，考察其在经济上的可行然。虽然这两个方面最终的目的都是判断项目是否可行，但是它们各有不同的侧重点，在实际进行项目可行性研究时，由于客观条件的限制，并不是所有的项目都进行国民经济评价，只有那些对国家和社会影响重大的项目才在企业财务评价的基础上进行国民经济评价。

财务评价是根据国家现行的财税制度和价格体系，分析、计算项目直接发生的财务效益和费用，编制财务报表，计算评价指标，考察项目的获利能力和清偿能力等，据以判断项目的可行性。

3.3.4 产业策划

许多建设项目刚开始时，首先考虑的往往不是建筑的布局、建筑风格等问题，而是从更高的层面，从国家产业发展战略，区域经济和城市产业布局的角度，关注该项目区域内今后重点发展的产业。只有产业定位正确并且明确，才能真正明确项目定位，才能聚焦客户人群，才能吸引与该产业相关的各类最终用户入驻；只有形成一个产业群体优势，才能使该投资项目在市场竞争中具备立于不败之地的可能，真正获得最大经济效益。特别是针对城市化进程中大规模的新城镇开发、大型开发区、产业园区等大规模项目，产业策划的重要性体现得更加明显。因此，产业策划是一些项目决策策划的内容。

1. 产业策划的含义

产业策划是立足于项目所在地及项目自身的特点，根据当前城市经济和产业发展趋势，以及项目所在地周边市场需求，从资源、能力分析方面入手，通过分析各种资源和能力对备选产业发展的重要性及本地区的拥有程度，选择确定项目发展主导产业。

产业策划的任务是基于新兴产业的不断产生和高科技产业的不断发展，依托项目所在地经济、社会环境和区域发展规划，特别是重点扶持的新兴产业发展规划，结合产业市场环境与所在地客观情况，确定项目将吸引和重点扶持主导产业的方向和产业载体，明确项目产业市场需求，制订项目所在地发展的产业的促进或完善措施，并构建产业发展规划和实施战略。

在产业策划过程中，应始终遵循科学性、战略性、前瞻性与可操作性的基本原则。所谓科学性，即坚持科学发展观与科学的分析方法；所谓战略性，即在产业策划中，从宏观层面，从较高层次，突出具有战略性的问题；所谓前瞻性，即在产业策划中，立足于当代经济迅速发展和高科技瞬息万变，从未来和发展的角度审视问题；所谓可操作性，脚踏实地，理想与现实结合，最终的设计方案应当具有可行性与可实施的价值。坚持四项原则，是产业策划取得成功的前提条件。

2. 产业策划的主要内容

不同类型的项目，其产业策划内容有很大区别，如科技园区的产业策划和商业园区的产业策划内容就大相径庭。但一般而言，项目的产业策划主要集中在对项目所在地的现状进行分析，以及对新兴产业的未来发展趋势的认识，包括分析项目的产业结构、产业布局与产业发展导向、产业发展中面对的问题等。因此，只有在对项目所在地的产业情况进行充分分析后，才能完全了解项目所在地的优势产业和弱势产业，以及将来可发展的产业情况；只有对未来产业发展变化具有预见性和洞察力，才能清楚认识项目所在地需要发展的产业和不需要发展的产业，从而对项目做出准确的产业发展定位。根据上述产业策划的六个主要步骤，产业策划各阶段主要工作内容见表3-2。

表3-2 产业策划各阶段主要工作内容

序号	主要阶段	主要工作内容描述
第一阶段	项目产业市场环境发展现状研究	主要通过国内外理论和产业实践，归纳项目相关产业的基本概念、特征，以及促进或制约产业发展的诸多因素，作为项目产业策划的基础
第二阶段	项目产业市场环境发展现状研究	通过对项目拟发展产业的宏观市场分析和项目所在地产业发展现状的研究，判断拟发展产业目前在我国的总体发展情况及本地区产业在市场中所处的水平，制订针对性竞争措施。同时，也就该产业在本区域与其他区域之间的横向发展做出比较和总结
第三阶段	项目产业市场需求的分析	市场需求是产业发展的源动力，项目产业辐射区域有效市场容量的分析是制订项目产业发展目标的基础，其具体工作包括：项目产业辐射区域市场容量测算，项目产业发展需求分析等，作为中长期产业发展的决策基础
第四阶段	城市社会、经济及新兴产业发展趋势的研究	与产业相关的城市社会、经济发展趋势是产业长远发展的重要推动或制约力量。产业策划作为战略层面的方向性研究，必须对影响拟发展产业的城市社会、经济发展趋势进行分析，就城市社会、经济发展趋势及新兴产业发展可能带来的优势或劣势进行判断，并进一步就城市社会、经济发展趋势可能导致的产业发展优势或劣势，研究相应的促进措施或预防、风险转移措施
第五阶段	项目所在地拟发展产业优劣势分析	在前期项目所在地环境调查的基础上，研究项目所在地对拟发展产业可能带来的优势与劣势。从人才、资金、法律、政策和宏观环境等方面综合进行分析，并与同类型区域或其他竞争项目进行横向对比。除此之外，还需要重点归纳制约项目所在地拟发展产业的不利因素，制订针对性的完善措施，为产业发展规划提供基础
第六阶段	项目产业发展规划	在上述产业概念、市场需求及定位，以及项目所在地环境分析的基础上，项目产业策划最终可以确定项目产业的发展规划，并进一步构建具体的实施战略和辅助措施。项目产业发展规划是指项目产业发展的目标体系，它是基于对城市社会、经济发展趋势和国内外产业市场发展态势的综合分析制订的。其中包括短、长、中期等一系列完整时间维度的产业发展目标、重点及可行性分析。产业实施战略和辅助措施是具体落实产业发展规划的方法和途径，以保障产业发展规划得以完成

3. 产业策划的工作成果

通过以上对产业策划过程和内容的梳理,其主要工作和基本框架已基本完成。实际上,产业策划的最终工作成果根据具体项目的情况而有所不同,如对旧工业园区产业策划,重点应放在原产业的升级、换代和创新方面;而对新兴开发区而言,"视野"可以更为广泛,包括更多的可能性和未来的发展规划和配套措施等。一般而言,大型项目的产业策划报告应包括以下几个方面的内容:

1)产业背景。产业背影分析包括分析项目所在环境的产业结构、产业布局及产业发展所需资源,也需要从不同的角度客观地认识产业发展中存在的各项问题。

2)产业选择。产业选择包括项目产业发展的总体思路和总体产业定位。

3)产业分析。对产业定位的选择和定位进行具体分析,阐述其内在关系,说明发展的可行性。

4)相关产业。在对项目自身的产业进行选择和分析之后,还需考虑现实环境和其他相关功能,提出配套产业的策划。

3.4 工程项目实施策划

工程项目实施策划是在建设工程项目立项之后,为了把项目决策付诸实施而形成的具有可操作性和指导性的实施方案。工程项目实施策划又可以称为工程项目实施方案或工程项目实施计划。

工程项目实施策划涉及整个实施阶段的工作,属于业主方项目管理的工作范畴。建设工程项目的其他参与单位,如设计单位、施工单位和供货单位等,为进行其自身项目管理都需要编制工程项目管理规划,但工程项目管理规划涉及项目实施的一个方面,并体现一个方面的利益,如设计方工程项目管理规划、施工方工程项目管理规划和供货方工程项目管理规划等。

工程项目实施策划的内容范围和深度,在理论上和工程实践中并没有统一的规定,应视项目的特点而定,一般包括图 3-6 所示的内容。另外,工程项目的合同、技术及风险分析等也是需要重点策划的内容,将在其他章节进行重点介绍。

图 3-6 所示的内容多数与组织有关,这些与组织有关的内容是工程项目组织设计的核心内容。一般宜先确定工程项目组织,待工程项目组织基本确定后,再着手编制工程项目管理规划。工程项目实施的组织策划是工程项目实施策划的核心。

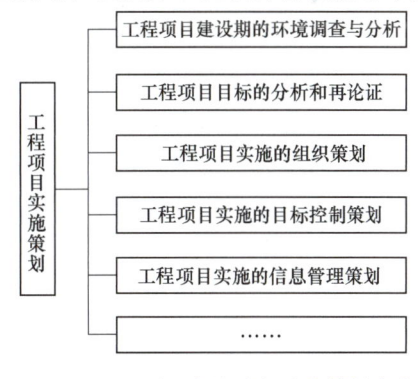

图 3-6 工程项目实施阶段基本策划内容

1. 工程项目建设期的环境调查与分析

与工程项目决策策划类似,工程项目实施策划的第一步是建设期的环境调查与分析,包括业主现有组织情况、建筑市场情况、当地材料设备供应情况、政策情况等。对影响工程项目建设的内部、外部条件进行调查以后,经综合分析得出工程项目的建设调查报告。

2. 工程项目目标的分析和再论证

根据工程项目实施调查报告的内容,应结合实际情况对工程项目的建设性质和建设目标进行调整和修订，包括分析该建设性质和目标与工程项目原来的项目定义相比较有哪些差别，为实现该建设目标的具体建设内容有哪些差别，哪些已经具备，哪些还没具备，哪些应该增加，哪些应该删减等。首先在工程项目原来项目定义的基础上进行修改，对所建工程项目重新进行定义，然后把该项目定义与工程项目的建设内容相比较，看其是否相匹配。如果不能完全满足工程项目的建设目标，应该再进行新一轮的比较，直至项目定义完全符合项目建设的内部、外部条件的要求，满足项目自身的经济效益定位和社会效益定位为止。

设计方、施工方或供货方的项目管理目标是项目周期中某个阶段的目标或是某个单体项目的目标，只有业主方工程项目管理的目标是针对整个项目、针对项目实施全过程的。所以在项目实施目标控制策划中，只有从业主方的角度，才能统筹全局，把握整个工程项目管理的目标和方向。项目目标的分析和再论证包括编制三大目标规划：

1）投资目标规划，在工程项目决策策划中的总投资估算的基础上编制。
2）进度目标规划，在工程项目决策策划中的总进度纲要的基础上编制。
3）质量目标规划，在工程项目决策策划中的项目定义、功能分析与面积分配等的基础上编制。

3. 工程项目实施的组织策划

工程项目实施的组织策划是指为确保项目目标的实现，在项目开始实施之前及项目实施前期，针对项目的实施阶段，逐步建立一整套项目实施阶段的科学化、规范化的管理模式和方法，即对工程项目参与各方、业主方和代表业主利益的工程项目管理方在整个工程项目实施过程中的组织结构、任务分工和管理职能分工、工作流程等进行严格定义，为项目的实施服务，使之顺利实现项目目标。

项目目标决定了项目的组织，组织是目标能否实现的决定性因素。许多大型工程项目的经验和教训表明，只有在理顺工程项目参与各方之间、业主方和代表业主利益的工程管理咨询方之间、业主方自身工程管理班子各职能部门之间的组织结构、任务分工和管理职能分工的基础上，整个工程管理系统才能高效运转，项目目标才有可能被最优化实现。

工程项目组织策划是在工程项目决策策划中的项目组织与管理总体方案的基础上编制的，是组织与管理总体方案的进一步深化。工程项目组织策划是工程项目实施策划的核心内容，工程项目实施的组织策划是项目参与各方开展工作必须遵守的指导性文件。工程项目组织策划主要包括以下内容：

（1）组织结构策划　项目管理的组织结构可以分为三种基本模式，即直线型组织模式、职能型组织模式和矩阵型组织模式，详见2.3节内容。组织结构策划就是以这三种基本模式为基础，根据项目实际环境情况分析，应用其中一种基本组织形式或多种基本组织形式组合设计而成。

对于一般项目，确定组织结构的方法为：首先确定项目总体目标，然后将目标分解成实现该目标所需要完成的各项任务，最后根据各项不同的任务，选定合适的组织结构形式。对于项目建设组织来说，应根据项目建设的规模和复杂程度等各种因素，在分析现有的组织结构形式的基础上，设置与具体项目相适应的组织层次。针对具体项目，项目实施组织结构的确定，与以下三个因素密切相关：

1）工程项目建设单位管理能力及管理方式。如果工程项目建设单位管理能力强，人员构成合理，可能以建设单位自身的工程项目管理为主，将少量的工作交由专业工程项目管理公司完成，或完全由自身完成。此时，建设单位组织结构较为庞大。反之，由于建设单位自身工程管理能力较弱，将大量的工作交由专业工程项目管理公司完成，则建设单位组织结构较简单。

2）工程项目规模和组织结构。如果工程项目规模较小，组织结构也不复杂，那么，项目实施采用较为简单的直线型组织结构，即可以达到目的。反之，如果工程项目规模较大，组织结构复杂，建设单位组织上也采取相应的对策加以保证，如采用矩阵型组织结构。

3）工程项目实施进度规划。由于建设项目的特点，既可以同时进行、全面展开，也可以根据投资规划而确定分期建设的进度规划，因此建设单位的项目组织结构也应与之相适应。如果项目同时实施，则需要组织结构强有力的保证，因而组织结构扩大；如果分期开发，则相当于将大的工程项目划分为几个小的项目组团，逐个进行，因而组织结构可以减少。从以上的分析可以看出，项目建设组织结构的确定要根据主、客观条件来综合考虑，不能一概而论。

(2) 任务分工策划　在组织结构策划完成后，应对各单位部门或个体的主要职责进行分工。工程项目管理任务分工就是对项目组织结构的说明和补充，将组织结构中各单位部门或个体的职责进行细化扩展，这也是工程项目管理组织策划的重要内容。工程项目管理任务分工体现组织结构中各单位部门或个体的职责任务范围，从而为各单位部门或个体指出了工作的方向，将多方向的参与力量整合到同一个有利于项目开展的合力方向。

(3) 管理职能分工策划　管理职能分工与任务分工一样，也是组织结构的补充和说明，体现在对于一项工作任务，组织中各任务承担者管理职能上的分工，与任务分工一起统称为组织分工，是组织结构策划的又一项重要内容。

对于一般的管理过程，其管理工作（即管理职能）都可以分为策划、决策、执行、检查这四种基本职能。管理职能分工表就是记录对于一项工作任务，组织中各任务承担者之间这四种职能分配的形象工具。该表以工作任务为中心，规定任务相关部门对于这项任务承担何种管理职能。

组织结构图、任务分工表、管理职能分工表是组织结构策划的三个形象工具。其中组织结构图从总体上规定了组织结构框架，体现了部门划分；任务分工表和管理职能分工表作为组织结构图的说明和补充，详细描绘了各部门成员的组织分工。这三个基本工具从三个不同角度规定了组织结构的策划内容。

(4) 工作流程策划　工程项目管理涉及众多工作，其中就必然产生数量庞大的工作流程，依据工程项目管理的任务，工程项目管理工作流程可以分为投资控制、进度控制、质量控制、合同与招标投标管理工作流程等，每一流程组又可以随工程实际情况细化成众多子流程。

1）投资控制工作流程，包括投资控制整体工作流程，投资计划、分析、控制工作流程，工程合同进度款付款工作流程，变更投资控制工作流程，建筑安装工程结算工作流程等。

2）进度控制工作流程，包括里程碑节点、总进度规划编制与审批工作流程，项目实施计划编制与审批工作流程，月度计划编制与审批工作流程，周计划编制与审批工作流程，项目计划的实施、检查与分析控制工作流程，月度计划的实施、检查与分析控制工作流程，周计划的实施、检查与分析控制工作流程等。

3）质量控制工作流程，包括施工质量控制工作流程，变更处理工作流程，施工工艺工作流程，工艺验收工作流程等。

4）合同与招标投标管理工作流程，包括标段划分和审定工作流程，招标公告的拟定、审批和发布工作流程，资格审查、考察及入围确定工作流程，招标书编制审定工作流程，招标答疑工作流程，评标工作流程，特殊条款谈判工作流程，合同签订工作流程等。

每一个节点又有一个独立的子流程，如此划分下去，活动可以一直细分下去。一般来说，如果流程模型中的活动没有让三个不同岗位感到烦恼，就没有必要将其作为一个子流程，只需要将其作为一项活动就可以。例如，支付管理子流程，其活动包括承包商提出申请、监理审核、业主审核并支付。但从工程实践来看，流程的划分和绘制往往由实际情况而定，流程的目的是方便项目管理人员落实任务，明确自己的位置和工作范围。工程项目的具体情况不同，其工作流程策划的细度也不同。

工程项目管理工作流程策划就是对这些工程项目管理的众多工作流程进行计划和规定，以此指导工程项目管理人员的行为，流程图是流程策划的主要工具。流程图通过箭头、方框等形象的表示，表现工作在部门人员间的流转，从而利于工作的贯彻执行。

4. 工程项目实施目标控制策划

工程项目实施目标控制策划是依据项目目标规划，制订项目实施中的质量、投资、进度目标控制的方案与实施细则。这项工作是工程项目实施策划的重要内容。

（1）工程项目目标控制策划的依据

1）项目定义中项目分解结构、项目总体目标。

2）建设外部环境分析。

3）建设组织策划。

4）工程项目合同的有关数据和资料等。

（2）工程项目目标控制策划应遵循的原则

1）从系统的角度出发，全面把握控制目标。对于投资目标、进度目标、质量目标这三者而言，无法说哪一个最为重要。这三个目标是对立统一的关系，有矛盾的一面，也有统一的一面。尽管如此，三个目标仍处于一个系统之中，属于一个统一体。鉴于三大目标的系统性，项目实施阶段的目标控制策划也应坚持系统的观点，在矛盾中求得统一。既要注意到多方目标策划的均衡，又要充分保证各阶段目标策划的质量。

2）明确项目目标控制体系的重心。项目目标体系的均衡并不排除其各个组成部分具有一定的优先次序，出现个别的或一定数量的"重点"目标，形成项目目标体系的重心。这往往是项目决策领导层的明确要求。但要注意，虽然项目目标体系重心的存在与项目目标体系整体的均衡之间并没有根本的冲突，然而过分强调某方面会形成不合理的重心，破坏项目目标体系的均衡。

3）采用灵活的控制手法、手段及措施。由于不同目标控制策划在项目建设不同时期的内容，应该有不同的控制方法、灵活的控制手段、多样化的控制措施与之相适应。不同的方法、手段和措施有着不同的作用和效果。

4）主动控制与被动控制相结合。目标控制分为主动控制与被动控制。在项目目标控制策划中，应考虑将主动控制和被动控制充分结合，即项目实施阶段的目标组合控制策划。

（3）项目实施目标控制策划应采取的措施

1）技术措施。技术措施是指在项目控制中从技术方向对相关的工作环节进行分析、论证，或进行调整、变更，确保控制目标的完成。采用技术措施需要投入的资源主要是专门的技术、专业技术人员及相应的管理组织力量和费用支出。例如，聘请各方面的专家，组织进行技术方案的分析、评审；或对项目实施中出现的问题，向专业技术人员征求咨询意见，进行技术上的调整。

2）经济措施。经济措施是指从项目资金安排和使用的角度对项目实施过程进行调节、控制，保证控制目标的完成。经济措施的主要方法是在一定范围进行资金的调度、安排和管理。因而，在项目目标控制策划中，多考虑将经济措施和技术措施结合起来使用，利用两种措施对项目实施过程和项目实施组织的双重作用，进行组合控制。

3）合同措施。合同措施是指利用合同策划和合同管理所提供的各种控制条件对项目实施组织进行控制，从而实现对项目实施过程的控制，保证项目目标的完成。合同措施主要是利用合同条款进行相关的控制工作，所需要的资源也主要是合同管理及法律方面的专业技术力量。例如，通过制订合同中费用支付条款来控制项目实施时，就需要熟悉相关的合同条件和法律知识的专业技术人员来完成这一工作。

合同直接对相关的项目实施组织产生作用，对项目实施过程或项目控制目标的作用则比较间接，合同措施在最后会表现出强制性，可以作为项目控制的一个可靠保障。但在一般情况下，不宜将合同措施作为项目控制的唯一手段。进行过多强制性的控制，会对项目实施形成不利的干扰，影响项目实施过程的正常稳定性。

4）组织措施。组织措施通过对项目系统内相关组织的结构进行安排和调整，对不同组织进行协调，改变项目实施组织的状态，从而实现对项目实施过程的调整和控制。组织措施所需要的主要资源是与项目组织相关的技术力量和管理力量。例如，通过设置职能部门来加强某方面的目标控制，就需要调用相关的技术人员和管理人员。

5. 工程项目实施的信息管理策划

工程项目实施的信息管理策划是工程项目实施策划中的一项重要工作，它包括工程项目管理信息化需求分析和现状调研、工程项目管理信息平台的构建策略、工程项目管理信息平台的应用策划等。

（1）工程项目管理信息化需求分析和现状调研　由于各个工程项目之间存在巨大的数字鸿沟，信息化发展水平不一致，因此，应充分利用企业已有信息化基础，建立适合于企业和工程项目实际情况的信息平台。需求分析和现状调研应包括：

1）工程项目的特点及工程项目管理的特点，如工程项目的规模、特征、分布、参与方特征、管理模式等。

2）工程项目管理的需求，如工程项目管理的重点和难点、工程项目管理信息化覆盖方面和重点等。

3）工程项目管理信息化的需求和目的，如目标控制、文档管理、信息沟通、报告系统。

4）工程项目管理和信息化现状评估，如工程项目管理成熟度模型和信息化成熟度模型等进行测度和评估。

5）现有软硬件评估，如工程项目管理软件、办公自动化、数据库、企业管理信息平台、硬件和网络系统等，并调研集成的需求、难度和可行性等。

6）工程项目管理信息化的现状总体评估。

（2）工程项目管理信息平台的构建策略　从总体上看，工程项目管理信息平台的构建有如下三种策略：

1) 选用成熟的软件或软件组合（或进行少量二次开发）。
2) 在成熟软件的基础上针对客户需求进行二次开发或集成开发。
3) 根据自身需求重新开发。

第一种策略适用于业务模块中具有完全竞争或成熟的软件市场，如进度控制软件、合同管理软件、造价计算、文档管理、信息沟通等，也可根据需要进行软件组合少量的二次开发。这类软件通常价格也不是很高，但通常而言，在该模式情况下对软件二次开发较为困难，大多数软件代理商较难提供二次开发服务。

第三种策略适用于大型项目或复杂项目，往往涉及工程项目管理、工程项目群管理、工程项目组合管理、企业管理等。例如，三峡工程、大型房地产企业级项目管理等，该类项目较难采用成熟的软件产品或套件，往往需要大量重新开发。

第二种策略介于二者之间，是目前较多采用的模式。

(3) 工程项目管理信息平台的应用策划　工程项目管理信息平台应用策划的核心任务之一是应用规划的编制，而信息平台的应用和工程项目管理工作结合，避免"两张皮"。目前，大多数工程项目管理软件的应用只是某个阶段的细化，没有全过程规划和管理、没有统一的负责组织。因此，存在软件应用基础没有打好、后期维护没有跟上、软件应用和工程项目管理工作脱离等问题，有的甚至导致应用的最终失败。所以，有必要采用工程项目化管理，对软件的应用实现全过程控制和管理，其核心思想见表3-3。

表3-3　工程项目管理软件平台应用策划工作步骤

序号	阶段		阶段细分	阶段成果	说明
1	前期准备	1	项目提出	得到整个组织的支持	自上而下获得组织的支持
		2	应用组织的初步建立	以项目管理专业为主的应用组织	
		3	考察、交流或咨询	报告	
		4	组织、项目环境评测	组织的项目管理能力评测 组织的项目管理/信息沟通现状调研 同类项目的软件应用水平 软件应用环境评测	自评或专业咨询 可参考OPM3体系
		5	软件和应用模式选择	软件引进模式分析报告（引进/开发） 软件比较分析、选择报告 软件应用模式选择（自己组织/引进咨询单位/引进项目管理单位）	充分发挥组织现存的信息系统 注意软件应用和项目管理的结合
		6	应用组织的调整	项目管理能力和软件应用能力结合的组织	适当增加软件应用方面的人才
		7	应用组织的培训	软、硬件准备 进行项目管理和软件应用培训 建立学习型组织模式	多次、多种形式培训 专业咨询和自我学习结合

（续）

序号	阶段	阶段细分		阶段成果	说明
2	应用规划和相关制度建设	1	编制准备	资料（经验借鉴、相关数据/信息等） 编制方法和编制人员准备	考察、咨询或交流
		2	应用规划编制、相关制度建设	应用规划 相关制度	统一规划，分部编制、集中讨论和项目管理制度结合 绩效结合
		3	应用规划/相关制度批准	应用规划（批准稿）批准的相关制度	取得项目高层支持
		4	操作和帮助手册编制	操作和帮助手册	简单、实用
3	实施	1	应用组织的完善	扩大为试运行小组	含项目管理人员
		2	实施方案的制订	实施方案	分步实施、逐步推进
		3	运行前准备	数据准备 组织/人员准备	规划、制度培训 综合培训
		4	试运行	应用规划，相关制度、操作手册等更新	逐步实施
		5	正式运行	数据、信息处理 报告、报表 组织的最终确定	总结、完善软件应用和项目管理最大化结合
4	维护	1	维护和升级方案确定	软件维护和升级方案	数据维护
		2	知识管理	数据模板	逐步完善
		3	全部运行结束	数据库、信息库	

阅读材料

某楼盘营销策划的启示

2007年，某楼盘的开发商为了提高销售量，决定将上亿元的利润回馈给消费者，销售中心的楼盘遭到哄抢，但此举并没有得到购房者的认可，反而落下"弄虚作假"的坏名声，同时出现了打砸销售现场的局面。

2010年，同样另一楼盘再次上演了2007年的故事，从样板房的开放到开盘一售而空，以及最后被迫加推。

以上两个案例，虽然都获得了良好的房屋销售量，但是并没有获得与市场行情相适应的销售额。直接原因在于开发商前期对市场的把握不足，甚至对市场出现了错误的预判，导致价格定位与市场走势背道而驰，且更大的错误在于开发商在开盘前期过早对外公布了销售价格，导致市场发生变化后开发商失去了对市场的控制能力，最终导致项目没有获得相应利润，并且带来了不良的社会影响。可见，成熟的工程项目管理策划对于项目的成功有着至关重要的作用。通过以上案例可以总结出：

（1）市场研究应深入　对基础市场的研究是营销策略制订的基础。通过对市场深入研究，对客户准确把握，并及时根据市场变化调整营销策略。

（2）项目价格定位应深思　以上案例采用了"买房定价法"即置业顾问基于客户反馈，按客户的意向而定。该方法在市场调研初期，考察消费者的消费能力的时候具有一定的积极作用。但是将价格定位主要依赖于该方法获得的数据，其实存在很大的弊端。因为客户对于项目销售价格的期望一般都远低于项目的实际价值与市场实际水平。项目价格的确定都是源于市场，但是绝不是客户。

（3）销售流程的反思　楼盘销售期间，售楼部采用了一系列的方案，入会、升级、登记、看样板房、区间价等。以上程序看似是对客户的尊重，但由于存在环节太多，并且流程混乱，内幕操作出现，导致每个人都认为自己受到了不公平待遇。

思 考 题

1. 工程项目管理策划的重要性主要体现在哪些方面？
2. 工程项目策划中的信息管理策划有哪些新的模式？你是如何理解的？

习　题

1. 工程项目管理策划的分类方式有哪些？
2. 工程项目管理策划的主要任务有哪些？
3. 工程项目管理前期策划中环境调查与分析主要包括哪些内容？
4. 工程项目管理前期策划中项目定义主要是指什么？
5. 工程项目管理实施期策划中目标分析和再论证的主要内容是什么？
6. 工程项目管理实施期策划中组织策划的主要内容是什么？
7. 工程项目实施目标控制策划和目标定义的联系有哪些？
8. 目标控制策划的主要依据有哪些？

第 4 章

工程项目进度管理

> **学习目标**

掌握工程项目进度管理的基本概念;熟悉工程项目进度控制的内容;掌握网络图的特点、绘制和时间参数的计算;掌握双、单代号网络图计划及时标网络计划的绘制和时间参数的计算;熟悉网络计划的工期优化和费用优化;掌握工程项目进度控制的原理和方法;掌握动态进度控制原理;熟悉工程项目进度监测与调整的过程。

4.1 工程项目进度管理概述

4.1.1 工程项目进度管理的基本概念

一个工程项目能否在预定的工期内竣工交付使用,从而保证工程项目按期或提前发挥经济效益和社会效益,是工程项目投资者最为关心的问题之一,也是工程项目管理工作的重要内容。

在全面分析工程项目的各项工作内容、工程程序、持续时间和逻辑关系的基础上编制进度计划,力求拟订的计划具体可行、经济合理,并在计划实施过程中通过采取各种有效措施,为确保预定的进度目标的实现而进行的组织、指挥、协调和控制等活动,被称为工程项目进度管理。

工程项目进度管理的总目标是使工程项目建设工期得到有效的控制。工程项目进度管理是一项系统工程,涉及工程项目的决策、勘察、设计、采购、施工、试运行等多项内容,各项工作都应该按照总进度计划依次进行,实现计划工期的目标。

工程项目进度管理对于工程项目整体目标的实现具有重要的作用,在建设管理中,进度、质量、投资并列为工程项目的三大控制目标,它们之间有着互相依赖的制约关系。加快进度,不但需要增加投资,而且会对质量产生影响;严格控制质量,减少和避免工程返修,有利于保障工程进度。因此,进度管理的目的是协调好进度、质量、投资三者之间的关系,从而提高工程项目管理的综合效益。

4.1.2 工程项目进度管理的特点

1. 工程项目进度管理是一个动态过程

工程项目建设周期较长,随着工程项目的进展,各种内部、外部环境和条件的变化,都会使工程项目本身受到影响。因此，在工程项目实施过程中，进度计划也应随着环境和条件的改变而做出相应的修改和调整，以保证进度计划的指导性和可行性。

2. 工程项目进度管理具有很强的系统性

工程项目既有总的进度计划安排，又有各个阶段的计划，如前期工作计划、设计进度计划、施工进度计划等，每个阶段的计划又可分解成若干子项计划，所有这些计划内容彼此相互联系，相互影响。

3. 工程项目进度管理是一种既有综合性又有创新性的工作

工程项目进度管理不但要沿用前人的管理理论知识，借鉴同类工程项目的进度管理经验和技术成果，而且要结合工程项目的具体情况，进行大胆创新。

4. 工程项目进度管理具有阶段性和不均衡性

工程项目进度的各个阶段，如工程项目的准备阶段、工程项目招投标阶段、勘察设计阶段、施工阶段、竣工验收阶段等，有明确的起止时间和不同工作内容，与之相应的进度计划和实施控制的方式也不相同。

与此同时，在工程项目不同的计划期内，外界自然条件、工程环境也都有不同，这就使得工程项目进度管理具有很大的不均衡性，给工程项目进度管理工作带来一定的困难。

4.2　工程项目进度计划

4.2.1　工程项目进度计划的分类

为了确保工程项目进度控制目标的实现，参与工程项目建设的各有关单位都要编制进度计划，并且控制这些进度计划的实施。工程项目进度计划体系主要包括建设单位的计划系统、监理单位的计划系统、设计单位的计划系统和施工单位的计划系统。

工程项目进度计划按照类别不同，可以按照项目建设参与方、使用者、项目范围、时间、目的、项目个数、项目粗细程度七个方面进行分类，如图4-1所示。

4.2.2　工程项目进度计划的编制依据

工程项目进度计划在工程项目管理中起着控制作用。进度计划编制的质量直接影响着进度计划和其他各类计划的实施和控制。

编制工程项目进度计划，通常以下面的管理信息资料、调查研究的内容和同类工程项目的成熟经验等为编制依据。

1）合同文件及相关文件。合同文件中规定了工程项目的工期总目标及设备的质量和资金拨付等合同双方的责任、权利和任务，除了合同文件以外，还包括经批复的可行性研究报告、经批准的用地规划文件等，有关单位必须以此为首要限制条件编制进度计划。

2）设计图和定额资料（包括工期定额、概要定额、预算定额和施工定额）。

3）项目管理规划。

4）材料、设备和资料的供应条件。

5）项目承包商可能投入的力量，包括劳动力和设备等。

6）项目的外部条件和现场条件。

第4章 工程项目进度管理

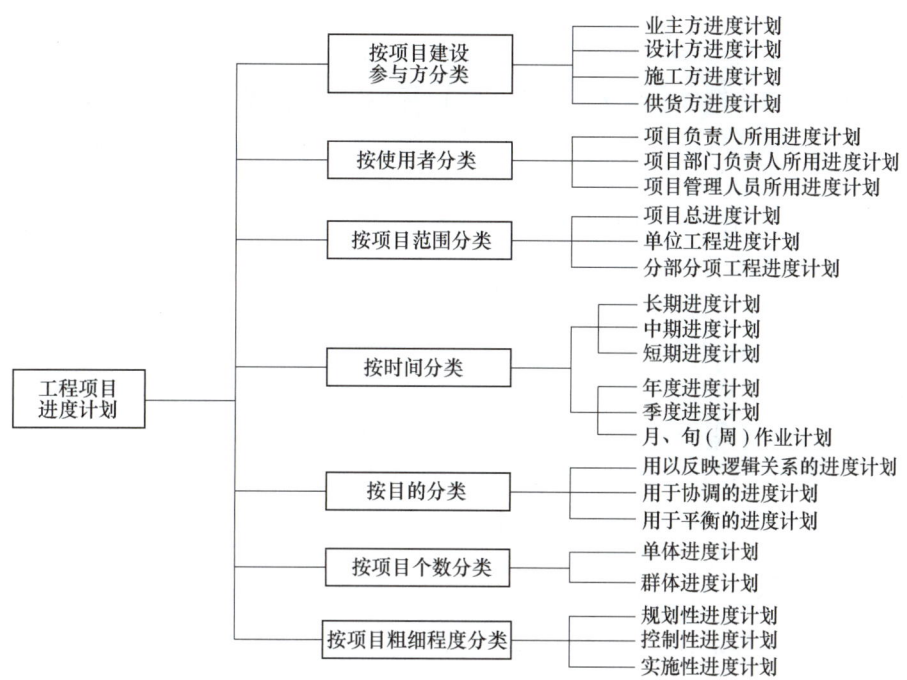

图 4-1　工程项目进度计划的分类

7) 已建成的同类或类似项目的实际进度等。

8) 风险分析资料。工程项目存在的各类风险无疑会对进度计划产生影响。风险主要是指制订进度的计划时，工程项目中存在的不确定性因素的状况，一旦发生会对工程项目的进度产生影响。

9) 日历。考虑工程项目所处的社会和文化环境，即公休日、节假日等对进度计划的影响。在编制工程项目进度计划之前，必须收集到与工程项目有关的各种资料，认真进行分析整理，列出影响进度计划的约束条件及可利用条件，为编制进度计划提供依据。同时，必须结合工程项目现场和实际情况对进度计划做出更新，以便在工程项目的各个阶段中能具体实施，并根据实施的具体情况调整和控制进度计划。

4.2.3　工程项目进度计划的编制程序

1) 确定工程项目进度总目标。为了有效控制工程项目进度，首先必须合理确定进度目标。目标是控制的前提，如果目标不合理或不可行，势必出现控制上的偏差。确定工程项目进度总目标的主要依据有：合同规定、工期定额、类似项目的实际进度；工程项目的难易程度及项目条件的落实情况；项目预计投入的资源（人、财、物等）数量和强度等。

2) 确定工程项目进度的目标体系。根据系统工程的观点，可将一个工程项目的进度目标从不同角度逐级进行分解，明确各级进度目标和相应的责任者，形成工程项目进度目标体系，以便有效地组织工程项目实施，最终控制工程项目进度总目标。一般的工程项目进度目标分解方法包括以下几种：

①按工程项目组成分解进度目标。可将项目分解为子项目 A、子项目 B、子项目 C 等，

根据约束条件明确各子项目起止时间。

②按工程项目实施单位分解进度目标。按照工程项目的不同，实施单位将工程项目进度目标进行分解为实施单位 A、实施单位 B、实施单位 C 等所实施工作的开始和完成时间。

③按工程项目实施阶段分解进度目标。以房屋建筑工程为例，可以将工程项目总工期分解为基础工程、结构工程、装修工程等的开工及完工时间。

④按工程项目计划期分解进度目标。按照季、月、周等时间段进度目标，明确项目各计划期的起止时间和具体任务。

3）工作定义。确定为生产项目可交付成果而必须进行的具体工作。工作定义是对工作分解结构（WBS）中规定的可交付成果或半成品所产生的必须进行的具体工作（活动、作业或工序）进行定义，并形成相应的文件，包括工作清单和工作分解结构的更新。按照工程项目的规模及控制的需要，要对工程项目过程进行分解及工作定义。

4）计算工程量。按照工程项目计划、工作或活动定义、设计文件及有关计算规则，确定工程项目各项工作或活动的工作量。工作量也可按初步设计（或扩大初步设计）图样和有关定额等资料进行计算。

5）确定实施方案和分配资源。实施方案会对工程项目的进度计划及费用产生很大的影响，而方案又与资源约束、拟提供的资源种类、数量及强度密切相关。

6）确定各单位工程的期限、开竣工时间及相互搭接关系。各单位工程的施工期限应根据合同工期确定，同时考虑建筑类型、结构特征、施工方案、施工管理水平和施工现场条件等因素。如果在编制施工总进度计划时没有合同工期，则应保证计划工期不超过工期定额。确定整个工程项目中各单项工程的施工顺序，合理地搭接各项工程，组织全场性流水作业，尽量做到均衡施工。

7）编制工程项目进度计划。根据工作及活动间的逻辑关系及预计持续时间，以网络图或横道图等形式编制初步的工程项目进度计划，再采用工期、费用和资源优化方法，得到最终的工程项目进度计划。

4.2.4　工程项目进度计划的表示方法

1. 里程碑进度计划

里程碑进度计划是以工程项目中某些关键性的重要事件的开始或完成时间点作为基准所形成的计划，是一种战略计划或工程项目进度框架。它规定了工程项目可实现的中间结果。同时它也是根据工程项目要达到最终目标所必须经历的工作环节确定的重大而关键的工作序列。每个里程碑代表一个关键事件，并表明其必须完成的时间界限。

里程碑进度计划可以保证工程项目完成的关键性重要事件的完工的日期。这些关键事件综合了工程项目的各种因素，是针对实现工程项目目标的重要程度而言的。所以，它可能在关键线路上，也可能不在关键线路上。里程碑进度计划一般适用于工期较长、较为复杂的大型工程项目。

里程碑进度计划的关键性事件包括：主要工作环节的完成日期；保证工程项目完成的关键性决策工作的日期；工程项目的结束日期。

（1）里程碑进度计划的特点　把关键工作的完成时间截止在里程碑进度计划的关键事件处，不允许有任何的推迟，也就要采取一切措施确保在里程碑进度计划所标示的时间内完成各项预定的关键环节的任务。

(2) 里程碑进度计划的编制

1) 对于工期长、技术复杂的大型工程项目，在确定工程项目目标时就明确了有关的里程碑进度，编制总进度计划时必须以该里程碑进度计划为依据，并在总进度计划上保证里程碑进度计划的实现。这种里程碑进度计划的要求，应该在招标文件和施工合同中明确并有严格的规定。有些项目，也可以在编制了总进度计划后，根据工程项目的特点，在总进度计划的基础上编制里程碑进度计划，以此作为工程项目进度控制的重要依据。

2) 从工程项目目标要求的最后一个里程碑，即工程项目的最终目标开始向反方向进行。

3) 在工程项目建设中有许多阶段，也有许多事件。根据事件在工程项目建设进行中的位置及其对前后事件的作用和影响，参照同类工程项目的实施经验加以确定。

2. 横道图进度计划

横道图又称为甘特图，是一种传统的进度计划方法，是1917年由美国亨利·甘特发明的。横道图是一个二维的平面图，横向表示进度，并与时间相对应，纵向表示工作内容，如图4-2所示。

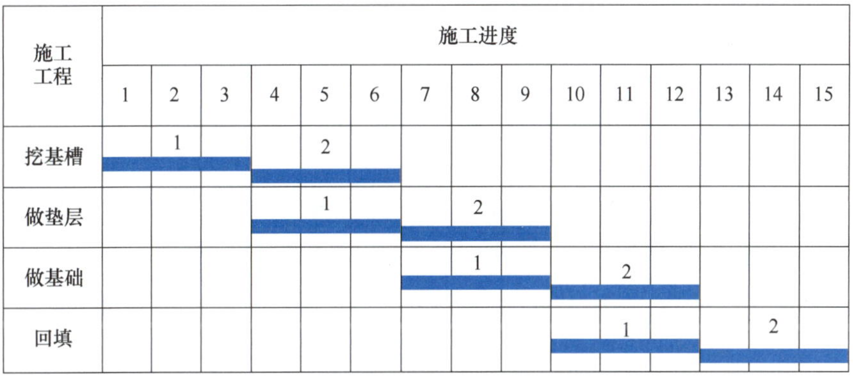

图4-2 横道图表示的进度计划

横道图是一种最简单且运用最广的计划方法，尽管有新的计划技术被采用，横道图在工程行业仍占统治地位。

横道图可用于小型工程项目或大型工程项目子项目上，或用于计算资源需要量、概要预示进度，也可用于计划技术的表示结果。

(1) 横道图的特点

1) 横道图能够清楚地表达各项工作的起止时间，内容排列整齐有序，形象直观。

2) 可直接根据横道图计算各时段的资源需要量，并绘制资源需要量计划。

3) 使用方便，易于掌握。

(2) 横道图的局限性　横道图通常由手工编制，用于简单工程项目中有其优点，但在大型工程项目中，由于工作任务多，就显得有所不足。然而，计算机管理系统消除了这些问题，它可以做到只需要人工输入数据，就能不断地、定期地进行修改。对于横道图的局限性可以总结为以下四点：

1)不能清楚地表达工作间的逻辑关系。因此,当某项工作出现偏差的时候,不便于分析进度偏差对后续工作及总工期的影响,难以调整进度计划。

2)适用于手工编制计划。计划调整只能用手工方式进行,其工作量较大,并且难以适应较大的进度计划系统。

3)不能反映各项工作的相对重要性,难以进行严谨的进度计划时间参数计算,不能确定计划的关键工作,关键线路与时差,不便于掌握影响工期的主要矛盾。

4)对于大型复杂工程项目,由于计划内容多,逻辑关系不明,难以用计算机技术对项目进行处理和优化,其局限性更为明显。

3. 网络图进度计划

1956年,由美国杜邦公司的工程技术人员开发了一种面向计算机安排进度计划的方法,即关键线路法,以及在此方法的基础上陆续开发了一些新的其他的计划方法,统称为网络图计划。网络图是在横道图的基础上发展起来的,应用网络计划技术,可以根据网络图画出横道图,但不能依据横道图画出网络图。网络图是由箭线和节点组成的,用来表示工作流程的有向和有序的网状图形,如图4-3所示。

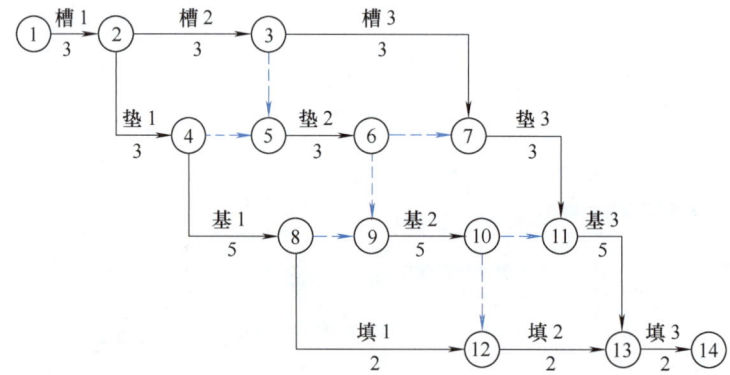

图4-3 网络图表示的进度计划

与横道图相比,网络图具有以下特点:能够明确表达各项工作之间的逻辑关系,可根据时间参数的计算明确各项工作的机动时间并找出关键线路和关键工作,还可以利用计算机进行计算、优化和调整。因此,网络计划图比横道计划图更为先进和有效,利用网络计划控制工程进度,可以弥补横道图计划的许多不足。

网络图也有其不足之处,不如横道计划图那么直观明了,但这可以通过绘制时标网络计划图进行弥补。

4.3 网络计划技术

4.3.1 网络计划的基本概念

1. 网络计划技术的产生和发展

网络计划技术,也称为网络计划法,是利用网络计划进行生产组织与管理的一种方法。网络计划技术是20世纪中叶在美国创造和发展起来的一项新的计划技术,当初最有代表性的是关键线路法（CPM）和计划评审技术法（PERT）。这两种网络计划技术有一个共同的特征，那就是用网状图来反映和表达计划的安排，所以，习惯统称为网络技术。

1955 年，美国杜邦化学公司提出了一种设想，即将每一活动（工作或顺序）规定起止时间，并按活动顺序绘制成网络状图形。1956 年，他们又设计了电子计算机程序，将活动的顺序和作业延续时间输入计算机，从而编制出新的进度控制计划。1957 年 9 月，把此法应用于新工厂的建设，使该工程提前两个月完成，这就是关键线路法。杜邦公司采用此法安排施工和维修计划，仅一年时间就节约资金 100 万美元。

计划评审技术法的出现较关键线路法稍迟，是 1958 年由美国海军特种计划局，在研制北极星导弹时创造出来的。当时有 3000 多个单位参加，协调工作十分复杂。采用这种办法后，效果显著，比原来进度提前了 2 年，并且节约了大量资金。为此，1962 年美国国防部规定：以后承包有关工程的单位都应采用网络计划技术来安排计划。

网络计划技术的成功应用，引起了世界各国的高度重视，被称为计划管理中最有效的、先进的、科学的管理方法。1956 年，我国著名数学家华罗庚教授，将此技术介绍到中国，并把它称为"统筹法"，60 年代加以推广。

从 20 世纪 80 年代起，建筑业在推广网络计划技术实践中，针对建筑业流水施工的特点，提出了"流水网络技术方法"，并在实际工程中应用。网络计划是以系统工程的概念，运用网络的形式，来设计和表达一项计划中的各个工作的先后顺序和相互关系，通过计算关键线路和关键工作，并根据实际情况的变化不断优化网络计划，选择最优方案并付诸实施。

2. 网络计划的基本表达方式

网络计划的表达形式是网络图。所谓网络图是指由箭线和节点组成，用来表示工作流程的有向有序的网状图形。在网络图中，按节点和箭线所代表的含义不同，可以分为双代号网络图和单代号网络图两大类。

（1）双代号网络图 以箭线及其两端节点的编号表示工作的网络图称为双代号网络图。如图 4-4 所示，用两个节点与一根箭线代表一项工作，工作名称写在箭线上面，工作持续的时间写

图 4-4 双代号网络图工作表示的方法

在箭线下面，在箭线前后的衔接处画上节点，编上号码，并用节点编号 i 和 j 代表一项工作名称，双代号网络图工程表示示例如图 4-5 所示。

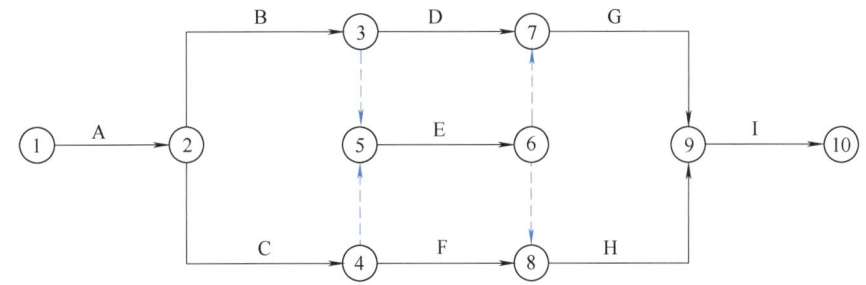

图 4-5 双代号网络图工程表示的方法

（2）单代号网络图 以节点及其编号表示工作，以箭线表示工作之间的逻辑关系的网络图称为单代号网络图。如图 4-6 所示，每一个节点表示一项工作，节点所表示的工作名

称，持续时间和工作代号等应标注在节点内，节点可用圆形表示。单代号网络图工程表示示例如图 4-7 所示。

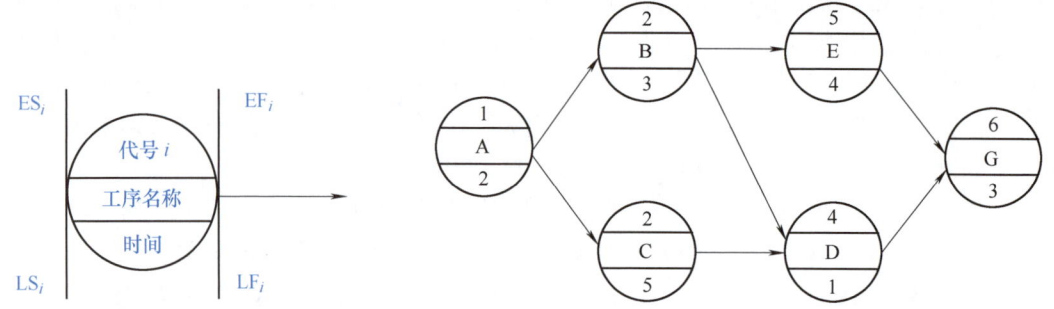

图 4-6　单代号网络图节点表示方法　　　　图 4-7　单代号网络图工程表示的方法

3. 网络计划的组成

（1）双代号网络计划　双代号网络图又称为箭线式网络图，是由工作、节点、线路三个基本要素组成。它是目前国际工程项目进度计划中最常用的网络控制图形。

1）工作。

①基本单元。工程也称过程、活动、工序，是指工程计划任务按需要粗细程度划分而成的子项目或子工序。工作通常分为三种：既消耗时间又消耗资源的工作（如绑扎钢筋、浇筑钢筋混凝土）；只消耗时间而不消耗资源的工作（如钢筋混凝土养护、油漆干燥）；既不消耗时间又不消耗资源的工作。在工程实际中，前两项工作是实际存在的，通常称为实工作，如图 4-8 所示；后一种认为是虚设的，只表示相邻前后工作之间的逻辑工作，通常称为虚工作，如图 4-9 和图 4-10 所示。

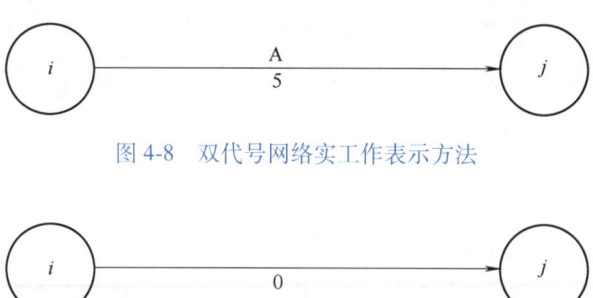

图 4-8　双代号网络实工作表示方法

图 4-9　双代号网络虚工作表示方法 1

图 4-10　双代号网络虚工作表示方法 2

②虚工作（虚箭线）。虚工作在双代号网络图绘制中非常重要。如果应用不当就不能正确反映各工作间的逻辑工作。逻辑工作是指工作间的先后顺序关系。逻辑关系又划分为由生产工艺技术决定的工艺关系和由于组织安排需要或资源调配需要而规定的组织关系两种。虚

工作在双代号网络图中,一般起着联系、区分和断路三个作用。联系作用是指应用虚工作正确表达工作之间的工艺联系和组织联系的作用;区分作用是指双代号网络中应用两个代号表示一项工作,若两项工作用同一个代号就应用虚工作加以区分;断路作用则是指当网络图中中间节点有逻辑错误时,应用虚工作断路,从而能正确表达工作间的逻辑关系。

③工作间的关系。双代号网络中,各工作之间的关系,通常用工作表示被研究的对象,并称为本工作。紧排在本工作之前的工作称为紧前工作,紧排在本工作之后的工作称为紧后工作,与之平行的工作称为平行工作。在网络图中,自起始节点至本工作之间各条线路上的所有工作称为本工作的先行工作。本工作之后至终点节点各条线路上的所有工作称为本工作的后续工作。没有紧前工作的工作称为起始节点,没有紧后工作的工作称为结束工作。

④网络计划中的逻辑关系。工作间相互制约或相互依赖的关系称为逻辑关系。工作之间的逻辑关系包括工艺关系、组织关系和空间关系。工艺关系是指生产上客观存在的先后顺序关系,或者是非生产工作之间由工作程序决定的先后顺序关系。例如,建筑工程时,先做基础,后做主体;先做结构,后做装修。工艺关系是不能随意改变的。组织关系是在不违反工艺关系的前提下,人为安排工作的先后顺序关系。例如,建筑群中各个建筑物的开工顺序的先后,施工对象的分段流水作业等。组织顺序可以根据具体情况,按安全、经济、高效的原则统筹安排。空间关系主要是指空间位置的工作安排,如先做楼层1,再做楼层2,之后再做楼层3,……

2)节点。节点也称为结点,事件或事项。在双代号网络图中,用带编号的圆圈表示节点。只有箭尾与之相连的节点称为开始结点,(如图4-11中第1个节点);只有箭头与之相连的节点称为结束节点(如图4-11中第7个节点),既有箭头又有箭尾相连的节点称为中间节点。(如图4-11中除第1个和第7个节点之外的所有节点)。

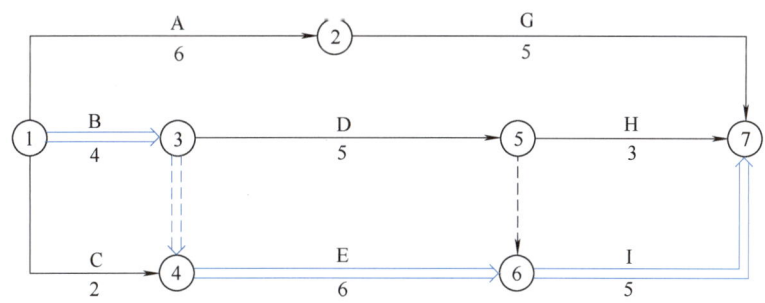

图4-11 双代号网络计划节点表示法

3)线路。线路又称为路线。网络图中以起点节点开始,沿箭线方向连续通过一系列箭线与节点,最后到达终点节点的通路称为线路。线路上各个工作持续时间之和,称为该线路的长度,也是完成这条线路上所有工作的计划工期。网络图中所需时间最长线路称为关键线路(如图4-11中的①→③→④→⑥→⑦),位于关键线路上的工作称为关键工作。关键工作没有机动时间,其完成的快慢直接影响整个工程项目的计划工期。关键线路常用粗箭线、双线或彩色线表示,以突出其重要性。

(2)单代号网络计划 单代号网络图又称为节点式网络图,它是一种用节点表示工作,用箭线表示工作间逻辑关系的网络图。在单代号网络中,一个节点只表示一项工作,并只有一个编号，所以称为单代号网络计划，如图4-12所示。

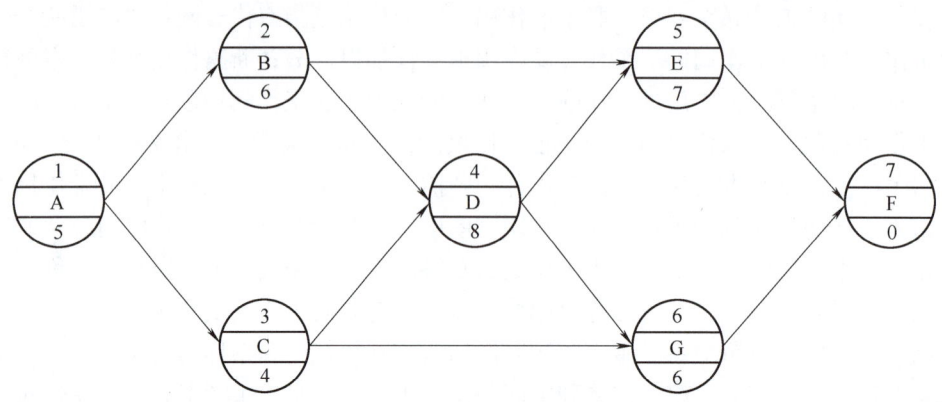

图4-12 单代号网络图

4.3.2 双代号网络计划

1. 双代号网络图绘制

（1）双代号网络图的绘制规则　网络图必须正确地表达整个工程或任务的工艺流程，各工作开展的先后顺序及它们之间的相互制约、相互依存的逻辑关系。要使网络图达到图面布置合理、条理清楚、突出重点的目的，绘制网络图的过程中必须遵守一定的规则。

1）网络图必须根据施工工艺或组织关系正确表达已定的逻辑关系。

2）网络图严禁出现循环回路，如图4-13所示。

3）网络图严禁出现双向箭头或无向箭头的连线，如图4-14所示。

4）网络图严禁出现没有箭头或箭尾节点的箭线，如图4-15所示。

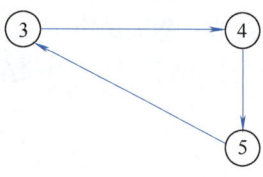

图4-13 网络图严禁出现循环回路

图4-14 网络图严禁出现双向箭头或无向箭头的连线

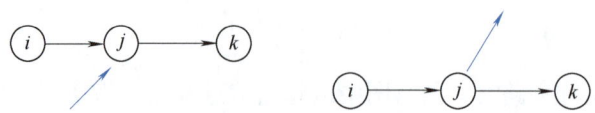

图4-15 网络图严禁出现没有箭头或箭尾节点的箭线

5）双代号网络图中，一项工作只能有唯一的一条箭线和相应的一对节点编号，箭尾的节点编号宜小于箭头节点编号，不允许出现代号相同的箭线，如图4-16所示。

6）在绘制网络图时，应尽可能地避免箭线交叉，如不可能避免时，应采用过桥法或指向法，如图4-17所示。

7）双代号网络图中的某些节点有多条外向箭线或多条内向箭线时，为使图面清楚，可

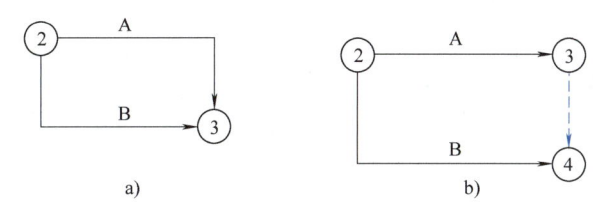

图 4-16　一项工作只能有唯一的一条箭线和相应的一对节点编号
a）错误画法　b）正确画法

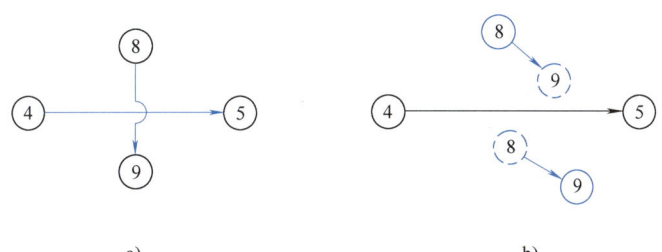

图 4-17　网络图箭线交叉的表示方法
a）过桥法　b）指向法

采用母线法，如图 4-18 所示。

8）肯定型的关键线路法双代号网络图只允许有一个起始节点和一个终点节点。

9）在网络图中，为了表达分段流水作业的情况，每个工作只能反映每一施工段的工作。

（2）双代号网络图的绘制方法　绘制正确的网络图必须遵守上述基本原则，并且根据施工对象的生产工艺和施工组织顺序，在网络图中正确反映出各个工作之间相互联系和制约关系。

1）正确反映各个工作之间的逻辑关系（见表4-1）。由计划人员根据工程要求编

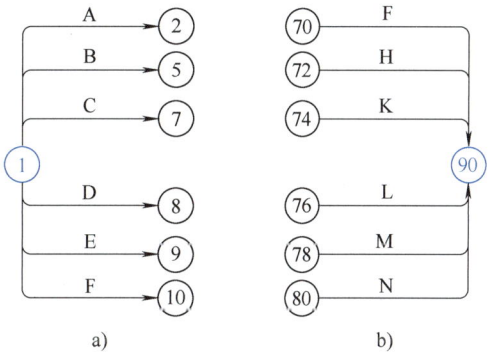

图 4-18　多条外向箭线或多条内向箭线时可采用母线法

制逻辑关系表，要求明确提供各工作名称和各工作的紧前工作；根据已知的紧前工作，确定出紧后工作，对于逻辑关系比较复杂的网络图，可以绘制出关系矩阵图，以确定紧后工作。

2）构图形式简洁易懂，层次分明，突出重点。

3）对于网络图中无逻辑关系的各工作，必须切断对于在工艺与组织上的不发生逻辑关系的工作，并在网络图中运用虚箭线将其断开。

4）网络图的布置应该条理清楚。确定出各工作的开始节点位置号和结束节点位置号。

表 4-1　各工作之间逻辑关系在网络图中的表示方法

序号	各工作之间的逻辑关系	用双代号网络图的表达方法
1	A、B 工作都完成，才能开始 C 工作	

（续）

序号	各工作之间的逻辑关系	用双代号网络图的表达方法
2	A 工作都完成，同时开始 B、C 工作	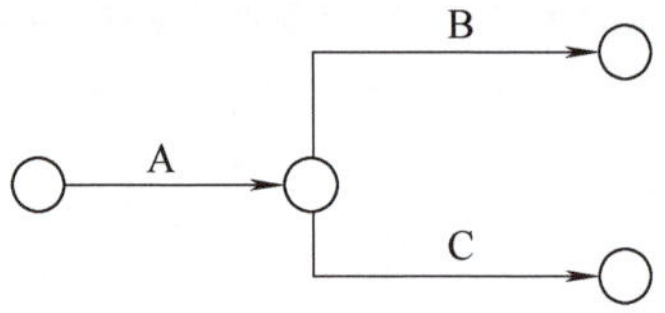
3	A、B 工作都完成，同时开始 C、D 工作	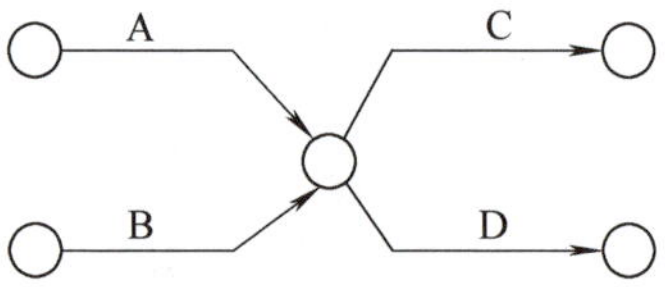
4	A 工作完成后，开始 C 工作；A、B 工作都完成，才能开始 D 工作	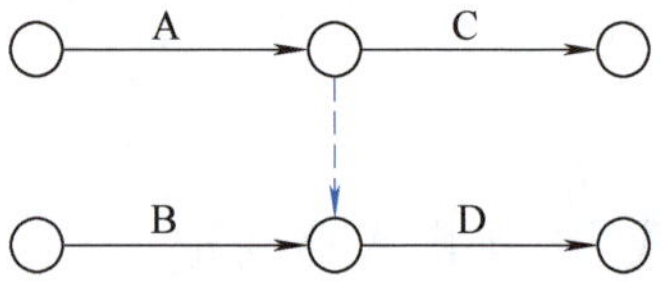
5	A、B 工作都完成后，D 工作开始；B、C 工作都完成，E 工作开始	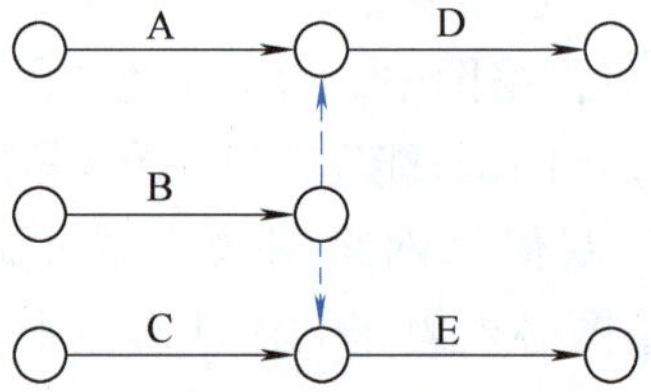
6	A 工作完成，C 工作开始；B 工作完成，E 工作开始；A、B 工作都完成，D 工作开始	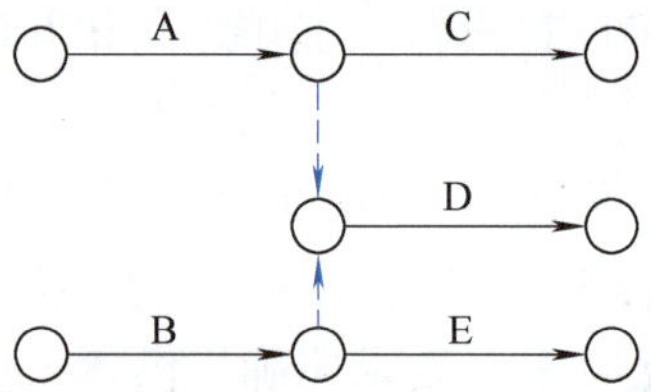

【例 4-1】 根据表 4-2 中逻辑关系，绘制双代号网络图。

表 4-2 某工程项目工作及逻辑关系

工作	A	B	C	D	E	F	G	H	I
紧前工作	—	A	A	B	B,C	C	D,E	E,F	H,G
紧后工作	B,C	D,E	E,F	G	G	H	I	I	—

解：刚开始绘制图形时很难布置得很整齐，当活动之间逻辑关系不好表示时，常要加虚箭线，多次整理后，划去不必要的零杆，并给节点编号，如图 4-19 所示。

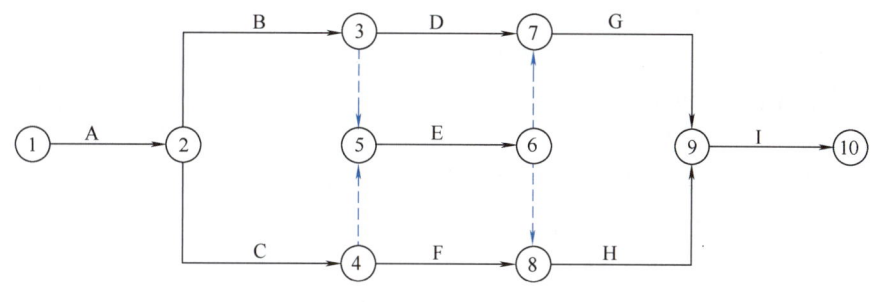

图 4-19 整理后的网络图

2. 双代号网络计划的时间参数计算

（1）网络计划基本参数

1）时限。时限是网络计划或其中的工作因外界因素影响而在时间安排上所受到的某种限制。

2）工作持续时间。对一项工作规定的从开始到完成的时间，以符号 D_{i-j} 表示。

3）工作的最早开始时间。在紧前工作和有关时限约束下，工作有可能开始的最早时刻，以符号 ES_{i-j}、ES_i 表示。

4）工作的最早完成时间。在紧前工作和有关时限约束下，工作有可能完成的最早时刻，以符号 EF_{i-j}、EF_i 表示。

5）工作的最迟开始时间。在不影响任务按期完成和有关时限约束的条件下，工作最迟必须开始的时刻，以符号 LS_{i-j}、LS_i 表示。

6）工作的最迟完成时间。在不影响任务按期完成和有关时限约束的条件下，工作最迟必须完成的时刻，以符号 LF_{i-j}、LF_i 表示。

7）事件。双代号网络图中，工作开始或完成的时间点（节点）。

8）节点时间。在双代号网络计划中，用来表明时间开始或完成的时刻的时间参数。

9）节点最早时间。双代号网络计划中，该节点后各工作的最早开始时刻，以符号 ET_i 表示。

10）节点最迟时间。双代号网络计划中，该节点前各工作的最迟完成时刻，以符号 LT_i 表示。

11）时间间隔。单代号网络计划中，一项工作的最早完成时间与其紧后工作最早开始时间可能存在的差值，以符号 $LAG_{i,j}$ 表示。工作 i 与工作 j 之间的时间间隔。

12）工作的总时差。在不影响工期和有关时限的前提下，一项工作可以利用的机动时间，以符号 TF_{i-j}、TF_i 表示。

13）工作的自由时差。在不影响其紧后工作最早开始时间和有关时限的前提下，一项工作可以利用的机动时间，以符号 FF_{i-j}、FF_i 表示。

14）相关时差。与紧后工作共同利用的机动时间，以符号 DF_{i-j}、DF_i 表示。

15）计算工期。根据网络计划时间参数计算出来的工期，以符号 T_c 表示。

16）计划工期。在要求工期和计算工期的基础上综合考虑需要和可能而确定的工期，以符号 T_p 表示。

（2）双代号网络计划时间参数（见图 4-20）

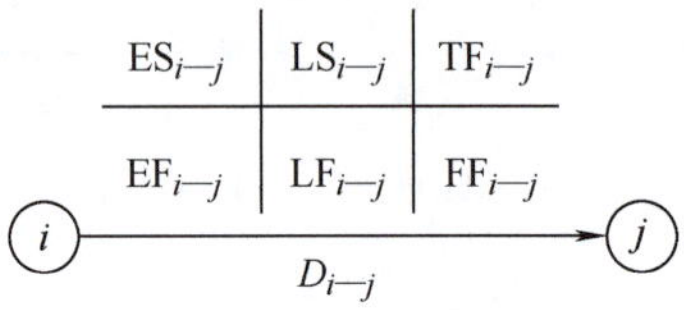

1）最早时间参数：是限制紧后工作提前的时间参数。

①工作最早可能开始时间：ES_{i-j}。

②工作最早可能完成时间：EF_{i-j}。

2）最迟时间参数：是限制紧前工作推迟的时间参数。

①工作最迟必须开始时间：LS_{i-j}。

②工作最迟必须完成时间：LF_{i-j}。

3）工作时差参数：是可以利用的工作机动时间参数。

①工作总时差：TF_{i-j}。

②工作自由时差：FF_{i-j}。

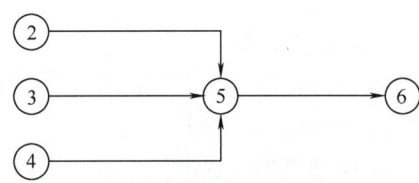

图 4-20 双代号网络计划时间参数标注

（3）双代号网络计划时间参数的计算

1）计算 ES_{i-j}。

第一种情况：从起点节点出发的工作 $ES_{1-j}=0$。

第二种情况：只有一项紧前工作的节点处 $ES_{j-k}=EF_{i-j}$，如图 4-21 所示。

第三种情况：有若干项紧前工作的节点处，如图 4-22 所示。

$$ES_{5-6}=\max[EF_{2-5},EF_{3-5},EF_{4-5}]$$

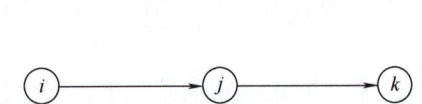

图 4-21 只有一项紧前工作的节点最早开始时间

图 4-22 有若干项紧前工作的节点最早开始时间

2）计算 EF_{i-j}。

$$EF_{i-j}=ES_{i-j}+D_{i-j}$$
$$T_c=\max[EF_{i-n}]$$

3）计算 LF_{i-j}。

第一种：所有进入终点节点的工作 $LF_{i-n}=T_c$。

第二种：只有一项紧后工作的节点处 $LF_{i-j}=LS_{j-K}$，如图 4-23 所示。

第三种：有若干项紧后工作的节点处，如图 4-24 所示。

$$LF_{2-3}=\min[LS_{3-4},LS_{3-5},LS_{3-6}]$$

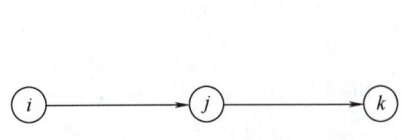

图 4-23 只有一项紧后工作最迟结束时间计算

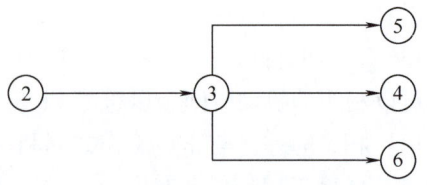

图 4-24 有若干项紧后工作最迟结束时间计算

4）计算 LS_{i-j}。
$$LS_{i-j} = LF_{i-j} - D_{i-j}$$
5）计算 TF_{i-j}。不影响总工期的前提下 $i-j$ 工作具有的机动时间，关键线路：即没有总时差的工作线路 TF=0 的通路。
6）计算 FF_{i-j}。不影响紧后工作最早开始的本工作的机动时间。
$$FF_{i-j} = \min\{ES_{j-h}\} - EF_{i-j}$$

【例 4-2】 计算图 4-25 所示双代号网络计划各工作的时间参数。

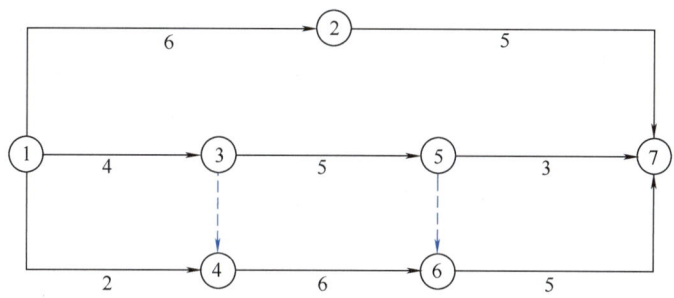

图 4-25 双代号网络计划

解：

（1）从①节点开始顺着箭线方向算到最后节点，计算最早时间参数

$ES_{1-2} = ES_{1-3} = ES_{1-4} = 0$ $EF_{1-2} = 6$ $EF_{1-3} = 4$ $EF_{1-4} = 2$

$ES_{2-7} = 0+6 = 6$ $EF_{2-7} = 6+5 = 11$

$ES_{3-5} = 0+4 = 4$ $EF_{3-5} = 4+5 = 9$

$ES_{4-6} = 0+4 = 4$ $EF_{4-6} = 4+6 = 10$

$ES_{5-7} = 4+5 = 9$ $EF_{5-7} = 9+3 = 12$

$ES_{6-7} = \max(9, 10) = 10$ $EF_{6-7} = 10+5 = 15$

（2）确定计算工期
$$T_c = \max(EF_{2-7}, EF_{5-7}, EF_{6-7}) = 15$$

（3）计算最迟时间参数，逆着箭线方向计算

$LF_{2-7} = LF_{5-7} = LF_{6-7} = 15$ $LS_{2-7} = 15 - 5 = 10$

$LS_{5-7} = 15 - 3 = 12$ $LS_{6-7} = 15 - 5 = 10$

$LF_{1-2} = 10$ $LS_{1-2} = 10 - 6 = 4$

$LF_{3-5} = \min(12, 10) = 10$ $LS_{3-5} = 10 - 5 = 5$

$LF_{4-6} = 10$ $LS_{4-6} = 10 - 6 = 4$

$LF_{1-3} = \min(5, 4) = 4$ $LS_{1-3} = 0$

$LF_{1-4} = 4$ $LS_{1-4} = 4 - 2 = 2$

（4）计算总时差 TF 按照公式计算，计算结果标注在图 4-26 中。
其中关键线路为：1—3—4—6—7。

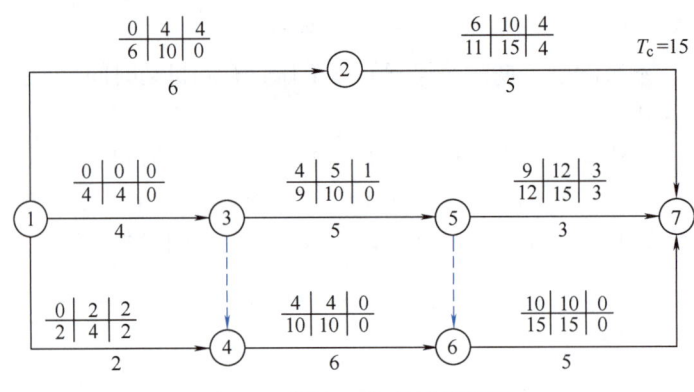

图 4-26 【例 4-2】的计算结果

(5) 计算自由时差 FF 按照公式计算,计算结果标注在图 4-26 中。

4.3.3 单代号网络计划

1. 单代号网络计划的特点

单代号网络图是以节点及其编号表示工作,以箭线表示工作之间的逻辑关系的网络图。在单代号网络图加注工作的持续时间就形成单代号网络计划。单代号网络计划与双代号网络计划相比,特点如下:

1) 单代号网络图是以节点及其编号表示工作,以箭线表示工作之间的逻辑关系,故逻辑关系容易表达。

2) 单代号网络图中无虚箭线,故编制单代号网络计划产生逻辑错误的概率小,绘图简单。

3) 由于工作的持续时间表示在节点之中,没有长度,故不够形象,也不便于绘制时标网络计划,更不能根据图优化。

4) 便于网络图的检查和修改。

5) 表示工作之间逻辑关系的箭线可能产生较多的交叉现象。

2. 单代号网络图绘制

同双代号网络图的绘制一样,绘制单代号网络图也必须遵循一定的逻辑规则。这些基本规则主要如下:

1) 为了保证单代号网络计划有唯一起点和终点,在网络图的开始和结束增加虚拟起点节点和终点节点,这是单代号网络图所特有。

2) 在单代号网络图中不允许出现循环回路。

3) 在单代号网络图中不允许出现有重复编号的工作,一个编号只能代表一项工作。

4) 在网络图中除了起点节点和终点节点外,不允许出现其他没有内向箭头的工作节点和没有外向箭线的工作节点,严禁出现双向箭头或无箭头的连线。

5) 节点编号为了计算方便,网络图的编号应是后续节点编号大于前导节点编号。

【例 4-3】 根据表 4-3 中网络图的资料,试确定节点位置号,绘出单代号网络图。

表 4-3　工作逻辑关系表

	A	B	C	D	E	G	H	I
紧前工作	—	—	—	B	B，C	A	D	D，E
持续时间/d	6	4	2	5	6	5	3	5

解： 根据给定的逻辑关系和绘图规则与方法，绘制的网络图如图 4-27 所示。

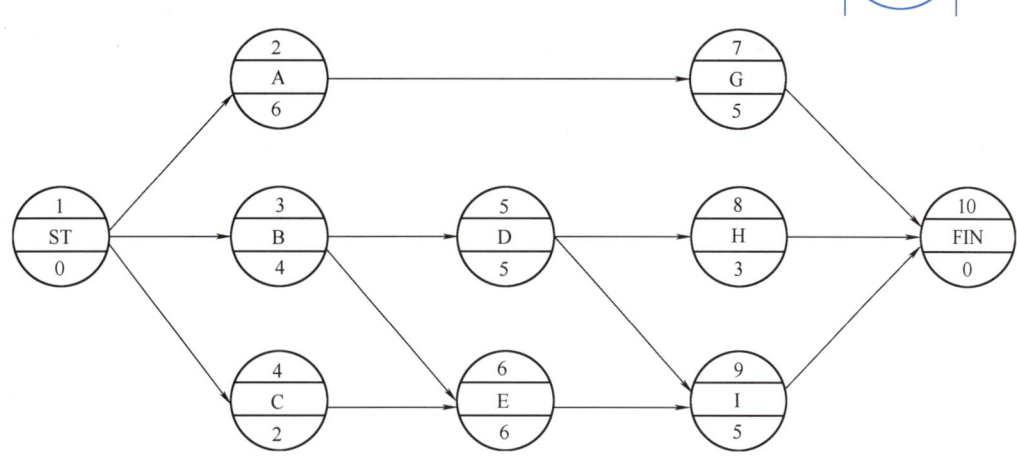

图 4-27　单代号网络图的绘制

3. 单代号网络计划时间参数的计算

单代号网络计划与双代号网络计划只是表现形式不同，它们所表达的内容及逻辑关系完全一样，因此两者时间参数计算方法相同。

【例 4-4】 已知某单代号网络计划如图 4-27 所示，各个工作之间的逻辑关系和持续时间，试计算时间参数。计算结果如图 4-28 所示。

解：

（1）计算工作的最早开始时间和最早完成时间　工作最早开始时间和最早完成时间的计算应从网络计划的起点节点开始，顺着箭线方向按节点编号从小到大的顺序依次进行。其计算步骤如下：

1）工作的最早开始时间 ES。网络计划起点节点所代表的工作，其最早开始时间未规定时取值为零。其他工作的最早开始时间应等于其紧前工作最早完成时间的最大值，即

$$ES_1 = 0$$
$$ES_j = \max\{EF_i\}$$

式中　ES_j——工作 j 的最早开始时间；

EF_i——工作 j 的紧前工作 i 的最早完成时间。

2）工作的最早完成时间 EF。工作的最早完成时间应等于本工作的最早开始时间与持续时间之和，即

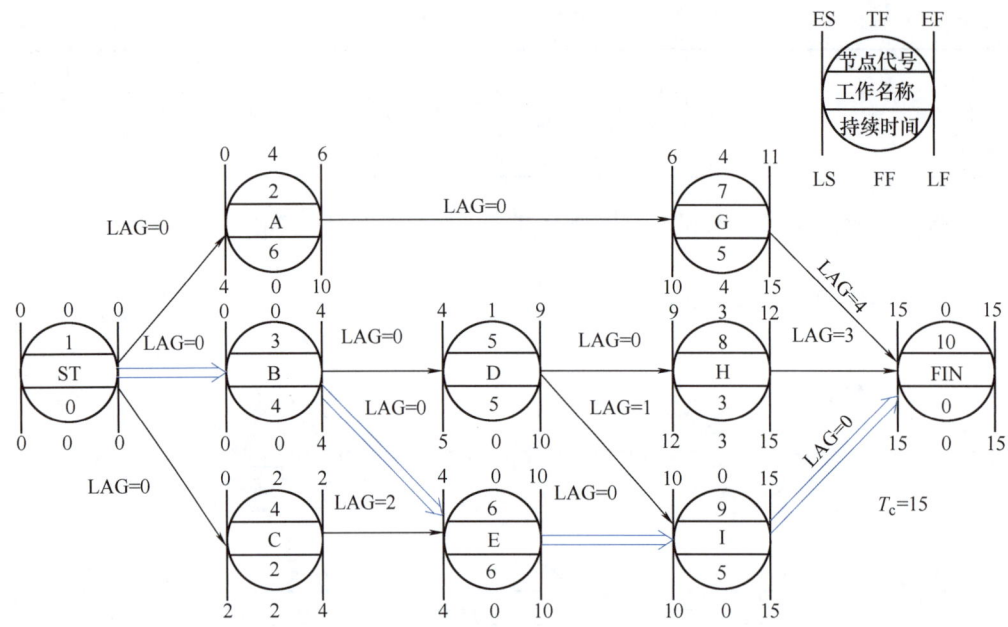

图 4-28　单代号网络计划时间参数的计算

$$EF_i = ES_i + D_i$$

式中　EF_i——工作 i 的最早完成时间；

ES_i——工作 i 的最早开始时间；

D_i——工作 i 的持续时间。

本例中，工作 A 的最早完成时间和工作 E 的最早开始时间分别为

$$EF_2 = ES_2 + D_2 = 0 + 6 = 6$$
$$ES_6 = \max\{EF_3, EF_4\} = \max\{4, 2\} = 4$$

3）网络计划的计算工期等于其终点节点所代表的工作的最早完成时间。在本例中，其计算工期为：$T_c = EF_{10} = 15$。

（2）计算相邻两项工作之间的时间间隔 LAG　相邻的两项工作之间的时间间隔是指紧后工作的最早开始时间与本工作最早完成时间的差值，即 $LAG_{i,j} = ES_j - EF_i$。本例中，工作 C 与工作 E 的时间间隔为 $LAG_{4,6} = ES_6 - EF_4 = 4 - 2 = 2$。

（3）计算工作的总时差　工作总时差的计算有两种方法：一种是与双代号网络计算方法相同；另一种是用相邻两项工作之间的时间间隔计算。网络计划终点节点 n 所代表的工作的总时差应等于计划工作与计算工期之差，其他工作的总时差应等于本工作与其各紧后工作之间的时间间隔加该紧后工作的总时差所得之和的最小值，即

$$TF_n = T_p - T_c$$
$$TF_i = \min\{LAG_{i,j} + TF_j\}$$

本题中，工作 H 和工作 D 的总时差分别为

$$TF_8 = LAG_{8,10} + TF_{10} = 3 + 0 = 3$$
$$TF_5 = \min\{LAG_{5,8} + TF_8, LAG_{5,9} + TF_9\} = \min\{0 + 3, 1 + 0\} = 1$$

(4) 计算工作的自由时差　工作的自由时差的计算也有两种方法：一种是与双代号网络图的计算方法相同；另一种是用相邻两项工作之间的时间间隔计算。网络计划终点节点 n 所代表的自由时差等于计划工期与本工作的最早完成时间之差，无计划工期时等于计算工期与本工作的最早完成时间之差；其他工作的自由时差等于本工作与紧后工作之间时间间隔的最小值，即

$$FF_n = T_p - EF_n \text{ 或 } FF_n = T_c - EF_n$$
$$FF_i = \min\{LAC_{i,\,j}\}$$

本例中，工作 D 和工作 G 的自由时差分别为

$$FF_5 = \min\{LAC_{5,\,8},\ LAC_{5,\,9}\} = \min\{0,\ 1\} = 0$$
$$FF_7 = LAC_{7,\,10} = 4$$

(5) 计算工作的最迟完成时间和最迟开始时间　工作最迟完成时间和最迟开始时间的计算可按以下两种方法进行：

1) 根据总时差计算。工作的最迟完成时间等于本工作的最迟完成时间与总时差之和；工作的最迟开始时间等于本工作的最早开始时间与其总时差之和，即

$$LF_i = EF_i + TF_i$$
$$LS_i = ES_i + TF_i$$

在本例中，工作 G 的最迟完成时间和最迟开始时间分别为

$$LF_7 = EF_7 + TF_7 = 11 + 4 = 15$$
$$LS_7 = ES_7 + TF_7 = 6 + 4 = 10$$

2) 根据计划工期计算。根据计划工期确定工作最迟时间和最迟开始时间时，应从网络计划的终点节点开始，逆着箭线方向按节点编号从大到小的顺序依次进行。

网络计划终点节点所代表的工作 n 的最迟完成时间等于计划工期，无计划工期时等于计算工期，即 $LF_n = T_p$ 或 $LF_n = T_c$。

工作的最迟开始时间等于本工作的最迟完成时间与其持续时间之差，即 $LS_i = LF_i - D_i$。

其他工作的最迟完成时间等于该工作各紧后工作最迟开始时间的最小值，即

$$LF_i = \min\{LS_j\}$$

式中　LF_i——工作 i 的最迟完成时间；

LS_j——工作 i 的紧后工作 j 的最迟开始时间。

本例中，虚拟工作 FIN 和工作 G 的最迟开始时间分别为

$$LS_{10} = LF_{10} - D_{10} = 15 - 0 = 15$$
$$LS_7 = LS_7 - D_7 = 15 - 5 = 10$$

工作 H 和工作 D 的最迟完成时间分别为

$$LS_8 = LS_{10} = 15$$
$$LF_5 = \min\{LS_8,\ LS_9\} = \min\{12,\ 10\} = 10$$

(6) 确定网络计划的关键线路

1) 可以利用关键线路的概念确定，即持续时间最长的线路为关键线路。

2) 网络计划中，总时差最小的工作为关键工作，由关键工作首尾相连并确保相邻两工作之间的时间间隔为零的线路为关键线路。

3) 单代号网络计划，从网络计划的终点节点开始，逆着箭线方向依次找出相邻两项工

作之间的时间间隔为零的线路为关键线路。本题中 10—9—6—3—1 之间工作时间间隔均为零，所以线路 1→3→6→9→10 为关键线路。

4.3.4 双代号时标网络计划

1. 双代号时标网络计划的概念

时标网络计划是以时间坐标为尺度编制的网络计划。将表示工作的箭线的水平投影长度按该工作持续时间大小成比例绘制而成的双代号网络计划称为双代号时标网络计划。在时标网络计划中，必须以水平时间坐标为尺度表示工作的持续时间大小，并以实箭线表示工作，以虚箭线表示虚工作，以波形线表示工作与其紧后工作之间的时间间隔。

根据工作开始和完成时间不同，分为早时标网络计划和迟时标网络计划。早时标网络计划，即各项工作均按最早开始和最早完成绘制的时标网络计划。迟时标网络计划，即各项工作均按最迟开始和最迟完成绘制的时标网络计划。

2. 双代号时标网络计划的特点

时标的时间单位应根据需要在编制网络计划之前确定，可为时、天、周、旬、月或季。时标网络计划以实箭线表示工作，每项工作直线段的水平投影长度代表工作的持续时间，以虚箭线表示虚工作，以波形线表示工作与其紧后工作之间的时间间隔（以网络计划终点节点为完成节点的工作除外）。当工作之后紧接有实工作时，波形线表示本工作的自由时差；当工作之后只紧接虚工作时，则紧接的虚工作的波形线中的最短者为该工作的自由时差。时标网络计划中的箭线宜用水平箭线或由水平段和垂直段组成的箭线，不宜用斜箭线。虚工作也宜如此，但虚工作的水平段应绘成波形线。

为说明计算坐标、工作日坐标和日历坐标三者的关系，在图 4-29 所示网络计划中采用了三个坐标体系：上面的坐标体系为计算坐标体系，供计算时间参数之用；中间为工作日坐标体系；下面为日历坐标体系。最早开始时间、最早完成时间及时间间隔可直接从网络图中读出。

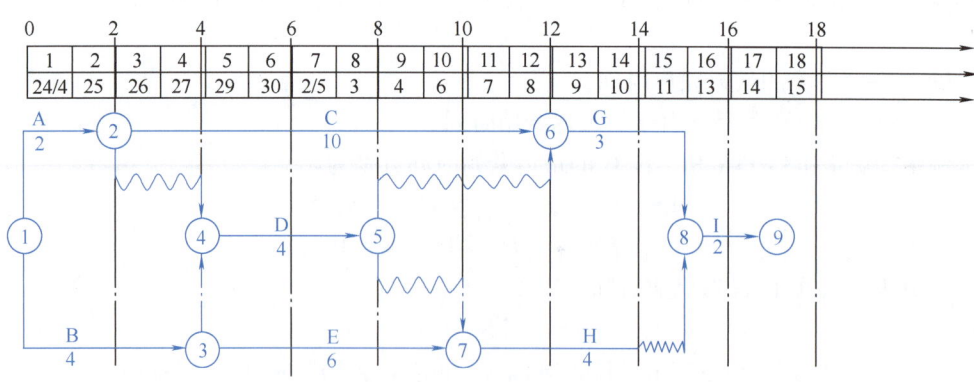

图 4-29 时标网络图

时标网络计划的主要特点如下：箭线长度与工作持续时间长度一致；波形线水平投影长度代表该工作自由时差；可以直接显示各施工过程的时间参数（起止时间、自由时差、关键线路）；容易发现循环回路等逻辑错误，兼有网络计划与横道图的优点，时间进程明显；

便于统计资源需要量，绘制资源动态图；修改与调整不方便；有时会出现虚实线占用时间。

3. 时标网络计划的编制方法

时标网络计划宜按各项工作的最早开始时间编制。为此，在编制时标网络计划时应使每一个节点和每一项工作（包括虚工作）尽量向左靠，直至不出现从右向左的逆向箭线为止。

在编制时标网络计划之前，应先按已经确定的时间单位绘制时标网络计划表。时间坐标可以标注在时标网络计划表的顶部或底部。当网络计划的规模比较大，且比较复杂时，可以在时标网络计划表的顶部和底部同时标注时间坐标。必要时，还可以在顶部时间坐标之上或底部时间坐标之下同时加注日历时间。

编制时标网络计划应先绘制无时标的网络计划草图，然后按间接绘制法或直接绘制法进行。

（1）间接绘制法　间接绘制法是指先根据无时标的网络计划草图计算其时间参数并确定关键线路，然后在时标网络计划表中进行绘制。在绘制时应先将所有节点按其最早时间定位在时标网络计划表中的相应位置，再用规定线型（实箭线和虚箭线）按比例绘出工作和虚工作。当某些工作箭线的长度不足以到达该工作的完成节点时，须用波形线补足，箭头应画在与该工作完成节点的连接处。

（2）直接绘制法　直接绘制法是指不计算时间参数而直接按无时标的网络计划草图绘制时标网络计划。

1）将网络计划的起点节点定位在时标网络计划表的起始刻度线上。

2）按工作的持续时间绘制以网络计划起点节点为开始节点的工作箭线。

3）除网络计划的起点节点外，其他节点必须在所有以该节点为完成节点的工作箭线均绘出后，定位在这些工作箭线中最迟的箭线末端。当某些工作箭线的长度不足以到达该节点时，须用波形线补足，箭头画在与该节点的连接处。

4）当某个节点的位置确定之后，即可绘制以该节点为开始节点的工作箭线。

5）利用上述方法从左至右依次确定其他各个节点的位置，直至绘出网络计划的终点节点。

在绘制时标网络计划时，特别需要注意的问题是处理好虚箭线。首先，应将虚箭线与实箭线等同看待，只是其对应工作的持续时间为零；其次，尽管它本身没有持续时间，但可能存在波形线，因此，要按规定画出波形线。在画波形线时，其垂直部分仍应画为虚线。

【例 4-5】 将图 4-30 所示网络计划绘制成时标网络图。

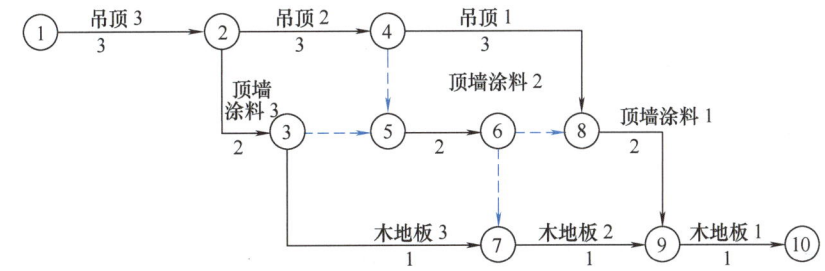

图 4-30　某项目的双代号网络计划

解：

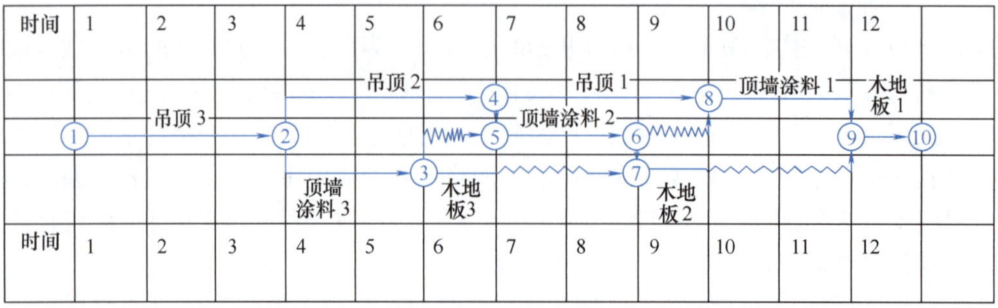

时间	1	2	3	4	5	6	7	8	9	10	11	12
				吊顶 2			吊顶 1		顶墙涂料 1	木地板 1		
		吊顶 3		②	顶墙涂料 2	⑤	⑥	⑧		⑨	→	⑩
	①				顶墙涂料 3	③ 木地板 3		⑦ 木地板 2				
时间	1	2	3	4	5	6	7	8	9	10	11	12

图 4-31　某项目时标网络图【例 4-5】题

4. 时标网络计划关键线路和时间参数的确定

1）时标网络计划关键线路的判定。时标网络计划的关键线路，应自终点节点逆箭头方向朝起点节点观察，凡自终至始不出现波形线的线路，就是关键线路。

2）时标网络计划计算工期的判定。时标网络计划的计算工期，应是其终点节点与起点节点所在位置的时标值之差。

3）时标网络计划最早时间的判定。时标网络计划每条箭头的左端节点中心所对应的时标值代表工作的最早开始时间，箭线实线部分右端或当工作无自由时差时箭线右端节点中心所对应的时标值代表工作的最早完成时间。

4）时标网络计划自由时差的判定。时标网络计划中的工作自由时差值等于其波形线在坐标轴上的水平投影长度。

5）时标网络计划中工作总时差的判定。时标网络计划中，工作总时差不能直接观察，但利用可观察到的工作自由时差进行判定也是比较简单的。

4.4 网络计划优化

　　网络计划的优化，是在既定条件下，对初步拟订的网络计划方案，利用时差不断调整和改善，使之达到工期最短、成本最低、资源最优的目的。项目实际工程进度计划的优化，只能根据具体条件进行单项指标优化，分为工期优化、费用优化和资源优化。各种优化理论与方法均为以初始网络计划为基础，通过不断调整网络计划的时间参数，寻找最优的网络计划方案。

4.4.1 工期优化

　　工期优化也称为时间优化，是当初始网络计划的计算工期大于要求工期时，通过压缩关键线路上工作的持续时间或调整工作关系，以满足工期要求的过程。

1. 工期优化的方法

　　在不改变网络计划中各项工作之间逻辑关系的前提下，缩短关键工作的持续时间是网络计划工期优化的基本思路之一，常用方法有平均压缩关键工作持续时间、依次压缩关键工作持续时间、选择压缩关键工作持续时间三种。

在工期优化的过程中，不能将关键工作压缩成非关键工作，但关键工作可以不经压缩而变成非关键工作。此外，当出现多条关键线路时，必须将各条关键线路的持续时间压缩同一数值；否则，不能有效地缩短工期。

2. 工期优化的步骤

1）找出网络计划中的关键线路并求出计算工期。一般可用标号法确定出关键线路及计算工期。

2）按要求工期计算应缩短的时间（ΔT），应缩短的时间等于计算工期与要求工期之差。即 $\Delta T = T_c - T_r$。

3）选择应优先缩短持续时间的关键工作（或一组关键工作）。选择时应考虑下列因素：缩短持续时间对质量和安全影响不大的工作；有充足备用资源的工作；缩短持续时间所需增加的费用最少的工作。

4）将应优先缩短的关键工作压缩至最短持续时间，并找出关键线路。若被压缩的关键工作变成了非关键工作，则应将其持续时间再适当延长，使之仍为关键工作。

5）若计算工期仍超过要求工期，则重复以上步骤，直到满足工期要求或工期已不能再缩短为止。

6）当所有关键工作或部分关键工作已达最短持续时间而寻求不到继续压缩工期的方案，但工期仍不能满足要求工期时，应对计划的原技术、组织方案进行调整，或对要求工期重新审定。

【**例 4-6**】已知网络计划图如图 4-32 所示。

图中箭线下方为正常持续时间，括号内为最短持续时间，箭线上方括号内为优选系数，优先系数越小越应优先选择，若同时缩短多个关键工作，则该多个关键工作的优选系数之和（称为组合优选系数）最小者也应优先选择。设要求工期为 15d，试对其进行工期优化。

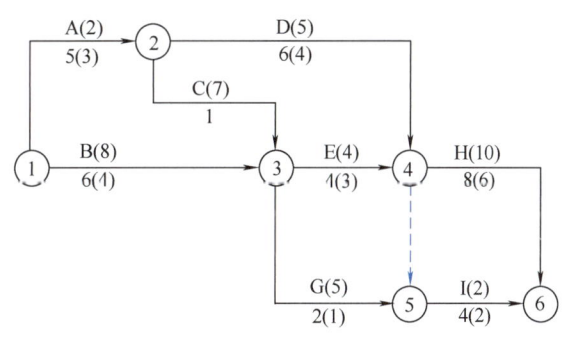

图 4-32 某网络计划图

解：

1）用标号法求出正常持续时间下的计算工期和关键线路，如图 4-33 所示。

2）应缩短时间

$$\Delta T = T_c - T_r = 19d - 15d = 4d$$

3）应优先缩短优选系数小的关键工作 A 的持续时间。

4）将关键工作 A 压至最短持续时间 3d，用标号法求出关键线路，如图 4-34 所示。

此时关键工作 A 压缩后成了非关键工作，说明有无效压缩，故需将其松弛，使之仍成为关键工作。现将其松弛至 4d，找出关键线路如图 4-35 所示。

此时 A 成了关键工作。图 4-35 中有两条关键线路，即 A—D—H 和 B—E—H。此时计算工期

$$T_c = 18d, \quad \Delta T_1 = 18d - 15d = 3d。$$

5）由于计算工期仍大于要求工期，故需继续压缩，如图 4-35 所示，有五种压缩方案：

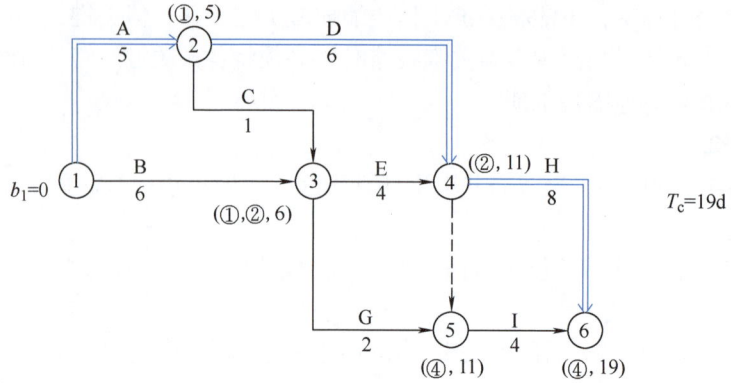

图 4-33　初始网络计划图

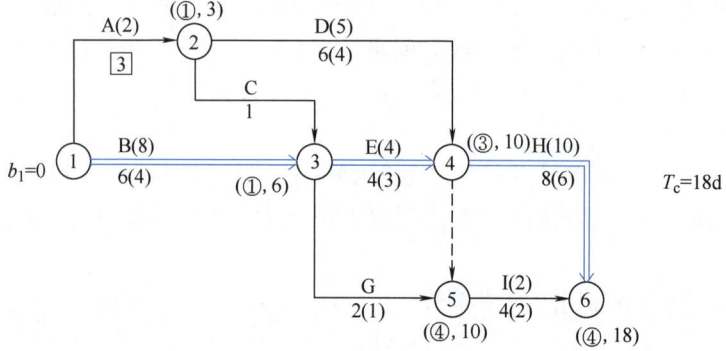

图 4-34　A 压缩后的网络计划图

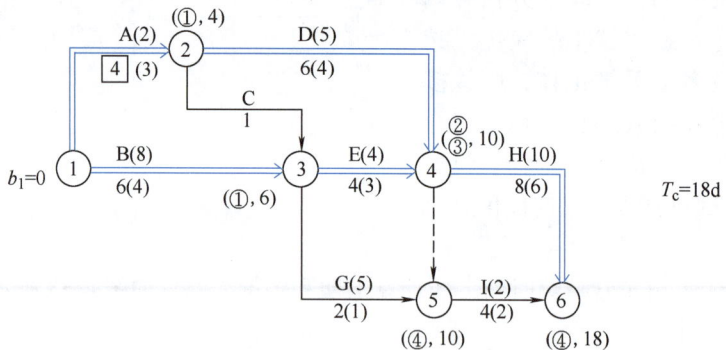

图 4-35　第一次压缩后的网络计划图

①压工作 A、B，组合优选系数为 2+8＝10；
②压工作 A、E，组合优选系数为 2+4＝6；
③压工作 D、E，组合优选系数为 5+4＝9；
④压工作 D、B，组合优选系数为 5+8＝13；
⑤压工作 H，优选系数为 10。决定压缩优选系数最小者，即压缩工作 A、E。这两个工作均压缩至最短持续时间 3d。用标号法找出关键线路和计算工期，如图 4-36 所示。

此时关键线路仍为 A—D—H 和 B—E—H。计算工期 $T_c＝17d$，$\Delta T_2＝17d-15d＝2d$。

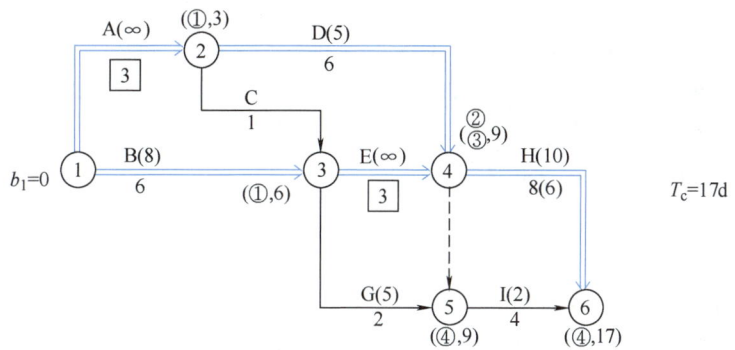

图 4-36　第二次压缩后的网络计划图

由于工作 A 和 E 已达最短持续时间，不能再压缩，可假定它们的优选系数为无穷大。

6）由于计算工期仍大于要求工期，故需继续压缩。在前述的五种压缩方案中，前三种方案的优选系数已变为无穷大，现只有压缩工作 B、D 方案，优选系数为 13；压缩工作 H 方案，优选系数为 10。故采取压缩工作 H 的方案，将工作 H 压缩 2d。则计算工期 15d，等于要求工期的优化方案，如图 4-37 所示。

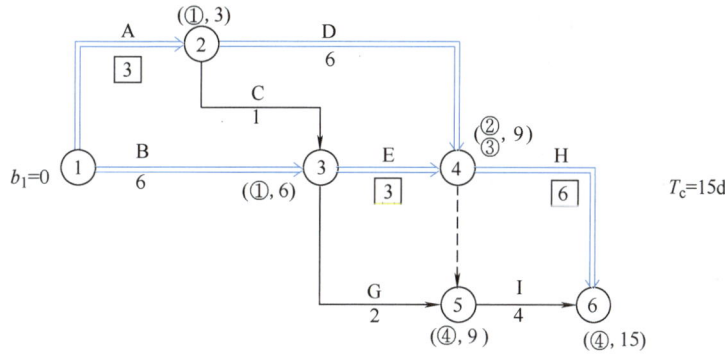

图 4-37　优化的网络计划图

4.4.2　费用优化

费用优化又称为工期成本优化，是指寻求工程总成本最低时的工期安排，或按要求工期寻求最低成本的计划安排的过程。

1. 工期和费用的关系

总费用主要包括间接费和直接费。

（1）间接费　间接费是指计划执行过程中，用于工程经营管理方面的费用，与实施条件、组织措施、管理水平等有很大关系。通常情况下，一项工程的实施条件、组织措施、管理水平一定时，间接费随着工期的缩短而减少。

（2）直接费　直接费是指计划执行过程中，用于支付每项工作的人工费、材料费、机械台班等方面的费用。通常情况下，缩短工作的持续时间必然增加直接费，而缩短工期往往是通过压缩关键工作的持续时间来实现的，所以缩短工期，同样要增加直接费。

总费用和工期的关系曲线如图 4-38 所示，图中总费用曲线上的最低点就是工程计划的最优方案，此方案工程成本最低，其相应工期称为最优工期。实际操作中，要达到这一点很困难，在这点附近一定范围都可以算作最优计划。

2. 费用优化的方法和步骤

1）按工作正常持续时间画出网络计划，找出关键线路、工期、总费用。

2）计算各工作的直接费用率 C_{i-j}。

3）压缩工期。当只有一条关键线路

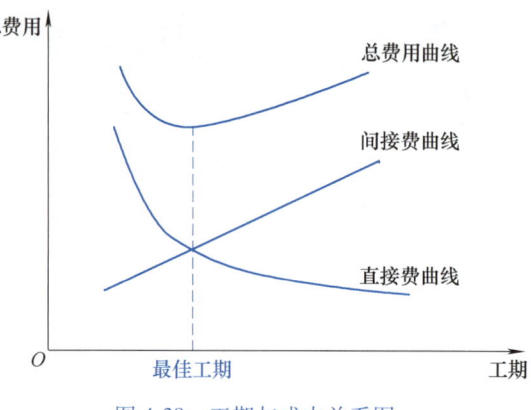

图 4-38 工期与成本关系图

时，应找出直接费用率最小的一项关键工作，作为缩短持续时间的对象；当有多条关键线路时，应找出组合直接费用率最小的一组关键工作，作为缩短持续时间的对象。

4）计算压缩后的总费用

$$C^{T'} = C^T + \Delta C_{i-j} \times \Delta T_{i-j} - 间接费用率 \times \Delta T_{i-j}$$

5）重复 3）、4）步骤，直至总费用最低。

压缩关键工作的持续时间时，不能把关键工作压缩成非关键工作。选择直接费用率或其组合（同时压缩几项关键工作时）最低的关键工作进行压缩，且其值应小于或等于间接费用率。

【例 4-7】 某网络计划，其各工作的持续时间如图 4-39 所示，直接费见表 4-4。已知间接费用率为 120 元/d，试进行费用优化。

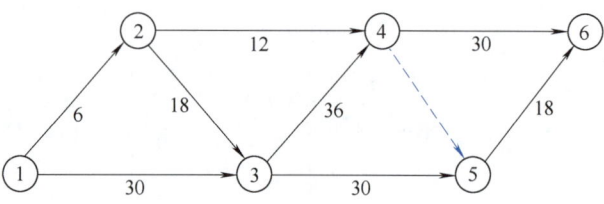

图 4-39 某项目双代号网络图

表 4-4 某项目时间费率表

工作	正常时间		极限时间		费率
	时间	费用/元	时间	费用/元	
1—2	6	1500	4	2000	250
1—3	30	7500	20	8500	100
2—3	18	5000	10	6000	125
2—4	12	4000	8	4500	125
3—4	36	12000	22	14000	143
3—5	30	8500	18	9200	58
4—6	30	9500	16	10300	57
5—6	18	4500	10	5000	62

解：

1）将网络计划绘制成时标网络计划，如图 4-40 所示。

2）首先压缩 4—6，利用 5—6 工作的时差 12d，压缩 4—6 工作 12d，5—6 工作转换为

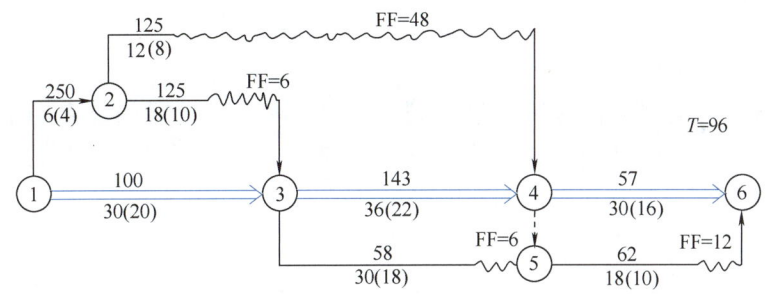

图 4-40 初始网络计划中的关键线路

关键工作。工期压缩 12d，直接费用增加 57 元/d×12d=684 元。如图 4-41 所示。

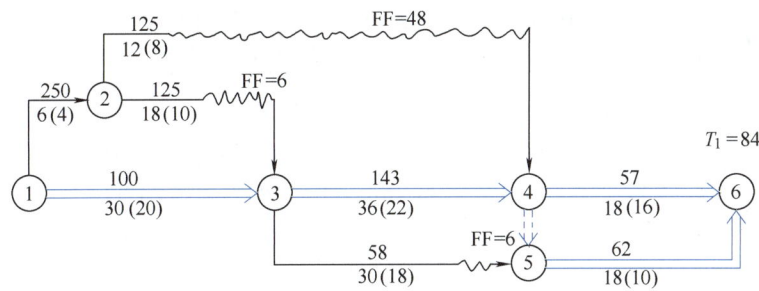

图 4-41 第一次压缩后的网络计划图

3）压缩 1—3 工作 6d，利用 2—3 工作的时差 6d，1—2 工作、2—3 工作转换为关键工作。工期压缩 6d，直接费用增加 684 元+100 元/d×6d=1284 元。如图 4-42 所示。

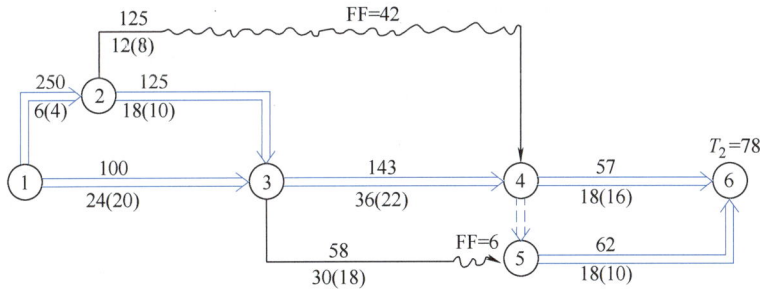

图 4-42 第二次压缩后的网络计划图

4）同时压缩 4—6 和 5—6 工作两天，工期压缩 2d，费用增加 1284 元+(57+62)元/d×2d=1522 元。此时，如果再压缩 3—4 工作，其直接费用率大于间接费用率，总费用就是增加的趋势，因此不能再压缩。

经过三次压缩后，费用最低、工期较短的最优网络计划如图 4-43 所示。

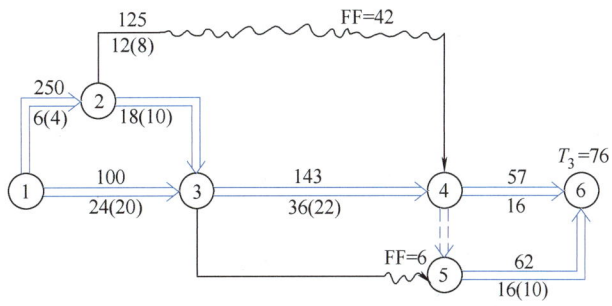

图 4-43 第三次压缩后的网络计划图

4.4.3 资源优化

资源是完成一项任务所投入的人力、材料、机械设备、资金等的统称。由于完成一项工作所需的资源是基本上不变的，所以资源优化是通过改变工作开始时间和完成时间，使资源分布在满足资源有限量（每单位时间所能提供的最大资源量）的条件下，达到资源优化配置，降低资源使用成本。

通常网络计划的资源优化分为"资源有限，工期最短"的优化和"工期固定，资源均衡"的优化。前者是通过调整计划安排，在满足资源限制条件下，使工期延长最少的过程；后者是通过调整计划安排，在工期保持不变的条件下，使资源需用量尽可能均衡的过程。

1．"资源有限，工期最短"的优化

这种优化即在满足资源有限量的条件下，寻求完成计划的最短工期安排。设备工作项目经常受到外界因素的影响，可能无法在所有时间内获得足够的资源，这将使工作项目在某段时间内需要的资源受到限制，即在这段时间内所需资源量大于资源量，此时不得不将某些工作延后实施，其结果可能导致工期延长。"资源有限，工期最短"的优化就是在延后工作过程中，力争做到对工程项目进度目标影响最小，最终确定满足资源有限量的同时使总工期延长最短的工程项目进度计划。

2．"工期固定，资源均衡"的优化

这种优化即在工期不变的条件下，力求资源均衡消耗。优化方法是在工程项目进度目标工期不变的条件下，利用非关键工作的时差，通过改变非关键工作的开始时间，尽可能使资源的需求达到均衡，避免在工程项目实施过程中某段时间内资源需求出现高峰或低谷，最终达到资源优化配置，降低资源使用成本的目标。

通过对进度计划中非关键工作的调整，形成资源需求量偏差最小的最优方案。从网络计划的结束点开始，自右向左进行资源均衡调整。若同一节点有多个内向工作，则先考虑开始时间最晚的工作。最早开始时间相同的，以时差较小者先调整，时差也相同的，以每日资源消耗量最大的先调整。

4.5 工程项目进度控制

4.5.1 工程项目进度控制的理论基础

1. 工程项目进度控制的概念

工程项目进度控制是根据工程项目的进度目标，编制经济合理的进度计划，并据以检查工程项目进度计划的执行情况，若发现实际执行情况与计划进度不一致，应及时分析原因，并采取必要的措施对原工程进度计划进行调整或修正的过程。工程项目进度管理的目的就是实现最优工期，多快好省地完成任务。

工程项目进度控制的总目标是确保工程项目的既定目标工期的实现，或者保证工程项目质量和不因此而增加实际成本的条件下，适当缩短施工工期。工程项目进度控制的总目标应进行层层分解，形成实施进度控制、相互制约的目标体系。

工程项目进度控制的对象是工程项目的活动，进度是实施结果的进展情况，在工程实施过程中要消耗时间、人力、材料、机械、资金等才能完成工程项目任务。工程实际进度状况往往是通过构成工程项目的各项活动进展（完成量、完成量与计划总量之差或完成量与计划总量的百分比）由下而上逐层统计、汇总、计算表现出来的。由此看来，进度指标的确定对进度控制有很大的影响，常用进度指标有如下几种：

（1）持续时间　持续时间是不同工程项目进度的重要指标。实际工程项目管理活动中，人们经常用实际工期与计划工期相对比来说明进度完成的状况。例如，工期12个月，现在已进行了4个月，则工期已完成30%；能不能理解为进度已完成30%呢？显然不能。因为工期与进度并不是一个概念。对施工项目而言，其全过程中的施工强度是不均衡的，速度是不一致的，往往在开始一段期间展开的工作活动少，工作效率也低，速度当然也低；到中期前后投入资源量最大，工程速度最快；后期投入减少，速度又低下来。这个过程中说明施工效率和施工速度不是一个直线。即使对于匀速的计划，实际施工过程中经常存在着干扰事件，会发生停工、窝工等现象，因而实际工作效率并不稳定。所以不能说工期达到了多少就表示进度也达到了多少。

（2）施工完成的实物量　土石方工程按完成的体积量计算，混凝土工程按完成的体积量计算，设备安装工程按完成的吨位数计算，管线、道路按完成的长度计算等。这个指标反映分部分项工程所完成的进度和任务量，比较符合实际情况。

（3）表示进度的可比性指标　较好的可比性指标包括劳动工时的消耗、产值等，这对任何工程项目都是适用的计量单位，但在施工进度控制时尚需要注意以下几项：

1）资源投入与进度背离时会产生错误结论。因为实际劳动效率与计划劳动效率不一定完全相等。

2）施工中由于工程变更，会造成实际工作量与原计划工作量不同。如果计划80工时，因为工程变更，施工难度加大，应该需要100工时。现在完成20工时，进度是完成25%或20%，实际上只完成了20%。因此，正确结果只能是在计划正确、并按预定的效率施工才能得到。

3）用产值（成本）反映施工进度时，有些费用开支是不计算的，如果返工、窝工、工程停工增加的成本；材料价格及工资提高而造成的成本增加；工程变更或范围变化而影响成本的增加等。

工程项目进度控制就其全过程而言，主要工作环节首先是确定（确认）总进度目标和各个进度控制子目标，并编制进度计划；然后在工程项目实施的全过程中，分阶段进行实际进度与计划进度的比较，出现偏差则及时采取措施予以调整，并编制新计划，以满足进度目标要求；最后是协调工程项目各参加单位、部门和工作队之间的工作节奏与进度关系。简单说，进度控制就是规划、检查、调整、协调这样一个循环过程，直到项目活动全部结束。

2. 工程项目进度控制的原理

（1）系统控制原理　工程项目施工进度管理本身是一个系统工程，它包括项目施工进度计划系统和项目施工进度实施系统两部分内容。项目经理必须按照系统控制原理，强化其控制全过程。

（2）动态控制原理　工程项目进度管理随着施工活动向前推进，根据各方面的变化情况，应进行适时的动态控制，以保证计划符合变化的情况。同时，这种动态控制又是按照计划、实施、检查、调整这四个不断循环的过程进行控制的。在项目实施过程中，可分别以整个施工项目、单位工程、分部工程或分项工程为对象，建立不同参差的循环控制系统，并使其循环下去。这样每循环一次，其项目管理水平就会提高一步。

（3）弹性原理　工程项目进度计划工期长、影响进度的原因多，其中有的已被人们掌握，因此要根据统计经验估计出影响的程度和出现的可能性，并在确定进度目标时，进行实现目标的风险分析。在编制施工项目进度时留有余地，使施工进度计划具有弹性，在进行工程项目进度管理时，可以利用这些弹性，缩短有关工作的时间，或者改变它们之间的搭接关系。如检查之前拖延了工期，通过缩短剩余计划工期的方法，仍能达到预期的计划目标，这是工程项目进度管理中对弹性原理的应用。

（4）封闭循环原理　工程项目进度管理是从编制项目施工进度计划开始的，由于影响因素的复杂性和不确定性，在计划实施的全过程中，需要连续跟踪检查，不断将实际进度与计划进度进行比较，如果运行正常再继续执行原计划；如果发生偏差，应在分析其产生的原因后，采取相应的解决措施和方法，先对原进度计划进行调整和修订，再进行一个新的计划执行过程。这个由计划、实施、比较、分析、纠偏等环节组成的过程就形成了一个封闭回路。而工程项目进度管理的全过程就是在许多这样的封闭循环中得到有效的不断循环、修正与纠偏、最终实现总目标的。

（5）信息反馈原理　反馈是控制系统把信息输送出去，又把其作用结果反馈回来，并对信息的再输出施加影响，起到控制作用，以达到预期目的。工程项目进度管理的过程实质上就是对有关施工活动的进度的信息不断收集、加工、汇总、反馈的过程。

3. 工程项目进度的影响因素分析

工程项目具有规模庞大、技术复杂，涉及的相关单位数量多，建设周期长等特点。因此，影响工程项目进度的因素有很多。对影响工程项目进度的因素进行分析的主要目的在于以下两个方面：

1）实现对工程项目进度的主动控制。通过对影响进度因素的分析，在编制或审核工程项目进度时可以充分估计风险，工程项目的进度计划将更加科学、客观、可行，在设备工程实施过程中采取预防措施，使进度管理更具有预见性。

2）妥善处理延期事件。在工程项目实施过程中如果发生延期事件，首先要分析原因及影响因素，然后要求有关单位采取措施，客观公正地处理有关单位提出的工期索赔，妥善处理延期事件。

影响工程项目进度的不利因素很多，如人为因素，技术因素，设备、材料及构配件因素，机具因素，资金因素，水温、地质与气象因素，以及其他自然与社会环境等方面的因素。其中，人为因素是最大的干扰因素。从产生的根源看，有的来源于建设单位及其上级主管部门；有的来源于勘察设计、施工及材料、设备供应单位；有的来源于政府、建设主管部门、有关协作单位和社会；有的来源于各种自然条件；也有的来源于建设监理单位本身。在工程项目建设过程中，常见的影响因素可归纳为如下几个方面：

1）业主因素。业主要求改变使用功能而导致设计变更；业主不能及时提供施工场地或场地条件不能满足正常施工需要；未及时向有关部门办理各种相关申请审批手续；业主建设资金不足，不能按时支付工程款。

2）勘察设计因素。例如：勘察资料不准确，特别是地质资料错误或遗漏；设计内容不完善，规范应用不恰当，设计有缺陷或错误；设计对施工的可能性未考虑或考虑不周；施工图供应不及时、不配套,或出现重大差错等。

3)施工技术因素。例如:施工工艺错误;不合理的施工方案;施工安全措施不当;不可靠技术的应用等。

4)自然环境因素。例如:复杂的工程地质条件;不明的水文气象条件;地下埋藏文物的保护、处理;供水、地震、台风等不可抗力等。

5)社会环境因素。例如:外单位临时工程施工干扰;节假日交通、市容整顿的限制;临时停水、停电、断路;以及在国外常见的法律及制度的变化,经济制裁、战争、骚乱、罢工、企业倒闭等。

6)组织管理因素。例如:向有关部门提出各种申请审批手续的延误;合同签订时遗漏条款、表达失当,计划安排不周密,组织协调不力,导致停工待料、相关作业脱节;领导不力,指挥不当,使参加工程项目建设的各个单位、各个专业、各个施工过程之间交接、配合上发生矛盾等。

7)材料、设备因素。例如:材料、构配件、机具、设备供应环节的差错,品种、规格、质量、数量、时间不能满足工程的需要;特殊材料及新材料的不合理使用;施工设备不配套,选型失当,安装失误,有故障等。

8)资金因素。例如:有关方拖欠资金、资金不到位,资金短缺;汇率浮动和通货膨胀等。

4. 工程进度控制的工作内容

在工程项目的实施过程中,进度管理人员应经常地、定期地对进度计划的执行情况进行跟踪检查,采取有效的监测手段进行进度计划监控,以便及时发现问题,并运用行之有效的进度调整方法和措施,确保进度总目标的实现。

1)跟踪检查、收集实际进度数据。在进度计划的实施过程中,必须建立相应的检查制度,定期定时地对计划的实际执行情况进行跟踪检查,收集反映工程实际进度的有关数据。跟踪检查的主要工作是定期收集反映工程实际进度的有关数据,收集的进度报表资料数据应当全面、真实、可靠。经常派管理人员常驻现场进行工程进展情况的现场实地检查,定期召开现场会议,了解工程实际进度状况,协调有关进度方面的问题。

2)将实际数据与进度计划进行对比。要想进行实际进度与计划进度的比较,必须将收集到的实际进度数据进行加工处理、统计和分析,形成与计划进度具有可比性的数据。根据记录的结果可以分析判断进度的实际状况,及时发现进度偏差,为计划的调整提供信息。将实际进度数据与计划进度数据比较,可以确定进度实际执行状况与计划目标间的差距。为了直观反映进度偏差,常采用表格或图形进行实际进度与计划进度的对比分析,从而得出实际进度比计划进度超前、滞后还是一致的结论。

3)分析计划执行的情况。分析计划执行的情况主要是指偏差分析,当发现进度偏差时,为了采取有效措施调整进度计划,必须深入现场进行调查,认真分析产生进度偏差的原因。而且当查明进度偏差产生的原因之后,要分析进度偏差对后续工作和总工期的影响程度,以确定是否应采取措施调整进度计划。

4)对产生的进度变化,采取措施予以纠正或调整计划。采取进度调整措施,应以后续工作和总工期的限制条件为依据,从而确保要求进度目标得以实现。一般采取的调整措施是改变某些后续工作间的逻辑关系和缩短或延长某些后续工作的持续时间等。

5）检查措施的落实情况。进度计划调整之后，应采取相应的组织、经济、技术等措施执行，并继续监测其执行情况。工程进度控制的检查内容：各工作工程量的完成情况；关键工作的工作时间的执行情况及时差利用情况；资源使用及与进度匹配情况；上次检查提出问题的整改情况；进度计划检查后应按下列内容编制进度报告；进度执行情况的综合描述；实际进度与计划进度的对比资料；进度计划的实施问题及原因分析；进度执行情况对质量、安全和成本等影响情况；采取的措施和未来计划进度的预测。

6）进度计划的变更必须与有关单位和部门及时沟通。

4.5.2 工程项目进度计划的检查方法

工程进度检查与进度计划的执行是融汇在一起的。进度计划的检查方法主要采用对比法，即实际进度与计划进度进行对比。一般最好是在图表上进行比较，不同的计划图形产生了多种检查方法。用的检查比较方法有横道图、S 形曲线、香蕉形曲线、前锋线比较法。

1. 横道图比较法

横道图比较法是指将项目实施过程中检查实际进度收集到的数据，经加工整理后直接用横道线平行绘于原计划的横道线处，可以形象、直观地反映实际进度与计划进度的比较情况。

【例 4-8】 某工程的计划进度与截至第 10d 的实际进度如图 4-44 所示，其中粗实线表示计划进度，双条线表示实际进度。从图 4-44 中可以看出：在第 10d 检查时，A 工程按时完成计划；B 工程进度落后 2d；C 工程因早开工 1d，实际进度提前了 1d。

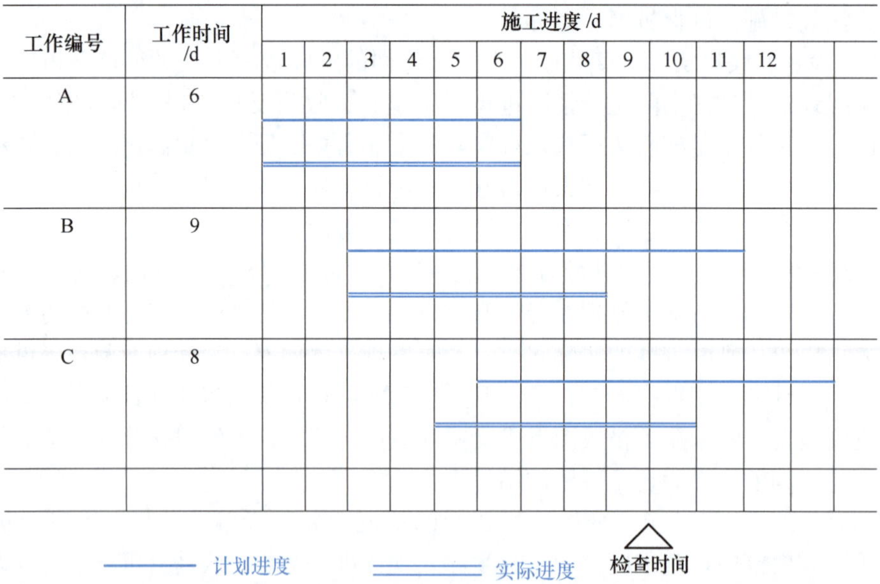

图 4-44 某工程实际进度与计划进度比较图

图 4-44 所表达的比较方法仅适用于工程项目中的各项工作都是均匀进展的情况，即每项工作在单位时间内完成的任务量都相等。事实上，工程项目中各项工作的进展不一定是匀速的。根据工程项目中各项工作的进展是否匀速，可分别采用以下几种方法进行实际进度与

计划进度的比较：

（1）匀速进展横道图比较法　匀速进展是指在工程项目中，每项工作在单位时间内完成的任务量都是相等的，即工作的进展速度是均匀的。完成的任务量可以用实物工程量、劳动消耗量或费用支出表达。为了便于比较，通常用上述物理量的百分比表示，如图4-45所示。

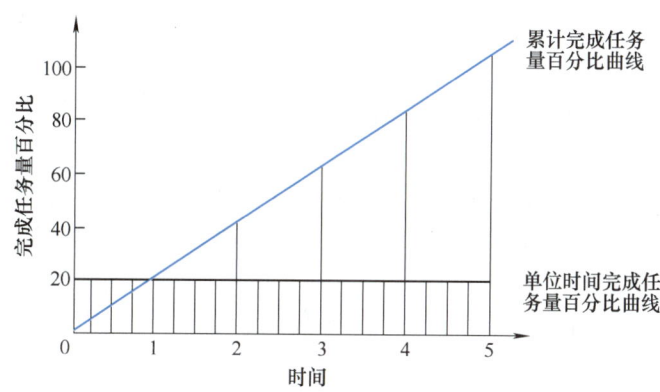

图 4-45　匀速进展横道图比较图（1）

采用匀速进展横道图比较法时，其步骤如下：
1）编制横道图进度计划。
2）在进度计划上标出检查日期。
3）将检查收集到的实际进度数据经加工整理后按比例用涂黑的粗线标于计划进度的下方，如图4-46所示。
4）对比分析实际进度与计划进度。

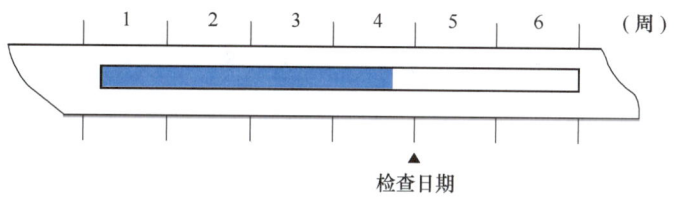

图 4-46　匀速进展横道图比较图（2）

①如果涂黑的粗线右端落在检查日期左侧，表明实际进度拖后。
②如果涂黑的粗线右端落在检查日期右侧，表明实际进度趋前。
③如果涂黑的粗线右端与检查日期重合，表明实际进度与计划进度一致。

必须指出，该方法仅适用于工作从开始到结束的整个过程中。其进度均为固定不变的情况。如果工作的进展速度是变化的，则不能采用这种方法进行实际进度与计划进度的比较，否则会得出错误的结论。

（2）双比例单侧横道图比较法　双比例单侧横道图比较法是适用于工作的进度按变速进展的情况，对实际进度与计划进度进行比较的一种方法。该方法在表示工作实际进度的同时，并标出其对应时刻完成任务的累计百分比。将该百分比与其同时可计划完成任务的累积百分比相比较，判断工作的实际进度与计划进度之间的关系。其比较方法的步骤为：
1）编制横道图进度计划。
2）在横道线上方标出各主要时间工作的计划完成任务累计百分比。
3）在横道线下方标出相应日期工作处的实际完成任务累计百分比。

4）用涂黑粗线标出实际进度线，由开工日标起，同时反映出实际过程中的连续与间断情况。

5）对照横道线上方计划完成任务累计量与同时刻的下方实际完成任务累计量，比较出实际进度与计划进度之偏差，可能有三种情况：

①同一时刻上下两个累计百分比相等，表明实际进度与计划进度一致。

②同一时刻上面的累计百分比大于下面累计百分比，表明该时刻实际进度拖后，拖后的量为两者之差。

③同一时刻上面的累计百分比小于下面累计百分比，表明该时刻实际进度超前，超前的量为两者之差。

这种比较法，不仅适合于进展速度是变化情况下的进度比较，同样地，除标出检查日期进度比较情况外，还能提供某一指定时间两者比较的信息。当然，这要求实施部门按规定的时间记录当时的任务完成情况。

【例 4-9】 某工程项目中的基槽开挖工作按施工进度计划安排需要 7 周完成，每周计划完成的任务量百分比如图 4-47 所示。

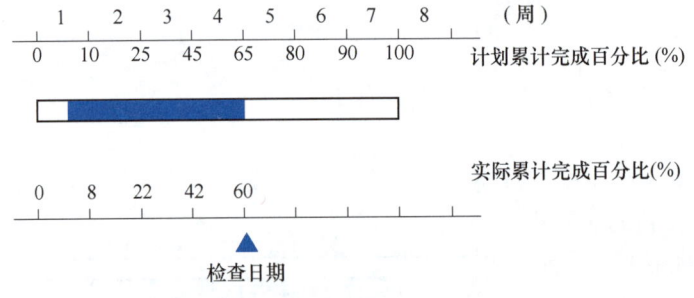

图 4-47 非匀速进展横道图比较图

解：

1）在横道线上方标出基槽开挖工作每周计划累计完成任务量的百分比，分别为 10%、25%、45%、65%、80%、90% 和 100%。

2）在横道线下方标出第 1 周至检查日期（第 4 周）每周实际完成任务量的百分比，分别为 8%、22%、42%、60%。

3）用涂黑粗线标出实际投入的时间。图 4-47 表明，该工作实际开始时间晚于计划开始时间，在开始后连续工作，没有中断。

4）比较实际进度与计划进度。从图 4-47 中可以看出，该工作在第一周实际进度比计划进度拖后 2%，以后各周末累计拖后分别为 3%、3% 和 5%。

（3）双比例双侧横道图比较法　双比例双侧横道图比较法是按变速进展的情况，对工作实际进度与计划进度进行比较的一种方法。它是双比例单侧横道图比较法的改进和发展，是将表示工作实际进度的涂黑粗线，按照检查的期间和完成的累计百分比交替地绘制在计划横道线上下两面，其长度表示该时间内完成的任务量。工作的实际完成累计百分比标于横道线下面的检查日期处，通过两个上下相对的百分比相比较，判断该工作的实际进度与计划进度之间的关系。这种比较方法从各阶段的涂黑粗线的长度看出各阶段实际完成的任务量，以及其本阶段的实际进度与计划进度之间的关系。

其比较方法的步骤为：

1）编制横道图进度计划表。

2）在横道图上方标出各工作主要时间的计划完成任务累计百分比。

3）在计划横道线的下方标出工作相对应日期实际完成任务累计百分比。

4）用涂黑粗线分别在横道线上方和下方交替地绘制出每次检查实际完成的百分比。

5）比较实际进度与计划进度。通过标在横道线上下方两个累计百分比，比较各时刻的两种进度的偏差。

【例 4-10】 某工程项目计划工期为 8 个月。每月计划完成的工作量如图 4-48 所示。若该项工程每月末抽查一次，用双比例双侧横道图比较法进行施工实际进度与计划进度比较。

解：

1）编制横道图计划，如图 4-48 所示。

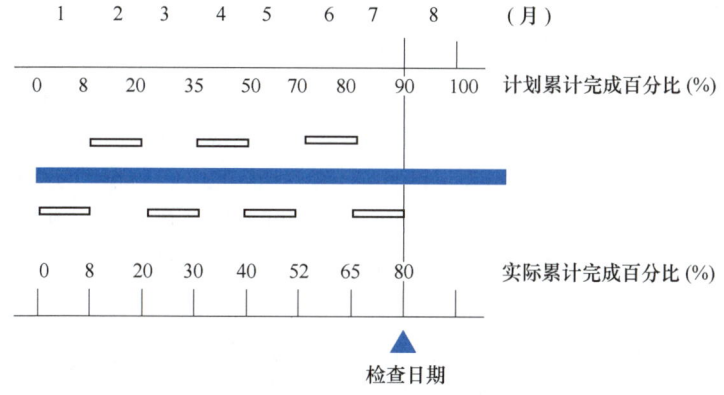

图 4-48　变速进展横道图比较图

2）在计划横道线的下方标出工作按月检查的实际完成任务量的百分比，第 1 月末到第 7 月末分别为：8%、20%、30%、40%、52%、65%、80%。

3）在计划横道线的上方标出工作每月计划累计完成任务量的百分比，第 1 月末到第 8 月末分别为：8%、20%、35%、50%、70%、80%、90%、100%。

4）用涂黑粗线分别按规定比例在横道线上下方交替画出上述百分比。

5）比较实际进度与计划进度。7 月末计划应完成计划的 90%，但实际只完成了计划的 80%，和 6 月末的计划要求相同，故拖延工期 1 个月；进度计划的完成程度为 89%（= 80%/90%），少完成了 10 个百分点（= 80%~90%）。另外，从图 4-48 中可以看出：工程项目施工时，前两个月尚能完成计划，从第 3 个月开始都没有完成计划。因而及早检查发现，采取措施是必要的。

以上介绍的三种横道图比较方法，由于其形象直观，作图简单，容易理解，因而被广泛用于工程项目的进度监测中，供不同层次的进度控制人员使用。并且由于在计划执行过程中不需要修改，因而使用起来也比较方便。但由于其以横道计划为基础，因而带有不可克服的局限性。在横道计划中，各项工作之间的逻辑关系表达不明确，关键工作和关键线路无法确定。一旦某些工作实际进度出现偏差时，难以预测其对后续工作和工程总工期的影响，也就难以确定相应的进度计划调整方法。

因此，横道图比较法主要用于工程项目中某些工作实际进度与计划进度的局部比较。

2. S 形曲线比较法

S 形曲线比较法与横道图比较法不同，它不是在编制的横道图进度计划上进行实际进度与计划进度比较。如图 4-49 所示，它是以横坐标表示进度时间，纵坐标表示累计完成任务量，而绘制出一条按计划时间累计完成任务量的 S 形曲线，将施工项目的各检查时间的实际完成的任务量与 S 形曲线进行比较，即实际进度与计划进度相比较的一种方法。

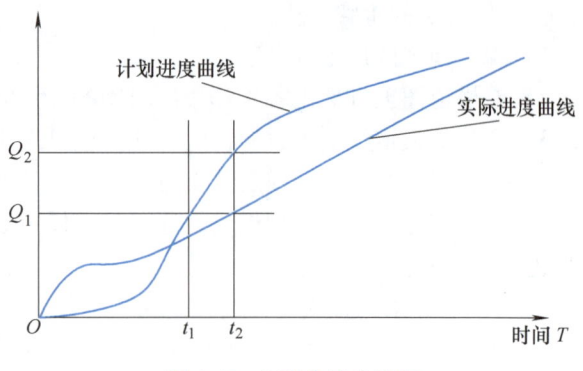

图 4-49　S 形曲线比较图

从整个工程项目实际进展全过程来看，施工过程是变速的，计划累计呈曲线形态。若施工速度（单位时间完成工程任务）是先快后慢，计划累计曲线呈抛物线形态；若施工速度是先慢后快，计划累计曲线呈指数曲线形态；若施工速度是快慢相同，曲线呈上升的波浪线；若施工速度是中期快首尾慢，计划累计曲线呈 S 形曲线形态。

S 形曲线比较法就是将进度计划确定的计划累计完成工作任务量和实际累计完成工作任务量分别绘制成 S 形曲线，并通过两者的比较借以判断实际进度与计划进度相比是超前还是滞后，并可得出其他各种有关进度信息的进度计划执行情况的检查方法。应用 S 形曲线比较法比较实际和计划两条 S 形曲线可以得出以下分析与判断结果：

1）实际进度与计划进度比较情况。对应于任意检查日期，与相应的实际进展 S 形曲线上的一点，若位于计划 S 形曲线左侧表示此时实际进度比计划进度超前，位于右侧则表示实际进度比计划进度滞后。

2）预测工作进度。若后期工程按原计划速度进行，则可做出后期工程计划 S 形曲线。

3. 香蕉形曲线比较法

根据网络计划的原理，网络计划中的任何一项工作都可具有最早开始和最迟开始两种不同的开始时间，而一项计划工作任务随着时间的推移其逐日累计完成的工作任务量可以用 S 形曲线表示。在工程项目的网络计划中，各项工作一般可分为最早和最迟开始时间。于是根据各项工作的计划最早开始时间安排进度，就可绘制出一条 S 形曲线，称为 ES 曲线，而根据各项工作的计划最迟开始时间安排进度，绘制出的 S 形曲线，称为 LS 曲线。这两条曲线都是起始于计划开始时刻，终止于计划完成之时，因而图形是闭合的；一般情况下，在其余时刻，ES 曲线上的各点均应在 LS 曲线的左侧，其图形如图 4-50 所示，形似香蕉，因而得名。

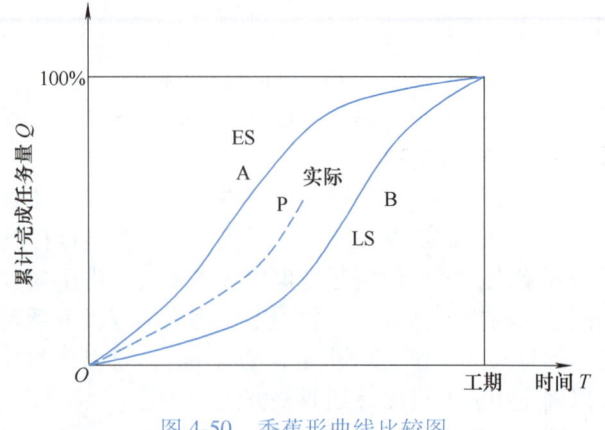

图 4-50　香蕉形曲线比较图

香蕉形曲线的绘制方法与 S 形曲线的绘制方法基本相同，不同之处在于香蕉形曲线是由工作按最早开始时间安排进度和按最迟开始时间安排进度分别绘制的两条 S 形曲线组合而成。其绘制步骤如下：

1）以工程项目的网络计划为基础，计算各项工作的最早开始时间和最迟开始时间。

2）确定各项工作在各单位时间的计划完成任务量。分别按以下两种情况考虑：

①根据各项工作按最早开始时间安排的进度计划，确定各项工作在各单位时间的计划完成任务量。

②根据各项工作按最迟开始时间安排的进度计划，确定各项工作在各单位时间的计划完成任务量。

3）计算工程项目总任务量，即对所有工作在各单位时间计划完成的任务量累加求和。

4）分别根据各项工作按最早开始时间、最迟开始时间安排的进度计划，确定工程项目在各单位时间计划完成的任务量，即将各项工作在某一单位时间内计划完成的任务量求和。

5）分别根据各项工作按最早开始时间、最迟开始时间安排的进度计划，确定不同时间累计完成的任务量或任务量的百分比。

6）绘制香蕉形曲线。分别根据各项工作按最早开始时间、最迟开始时间安排的进度计划而确定的累计完成任务量或任务量的百分比描绘各点，并连接各点得到 ES 曲线和 LS 曲线，由 ES 曲线组成香蕉形曲线。

在项目实际过程中进度管理的理想状况是在任一时刻按实际进度描出的点均落在香蕉形曲线区域内，呈正常状态。而一旦按实际进度描出的点落在 ES 曲线的上方（左侧）或 LS 曲线的下方（右侧），则说明与计划要求相比，实际进度超前或滞后，已产生进度偏差。进度超前或滞后的时间与超额或拖欠的工作任务量均可直接从图中测量或计算得到。香蕉形曲线还可以用于对工程实际进度进行合理的调整与安排，或确定在计划执行情况检查状态下后期工程的 ES 曲线和 LS 曲线的变化趋势。

4. 前锋线比较法

前锋线比较法也是一种比较工程实际进度与计划进度的方法。它主要适用于时标网络计划，其主要方法是从检查时刻的时标点出发，先连接与其相邻的工作箭线的实际进度点，再去连接该箭线相邻工作箭线的实际进度点，以此类推，将检查时刻正在进行工作的点都依次连接起来，组成一条一般为折线的前锋线。按前锋线与箭线交点的位置判定工程实际进度的偏差。简而言之，前锋线比较法就是通过工程项目实际进度前锋线，比较工程实际进度与计划进度偏差的方法。

采用前锋线比较法进行实际进度与计划进度的比较，其步骤如下：

1）绘制时标网络计划图。工程项目实际进度前锋线是在时标网络计划图上标示，为清楚起见，可在时标网络计划图的上方和下方各设一时间坐标。

2）绘制实际进度前锋线。一般从时标网络计划图上方时间坐标的检查日期开始绘制，依次连接相邻工作的实际进展位置点，最后与时标网络计划图下方坐标的检查日期相连接。

3）比较实际进度与计划进度。前锋线明显地反映出检查日有关工作实际进度与计划进度的关系有以下三种情况：

①工作实际进度点位置与检查日时间坐标相同，则该工作实际进度与计划进度一致。

②工作实际进度点位置在检查日时间坐标右侧，则该工作实际进度超前，超前天数为两

者之差。

③工作实际进度点位置在检查日时间坐标左侧,则该工作实际进度拖后,拖后天数为两者之差。

以上比较是指匀速进展的工作,对于非匀速进展的工作比较方法较复杂。

【例 4-11】 某工程项目时标网络计划如图 4-51 所示。该计划执行到第 6 周末检查实际进度时,发现工作 A 和工作 B 已经全部完成,工作 D、工作 E 分别完成计划任务量的 20%、50%,工作 C 尚需 3 周完成,试用前锋线比较法进行实际进度与计划进度的比较。

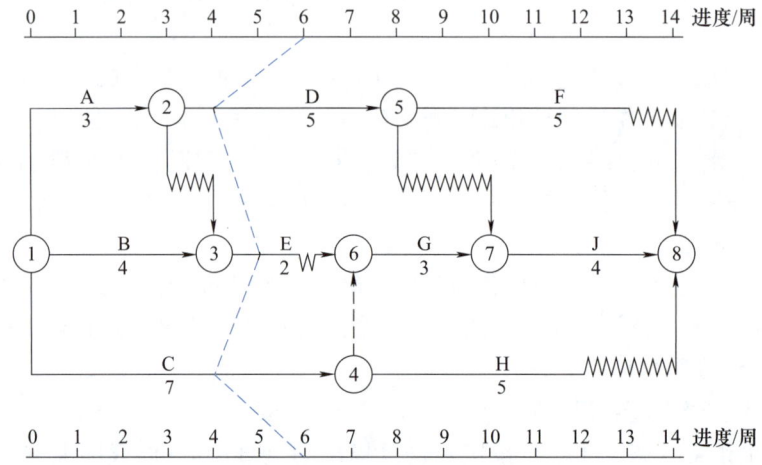

图 4-51 某工程前锋线比较图

解: 根据第 6 周末实际进度的检查结果绘制前锋线,如图 4-51 中点画线所示。通过比较可以看出:

1) 工作 D 实际进度拖后 2 周,将使其后续工作 F 的最早开始时间推迟 2 周,并使总工期延长 1 周。

2) 工作 E 实际进度拖后 1 周,既不影响总工期,也不影响其后续工作的正常进行。

3) 工作 C 实际进度拖后 2 周,将使其后续工作 G、工作 H 最早开始时间推迟 2 周。由于工作 G、工作 J 开始时间的推迟,从而使总工期延长 2 周。

综上所述,如果不采取措施加快进度,该工程项目的总工期将延长 2 周。该工作实际进度拖后,拖后的时间为两者之差,影响总工期。

4.5.3 工程项目进度控制方法

为了实施进度控制,进度控制人员必须根据工程项目的具体情况,认真制订进度管理措施,以确保进度管理目标的实现。进度控制的措施应包括组织措施、技术措施、经济措施及合同措施。

(1) 组织措施 组织措施主要包括:建立进度控制目标体系,明确建设工程现场监理组织机构中进度控制人员及其职责分工;建立工程进度报告制度及进度信息沟通网络;建立进度计划审核制度和进度计划实施中的检查分析制度;建立进度协调会议制度,包括协调会议举行的时间、地点，协调会议的参加人员等；建立施工图审查、工程变更和设计变更管理制度。

（2）技术措施　技术措施主要包括：审查承包商提交的进度计划，使承包商能在合理的状态下施工；编制进度控制工作细则，指导监理人员实施进度控制；采用网络计划技术及其他科学适用的计划方法，并结合计算机的应用，对建设工程进度实施动态控制。

（3）经济措施　经济措施主要包括：及时办理工程预付款及工程进度款支付手续；对应急赶工给予优厚的赶工费用；对工期提前给予奖励；对工程延误收取误期损失赔偿金。

（4）合同措施　合同措施主要包括：推行 CM 承发包模式，对建设工程实行分段设计、分段发包和分段施工；加强合同管理，协调合同工期与进度计划之间的关系，保证合同中进度目标的实现；严格控制合同变更，对各方提出的工程变更和设计变更，监理工程师应严格审查后再补入合同文件之中。

阅读材料

<u>巴西世界杯一半球场建设逾期的进度控制</u>

依照起初与国际足联达成的协议，巴西世界杯 12 座球场须在 2013 年 12 月 31 日之前交付使用。但到开赛前，由于各种不同的原因，仍有 6 座球场未能按期竣工。

巴西世界杯将分散在巴西 12 座城市进行，在巴西联合会杯期间，6 座城市的比赛场馆均已完工并投入使用，而另外 6 座球场，按照国际足联的要求，必须于 2013 年 12 月 31 日前交付。但是截至 2013 年 11 月底，圣保罗和纳塔尔的球场工程进度为 94%，阿雷格里港球场进度为 92%，玛瑙斯为 90.5%，库亚巴为 89%，而库里蒂巴仅为 82.7%。

造成工程延误的原因多种多样，但综合起来主要有三点：一是财政问题，包括资金不到位或拨付延迟；二是劳工问题，如缺乏劳力或工人罢工；三是接二连三地发生事故，致使工程停工和接受相关调查。

财政问题属于管理过程中的问题，几乎困扰着所有球场的建设。它们的资金来自联邦政府、地方政府与私人捐助，其中任何一方拨付延迟，都会导致工程难以为继。如库里蒂巴下城球场主要依靠巴西国开行的贷款，但这笔钱 2012 年 1 月份才到位。另外，多数球场工程存在严重超预算问题。按照巴西法律，凡有政府投资的项目超出了预算，必须要接受联邦审计法院的审计，否则项目将不得追加投资。而这个审计过程就耗费了不少时间。

劳动力的缺乏属于工程计划的失误。目前，凡工期出现了延误的球场，都在日夜不停地三班倒地施工。由于有些工人不愿意在夜晚工作，库亚巴的潘塔纳尔球场因此出现了劳动力缺少的问题。同时，工人也在为工作条件与工资斗争，纳塔尔的沙丘球场就不时发生罢工。

最后，加班加点施工引发的事故则属于边界条件变化的失误。2012 年 11 月，圣保罗的伊塔盖拉球场因起重机倒塌造成两名工人死亡。马瑙斯的亚马孙球场也分别在 3 月和 12 月，发生过两起伤亡事故。工程事故带来的停工调查，让施工停滞。

为了弥补拖延的工程进度，目前，玛瑙斯和库里蒂巴的体育场馆负责人都公开表示由于工程期限问题不得不放弃原来的一些设计方案。库里蒂巴决定放弃安装可伸缩顶棚的设计方案；而玛瑙斯则表示要放弃原来的可持续理念，因为无法按时安装太阳能发电系统。同时，巴西体育部表示，由于场馆建设花费的增加，且基础设施的改善项目没有募集到更多的投资，决定取消 14 项其他配套基础设施的改建项目，而这其中有 12 项都是关于公共交通的，主要是机场的新建和改建项目。

通过案例可以看到面对已发生的进度拖延问题，解决措施主要是采取积极的措施赶工，抓紧依靠调整后期计划，修改网络计划等。其具体方法包括：

1）增加劳动力、材料、周转材料和设备等资源的投入量。例如：巴西政府应当增加投资数额。

2）重新分配资源。例如：案例中取消基础设施改建的投资额用以完成体育馆的建设。

3）减少工作范围，包括减少工作量或删去一些工作包。例如：放弃一些设计建造方案或者更改一些体育场的设计建造方案，减少工作量或者删除一些工作包或分包工程等。

4）改善工具器具以提高劳动效率。

5）改善劳动生产率，主要通过辅助措施和合理的工作过程。例如：政府组织培训建筑工人，注意工人级别与工人技能的协调，增发奖金，改善工人的工作环境，注意项目小组时间上和空间上合理的组合和搭接等。

6）将部分任务分包委托给另外的单位，将原计划由自己生产的结构构件改为外购。

7）改变网络计划中工程活动的逻辑关系。例如：体育馆工程采用流水施工等。

8）修改实施方案提高施工速度和降低成本等。例如：案例中设计单位取消体育馆可伸缩顶棚的方案以及放弃原来的可持续理念等。

思 考 题

1. 工程项目进度计划表示的方法有哪些？
2. 双代号网络图的优缺点有哪些？
3. 简述网络进度计划中关键线路的特性。
4. 工程项目进度控制措施有哪些？
5. 简述横道图进度计划表的特点。
6. 网络进度计划中自由时差与总时差的关系。

习 题

一、单选题

1. 与工程网络计划方法相比，横道图进度计划方法的缺点是不能（　　）。
   A. 直观表示计划中工作的持续时间　　B. 确定实施计划所需要的资源数量
   C. 直观表示计划完成所需要的时间　　D. 确定计划中的关键工作和时差

2. 在网络计划中，工作 N 最迟完成时间为第 25d，持续时间为 6d。该工作有三项紧前工作，它们的最早完成时间分别为第 10d、第 12d 和第 13d，则工作 N 的总时差为（　　）。
   A. 6d　　　　B. 9d　　　　C. 12d　　　　D. 15d

3. 在网络计划中，工作 N 最早完成时间为第 17d，持续时间为 5d。该工作有三项紧后工作，它们的最早开始时间分别为第 25d、第 27d 和第 30d，则工作 N 的自由时差为（　　）。
   A. 13d　　　　B. 8d　　　　C. 3d　　　　D. 5d

4. 某工程网络计划中，工作 M 的自由时差为 2d，总时差为 5d。实施中进度检查时发现该工作的持续时间延长了 4d，则工作 M 的实际进度（　　）。
   A. 既不影响总工期，也不影响其后续工作的正常进行
   B. 不影响总工期，但将其紧后工作的最早开始时间推迟 2d
   C. 将使总工期延长 4d，但不影响其后续工作的正常进行

D. 将其后续工作的开始时间推迟 4d，并使总工期延长 1d
5. 关于关键工作和关键线路的说法，不正确的是（　　）。
   A. 总时差最小的工作是关键工作　　B. 关键线路上不能有虚工作
   C. 关键线路上工作的总持续时间最长　D. 关键线路上的工作都是关键工作
6. 双代号网络图中，节点表示（　　）。
   A. 工作　　　B. 工作的开始　　C. 工作的结束　　D. 工作的开始或结束
7. 已知某工程网络计划中工作 M 的自由时差为 3d，总时差为 5d。该工作的实际进度拖后，且影响总工期 1d。在其他工作均正常进行的前提下，工作 M 实际进度拖后（　　）。
   A. 3d　　　　B. 4d　　　　C. 5d　　　　D. 6d
8. 总时差是指在不影响（　　）的前提下，本工作可利用的机动时间。
   A. 紧后工作　　B. 持续时间　　C. 紧前工作　　D. 总工期

二、多选题

1. 横道图进度计划与网络计划相比，其优点有（　　）。
   A. 适用于手工编制计划　　　　B. 能够清楚地表达活动的持续时间
   C. 表达方式较为直观　　　　　D. 能清楚表达活动间的逻辑关系
   E. 可以与劳动力计划相结合
2. 关于双代号工程网络计划的说法，正确的有（　　）。
   A. 总时差最小的工作为关键工作
   B. 关键线路上允许有虚箭线和波形线的存在
   C. 网络计划中以终点节点为完成节点的工作，其自由时差与总时差相等
   D. 某项工作的自由时差为零时，其总时差必为零
   E. 除了以网络计划终点为完成节点的工作，其他工作的最迟完成时间应等于其所有紧后工作最迟开始时间的最小值
3. 在工程网络计划中，当计划工期等于计算工期时，关键工作的判定条件有（　　）。
   A. 该工作的总时差为零
   B. 该工作与其紧后工作之间的时间间隔为零
   C. 该工作的最早开始时间与最迟开始时间相等
   D. 该工作的自由时差最小
   E. 该工作的持续时间最长

三、应用题

1. 某分部工程由 A、B、C、D、E、F、G、H 八个分项工程组成，各分项工程之间的逻辑关系见表 4-5。

表 4-5　各分项工程之间的逻辑关系

	A	B	C	D	E	F	G	H
紧前工作	—	A	A	B	B，C	C	D	D，E
持续时间/d	2	3	2	3	2	4	2	5

问题：
（1）编制该分部工程的双代号网络图和单代号网络图。
（2）计算绘制的双代号网络的时间参数。

2. 某工程项目的基础分为三个施工段，每个施工过程只有一个施工班组，每个班组尽可能早地投入施工，其原始资料见表 4-6。

表 4-6 某工程原始资料

施工过程	分段节拍		
	一	二	三
挖土	3	3	3
垫层	2	2	3
基础	4	4	3
回填	2	2	3

（1）根据表格绘制施工流水计划和网络计划图。
（2）描述总时差和自由时差的概念，并进行计算。
（3）什么是关键工作和关键线路？
（4）找出关键线路。

3. 某工程，合同工期为 23 个月，网络计划如图 4-52 所示。

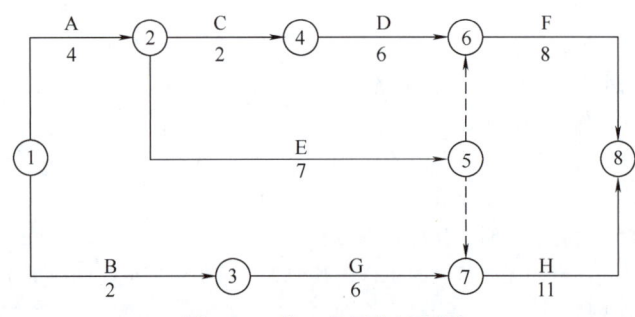

图 4-52 某工程网络计划图

问题：如果工作 C 和工作 G 共用一台施工机械，且只能按顺序施工，该网络计划如何调整较为合理？

4. 某建设工程合同工期为 25 个月，其双代号网络计划如图 4-53 所示。该计划已经监理工程师批准。

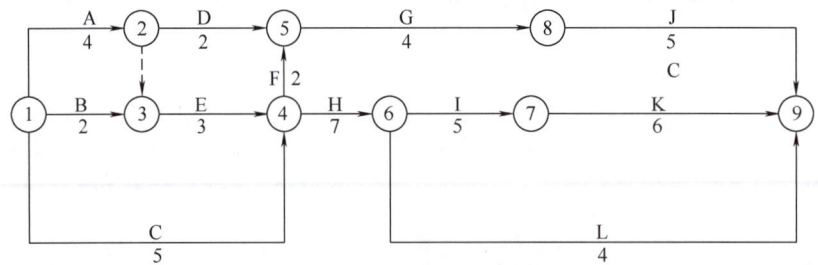

图 4-53 某工程网络计划图

问题：
（1）该网络计划的计算工期是多少？为保证工期按期完工，哪些施工过程应作为重点控制对象？为什么？
（2）当该计划执行 7 个月后，经监理工程师检查发现，施工过程 C 和施工过程 D 已完成，而施工过程 E 将拖后 2 个月。此时施工过程 E 的实际进度是否影响总工期？为什么？
（3）如果施工过程 E 的拖后 2 个月是由于 50 年一遇的大雨造成的，那么承包单位可否向建设单位索赔工期及费用？为什么？
（4）如果实际进度确定影响到总工期，为保证总工期不延长，对原进度计划有如下两种调整方案。
1）组织施工过程 H、I、J、K 进行流水施工。各施工过程中的施工段及流水节拍见表 4-7。

表 4-7　某项目施工组织安排表

施工过程	施工段及其流水节拍/月		
	①	②	③
H	2	3	3
I	2	2	3
J	2	1	3
K	2	3	1

按照原计划中的逻辑关系，组织施工过程 H、I、J、K 进行流水施工的方案有哪些？试比较各方案的流水施工工期，并判断调整后的计划能否满足合同工期的要求。

2）压缩某些施工过程的持续时间。各施工过程的直接费用率及最短持续时间见表 4-8。

表 4-8　某项目施工过程的直接费用率

施工过程	F	G	H	I	J	K	L
直接使用费/(万元·月)	—	10.0	6.0	4.5	3.5	4.0	8.5
最短持续时间/月	2	3	5	3	3	4	3

在不改变各施工过程逻辑关系的前提下，进度计划的最优调整方案是什么？为什么？此时直接费用将增加多少万元？

5. 某工程，合同工期为 20 个月，网络计划如图 4-54 所示。

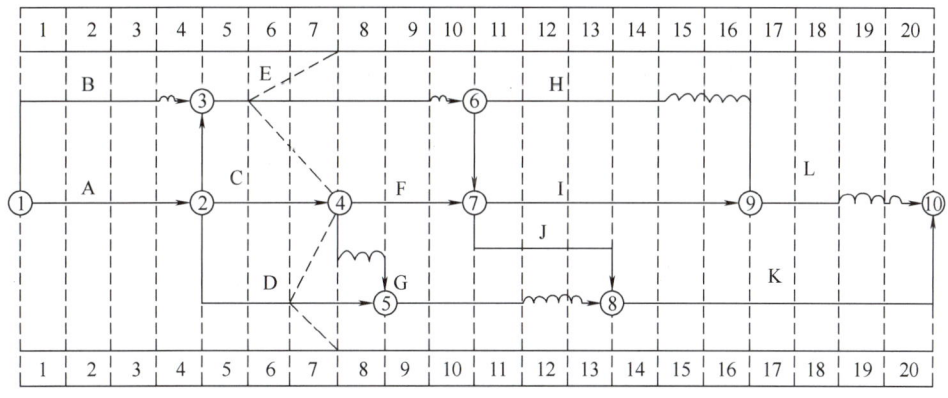

图 4-54　某项目时标网络计划图

当工程进行到第 7 个月末时，进度检查绘出的实际进度前锋线如图 4-54 所示，工程进行到第 12 个月末时，进度检查发现：

1）H 工作刚刚开始。
2）I 工作只完成了一个月的任务量。
3）J 工作和 G 工作均刚刚完成。

问题：

（1）为了保证本工程的工期，重点控制哪些工作？
（2）根据 7 月末检查结果，分析 E、C、D 工作进度情况，并分析其对紧后工作的影响，说明理由。
（3）绘制第 12 个月末的实际进度前锋线。如果后续工作持续时间按计划进度，预计工期为多少个月？说明原因。

第 5 章

工程项目质量管理

> **学习目标**

通过本章内容的学习,要求学生了解工程项目质量管理的基本概念及其基本知识,掌握工程项目各阶段质量控制的内容和方法。

5.1 工程项目质量管理概述

质量是建设工程项目管理的主要控制目标之一。建设工程项目的质量控制,需要系统有效地应用质量管理和质量控制的基本原理和方法,建立和运行工程项目质量控制体系,落实项目各参与方的质量责任,通过项目实施过程各个环节质量控制的职能活动,有效预防和正确处理可能发生的工程质量事故,在政府的监督下实现建设工程项目的质量目标。

为保证工程施工质量,应对施工全过程进行质量控制,包括各项施工准备阶段质量控制、施工阶段质量控制和竣工验收阶段质量控制。

1) 施工准备阶段质量控制的环节包括索取施工图、施工图纸会审、控制桩复测、选择分包人及编制作业指导书。

2) 施工阶段质量控制的环节包括技术交底、测量、材料、设备、计量、设计变更控制、环境保护控制、项目质量计划验证、持续改进、项目竣工评价等。

3) 竣工验收阶段质量控制的环节包括最终检验和试验、质量缺陷处理、整理质量记录、编制竣工文件、承包人自检、发包人验收、竣工验收报告等。

5.1.1 项目质量管理的相关概念

GB/T 19000—2016《质量管理体系 基础和术语》关于质量的定义:客体(可感知或可想象到的任何事物)的一组固有特性满足要求(明示的、通常隐含的或必须履行的需求或期望)的程度。

质量管理的定义:关于质量的指挥和控制组织的协调的活动。质量管理可包括制订质量方针和质量目标,以及质量策划、质量保证、质量控制和质量改进。

质量方针是指由组织的最好管理者正式发布的该组织总的质量宗旨和方向。

质量目标是指在质量方面所追求的目的,质量控制是质量管理的一部分,致力于满足质量要求。

质量管理体系是指在质量方面指挥和控制组织的管理体系。

工程项目质量管理是指在工程项目实施中,指挥和控制项目参与各方关于质量的相互协调的活动,是围绕着使工程项目满足质量要求而开展的策划、组织、计划、实施、检查、监督和审核等所有管理活动的总和。它是工程项目的建设、勘察、设计、施工、监理等单位的共同职责,项目参与各方的项目经理必须调动与项目质量有关的所有人员的积极性,共同做好本职工作,才能完成项目质量管理的任务。

5.1.2 建设工程项目质量控制体系

1. 全面质量管理思想和方法的应用

全面质量管理 TQC(Total Quality Control),是 20 世纪中期开始在欧美和日本广泛得到应用的质量管理理念和方法。我国从 20 世纪 80 年代开始引进和推广全面质量管理,其基本原理就是强调在企业或组织最高管理者的质量方针指引下,实行全面、全过程和全员参与的质量管理。

全面质量管理的主要特点:以顾客满意为宗旨;领导参与质量方针和目标的制订;提倡预防为主、科学管理、用数据说话等。

(1)全面质量管理 建设工程项目的全面质量管理,是指项目参与各方所进行的工程项目质量管理的总称,其中包括工程(产品)质量和工作质量的全面管理。工作质量是产品质量的保证,工作质量直接影响产品质量的形成。建设单位、监理单位、勘察单位、设计单位、施工总承包单位、施工分包单位、材料设备供应商等,任何一方、任何环节的怠慢疏忽或质量责任不落实都会造成对建设工程质量的不利影响。

(2)全过程质量管理 全过程质量管理,是指根据工程质量的形成规律,从源头抓起,全过程推进。要控制的主要过程:项目策划与决策过程;勘察设计过程;设备材料采购过程;施工组织与实施过程;检测设施控制与计量过程;施工生产的检验试验过程;工程质量的评定过程;工程竣工验收与交付过程;工程回访维修服务过程等。

(3)全员参与质量管理 按照全面质量管理的思想,组织内部的每个部门和工作岗位都承担着相应的质量职能,组织的最高管理者确定了质量方针和目标,就应组织和动员全体员工参与到实施质量方针的系统活动中去,发挥自己的角色作用。开展全员参与质量管理的重要手段就是运用目标管理方法,将组织的质量总目标进行逐级分解,使之形成自上而下的质量目标分解体系和自下而上的质量目标保证体系,发挥组织系统内部每个工作岗位、部门或团队在实现质量总目标过程中的作用。

2. 质量管理的 PDCA 循环

在长期的生产实践和理论研究中形成的 PDCA 循环,是建立质量管理体系和进行质量管理的基本方法。PDCA 循环如图 5-1 所示。从某种意义上说,管理就是确定任务目标,并通过 PDCA 循环来实现预期目标。每一循环都围绕着实现预期的目标,进行计划、实施、检查和处置活动,随着对存在问题的解决和改进,在一次次的滚动循环中逐步上升,

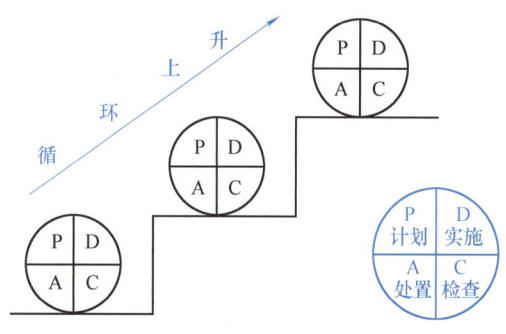

图 5-1 PDCA 循环示意图

不断增强质量管理能力，不断提高质量水平。每一个循环的四大职能活动相互联系，共同构成了质量管理的系统过程。

（1）计划 P（Plan）　　计划由目标和实现目标的手段组成，所以说计划是一条"目标—手段链"。质量管理的计划职能，包括确定质量目标和制订实现质量目标的行动方案两个方面。实践表明，质量计划的严谨周密、经济合理和切实可行，是保证工作质量、产品质量和服务质量的前提条件。建设工程项目的质量计划，是由项目参与各方根据其在项目实施中所承担的任务、责任范围和质量目标，分别制订质量计划而形成的质量计划体系。其中，建设单位的工程项目质量计划，包括确定和论证项目总体的质量目标，制订项目质量管理的组织、制度、工作程序、方法和要求。项目其他各参与方，则根据国家法律法规和工程合同规定的质量责任和义务，在明确各自质量目标的基础上，制订实施相应范围质量管理的行动方案，包括技术方法、业务流程、资源配置、检验试验要求、质量记录方式、不合格处理及相应管理措施等具体内容和做法的质量管理文件，同时须对其实现预期目标的可行性、有效性、经济合理性进行分析论证，并按照规定的程序与权限，经过审批后执行。

（2）实施 D（Do）　　实施职能在于将质量的目标值，通过生产要素的投入、作业技术活动和产出过程，转换为质量的实际值。为保证工程质量的产出或形成过程能够达到预期的结果，在各项质量活动实施前，要根据质量管理计划进行行动方案的部署和交底；交底的目的在于使具体的作业者和管理者明确计划的意图和要求，掌握质量标准及其实现的程序与方法。在质量活动的实施过程中，则要求严格执行计划的行动方案，规范行为，把质量管理计划的各项规定和安排落实到具体的资源配置和作业技术活动中去。

（3）检查 C（Check）　　检查是指对计划实施过程进行各种检查，包括作业者的自检、互检和专职管理者专检。各类检查也都包含两大方面：一是检查是否严格执行了计划的行动方案，实际条件是否发生了变化，不执行计划的原因；二是检查计划执行的结果，即产出的质量是否达到标准的要求，对此进行确认和评价。

（4）处置 A（Action）　　对于质量检查所发现的质量问题或质量不合格，及时进行原因分析，采取必要的措施，予以纠正，保持工程质量形成过程的受控状态。处置分纠偏和预防改进两个方面。前者是采取有效措施，解决当前的质量偏差、问题或事故；后者是将目前的质量状况信息反馈到管理部门，反思问题症结或计划时的不周，确定改进目标和措施，为今后类似质量问题的预防提供借鉴。

3. 质量管理的八项原则

（1）以顾客为关注焦点　　组织（从事一定范围生产经营活动的企业）依存于其顾客。组织应理解顾客当前的和未来的需求，满足顾客要求并争取超越顾客的期望。

（2）领导作用　　领导者确立本组织统一的宗旨和方向，并营造和保持使员工充分参与实现组织目标的内部环境。因此领导在企业的质量管理中起着决定性的作用。只有领导重视，各项质量活动才能有效开展。

（3）全员参与　　各级人员都是组织之本，只有全员充分参加，才能使他们的才干为组织带来收益。产品质量是产品形成过程中全体人员共同努力的结果，其中也包含着为他们提供支持的管理、检查、行政人员的贡献。企业领导应对员工进行质量意识等各方面的教育，激发他们的积极性和责任感，为其能力、知识、经验的提高提供机会，发挥创造精神，鼓励持续改进，给予必要的物质和精神奖励，使全员积极参与，为达到让顾客满意的目标而奋斗。

(4) 过程方法　将活动和相关的资源作为过程进行管理，可以更高效地得到期望的结果。任何使用资源的生产活动和将输入转化为输出的一组相关联的活动都可视为过程。ISO9000 标准是建立在过程控制的基础上。一般在过程的输入端、过程的不同位置及输出端都存在着可以进行测量、检查的机会和控制点，对这些控制点实行测验、检测和管理，便能控制过程的有效实施。

(5) 管理的系统方法　将相互关联的过程作为系统加以识别、理解和管理，有助于组织提高实现其目标的有效性和效率。不同企业应根据自己的特点，建立资源管理、过程实现、测量分析改进等方面的关联关系，并加以控制。即采用过程网络的方法建立质量管理体系，实施系统管理。

建立实施质量管理体系的工作内容一般包括：①确定顾客期望；②建立质量目标和方针；③确定实现目标的过程和职责；④确定必须提供的资源；⑤规定测量过程有效性的方法；⑥实施测量确定过程的有效性；⑦确定防止不合格并清除产生原因的措施；⑧建立和应用持续改进质量管理体系的过程。

(6) 持续改进　持续改进总体业绩是组织的一个永恒目标，其作用在于增强企业满足质量要求的能力，包括产品质量、过程及体系的有效性和效率的提高。持续改进是增强和满足质量要求能力的循环活动，是使企业的质量管理走上良性循环轨道的必由之路。

(7) 基于事实的决策方法　有效的决策应建立在数据和信息分析的基础上，数据和信息分析是事实的高度提炼。以事实为依据做出决策，可防止决策失误。为此企业领导应重视数据信息的收集、汇总和分析，以便为决策提供依据。

(8) 与供方互利的关系　组织与供方是相互依存的，建立双方的互利关系可以增强双方创造价值的能力。供方提供的产品是企业提供产品的一个组成部分。处理好与供方的关系，涉及企业能否持续稳定提供顾客满意产品的重要问题。因此，对供方不能只讲控制，不讲合作互利，特别是关键供方，更要建立互利关系，这对企业与供方双方都有利。

5.2　工程项目质量控制

质量控制是质量管理的一部分，是致力于满足质量要求的一系列相关活动。这些活动主要包括：

1) 设定目标。即设定要求，确定需要控制的标准、区间、范围、区域。
2) 测量结果。测量满足所设定目标的程度。
3) 评价。评价控制的能力和效果。
4) 纠偏。对不满足设定目标的偏差，及时纠偏，保持控制能力的稳定性。

也就是说，质量控制是在明确的质量目标和具体的条件下，通过行动方案和资源配置的计划、实施、检查和监督，进行质量目标的事前预控、事中控制和事后纠偏控制，实现预期质量目标的系统过程。

工程项目的质量要求是由业主方提出的，即项目的质量目标，是业主的建设意图通过项目策划，包括项目的定义及建设规模、系统构成、使用功能和价值、规格、档次、标准等的定位策划和目标决策来确定的。工程项目质量控制，就是在项目实施的整个过程中，包括项目的勘察设计、招标采购、施工安装、竣工验收等各个阶段，项目参与各方致力于实现业主要求的项目质量总目标的一系列活动。

工程项目质量控制包括项目的建设、勘察、设计、施工、监理各方的质量控制活动。建设工程项目质量控制的目标，就是实现由项目决策所决定的项目质量目标，使项目的适用性、安全性、耐久性、可靠性、经济性及与环境的协调性等方面满足建设单位需要并符合国家法律、行政法规和技术标准、规范的要求。项目的质量涵盖设计质量、材料质量、设备质量、施工质量和影响项目运行或运营的环境质量等，各项质量均应符合相关的技术规范和标准的规定，满足业主方的质量要求。

工程项目质量控制的任务就是对项目的建设、勘察、设计、施工、监理单位的工程质量行为，以及涉及项目工程实体质量的设计质量、材料质量、设备质量、施工安装质量进行控制。由于项目的质量目标最终是由项目工程实体的质量来体现，而项目工程实体的质量最终是通过施工作业过程直接形成的，设计质量、材料质量、设备质量往往也要在施工过程中进行检验，因此，施工质量控制是项目质量控制的重点。

5.2.1 工程项目质量控制的特点及影响因素

1. 工程项目质量控制的特点

项目前期阶段决定工程项目质量目标与水平，工程设计将项目质量目标具体化，施工形成工程项目实体。施工是形成工程项目质量的关键环节。所以，施工阶段的质量控制是工程项目质量控制的重点。在施工过程中，由于项目施工涉及面广，是一个极其复杂的综合过程，再加上项目位置固定、生产流动、结构类型不一、质量要求不一、施工方法不一、体型大、整体性强、建设周期长、受自然条件影响大等特点，因此，工程项目的质量比一般工业产品的质量更难以控制。

2. 工程项目质量控制的影响因素

在工程建设中，无论勘察、设计、施工和机电设备的安装，影响质量的因素均可归纳为4M1E，即"人""材料""机械设备""方法"和"环境"五方面。事前对这五方面的因素严格予以控制，是保证工程项目质量的关键。

（1）人的控制　项目建设中的人员包括直接参与工程建设的决策者、组织者、指挥者和操作者。人，作为控制的对象，是避免产生失误；作为控制的动力，是充分调动人的积极性，发挥"人的因素第一"的主导作用。

在工程建设中，领导者的素质、人的理论技术水平、人的生理状况、人的心理行为、人的错误行为和人的违纪违章等都是属于人对工程质量的影响因素。

我国实行建筑业企业经营资质管理制度、市场准入制度、执业资格注册制度、作业及管理人员持证上岗制度等，从本质上说，都是对从事建设工程活动的人的素质和能力进行必要的控制。人，作为控制对象，人的工作应避免失误；作为控制动力，应充分调动人的积极性，发挥人的主导作用。因此，必须有效控制项目参与各方的人员素质，不断提高人的质量活动能力，才能保证项目质量。

（2）材料的质量控制　材料（包括原材料、成品、半成品、构配件）是工程施工的物质条件，没有材料就无法施工；材料质量是工程质量的基础，材料质量不符合要求，工程质量也就不可能符合标准。所以，加强材料的质量控制，是提高工程质量的重要保证；是创造正常施工条件，是实现投资控制和进度控制的前提。

在工程建设中，对材料质量的控制应着重做好以下工作：掌握材料信息，优选供货厂家；合理组织材料供应，确保施工正常进行；合理组织材料使用，减少材料的损失；加强材料运输、仓库、保管工作，健全现场材料管理制度；加强材料检查验收，严把材料质量关；重视材料的使用认证，以防错用或使用不合格材料。

材料质量控制的主要内容：材料的质量标准，材料的性能，材料取样/试验方法，材料的适用范围和施工要求等。

（3）机械设备的控制　机械包括工程设备、施工机械和各类施工工具、器具。工程设备是指组成工程实体的工艺设备和各类机具，如各类生产设备、装置和辅助配套的电梯、泵机，以及通风空调、消防、环保设备等，它们是工程项目的重要组成部分，其质量的优劣，直接影响到工程使用功能的发挥。施工机械、各类工具、器具是指施工过程中使用的各类机具设备，包括运输设备、吊装设备、操作工具、测量仪器、计量器具及施工安全设施等。

施工机械设备是所有施工方案和工法得以实施的重要物质基础，是实现施工机械化的重要物质基础，是现代化工程建设中必不可少的设施，合理选择和正确使用施工机械设备是保证项目施工质量和安全的重要条件，从保证工程项目施工质量角度出发，应着重从机械设备的选型、机械设备的主要性能参数和机械设备的使用操作要求三个方面予以控制。

（4）方法的控制　方法的因素也可以称为技术因素，包括勘察、设计、施工所采用的技术和方法，以及工程检测、试验的技术和方法等。从某种程度上说，技术方案和工艺水平的高低，决定了项目质量的优劣。依据科学的理论，采用先进合理的技术方案和措施，按照规范进行勘察、设计、施工，必将对保证项目的结构安全和满足使用功能，对组成质量因素的产品精度、强度、平整度、清洁度、耐久性等物理、化学特性等方面起到良好的推进作用。例如，建设主管部门在建筑业中推广应用的多项新技术，包括地基基础和地下空间工程技术、高性能混凝土技术、高强钢筋和预应力技术、新型模板及脚手架应用技术、钢结构技术、建筑防水技术及 BIM 等信息技术，对消除质量通病、保证建设工程质量起到了积极作用，收到了明显的效果。

（5）环境因素的控制　影响工程项目质量的环境因素较多，有工程技术环境，如工程地质、水文、气象等；工程管理环境，如质量保证体系、质量管理制度等；劳动环境，如劳动组合、劳动工具、工作面等。环境因素对工程质量的影响具有复杂而多变的特点，如气象条件就变化万千，温度、湿度、大风、暴雨、酷暑、严寒都直接影响工程质量，往往前一工序就是后一工序的环境，前一分项、分部工程也就是后一分项、分部工程的环境。因此，根据工程特点和具体条件，应对影响质量的环境因素采取有效的措施，严加控制。

对环境因素的控制与施工方案和技术措施紧密相关。如在寒冬、雨季、风季、炎热季节施工中，应针对工程的特点，尤其是对混凝土工程、土方工程、深基础工程、水下工程及高空作业等，必须拟订季节性施工保证质量和安全的有效措施，以免工程质量受到冻害、干裂、冲刷、坍塌的危害。同时，要不断改善施工现场的环境和作业环境；要加强对自然环境和文物的保护；要尽可能减少施工所产生的危害对环境的污染；要健全施工现场管理制度，合理地布置，使施工现场秩序化、标准化、规范化，实现文明施工。

5.2.2 设计阶段的质量控制

工程建设项目设计阶段质量管理工作的要求是根据决策阶段业已确定的质量目标和水平，通过工程设计而使之进一步具体化。设计方案技术上是否可行，经济上是否合理，设备是否完善配套，结构使用是否安全可靠，都将决定项目建成之后的实际使用状况，因此设计阶段必然影响项目建成后的使用价值和功能的正常发挥，它是影响工程建设项目质量的决定性环节，所以在设计阶段应以使用功能和安全可靠性为核心，进行下列的综合控制：

1. 项目功能性质量控制

功能性质量控制的目的是，保证建设工程项目使用功能的符合性，其内容包括项目内部的平面空间组织、生产工艺流程组织，如满足使用功能的建筑面积分配，以及宽度、高度、净空、通风、保暖、日照等物理指标和节能、环保、低碳等方面的符合性要求。

2. 项目可靠性质量控制

项目可靠性质量控制主要是指建设工程项目建成后，在规定的使用年限和正常的使用条件下，保证使用安全和建筑物、构筑物及其设备系统性能稳定、可靠。

3. 项目观感性质量控制

对于建筑工程项目，主要是指建筑物的总体格调、外部形体及内部空间观感效果，整体环境的适宜性、协调性，文化内涵的韵味及其魅力等的体现；道路、桥梁等基础设施工程同样也有其独特的构型格调、观感效果及其环境适宜的要求。

4. 项目经济性质量控制

建设工程项目设计经济性质量，是指不同设计方案的选择对建设投资的影响。设计经济性质量的控制的目的在于，强调设计过程的多方案比较，通过价值工程、优化设计，不断提高建设工程项目的性价比。在满足项目投资目标要求的条件下，做到经济高效，防止浪费。

5. 项目施工可行性质量控制

任何设计意图都要通过施工来实现，设计意图不能脱离现实的施工技术和装备水平，否则，再好的设计意图也无法实现。设计一定要充分考虑施工的可行性，并尽量做到方便施工，施工才能顺利进行，保证项目施工质量。

经国家决策部门批准的设计任务书，是工程项目设计阶段质量控制及评定的主要依据。而设计合同根据项目任务书规定的质量水平及标准，提出了工程项目的具体质量目标。因此，设计合同是开展设计工作质量控制及评定的直接依据。此外，以下各项资料也作为设计质量控制及评定的依据：

1）有关工程建设及质量管理方面的法律、法规。例如，有关城市规划、建设用地、市政管理、环境保护、三废治理、建筑工程质量监督等方面的法律、行政法规和部门规章，以及各地政府在本地区根据实际情况发布的地方法规和规章。

2）有关工程建设项目的技术标准，各种设计规范、规程、设计标准，以及有关设计参数的定额、指标等。

3）经有关主管部门批准的项目可行性研究报告、项目评估报告、项目选址报告等资料和文件。

4）有关建设工程项目或个别建筑物的模型试验报告及其他有关试验报告。

5）反映项目建设过程及使用寿命周期的有关自然、技术、经济、社会协作等方面情况的数据资料。

6）有关建设主管部门核发的建设用地规划许可证、征地移民报告。

7）有关设计方面的技术报告，如工程测量报告、工程地质报告、水文地质报告、气象报告等。

设计方案审核是控制设计质量最重要的环节。工程实践证明，只有重视和加强设计方案的审核工作，才能保证项目设计符合设计纲要的要求，才能符合国家有关工程建设的方针、政策，才能符合现行建筑设计标准、规范，才能适应我国的基本国情和符合工程实际，才能达到工艺合理、技术先进，才能充分发挥工程项目的社会效益、经济效益和环境效益。

设计方案审核应当贯穿于初步设计、技术设计或扩大的初步设计阶段，其主要包括总体方案审核和各专业设计方案审核两部分。

设计图是设计工作的最终成果，也是工程施工的标准和依据。设计阶段质量控制的任务，最终要体现在设计图的质量上。因此，设计图的审核，是保证工程质量关键的环节，也是对设计阶段的质量评价。

审核人员通过对设计文件的审核，确认并保证主要设计方案和设计参数在设计总体上正确，设计的基本原理符合有关规定，在实施中能做到切实可行，符合业主和本工程的要求。设计图的审核，主要包括业主对设计图的审核和政府机构对设计图的审核。

5.2.3 施工阶段的质量控制

工程建设项目施工阶段，是根据设计文件和设计图的要求通过施工活动而形成工程实体的连续过程，也是最终形成工程产品质量和工程项目使用价值的重要阶段。因此，施工阶段质量管理工作的要求是保证形成工程合同与设计方案要求的工程实体质量，这一阶段直接影响工程建设项目的最终质量，它是影响工程建设项目质量的关键环节。施工阶段的质量控制，不但是承包商和监理工程师的核心工作内容，也是工程项目质量控制的重点。

1. 施工质量控制的依据

（1）共同性依据 共同性依据是指与施工质量管理有关的、通用的、具有普遍指导意义和必须遵守的基本法规，主要包括国家和政府有关部门颁布的与工程质量管理有关的法律法规性文件。例如，《中华人民共和国建筑法》《中华人民共和国招标投标法》和《建设工程质量管理条例》等。

（2）专业技术性依据 专业技术性依据是指针对不同的行业、不同质量控制对象制定的专业技术规范文件，包括规范、规程、标准、规定等。例如，工程建设项目质量检验评定标准，有关建筑材料、半成品和构配件质量方面的专门技术法规性文件，有关材料验收、包装和标志等方面的技术标准和规定，施工工艺质量等方面的技术法规性文件，有关新工艺、新技术、新材料、新设备的质量规定和鉴定意见等。

（3）项目专用性依据 项目专用性依据是指本项目的工程建设合同、勘察设计文件、设计交底及施工图会审记录、设计修改和技术变更通知，以及相关会议记录和工程联系单等。

2. 施工质量控制的基本环节

施工质量控制应贯彻全面、全员、全过程质量管理的思想，运用动态控制原理，进行质量的事前控制、事中控制和事后控制。

（1）事前质量控制 即在正式施工前进行的事前主动质量控制，通过编制施工质量计划，明确质量目标，制订施工方案，设置质量管理点，落实质量责任，分析可能导致质量目标偏离的各种影响因素，针对这些影响因素制订有效的预防措施，防患于未然。

事前质量预控必须充分发挥组织的技术和管理方面的整体优势，把长期形成的先进技术、管理方法和经验智慧，创造性地应用于工程项目。

事前质量预控要求针对质量控制对象的控制目标、活动条件、影响因素进行周密分析，找出薄弱环节，制订有效的控制措施和对策。

（2）事中质量控制　事中质量控制是指在施工质量形成过程中，对影响施工质量的各种因素进行全面的动态控制。事中质量控制也称为作业活动过程质量控制，包括质量活动主体的自我控制和他人监控的控制方式。自我控制是第一位的，即作业者在作业过程对自己质量活动行为的约束和技术能力的发挥，以完成符合预定质量目标的作业任务；他人监控是对作业者的质量活动过程和结果，由来自企业内部管理者和企业外部有关方面进行监督检查，如工程监理机构、政府质量监督部门等的监控。

施工质量的自控和监控是相辅相成的系统过程。自控主体的质量意识和能力是关键，是施工质量的决定因素；各监控主体所进行的施工质量监控是对自控行为的推动和约束。因此，自控主体必须正确处理自控和监控的关系，在致力于施工质量自控的同时，还必须接受来自业主、监理等方面对其质量行为和结果所进行的监督管理，包括质量检查、评价和验收。自控主体不能因为监控主体的存在和监控职能的实施而减轻或免除其质量责任。事中质量控制的目标是确保工序质量合格，杜绝质量事故发生，控制的关键是坚持质量标准，控制的重点是工序质量、工作质量和质量控制点的控制。

（3）事后质量控制　事后质量控制也称为事后质量把关，以使不合格的工序或最终产品（包括单位工程或整个工程项目）不流入下道工序、不进入市场。事后质量控制包括对质量活动结果的评价、认定；对工序质量偏差的纠正；对不合格产品进行整改和处理。控制的重点是发现施工质量方面的缺陷，并通过分析提出施工质量改进的措施，保持质量处于受控状态。

以上三大环节不是互相孤立和截然分开的，它们共同构成有机的系统过程，实质上也就是质量管理 PDCA 循环的具体化，在每一次滚动循环中不断提高，达到质量管理和质量控制的持续改进。

3. 施工准备的质量控制

（1）施工技术准备工作的质量控制　施工技术准备是指在正式开展施工作业活动前进行的技术准备工作。这类工作内容繁多，主要在室内进行。例如，熟悉施工图，组织设计交底和施工图审查；进行工程项目检查验收的项目划分和编号；审核相关质量文件，细化施工技术方案和施工人员、机具的配置方案，编制施工作业技术指导书，绘制各种施工详图（如测量放线图、大样图及配筋、配板、配线图表等）；进行必要的技术交底和技术培训。如果施工准备工作出错，必然影响施工进度和作业质量，甚至直接导致质量事故的发生。

技术准备工作的质量控制，包括对上述技术准备工作成果的复核审查，检查这些成果是否符合设计图和施工技术标准的要求；依据经过审批的质量计划审查，完善施工质量控制措施；针对质量控制点，明确质量控制的重点对象和控制方法；尽可能地提高上述工作成果对施工质量的保证程度等。

（2）现场施工准备工作的质量控制

1）计量控制。这是施工质量控制的一项重要基础工作。施工过程中的计量，包括施工生产时的投料计量、施工测量、监测计量，以及对项目、产品或过程的测试、检验、分析计量等。开工前要建立和完善施工现场计量管理的规章制度；明确计量控制责任者和配置必要的计量人员；严格按规定对计量器具进行维修和校验；统一计量单位，组织量值传递，保证量值统一，从而保证施工过程中计量的准确。

2）测量控制。工程测量放线是建设工程产品由设计转化为实物的第一步。施工测量质量的好坏，直接决定工程的定位和标高是否正确，并且制约施工过程有关工序的质量。因此，施工单位在开工前应编制测量控制方案，经项目技术负责人批准后实施。要对建设单位提供的原始坐标点、基准线和水准点等测量控制点线进行复核，并将复测结果上报监理工程师审核，批准后施工单位才能建立施工测量控制网，进行工程定位和标高基准的控制。

3）施工平面图控制。建设单位应按照合同约定并充分考虑施工的实际需要，事先划定并提供施工用地和现场临时设施用地的范围，协调平衡和审查批准各施工单位的施工平面设计。施工单位要严格按照批准的施工平面布置图，科学合理地使用施工场地，正确安装设置施工机械设备和其他临时设施，维护现场施工道路畅通无阻和通信设施完好，合理控制材料的进场与堆放，保持良好的防洪排水能力，保证充分的给水和供电。建设（监理）单位应会同施工单位制订严格的施工场地管理制度、施工纪律和相应的奖惩措施，严禁乱占场地和擅自断水、断电、断路，及时制止和处理各种违纪行为，并做好施工现场的质量检查记录。

（3）工程质量检查验收的项目划分　一个建设工程项目从施工准备开始到竣工交付使用，要经过若干工序、工种的配合施工。施工质量的优劣，取决于各个施工工序、工种的管理水平和操作质量。因此，为了便于控制、检查、评定和监督每个工序和工种的工作质量，就要把整个项目逐级划分为若干个子项目，并分级进行编号，在施工过程中据此来进行质量控制和检查验收。这是进行施工质量控制的一项重要准备工作，应在项目施工开始之前进行。项目划分越合理、明细，越有利于分清质量责任，便于施工人员进行质量自控和检查监督人员检查验收，也有利于质量记录等资料的填写、整理和归档。

根据 GB 50300—2013《建筑工程施工质量验收统一标准》的规定，建筑工程施工质量验收应划分为单位工程、分部工程、分项工程和检验批。

1）单位工程的划分应按下列原则确定：
①具备独立施工条件并能形成独立使用功能的建筑物及构筑物为一个单位工程。
②对于建筑规模较大的单位工程，可将其能形成独立使用功能的部分划分为一个子单位工程。

2）分部工程的划分应按下列原则确定：
①可按专业性质、工程部位确定。例如，一般的建筑工程可划分为地基与基础、主体结构、建筑装饰装修、建筑屋面、建筑给水排水及供暖、建筑电气、智能建筑、通风与空调、建筑节能、电梯等分部工程。
②当分部工程较大或较复杂时，可按材料种类、施工特点、施工程序、专业系统及类别等划分为若干子分部工程。

3）分项工程可按主要工种、材料、施工工艺、设备类别等进行划分。

4）检验批可根据施工质量控制和专业验收需要，按工程量、楼层、施工段、变形缝等进行划分。

5）建筑工程的分部、分项工程划分宜按 GB 50300—2013《建筑工程施工质量验收统一标准》附录 B 采用。

6）室外工程可根据专业类别和工程规模按 GB 50300—2013《建筑工程施工质量验收统一标准》附录 C 的规定划分单位工程、分部工程。

4. 施工过程的质量控制

施工过程的质量控制是在工程项目质量实际形成过程中的事中质量控制。建设工程项目施工是由一系列相互关联、相互制约的作业过程（工序）构成。因此，施工质量控制必须对全部作业过程，即各道工序的作业质量持续进行控制。从项目管理的立场看，工序作业质量的控制，首先是质量生产者即作业者的自控，在施工生产要素合格的条件下，作业者能力及其发挥的状况是决定作业质量的关键。其次是来自作业者外部的各种作业质量检查、验收和对质量行为的监督，也是不可缺少的设防和把关的管理措施。

工序是人、材料、机械设备、施工方法和环境因素对工程质量综合起作用的过程，所以对施工过程的质量控制，必须以工序作业质量控制为基础和核心。因此，工序的质量控制是施工阶段质量控制的重点。只有严格控制工序质量，才能确保施工项目的实体质量。

工序施工质量控制主要包括工序施工条件质量控制和工序施工效果质量控制。

（1）工序施工条件质量控制 工序施工条件是指从事工序活动的各生产要素质量及生产环境条件。工序施工条件质量控制就是控制工序活动的各种投入要素质量和环境条件质量。控制的主要手段有检查、测试、试验、跟踪监督等。控制的主要依据是设计质量标准、材料质量标准、机械设备技术性能标准、施工工艺标准及操作规程等。

（2）工序施工效果质量控制 工序施工效果是工序产品的质量特征和特性指标的反映。对工序施工效果的控制就是控制工序产品的质量特征和特性指标能否达到设计质量标准及施工质量验收标准的要求。工序施工效果质量控制属于事后质量控制，其控制的主要途径：实测获取数据，统计分析所获取的数据，判断认定质量等级和纠正质量偏差。

1）实测。实测是评价工序质量最有说服力的方法，即选择先进的试验设备，采用国家规定的试验方法，对抽取的样品进行检验，测定其实际的质量性能指标是否符合有关规定，如测定混凝土的抗压强度等。

2）分析。分析是对检测所取得的数据进行整理、分析，并从中找出其规律，为工序质量的判断打下基础。

3）判断。判断是在分析的基础上进行的，即根据对数据分析的结果，按照有关规定判断该工序产品是否达到了质量标准；如果未达到质量要求，应当找出影响质量的原因，为避免出现类似质量问题提出措施。

4）结论。经过对工序产品的实测、分析和判断，应对所鉴定的工序产品质量得出一个明确的结论。对工序质量不符合规定标准的，应采取措施加以纠正；对工序质量符合规定标准的，应予以确认。

5. 施工作业质量的自控

（1）施工作业质量自控的意义 施工作业质量自控，从经营层面上说，强调的是作为建筑产品生产者和经营者的施工企业，应全面履行企业的质量责任，向顾客提供质量合格的工程产品；从生产过程来说，强调的是施工作业者的岗位质量责任，向下一道工序提供合格的作业成果（中间产品）。因此，施工方是施工阶段质量自控主体。施工方不能因为监控主体的存在和监控责任的实施而减轻或免除其质量责任。《中华人民共和国建筑法》和《建设工程质量管理条例》规定：施工单位对建设工程的施工质量负责；施工单位必须按照工程设计要求、施工技术标准和合同的约定，对建筑材料、建筑构配件和设备进行检验，不合格的不得使用。施工方作为工程施工质量的自控主体，既要遵循本企业质量管理体系的要求，也要根据其在所承建的工程项目质量控制系统中的地位和责任，通过具体项目质量计划的编制与实施，有效地实现施工质量的自控目标。

（2）施工作业质量自控的程序　施工作业质量自控的程序：作业技术的交底、作业活动的实施和作业质量的自检自查、互检互查及专职管理人员的质量检查等。

1）施工作业技术的交底。施工作业技术交底是施工组织设计和施工方案的具体化，内容必须具有可行性和可操作性。从项目的施工组织设计到分部分项工程的作业计划，在实施之前都必须逐级进行交底，其目的是使管理者的计划和决策意图为实施人员所理解。施工作业交底是最基层的技术和管理交底活动，施工总承包方和工程监理机构都要对施工作业交底进行监督。作业交底的内容包括作业范围、施工依据、作业程序、技术标准和要领、质量目标，以及其他与安全、进度、成本、环境等目标管理有关的要求和注意事项。

2）施工作业活动的实施。施工作业活动是由一系列工序所组成的。为了保证工序质量的受控，首先要对作业条件进行再确认，即按照作业计划检查作业准备状态是否落实到位，其中包括对施工程序和作业工艺顺序的检查确认，在此基础上，严格按作业计划的程序、步骤和质量要求展开工序作业活动。

3）施工作业质量的检查。施工作业的质量检查，是贯穿整个施工过程的最基本的质量控制活动，包括施工单位内部的工序作业质量自检、互检、专检和交接检查，以及现场监理机构的旁站检查、平行检验等。施工作业质量检查是施工质量验收的基础，已完检验批及分部分项工程的施工质量，必须在施工单位完成质量自检并确认合格之后，才能报请现场监理机构进行检查验收。前道工序作业质量经验收合格后，才可进入下道工序施工。未经验收合格的工序，不得进入下道工序施工。

（3）施工作业质量自控的要求　工序作业质量是直接形成工程质量的基础，为达到对工序作业质量控制的效果，在加强工序管理和质量目标控制方面应坚持以下要求：

1）预防为主。严格按照施工质量计划的要求，进行各分部分项施工作业的部署。同时，根据施工作业的内容、范围和特点，制订施工作业计划，明确作业质量目标和作业技术要领，认真进行作业技术交底，落实各项作业技术组织措施。

2）重点控制。在施工作业计划中，一方面要认真贯彻实施施工质量计划中的质量控制点的控制措施；另一方面要根据作业活动的实际需要，进一步建立工序作业控制点，深化工序作业的重点控制。

3）坚持标准。工序作业人员对工序作业过程应严格进行质量自检，通过自检不断改善作业，并创造条件开展作业质量互检，通过互检加强技术与经验的交流。对已完工序作业产品，即检验批或分部分项工程，应严格坚持质量标准。对不合格的施工作业质量，不得进行验收签证，必须按照规定的程序进行处理。

GB 50300—2013《建筑工程施工质量验收统一标准》及配套使用的专业质量验收规范，是施工作业质量自控的合格标准。有条件的施工企业或项目经理部应结合自己的条件编制高于国家标准的企业内控标准或工程项目内控标准，或采用施工承包合同明确规定的更高标准,列入质量计划中,努力提升工程质量水平。

4)记录完整。施工图、质量计划、作业指导书、材料质保书、检验试验及检测报告、质量验收记录等,是形成可追溯性质量保证的依据,也是工程竣工验收所不可缺少的质量控制资料。因此,对工序作业质量,应有计划、有步骤地按照施工管理规范的要求进行填写记载,做到及时、准确、完整、有效,并具有可追溯性。

(4)施工作业质量自控的有效制度　根据实践经验的总结,施工作业质量自控的有效制度包括质量自检制度,质量例会制度,质量会诊制度,质量样板制度,质量挂牌制度,每月质量讲评制度等。

(5)施工作业质量的监控

1)施工作业质量的监控主体。为了保证项目质量,建设单位、监理单位、设计单位及政府的工程质量监督部门,在施工阶段依据法律法规和工程施工承包合同,对施工单位的质量行为和项目实体质量实施监督控制。

设计单位应当就审查合格的施工图设计文件向施工单位做出详细说明;应当参与建设工程质量事故分析,并对因设计造成的质量事故,提出相应的技术处理方案。

建设单位在领取施工许可证或者开工报告前,应当按照国家有关规定办理工程质量监督手续。

作为监控主体之一的项目监理机构,在施工作业实施过程中,根据其监理规划与实施细则,采取现场旁站、巡视、平行检验等形式,对施工作业质量进行监督检查,如发现工程施工不符合工程设计要求、施工技术标准和合同约定的,有权要求施工单位改正。监理机构应进行检查而没有检查或没有按规定进行检查的,给建设单位造成损失时应承担赔偿责任。必须强调,施工质量的自控主体和监控主体,在施工全过程是相互依存、各尽其责,共同推动着施工质量控制过程的展开和最终实现工程项目的质量总目标。

2)现场质量检查。现场质量检查是施工作业质量监控的主要手段。

①现场质量检查的内容包括:

a. 开工前的检查,主要检查是否具备开工条件,开工后是否能够保持连续正常施工,能否保证工程质量。

b. 工序交接检查,对于重要的工序或对工程质量有重大影响的工序,应严格执行"三检"制度(即自检、互检、专检),未经监理工程师(或建设单位本项目技术负责人)检查认可,不得进行下一道工序施工。

c. 隐蔽工程的检查,施工中凡是隐蔽工程必须检查认证后方可进行隐蔽掩盖。

d. 停工后复工的检查,因客观因素停工或处理质量事故等停工复工时,经检查认可后方能复工。

e. 分项、分部工程完工后的检查,应经检查认可,并签署验收记录后,才能进行下一工程的施工。

f. 成品保护的检查,检查成品有无保护措施,以及保护措施是否有效可靠。

②现场质量检查的方法包括:

a. 目测法。凭借感官进行检查,也称为观感质量检验,其手段可概括为"看、摸、敲、照"四个字。

看:根据质量标准要求进行外观检查。例如,清水墙面是否洁净,喷涂的密实度和颜色是否良好、均匀，工人的操作是否正常，内墙抹灰的大面及口角是否平直，混凝土外观是否符合要求等。

摸：通过触摸手感进行检查、鉴别。例如，油漆的光滑度，浆液是否牢固、不掉粉等。

敲：运用敲击工具进行音感检查。例如，对地面工程、装饰工程中的水磨石、面砖、石材饰面等，均应进行敲击检查。

照：通过人工光源或反射光照射，检查难以看到或光线较暗的部位。例如，管道井、电梯井等内部管线、设备安装质量，装饰吊顶内连接及设备安装质量等。

b. 实测法。通过实测数据与施工规范、质量标准的要求及允许偏差值进行对照，以此判断质量是否符合要求，其手段可概括为"靠、量、吊、套"四个字。

靠：用直尺、塞尺检查诸如墙面、地面、路面等的平整度。

量：用测量工具和计量仪表等检查断面尺寸、轴线、标高、湿度、温度等的偏差。例如，大理石板拼缝尺寸，摊铺沥青拌合料的温度，混凝土坍落度的检测等。

吊：利用托线板及线坠吊线检查垂直度，如砌体垂直度检查、门窗的安装等。

套：以方尺套方，辅以塞尺检查，如对阴阳角的方正、踢脚板的垂直度、预制构件的方正、门窗口及构件的对角线检查等。

c. 试验法。通过必要的试验手段对质量进行判断的检查方法，主要通过理化试验和无损检测两种形式。

理化试验。工程中常用的理化试验主要包括物理力学性能的检验和化学成分及化学性能的测定两个方面。物理力学性能的检验，包括各种力学指标的测定，如抗拉强度、抗压强度、抗弯强度、抗折强度、冲击韧性、硬度、承载力等，以及各种物理性能方面的测定，如密度、含水量、凝结时间、安定性及抗渗、耐磨、耐热性能等。化学成分及化学性能的测定，如钢筋中的磷、硫含量，混凝土中粗骨料中的活性氧化硅成分，以及耐酸、耐碱、耐蚀性等。此外，根据规定有时还需进行现场试验，例如，对桩或地基的静载试验、下水管道的通水试验、压力管道的耐压试验、防水层的蓄水或淋水试验等。

无损检测。利用专门的仪器仪表从表面探测结构物、材料、设备的内部组织结构或损伤情况。常用的无损检测方法有超声波探伤、X射线探伤、γ射线探伤等。

3）技术核定与见证取样送检。

①技术核定。在建设工程项目施工过程中，因施工方对施工图的某些要求不甚明白，或图纸内部存在某些矛盾，或工程材料调整与代用，改变建筑节点构造、管线位置或走向等，需要通过设计单位明确或确认的，施工方必须以技术核定单的方式向监理工程师提出，报送设计单位核准确认。

②见证取样送检。为了保证建设工程质量，我国规定对工程所使用的主要材料、半成品、构配件，以及施工过程留置的试块、试件等应实行现场见证取样送检。见证人员由建设单位及工程监理机构中有相关专业知识的人员担任；送检的试验室应具备经国家或地方工程检验检测主管部门核准的相关资质；见证取样送检必须严格按规定的程序进行，包括取样见证并记录、样本编号、填单、封箱、送试验室、核对、交接、试验检测、报告等。

检测机构应当建立档案管理制度。检测合同、委托单、原始记录、检测报告应当按年度统一编号，编号应当连续，不得随意抽撤、涂改。

（6）隐蔽工程验收与成品质量保护

1）隐蔽工程验收。凡被后续施工所覆盖的施工内容，如地基基础工程、钢筋工程、预埋管线等均属隐蔽工程。加强隐蔽工程质量验收，是施工质量控制的重要环节。其程序要求施工方首先应完成自检并合格，然后填写专用的《隐蔽工程验收单》。验收单所列的验收内容应与已完的隐蔽工程实物相一致，并事先通知监理机构及有关方面，按约定时间进行验收。验收合格的隐蔽工程由各方共同签署验收记录；验收不合格的隐蔽工程，应按验收整改意见进行整改后重新验收。严格隐蔽工程验收的程序和记录，对于预防工程质量隐患，提供可追溯质量记录具有重要作用。

2）施工成品质量保护。建设工程项目已完施工的成品保护，目的是避免已完施工成品受到来自后续施工及其他方面的污染或损坏。已完施工的成品保护问题和相应措施，在工程施工组织设计与计划阶段就应该从施工顺序上进行考虑，防止施工顺序不当或交叉作业造成相互干扰、污染和损坏；成品形成后可采取防护、覆盖、封闭、包裹等相应措施进行保护。

从项目施工质量控制的角度来说，项目建设单位、施工单位和监理单位要注重施工与设计的相互协调。这个协调工作主要包括以下几个方面：

① 设计联络。项目建设单位或监理单位应组织施工单位到设计单位进行设计联络，其主要任务：

a. 了解设计意图、设计内容和特殊技术要求，分析其中的施工重点和难点，以便有针对性地编制施工组织设计，及早做好施工准备；对于以现有的施工技术和装备水平实施有困难的设计，要及时提出意见，协商修改设计，或者探讨通过技术攻关提高技术装备水平来实施的可能性，同时向设计单位介绍和推荐先进的施工新技术、新工艺和工法，争取通过适当的设计，使这些新技术、新工艺和工法在施工中得到应用。

b. 了解设计进度，根据项目进度控制总目标、施工工艺顺序和施工进度安排，提出设计出图的时间和顺序要求，对设计和施工进度进行协调，使施工得以连续顺利进行。

c. 从施工质量控制的角度，提出合理化建议，优化设计，为保证和提高施工质量创造更好的条件。

② 设计交底和施工图会审。建设单位和监理单位应组织设计单位向所有的施工实施单位进行详细的设计交底，使实施单位充分理解设计意图，了解设计内容和技术要求，明确质量控制的重点和难点；同时认真地进行施工图会审，深入发现和解决各专业设计之间可能存在的矛盾，消除施工图的差错。

③ 设计现场服务和技术核定。建设单位和监理单位应要求设计单位派出得力的设计人员到施工现场进行设计服务，解决施工中发现和提出的与设计有关的问题，及时做好相关设计核定工作。

④ 设计变更。在施工期间无论是建设单位、设计单位或施工单位提出，需要进行局部设计变更的内容，都必须按照规定的程序，先将变更意图或请求报送监理工程师审查，经设计单位审核认可并签发《设计变更通知书》后，再由监理工程师下达《变更指令》。

5.2.4 竣工阶段的质量控制

工程建设项目竣工验收阶段的质量管理工作要求是通过质量检查评定、试车运转等环节考核工程质量的实际水平是否与设计阶段确定的质量目标水平相符，这一阶段是工程建设项目自建设过程向生产使用过程发生转移的必要环节，它体现的是工程质量水平的最终结果。因此工程竣工验收阶段影响工程能否最终形成生产能力，它是影响工程建设项目质量的最后一个重要环节。

项目竣工质量验收是施工质量控制的最后一个环节，是对施工过程质量控制成果的全面检验，是从终端把关方面进行质量控制。未经验收或验收不合格的工程，不得交付使用。

GB 50300—2013《建筑工程施工质量验收统一标准》第3.0.6条规定建筑工程施工质量应按下列要求进行验收：

①工程质量验收均应在施工单位自检合格的基础上进行。
②参加工程施工质量验收的各方人员应具备相应的资格。
③检验批的质量应按主控项目和一般项目验收。
④对涉及结构安全、节能、环境保护和主要使用功能的试块、试件及材料，应在进场时或施工中按规定进行见证检验。
⑤隐蔽工程在隐蔽前应由施工单位通知监理单位进行验收，并应形成验收文件，验收合格后方可继续施工。
⑥对涉及结构安全、节能、环境保护和使用功能的重要分部工程应在验收前按规定进行抽样检验。
⑦工程的观感质量应由验收人员现场检查，并应共同确认。

GB 50300—2013《建筑工程施工质量验收统一标准》第3.0.7条建筑工程施工质量验收合格应符合下列规定：

①符合工程勘察、设计文件的要求。
②符合本标准和相关专业验收规范的规定。

1. 竣工质量验收的依据

1）国家相关法律法规和建设主管部门颁布的管理条例和办法。
2）工程施工质量验收统一标准。
3）专业工程施工质量验收规范。
4）批准的设计文件、施工图及说明书。
5）工程施工承包合同。
6）其他相关文件。

2. 竣工质量验收的条件

1）完成工程设计和合同约定的各项内容。
2）施工单位在工程完工后对工程质量进行了检查，确认工程质量符合有关法律、法规和工程建设强制性标准，符合设计文件及合同要求，并提出工程竣工报告。工程竣工报告应经项目经理和施工单位有关负责人审核签字。
3）对于委托监理的工程项目，监理单位对工程进行了质量评估，具有完整的监理资料，并提出工程质量评估报告。工程质量评估报告应经总监理工程师和监理单位有关负责人审核签字。
4）勘察、设计单位对勘察、设计文件及施工过程中由设计单位签署的设计变更通知书进行了检查，并提出质量检查报告。质量检查报告应经该项目勘察、设计负责人和勘察、设计单位有关负责人审核签字。

5)有完整的技术档案和施工管理资料。

6)有工程使用的主要建筑材料、建筑构配件和设备的进场试验报告,以及工程质量检测和功能性试验资料。

7)建设单位已按合同约定支付工程款。

8)有施工单位签署的工程质量保修书。

9)对于住宅工程,进行分户验收并验收合格,建设单位按户出具《住宅工程质量分户验收表》。

10)建设主管部门及工程质量监督机构责令整改的问题全部整改完毕。

11)法律、法规规定的其他条件。

3. 竣工质量验收的标准

单位工程是工程项目竣工质量验收的基本对象。单位工程质量验收合格应符合下列规定:

1)所含分部工程的质量均应验收合格。

2)质量控制资料应完整。

3)所含分部工程有关安全、节能、环境保护和主要使用功能的检验资料应完整。

4)主要使用功能的抽查结果应符合相关专业质量验收规范的规定。

5)观感质量应符合要求。

4. 竣工质量验收程序和组织

单位工程中的分包工程完工后,分包单位应对所承包的工程项目进行自检,并应按规定的程序进行验收。验收时,总承包单位应派人参加。

单位工程完工后,施工单位应组织有关人员进行自检。总监理工程师应组织各专业监理工程师对工程质量进行竣工预验收。存在施工质量问题时,应由施工单位及时整改。

工程竣工质量验收由建设单位负责组织实施。建设单位组织单位工程质量验收时,分包单位负责人应参加验收。

竣工质量验收应当按以下程序进行:

1)工程完工并对存在的质量问题整改完毕后,施工单位向建设单位提交工程竣工报告,申请工程竣工验收。实行监理的工程,工程竣工报告须经总监理工程师签署意见。

2)建设单位收到工程竣工报告后,对符合竣工验收要求的工程,组织勘察、设计、施工、监理等单位组成验收组,制订验收方案。对于重大工程和技术复杂工程,根据需要可邀请有关专家参加验收组。

3)建设单位应当在工程竣工验收7个工作日前将验收的时间、地点及验收组名单书面通知负责监督该工程的工程质量监督机构。

4)建设单位组织工程竣工验收。

①建设、勘察、设计、施工、监理单位分别汇报工程合同履约情况和在工程建设各个环节执行法律、法规和工程建设强制性标准的情况。

②审阅建设、勘察、设计、施工、监理单位的工程档案资料。

③实地查验工程质量。

④对工程勘察、设计、施工、设备安装质量和各管理环节等方面做出全面评价,形成经验收组人员签署的工程竣工验收意见。参与工程竣工验收的建设、勘察、设计、施工、监理

等各方不能形成一致意见时,应当协商提出解决的方法,待意见一致后,重新组织工程竣工验收。

5. 竣工验收报告

工程竣工验收合格后,建设单位应当及时提出工程竣工验收报告。工程竣工验收报告主要包括工程概况,建设单位执行基本建设程序情况,对工程勘察、设计、施工、监理等方面的评价,工程竣工验收时间、程序、内容和组织形式,工程竣工验收意见等内容。

工程竣工验收报告还应附有下列文件:

1) 施工许可证。
2) 施工图设计文件审查意见。
3) 上述竣工质量验收的条件中2)、3)、4)、8)项规定的文件。
4) 验收组人员签署的工程竣工验收意见。
5) 法规、规章规定的其他有关文件。

6. 竣工验收备案

建设单位应当自建设工程竣工验收合格之日起15日内,向工程所在地的县级以上地方人民政府建设主管部门备案。

建设单位办理工程竣工验收备案应当提交下列文件:

1) 工程竣工验收备案表。
2) 工程竣工验收报告。
3) 法律、行政法规规定应当由规划、环保等部门出具的认可文件或者准许使用文件。
4) 法律规定应当由公安消防部门出具的对大型的人员密集场所和其他特殊建设工程验收合格的证明文件。
5) 施工单位签署的工程质量保修书。
6) 法规、规章规定必须提供的其他文件。

阅读材料1

佛山苑小区质量创优的启示

在住宅工程中,建筑设备安装与土建的相互配合不好,是当前普遍存在的"老大难"。一个小区,往往土建主体工程的验评优良率很高,甚至达到100%;一旦转入装饰装修和设备安装阶段,问题马上出现,水平立即拉开,结果迥然不同。小区建筑工程的最后成化率,往往达不到预期目标。其中土建装饰装修及水电设备安装自身的质量自控能力与技术素质当然是决定的因素,但安装与土建的相互配合好坏,也是十分关键的原因。从全国城市住宅建设第二批试点之一,济南佛山苑住宅小区(获建设部试点小区综合及质量金牌奖)的施工创优活动中,曾总结摸索出一套相关专业相互配合消除质量通病,争取工程一次成活的经验。其核心内容包括:要做好施工前的准备工作,针对质量通病应采取相应的管理措施。

1. 要做好施工前的准备工作

首先要研读施工图,各专业在精通施工图的前提下,应互相交流渗透,各专业之间要进行一次初步的跨专业的施工图会审,主要解决预留预埋、管线坐标、统一标高尺寸等问题。然后进行各不同专业的施工组织设计,待不同专业的施工组织设计出台后,还应一起协调研究彼此的配合问题。施工前应对班组做好技术交底工作,在技术交底内容中应充分体现各专业的协调配合问题。在施工前抓好施工图会审与交底,将施工图中的错漏碰缺消灭在施工前,并将各相关专业之间的配合办法及早研究落实于专业施工组织设计中,这是做好施工技术准备的一项重要管理程序。

2. 针对质量通病应采取相应的管理措施

针对施工中因安装与土建配合不好而产生的常见质量通病采取技术管理措施进行防治,主要有以下五个方面。

(1) 预留预埋问题 这是土建施工与设备安装配合的一个重要环节。在土建施工中预留不准,预埋不全,甚至不预留预埋,将造成在安装时乱踢乱砸,给安装工作带来困难,如铺设管道后修补造成墙面空鼓开裂;因不预埋连接件,在安装管道设备时踢砸梁柱钢筋焊接支架,将影响工程质量和结构安全。

1) 原因分析。

①有的施工企业为了省事或一时的经济利益,认为预留预埋费工不省事,不如后期突击一下就可以。

②缺乏对操作人员进行必要的交底,参与预埋人员素质较低。

③安装与土建不配合且未进行会审碰头,各自为政。

④土建给安装提供坐标不准确。

2) 主要预留预埋项目和应采取的措施。

①首先应对预留预埋人员进行技术交底工作。预留预埋人员施工前必须熟读施工图及其他设计文件,且必须先确定坐标尺寸,然后经复核交底方可进行预留预埋;预留预埋人员对土建专业应有一定的了解。

②也可在施工前由安装技术人员将所要预留的孔洞槽标注在土建施工图上让土建代留。给水排水、煤气、供暖、空调等管道穿过基础、现浇混凝土楼板时,其预留孔洞尺寸应符合GB 50242—2002《建筑给水排水及采暖工程施工质量验收规范》的规定。

③暗配管预埋是指卫生间墙内冷热水管、暗配电线管过墙梁等。对于现浇混凝土工程必须在浇筑前敷设好预埋管;对于砌体工程不允许在土建抹灰后埋入,应在抹灰前先行剔槽。其剔槽宽度为管径的1.5倍,槽深为管径再加15mm,剔槽时应在墙上先根据管子走向画线,用无齿锯切割槽的两边,再剔凿管槽。

④预埋件主要是指现浇混凝土的框架工程中的各种管道设备的固定件,这些预埋件在安装设备时起焊接支架的作用。这些固定件应根据管道及设备情况设计并预制,在做施工方案时把各种预埋件的数量、规格、位置提交土建专业,并标注在土建图上由土建专业配合在支模时埋入。

(2) 立管距离墙的位置 安装工程立管距墙远近不一致,有不少工程明装管道立管在各楼层距墙距离很大,大大超过国家标准规定,影响安装质量。

1) 原因分析。主要原因是土建墙体轴线位移,其次是墙体不垂直、墙面严重不平、墙面抹灰厚薄不一致,另外,安装人员缺乏责任心,坐标找不准。

2) 解决措施。

①土建在砌体放线定位时应加强控制,使之位移量控制在规定范围之内。

②在土建主体完工之后抹灰以前,安装人员从顶层按管中心通过预留洞孔向底层垂线,使管道中心与墙距离一致,从而也找好了管道甩口位置坐标。

(3) 电气箱盒标高不一致，周围空鼓开裂　通过工程质量监督检查，发现暗设开关、插座、配电箱标高往往不一致，周围土建抹灰接茬不平，裂缝空鼓现象相当普遍，影响了工程质量，达不到标准要求。

1) 原因分析。目前在电气工程施工中，控制箱盒标高的方法主要有两种：

①在土建抹灰前利用土建施工标高控制线安装箱盒。采用这种办法，电管进箱盒的质量问题可以得到较好保证，但箱盒标高难以达到标准允许的范围。这是因为施工累计误差太多所致。诸多误差累积后可达30~50mm，远远超过标准规定的允许偏差范围。

②为了解决标高不一致的问题，很多电气施工人员采用先配管，待土建工程地面及墙面分项施工完工后再在墙面上安装箱盒。这种施工办法，虽然箱盒对地相对标高解决了，但由此带来了很多问题，如土建要修补墙面时，在箱盒四周抹灰，出现了四周接茬不平、裂缝、空鼓等质量通病，管进箱盒质量也达不到标准要求，再返工又浪费了人工材料，质量始终得不到保证。

2) 解决措施。在佛山苑小区推行了一种经实践证明操作简便、控制准确、便于推广的新施工方法，它利用物理学上连通器（内水位保持在同一平面）的原理来控制标高。在土建墙地面没做之前，照此办法将电器箱盒全部安装好，土建抹灰一次成活；在管箱盒处不修补，从而消除质量通病。其操作方法如下：

①土建在每层每单元（公建工程适当定点）定一标准标高点，水电土建共同遵守。

②电气施工员用一根足够长的透明半软塑料管，向管内注入清水，排净空气，管两端各留500mm距离无水，从标准点用这根已注水塑料管向需要安装箱盒处引点，计算出标高，使之在同一水平面上，即箱盒标高。安装时应先安装箱盒，后配管；同时保证了管进箱盒质量。

③安装箱盒前，土建应在墙面上通过灰饼控制箱盒与墙面深度，以保证面板的安装观感质量。

④土建做地面时应严格按水平控制线施工，保证箱盒距地标高整齐一致。

(4) 室外排水安装不合格造成堵塞

1) 通病表现。存在的主要问题是土建安装配合不好，标高控制不准，造成室内排水管低于室外排水管；坡度不正确；检查井砌筑不正确，不做顺水流槽；室外排水管进井方向不对；排水管道连接不严密；承插接口方向不对等。

2) 解决措施。

①标高问题：排水系统标高应通盘考虑，施工前安装与土建技术人员应共同确定化粪池处排水管道入口标高，然后找坡计算出检查井处室内排出管的标高，并共同遵守。

②室内外埋地管道坡度、坡向必须正确，室内埋地管道应坡向检查井，室外检查井之间管道应坡向化粪池，管道坡度应符合设计及规范要求。

③排水检查井底应做顺水流槽，流槽高度等于引入管的最大管径；流槽下部断面为半圆形，其直径与引入管管径相等。流槽上部断面应做成垂直墙，其顶面应有5%的坡度，坡至流槽。排出管同引入管直径不相等时，流槽应按两个不同的直径做成渐扩形。弯曲流槽同管口连接处应有0.5倍直径的直线部分，弯曲部分为圆弧形，管端应同井壁内表面齐平。施工时的顺序应为：

a. 安装人员先在夯实找平找坡的管沟内铺设好管道。

b. 土建在检查井处先做顺水流槽。

c. 砌筑检查井壁抹灰（若先砌好检查井再做顺水流槽则保证不了顺水流槽质量）。

④铺设管道时应注意以下几个方面：

a. 承插排水管和管件的承口（带有双承口的管件除外），应与水流方向相反。

b. 从室内进检查井的排水管道不得逆向水流方向。

c. 检查井内当不同直径的管道汇进时，应与大管径管顶平齐或小管高于大管，以免堵塞小管径管道。

⑤检查井做好抹灰后，应对排水管道做灌水试验，符合规定后方可隐蔽。

(5) 卫生间渗漏问题　主要是管根卫生器具与排水管道连接处周围、地漏四周渗漏，这是卫生间最常见的质量通病。

1) 原因分析。

①除地面因素外，主要是管道、管件与楼板结合部堵洞质量差所致，有的使用砖头等杂物堵洞，仅做表面抹灰；或者是支模不牢固、不严密，混凝土不实、不养护，造成干缩裂缝；或者预留洞口太小，无法填实等。

②卫生洁具接口不严，尤其是蹲便器胶皮碗连接做法不对。

③卫生洁具不做满水试验。

④卫生间安装与土建施工穿插顺序不当。

2) 解决措施。

①卫生间内管道安装前墙面应弹出水平控制线，安装专业根据地面标高及卫生洁具尺寸要求甩好管口位置。

②解决管道周围渗水问题的关键在于堵洞及堵洞后应做围水试验，应明确由土建专业负责。其程序如下：

a. 管道安装完毕后，应根据管径大小使用专用模具对洞口支模。

b. 用细石混凝土浇筑至楼板厚度2/3处振实并养护。

c. 做一次防水处理。

d. 在洞口处围起来灌水24h以检验堵洞是否渗漏。

e. 若不渗漏再用细石混凝土将洞口与地面找平。

f. 地面抹灰。

g. 做围水灌水试验检查。

③坐便器、洗面盆等卫生洁具安装应在土建地面完成后才能安装，不准颠倒工序。蹲便器胶皮碗两头应用14号铜丝缠绕两圈，两接头错开。胶皮碗及冲洗管四周应填干砂，以便检修。

④卫生洁具安装后交工验收前应进行24h满水试验。

当前建筑工程中土建安装配合不好是造成建筑工程观感质量低、设备工程功能质量差的一个重要原因，而且在全国极具普遍性。佛山苑小区的上述经验，改变这一状况的值得借鉴的可行措施，应在全国住宅小区建设及其他工程建设管理中普遍推广。

阅读材料 2

工程项目参与主体的质量责任和义务

《中华人民共和国建筑法》（以下简称《建筑法》）和《建设工程质量管理条例》（国务院令 279 号）规定，建设工程项目的建设单位、勘察单位、设计单位、施工单位、工程监理单位都要依法对建设工程质量负责。

1. 建设单位的质量责任和义务

1）建设单位应当将工程发包给具有相应资质等级的单位，并不得将建设工程肢解发包。

2）建设单位应当依法对工程建设项目的勘察、设计、施工、监理以及与工程建设有关的重要设备、材料等的采购进行招标。

3）建设单位必须向有关的勘察、设计、施工、工程监理等单位提供与建设工程有关的原始资料。原始资料必须真实、准确、齐全。

4）建设工程发包单位不得迫使承包方以低于成本的价格竞标，不得任意压缩合理工期；不得明示或者暗示设计单位或者施工单位违反工程建设强制性标准，降低建设工程质量。

5）建设单位应当将施工图设计文件上报县级以上人民政府建设行政主管部门或者其他有关部门审查。施工图设计文件未经审查批准的，不得使用。

6）实行监理的建设工程，建设单位应当委托具有相应资质等级的工程监理单位进行监理。

7）建设单位在领取施工许可证或者开工报告前，应当按照国家有关规定办理工程质量监督手续。

8）按照合同约定，由建设单位采购建筑材料、建筑构配件和设备的，建设单位应当保证建筑材料、建筑构配件和设备符合设计文件和合同要求。建设单位不得明示或者暗示施工单位使用不合格的建筑材料、建筑构配件和设备。

9）涉及建筑主体和承重结构变动的装修工程，建设单位应当在施工前委托原设计单位或者具有相应资质等级的设计单位提出设计方案；没有设计方案的，不得施工。房屋建筑使用者在装修过程中，不得擅自变动房屋建筑主体和承重结构。

10）建设单位收到建设工程竣工报告后，应当组织设计、施工、工程监理等有关单位进行竣工验收。建设工程经验收合格的，方可交付使用。

11）建设单位应当严格按照国家有关档案管理的规定，及时收集、整理建设项目各环节的文件资料，建立、健全建设项目档案，并在建设工程竣工验收后，及时向建设行政主管部门或者其他有关部门移交建设项目档案。

2. 勘察、设计单位的质量责任和义务

1）从事建设工程勘察、设计的单位应当依法取得相应等级的资质证书，在其资质等级许可的范围内承揽工程，并不得转包或者违法分包所承揽的工程。

2）勘察、设计单位必须按照工程建设强制性标准进行勘察、设计，并对其勘察、设计的质量负责。注册建筑师、注册结构工程师等注册执业人员应当在设计文件上签字，对设计文件负责。

3) 勘察单位提供的地质、测量、水文等勘察成果必须真实、准确。

4) 设计单位应当根据勘察成果文件进行建设工程设计。设计文件应当符合国家规定的设计深度要求,注明工程合理使用年限。

5) 设计单位在设计文件中选用的建筑材料、建筑构配件和设备,应当注明规格、型号、性能等技术指标,其质量要求必须符合国家规定的标准。除有特殊要求的建筑材料、专用设备、工艺生产线等外,设计单位不得指定生产、供应商。

6) 设计单位应当就审查合格的施工图设计文件向施工单位做出详细说明。

7) 设计单位应当参与建设工程质量事故分析,并对因设计造成的质量事故,提出相应的技术处理方案。

3. 施工单位的质量责任和义务

1) 施工单位应当依法取得相应等级的资质证书,在其资质等级许可的范围内承揽工程,并不得转包或者违法分包工程。

2) 施工单位对建设工程的施工质量负责。施工单位应当建立质量责任制,确定工程项目的项目经理、技术负责人和施工管理负责人。建设工程实行总承包的,总承包单位应当对全部建设工程质量负责;建设工程勘察、设计、施工、设备采购的一项或者多项实行总承包的,总承包单位应当对其承包的建设工程或者采购的设备的质量负责。

3) 总承包单位依法将建设工程分包给其他单位的,分包单位应当按照分包合同的约定对其分包工程的质量向总承包单位负责,总承包单位与分包单位对分包工程的质量承担连带责任。

4) 施工单位必须按照工程设计图和施工技术标准施工,不得擅自修改工程设计,不得偷工减料。施工单位在施工过程中发现设计文件和图样有差错的,应当及时提出意见和建议。

5) 施工单位必须按照工程设计要求、施工技术标准和合同约定,对建筑材料、建筑构配件、设备和商品混凝土进行检验,检验应当有书面记录和专人签字;未经检验或者检验不合格的,不得使用。

6) 施工单位必须建立、健全施工质量的检验制度,严格工序管理,做好隐蔽工程的质量检查和记录。隐蔽工程在隐蔽前,施工单位应当通知建设单位和建设工程质量监督机构。

7) 施工人员对涉及结构安全的试块、试件及有关材料,应当在建设单位或者工程监理单位监督下现场取样,并送具有相应资质等级的质量检测单位进行检测。

8) 施工单位对施工中出现质量问题的建设工程或者竣工验收不合格的建设工程,应当负责返修。

9) 施工单位应当建立、健全教育培训制度,加强对职工的教育培训;未经教育培训或者考核不合格的人员,不得上岗作业。

4. 工程监理单位的质量责任和义务

1) 工程监理单位应当依法取得相应等级的资质证书,在其资质等级许可的范围内承担工程监理业务,并不得转让工程监理业务。

2) 工程监理单位与被监理工程的施工承包单位以及建筑材料、建筑构配件和设备供应单位有隶属关系或者其他利害关系的,不得承担该项建设工程的监理业务。

3) 工程监理单位应当依照法律、法规以及有关技术标准、设计文件和建设工程承包合同，代表建设单位对施工质量实施监理，并对施工质量承担监理责任。

4）工程监理单位应当选派具备相应资格的总监理工程师和监理工程师进驻施工现场。未经监理工程师签字，建筑材料、建筑构配件和设备不得在工程上使用或者安装，施工单位不得进行下一道工序的施工。未经总监理工程师签字，建设单位不拨付工程款，不进行竣工验收。

5）监理工程师应当按照工程监理规范的要求，采取旁站、巡视和平行检验等形式，对建设工程实施监理。

为贯彻《建设工程质量管理条例》，提高质量责任意识，强化质量责任追究，保证工程建设质量，中华人民共和国住房和城乡建设部制定了《建筑工程五方责任主体项目负责人质量终身责任追究暂行办法》建质〔2014〕124号，该办法规定：

建筑工程五方责任主体项目负责人是指承担建筑工程项目建设的建设单位项目负责人、勘察单位项目负责人、设计单位项目负责人、施工单位项目经理、监理单位总监理工程师。

建筑工程五方责任主体项目负责人质量终身责任，是指参与新建、扩建、改建的建筑工程项目负责人按照国家法律法规和有关规定，在工程设计使用年限内对工程质量承担相应责任。

符合下列情形之一的，县级以上地方人民政府住房和城乡建设主管部门应当依法追究项目负责人的质量终身责任：

1）发生工程质量事故。

2）发生投诉、举报、群体性事件、媒体报道并造成恶劣社会影响的严重工程质量问题。

3）由于勘察、设计或施工原因造成尚在设计使用年限内的建筑工程不能正常使用。

4）存在其他需追究责任的违法违规行为。

工程质量终身责任实行书面承诺和竣工后永久性标牌等制度。

思 考 题

1. 简述质量管理的概念、工程项目质量管理的概念。
2. 影响工程项目质量控制的因素有哪些？
3. 施工图会审一般包括哪些内容？
4. 施工工序质量控制的要点有哪些？
5. PDCA循环是指什么？

习 题

一、单选题

1. 施工阶段质量控制的重点是（　　）。
   A. 工序的质量控制　　　　　　B. 人的控制
   C. 材料设备的控制　　　　　　D. 施工机械设备的控制
2. 工程项目的质量终检存在一定的局限性，因此施工质量控制应重视（　　）。
   A. 竣工预验收　　　　　　　　B. 竣工验收
   C. 过程控制　　　　　　　　　D. 事后控制
3. 施工质量控制的基本出发点是控制（　　）的因素。

A. 人　　　　　　B. 材料　　　　　C. 机械设备　　　　D. 施工方法

4. 工程项目质量管理的 PDCA 循环是（　　）。
　　A. 计划、检查、实施、处理　　　B. 计划、实施、检查、处理
　　C. 实施、计划、检查、处理　　　D. 检查、计划、实施、处理

5. 对进入施工现场的钢筋取样后进行力学性能检测，属于施工质量控制方法中的（　　）。
　　A. 目测法　　　B. 实测法　　　C. 试验法　　　D. 无损检验法

6. 某施工单位承建某建设工程项目，该项目建设工期很紧，为了保证工程建设的顺利进行，建设单位向施工单位及时提供了原始基准点、基准线和标高等测量控制点等资料。施工单位应（　　）。
　　A. 按照建设单位提供的资料及时开始施工
　　B. 首先进行复核，然后将复测结果报监理单位审核
　　C. 首先进行复核，然后将复测结果报设计单位审核
　　D. 首先进行复核，然后将复测结果报勘察单位审核

7. 根据 GB 50300—2013《建筑工程施工质量验收统一标准》，对涉及结构安全、使用功能的重要分部工程应进行（　　）。
　　A. 化学成分测定　　　　　　B. 抽样检测
　　C. 破坏性试验　　　　　　　D. 观感质量检测

8. 根据 GB/T 19000—2016《质量管理体系　基础和术语》，建设工程质量控制的定义是（　　）。
　　A. 参与工程建设者为了保证工程项目质量所从事工作的水平和完善程度
　　B. 对建筑产品具备的满足规定要求能力的程度所做的有系统的检查
　　C. 工程项目质量管理的一部分，致力于满足质量要求的一系列相关活动
　　D. 为达到工程项目质量要求所采取的作业技术和活动

9. 在工程勘察设计、招标采购、施工安装、竣工验收等各个阶段，建设工程项目参与各方的质量控制，均应围绕致力于满足（　　）的质量总目标而展开。
　　A. 法律法规　　　　　　　　B. 业主要求
　　C. 工程建设标准　　　　　　D. 设计文件

10. 在建设工程项目质量的形成过程中，应在建设项目的（　　）阶段完成质量需求的识别。
　　A. 设计　　　　B. 竣工验收　　　C. 决策　　　D. 施工

二、多选题

1. 在施工准备的质量控制中，属于技术准备控制工作内容的有（　　）。
　　A. 做好设计交底和施工图会审　　B. 对建设地点自然条件进行调查分析
　　C. 制订施工质量控制计划　　　　D. 做好工程定位和标高基准的控制工作
　　E. 设置质量控制点

2. 下列各项中，属于质量管理体系八项原则的有（　　）。
　　A. 以顾客为关注焦点　　B. 员工作用　　　C. 全员参与
　　D. 过程方法　　　　　　E. 与需方互利的关系

3. 施工成品保护的措施一般包括（　　）。
　　A. 遮挡　　　　　　　B. 覆盖　　　　　C. 包裹
　　D. 封闭　　　　　　　E. 防护

4. 在施工现场质量检查中，通常采用实测法进行检查的内容有（　　）。
　　A. 喷涂的密实度和颜色是否良好　　B. 墙面抹灰是否有空鼓现象
　　C. 构件截面尺寸的检查　　　　　　D. 阴阳角方正
　　E. 砌体的垂直度检查

5. 对施工生产要素的质量控制包括（　　）。

A. 人的控制 B. 材料的控制
C. 机械设备的控制 D. 施工方法的控制
E. 环境的控制

6. 工程竣工验收报告主要包括（　　）。
   A. 工程概况
   B. 对工程勘察、设计、施工、监理等方面的评价
   C. 工程竣工验收时间、程序、内容和组织形式
   D. 工程成本控制情况
   E. 工程竣工验收意见等内容

7. 在试验法进行质量检查中，需要进行现场试验的有（　　）。
   A. 桩的静载试验 B. 下水管道的通水试验
   C. 防水层的蓄水试验 D. 混凝土试块强度试验
   E. 供热管道的压力试验

8. 建设工程施工质量的事后控制是指（　　）。
   A. 质量活动结果的评价和认定 B. 质量活动的检查和监控
   C. 质量活动的行为约束 D. 质量偏差的纠正
   E. 已完施工的成品保护

9. 建设工程项目施工质量控制的监控主体包括（　　）。
   A. 施工各参与方 B. 设计方 C. 业主方
   D. 监理方 E. 供货方

10. 下列施工现场质量检查的内容中，属于"三检"制度范围的有（　　）。
    A. 自检自查 B. 巡视检查 C. 互检互查
    D. 平行检查 E. 专职管理人员的质量检查

第 6 章

工程项目成本管理

▍学习目标

　　了解工程项目成本管理在工程项目生命周期内占有十分重要的地位；掌握工程项目成本管理（包括成本计划、成本控制以及成本核算、分析与考核等）的具体内容；了解施工项目成本计划的编制方法；掌握通过采用各种纠偏措施和修订原有项目预算的方法，将整个项目的实际成本控制在一个合理的水平；熟悉工程项目成本核算的含义和程序；了解成本分析是对施工项目成本进行的对比评价和总结工作以及成本考核的概念。

6.1 工程项目成本概述

6.1.1 成本

1. 成本的含义

　　狭义的成本是指企业为了生产产品或提供劳务而发生的各种耗费；广义的成本是指为过程增值或结果有效已付出或应付出的资源代价。资源代价是一个综合的概念，一般包括人力、物力、财力和信息等资源。

　　关于成本的定义主要有以下几种：

　　1) 成本是生产和销售一定种类与数量的产品已耗费的资源用货币计量的经济价值。企业进行产品生产需要消耗生产资料和劳动力，这些消耗在成本中用货币计量，就表现为材料费用、折旧费用、工资费用等。企业的经营活动不仅包括生产，也包括销售活动，因此在销售活动中所发生的费用应计入成本。同时，管理生产所发生的费用也应计入成本。

　　2) 成本是为取得物质资源所需付出的经济价值。企业为进行生产经营活动，购置各种生产资料或采购商品，而支付的价款和费用，就是购置成本或采购成本。随着生产经营活动的不断进行，这些成本就转化为生产成本和销售成本。

　　3) 成本是为达到一定目的而付出或应付出资源的价值牺牲，它可用货币单位加以计量。

　　4) 成本是为达到一种目的而放弃另一种目的所牺牲的经济价值。

　　工程项目关于价值消耗方面的术语较多，从不同的角度来看有不同的名称，且常常有不同的含义。例如，企业较为关注投资，通常将成本称为"投资"；而承包商则关注实施与完成项目所需的各种资源的货币量，常使用"成本"。

2. 成本的构成

成本的构成内容要服从管理的需要,并且随着管理的发展而发展。成本的构成内容主要包括如下几个:材料费用、外购动力费用、工资费用、折旧及其他费用、辅助生产费用、制造费用、生产损失等。

在实际工作中,为了促使企业厉行节约、减少损失,加强企业的经济责任,将一些不形成产品价值的损失性支出(如工业企业里的废品损失、停工损失等),也列入产品成本之中。此外,将某些应从为社会创造的价值中进行分配的部分(如财产的保险费用等)也列入产品成本。

6.1.2 项目成本

项目成本是指项目形成全过程所耗用的各种费用的总和,是项目从启动、计划、实施、控制,直到项目交付收尾的整个过程中所有的费用支出。

1. 项目成本构成

1)项目定义与决策成本。项目定义与决策是项目形成的第二阶段,该阶段工作质量的优劣,将会对项目建设和建成后的经济效益与社会效益产生重要影响。为了对项目进行科学的定义和决策,这一阶段要进行翔实的调查研究,搜集和掌握第一手信息资料,进行项目的可行性研究,做出最终决策。在此过程中耗费的人力、物力资源及资金构成了项目的定义与决策成本。

2)项目设计成本。无论是工程建设项目、新产品开发项目,还是科学研究项目,任何一个项目都要开展项目设计工作。同样,这些设计工作要发生费用,这些费用是项目成本的重要组成部分,这部分费用被称为项目设计费用。

3)项目获取成本。项目为获得各种所需资源需要开展一系列的询价、选择供应商、广告、承发包、招标等工作,在这些过程中发生的费用称为项目的获取成本。

4)项目实施成本。在项目实施过程中,为完成项目可交付成果所耗用的各项资源所构成的费用称为项目实施成本。包括人工成本(各种劳力的成本)、物料成本(消耗和占用的物料资源费用)、顾问费用(各种咨询和专家服务费用)、设备费用(折旧、租赁费用等)、不可预见费用(为预防项目变更的管理储备)和其他费用(如保险、分包商的法定利润等)。

项目的实施成本是项目总成本的主要组成部分,虽然决策质量、设计结果都将直接影响施工成本,但在正确的决策和勘察设计条件下,在项目总成本中,实施成本一般占总成本的90%以上。因此,项目成本管理在某种程度上可以说是实施成本的管理。

2. 施工项目成本管理的概念和内容

施工项目成本管理是施工企业在项目施工过程中,对所发生的成本支出,系统地进行计划、控制、核算、分析、考核等一系列工作的总称。施工项目成本管理可以促进企业改善经营管理水平,合理补偿施工耗费,保证企业再生产的顺利进行。

施工项目成本管理的具体工作内容包括成本计划、成本控制、成本核算、成本分析和成本考核等。施工项目成本管理系统中每一个环节都是相互联系和相互作用的:成本计划是成本决策目标的具体化;成本控制是成本计划实施的监督;成本分析和成本核算又是成本计划是否实现的最后检验,它所提供的成本信息对下一个施工项目成本预测和决策提供基础资料;成本考核是实现成本目标责任制的保证和实现决策目标的重要手段。

3. 施工项目成本的影响因素

影响施工项目成本的因素很多,主要有以下几个:

(1) 质量　质量总成本由质量故障成本和质量保证成本组成。质量越低,引起的质量不合格损失越大,即故障成本越高;反之,则故障成本越低。质量保证成本是指为保证和提高质量而采取相关的保证措施而耗用的开支,如购置设备改善检测手段等。这类开支越大,质量保证程度越可靠;反之,质量就越低。

(2) 工期　每个项目都有一种最佳施工时间,如果工期紧,需要加大施工力量的投放,采用一定的赶工措施,如加班、高价进料、高价雇佣劳务和租用设备,势必加大工程成本,进度安排少于必要工期则成本将明显增加。反过来,进度安排时间长于最佳安排时,成本也要增加。这种最佳工期是在最低成本下持续工作的时间,在计算最低成本时,一定要确定实际的持续时间分布状态和最接近的可以实现的最低成本。这一点如不限定,成本就会随着工期变动而增加。

(3) 价格　在设计阶段,价格对成本的影响主要反映在施工图预算方面,而预算取决于设计方案的价格,价格直接影响工程造价。因此,在做施工图预算时,应做好价格预测,特别应注意准确估计通货膨胀导致的建材、设备及人工费的价格上涨率,以便较准确地把握成本水平。

(4) 管理水平　管理水平的高低对成本的影响是显著的,例如,对预算成本估算偏低;征地费用或拆迁费用大大超出计划而影响成本;由于资金供应紧张或材料、设备供应发生问题,从而影响工程进度,延长工期,造成建设成本增加;甲方决策失误造成的损失;更改设计可能增加或减少成本开支,但又往往会影响施工进度,给成本控制带来不利影响。

6.2　工程项目成本计划

6.2.1　工程项目成本计划的类型

对于一个施工项目而言,其成本计划是一个不断深化的过程,在这一过程的不同阶段会形成深度和作用不同的成本计划。按成本计划的作用可分为以下三类:

1. 竞争性成本计划

竞争性成本计划是工程项目投标及签订合同阶段的估算成本计划。这类成本计划是以招标文件中的合同条件、投标者须知、技术规程、设计图或工程量清单等为依据,以有关价格条件说明为基础,结合调研和现场考察获得的情况,根据本企业的工料消耗标准、技术和管理水平、价格资料和费用指标,对本企业完成招标工程所需要支出的全部费用的估算。在投标报价过程中,它虽也着力考虑降低成本的途径和措施,但总体上较为粗略。

2. 指导性成本计划

指导性成本计划是选派项目经理阶段的预算成本计划,是项目经理的责任成本目标。它以合同标书为依据,按照企业的预算定额标准制订的设计预算成本计划,且一般情况下只是确定责任总成本指标。

3. 实施性成本计划

实施性成本计划是项目施工准备阶段的施工预算成本计划。它以项目实施方案为依据,落实项目经理责任目标为出发点，采用企业的施工定额通过施工预算的编制而形成的实施性施工成本计划。

施工预算不同于施工图预算，两者有以下区别：

1) 编制的依据不同。施工预算的编制以施工定额为主要依据，施工图预算的编制以预算定额为主要依据。施工定额比预算定额划分得更详细、更具体，并对其中所包括的内容如质量要求、施工方法以及所需劳动工日、材料品种、规格型号等均有较详细的规定或要求。

2) 适用的范围不同。施工预算是施工企业内部管理用的一种文件，与建设单位无直接关系；而施工图预算既适用于建设单位，又适用于施工单位。

3) 发挥的作用不同。施工预算是施工企业组织生产、编制施工计划、准备现场材料、签发任务书、考核工效、进行经济核算的依据，也是施工企业改善经营管理、降低生产成本和推行内部经营承包责任制的重要手段；而施工图预算则是投标报价的主要依据。

在编制实施性成本计划时要进行施工预算和施工图预算的对比分析，找出节约和超支的原因，以便提出解决问题的措施，防止工程成本的亏损，为降低工程成本提供依据。施工预算和施工图预算对比的方法有实物对比法和金额对比法。

1) 实物对比法。将施工预算和施工图预算计算出的人工、材料消耗量分别填入对比表进行对比分析，算出节约或超支的数量及百分比，并分析其原因。

2) 金额对比法。将施工预算和施工图预算计算出的人工费、材料费、机械费分别填入对比表进行对比分析，算出节约或超支的金额及百分比，并分析其原因。

施工预算和施工图预算对比的内容如下：

1) 人工量及人工费的对比分析。施工预算的人工数量及人工费与施工图预算对比，一般要低 6% 左右。是由于二者使用不同定额造成的。例如，砌砖墙项目中，砂子、标准砖和砂浆的场内水平运输距离，施工定额按 50m 考虑；而计价定额则包括了材料、半成品的超运距用工。同时，计价定额的人工消耗指标还考虑了在施工定额中未包括，而在一般正常施工条件下又不可避免发生的一些零星用工因素，如土建施工中各工种之间的工序搭接所需停歇的时间；因工程质量检查和隐蔽工程验收而影响工人操作的时间；施工中不可避免的其他少数零星用工等。所以，施工定额的用工量一般都比预算定额低。

2) 材料消耗量及材料费的对比分析。施工定额的材料损耗率一般都低于计价定额，同时，编制施工预算时还要考虑扣除技术措施的材料节约量。所以，施工预算的材料消耗量及材料费一般低于施工图预算。

有时，两种定额之间的水平由于不一致，个别项目也会出现施工预算的材料消耗量大于施工图预算的情况。不过，总的水平应是施工预算低于施工图预算。如果出现反常情况，则应进行分析研究，找出原因，采取措施，加以解决。

3) 施工机械费的对比分析。施工预算机械费，是根据施工组织设计或施工方案所规定的实际进场机械，按其种类、型号、台数、使用期限和台班单价计算的费用。而施工图预算的施工机械是计价定额综合确定的，与实际情况可能不一致。因此，施工机械部分只能采用两种预算的机械费进行对比分析。如果发生施工预算的机械费大量超支，而又无特殊原因时，则应考虑改变原施工方案，尽量做到不亏损而略有盈余。

4) 周转材料使用费的对比分析。周转材料主要是指脚手架和模板。施工预算的脚手架是根据施工方案确定的搭设方式和材料，施工图预算则综合了脚手架搭设方式，按不同结构和高度,以建筑面积为基数计算的;施工预算模板是按混凝土与模板的接触面积计算的,施工图预算的模板则按混凝土体积综合计算。因而,周转材料宜采用按其发生的费用进行对比分析。

以上三类成本计划互相衔接和不断深化,构成了整个工程施工成本的计划过程。其中,竞争性计划成本带有成本战略的性质,是项目投标阶段商务标书的基础,而有竞争力的商务标书又是以其先进合理的技术标书为支撑的。因此,它奠定了施工成本的基本框架和水平。指导性计划成本和实施性计划成本,都是战略性成本计划的进一步展开和深化,是对战略性成本计划的战术安排。此外,根据项目管理的需要,实施性成本计划又可按施工成本组成、子项目组成、工程进度分别进行编制。

6.2.2 成本计划编制方式

1. 按施工成本组成编制

施工成本可以分解为人工费、材料费、施工机械费、措施费和间接费,如图 6-1 所示。

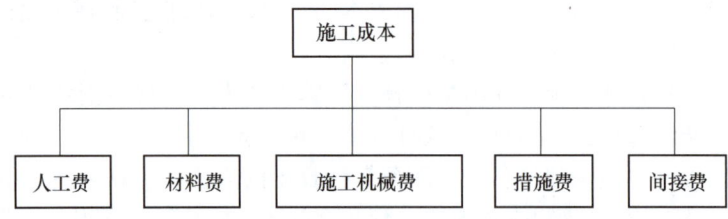

图 6-1 按施工成本组成编制计划

2. 按子项目组成编制

大中型的工程项目通常是由若干单项工程组成的,而每个单项工程包括多个单位工程,每个单位工程又由若干分部分项工程组成。首先把项目总施工成本分解到单项工程和单位工程中,再进一步分解到分部分项工程,如图 6-2 所示。

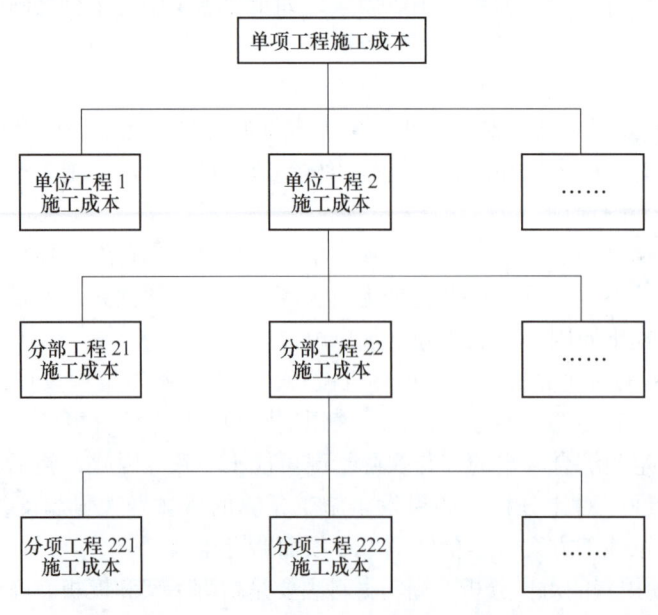

图 6-2 按子项目分解编制成本计划

3. 按工程进度编制

编制按时间进度的施工成本计划，通常可利用控制项目进度的网络图进一步扩充而得。在建立网络图时，一方面，确定完成各项工作所需花费的时间；另一方面，同时确定完成这一工作的合适的施工成本支出计划。在实践中，将工程项目分解为既能方便地表示时间，又能方便地表示施工成本支出计划的工作是不容易的。通常如果项目分解程度对时间控制合适的话，则对施工成本支出计划可能分解过细，以至于不可能对每项工作确定其施工成本支出计划，反之亦然。因此，在编制网络计划时，应在充分考虑进度控制对项目划分要求的同时，还要考虑确定施工成本支出计划对项目划分的要求，做到两者兼顾。

以上三种编制施工成本计划的方式并不是相互独立的。在实践中，往往是将这几种方法结合起来使用，从而可以取得扬长避短的效果。例如：将按子项目分解项目总施工成本与按施工成本构成分解项目总施工成本两种方式相结合，横向按施工成本构成分解，纵向按子项目分解，或相反。这种分解方式有助于检查各分部分项工程施工成本构成是否完整，有无重复计算或漏算；同时有助于检查各项具体的施工成本支出的对象是否明确或落实，并且可以从数字上校核分解的结果有无误差。或者还可将按子项目分解项目总施工成本计划与按时间分解项目总施工成本相结合，一般纵向按子项目分解，横向按时间分解。

6.3 工程项目成本控制

6.3.1 工程项目成本控制的概念及依据

工程项目成本控制的核心是对施工过程和成本计划进行实时监控，严格审查各项费用支出是否符合标准，计算实际成本和计划成本之间的差异并进行分析。施工项目成本控制的依据有工程承包合同、施工成本计划、进度报告、工程变更、施工组织设计等。

6.3.2 项目成本控制方法

1. 挣值法（赢得值法）

挣值法（Earned Value Management，EVM）是在工程项目实施中使用较多的一种方法，是对项目进度和费用进行综合控制的一种有效方法。挣值法可以对项目在任一时间的计划指标、完成状况和资源耗费进行综合度量，从而能准确描述项目的进展状态。此外，挣值法可以预测项目可能发生的工期滞后量和费用超支量，从而及时采取纠正措施，为项目管理和控制提供了有效手段。

（1）挣值法的三个基本参数

1）计划工作量的预算成本（Budgeted Cost for Work Scheduled，BCWS）。BCWS 是指在项目实施过程中某阶段计划要求完成的工作量所需的预算成本，主要反映进度计划应当完成的工作量（用成本表示）。计算公式为

$$BCWS = 计划工作量 \times 预算定额 \qquad (6-1)$$

BCWS 与时间相联系，当考虑资金累计曲线时，是项目预算 S 曲线上的某一点的值；当考虑某一项作业或某一时间段时，如某月份，则是该作业或该月份包含作业的预算成本。

2）已完工作量的实际成本（Actual Cost for Work Performed，ACWP）。ACWP 是指项目

实施过程中某阶段实际完成的工作量所消耗的成本。ACWP 主要反映项目执行的实际消耗指标。

3）已完工作量的预算成本（Budgeted Cost for Work Performed，BCWP）。BCWP 是指项目实施过程中某阶段按实际完成工作量及按预算定额计算的成本，即挣值。BCWP 的计算公式为

$$BCWP = 已完工作量 \times 预算定额 \tag{6-2}$$

（2）挣值法的评价指标

1）成本偏差（Cost Variance，CV）是指检查期间 BCWP 与 ACWP 之间的差值，计算公式为

$$CV = BCWP - ACWP \tag{6-3}$$

当 CV 为负值时，表示执行效果不佳，即实际消费成本超过预算值即超支；反之，当 CV 为正值时，表示实际消耗成本低于预算值，表示有节余或效率高；若 CV=0，表示项目按计划执行。

2）进度偏差（Schedule Variance，SV）是指检查日期 BCWP 与 BCWS 之间的差值，计算公式为

$$SV = BCWP - BCWS \tag{6-4}$$

当 SV 为正值时，表示进度提前；当 SV 为负值时，表示进度延误；若 SV=0，表明项目按计划执行。

3）成本绩效指数（Cost Performed Index，CPI）是指挣值与实际成本值之比，计算公式为

$$CPI = BCWP/ACWP \tag{6-5}$$

当 CPI>1 时，表示低于预算；当 CPI<1 时，表示超出预算；当 CPI=1 时，表示实际成本与预算成本吻合，项目成本按计划进行。

4）进度执行指标（Schedule Performed Index，SPI）是指项目挣值与计划值之比，计算公式为

$$SPI = BCWP/BCWS \tag{6-6}$$

当 SPI>1 时，表示进度提前；当 SPI<1 时，表示进度延误；当 SPI=1 时，表示实际进度等于计划进度。

（3）度量挣值的方法　尽管挣值法的计算关系相对简单，但准确度量作业的挣值并不容易，是成功应用挣值法的关键。这是因为，一方面，项目的作业内容是多种多样的，挣值的度量应根据作业的内容精心设计；另一方面，与项目相关的人员已习惯于通常的费用和日程度量概念及方法，改变人们的固有观念需要耐心地进行培训和讲解。下面是几种度量挣值的方法：

1）线性增长计量。费用按比例平均分配给整个工期，完成量的百分比记入挣值。

2）50-50 规则。作业开始计入 50% 的费用，作业结束计入剩余的 50%。该规则适用于具有多个子作业的情况。

3）工程量计量。例如：全部桩基 300 根，总造价 150 万元。每完成 1 根，挣值 0.5 万元。

4）节点计量。将工程分为多个进度节点并赋予挣值，每完成一个节点计入该节点挣

值。定制设备时可用此方法。

挣值评价曲线图如图 6-3 所示。

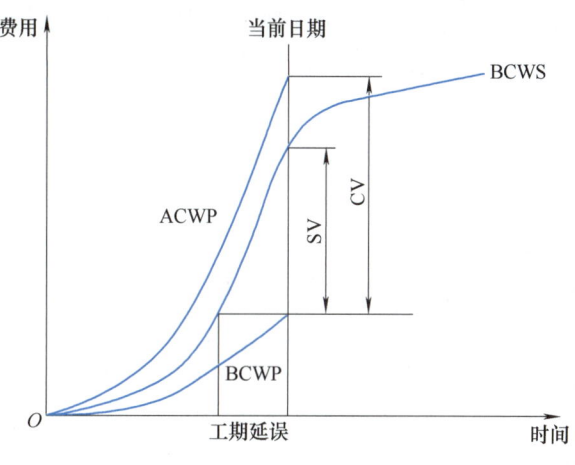

图 6-3　挣值评价曲线图

2. 成本分析表法

成本分析表法是利用表格的形式调查、分析、研究项目成本的一种方法。可利用的表格包括成本日报、周报、月报表、分析表和成本预测表等。成本分析表要简明、及时和正确。

月度成本分析表又分为直接成本分析表和间接成本分析表两种。

1）月度直接成本分析表主要反映分部分项工程实际完成的实物量和与成本相对应的情况，以及与预算成本和计划成本相对比的实际偏差和目标偏差，为分析偏差产生的原因和针对偏差采取相应的措施提供依据。

2）月度间接成本分析表主要反映间接成本的发生情况，以及与预算成本和计划成本相对比的偏差，为分析偏差产生的原因和针对偏差采取相应的措施提供依据。

3. 施工图预算控制法

在进行施工项目成本控制时，可按施工图预算，实行"以收定支"或者"量入为出"，这是最有效的方法之一，具体处理方法如下所述：

1）人工费的控制。假定人工费预算为 100 元/工日，则项目经理部在与施工队签订劳动合同的时候，应将人工费定价在 90 元/工日以下，其余部分留做日后作为额外人工费和关键工序奖励费。如此安排，既保证人工费不超支，又为关键工序人工费的增加留有储备。

2）材料费的控制。在采用"量价分离"的方法计算工程造价的条件下，水泥、钢材、木材等"三材"的价格随行就市，实行高进高出［地方材料的预算价格=基准价×(1+价差系数)］。在对材料成本进行控制的过程中，首先要以上述预算价格来控制地方材料的采购成本；至于材料消耗数量的控制，则应通过"限额领料单"落实。项目材料管理人员必须经常关注材料市场价格的变动，并积累系统翔实的市场信息。如遇材料价格大幅度上涨，可向"定额管理"部门反映，同时争取甲方按实补贴。因为材料市场价格变动频繁，往往会发生预算价格与市场价格严重背离，导致采购成本失去控制的情况。

3）机械使用费的控制。由于项目施工的特殊性，实际的机械利用率不可能达到预算定额的取定水平，再加上预算定额所设定的施工机械原值和折旧率又有较大的滞后性，使施工图预算的机械使用费往往小于实际发生的机械使用费，形成超支。由于上述原因，有些施工项目在取得甲方的谅解后，于工程合同中明确规定一定数额的机械费补贴。在这种情况下，就可以施工图预算的机械使用费和增加的机械费补贴来控制机械费支出。

4. 曲线法

曲线法是用施工成本累计曲线（S 形曲线）来进行施工成本偏差分析。如图 6-4a 所示，其中，曲线 a 表示施工成本实际值曲线，曲线 p 表示施工成本计划值曲线，两条线之间的竖向距离表示施工成本偏差。

在用曲线法进行施工成本偏差分析时，首先要确定施工成本计划值曲线。施工成本计划值曲线是与确定的进度计划联系在一起的。同时考虑实际进度的影响，应当引入 3 条施工成本参数曲线，即已完工程实际施工成本曲线 a、已完工程计划施工成本曲线 b 和拟完工程计划施工成本曲线 p，如图 6-4b 所示，曲线 a 与曲线 b 的竖向距离表示施工成本偏差，曲线 b 与曲线 p 的水平距离表示进度偏差。

用曲线法进行偏差分析具有形象、直观的特点，但这种方法很难直接用于定量分析，只能对定量分析起一定的指导作用。

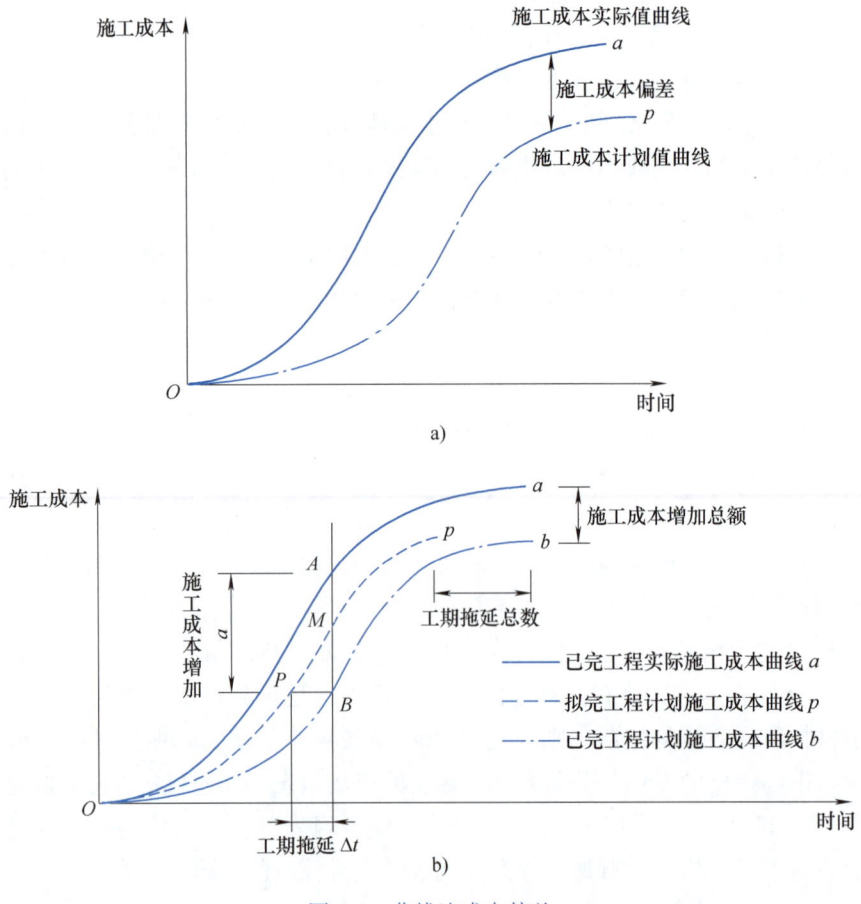

图 6-4 曲线法成本偏差

6.3.3 项目成本控制流程

1)确定工作范围,制订工作进度计划和成本预算。按预算成本确定初步的计划成本后,还必须按预算工程量、材料用量、机械设备需用量,和实际人工单价、材料采购价、机械设备使用及租赁单价等因素确定可能支出的计划成本。

2)实施跟踪检查,将实际情况与计划进行对比分析,做出趋势预测,提出费用进展报告及发展趋势报告。

3)根据费用进展报告和发展趋势报告,制订纠偏决策。

4)实施成本控制,包括制度控制、定额或指标控制、合同控制等。

5)组织成本分析,进行下一阶段的预测分析。项目部每月进行成本分析,形成成本分析报告;定期或不定期召开项目成本分析会,总结成本管理经验,吸取成本超支的教训,为下月成本控制提供对策。

6)采取相应措施。根据预测分析的结果,提出相应的解决方案,以保证项目成本按计划进行,不至于偏离太远。

7)项目竣工时进行成本核算。项目竣工时,可最终确定工程结算收入与各成本项目的支出数额,项目部应整理汇总有关的成本核算资料报公司审核。根据公司的审核意见及项目部与各部门、各有关人员签订的成本承包合同,项目部对责任人予以奖罚。如果成本核算和信息反馈及时,在工程施工过程中,分次进行成本考核并兑现奖罚,效果会更好。

6.4 工程项目成本核算、分析与考核

6.4.1 工程项目成本核算

1. 工程项目成本核算的含义

核算意为查对与确定,施工项目成本核算包括两层含义:一是按照规定的成本开支范围对施工费用进行归集,确定施工费用的实际发生额,即按照成本项目归集企业在施工生产经营过程中所发生的应计入成本核算对象的各项费用;二是根据成本核算对象,采用适当的方法,计算出该施工项目的总成本和单位成本。施工项目成本核算所提供的各种成本信息,是成本分析和成本考核的依据。因此,加强施工项目成本核算工作,对降低施工项目成本、提高企业的经济效益有积极的作用。

2. 工程项目成本核算的对象

工程项目成本核算的对象是指施工企业在进行产品成本核算时,用来归集和分配建筑产品生产成本的工程对象。工程项目成本核算对象的确定方法主要有以下几种:以单项施工承包合同作为施工工程项目成本核算的对象;对合同分立以确定施工工程项目成本核算的对象;对合同合并以确定施工工程项目成本核算的对象。

3. 工程项目成本核算的基本要求

1)严格遵守国家规定的成本、费用开支范围。成本、费用开支范围是指国家对企业发生的各项支出,允许其在成本、费用中列支的范围。按照企业财务制度的规定,下列支出不得列入产品成本:

①资本性支出。例如:企业为购置和建造固定资产、无形资产和其他长期资产而发生的支出,这些支出效益涵盖若干个会计年度,在财务上不能一次列入产品成本,只能按期逐月摊入成本、费用。

②投资性支出。例如:施工企业对外投资的支出以及分配给投资者的利润支出。

③期间费用支出。例如:施工企业的管理费用和财务费用。这些费用与施工生产活动没有直接的联系,发生后直接计入当期损益。

④营业外支出。例如:施工企业固定资产盘亏;处置固定资产、无形资产的净损失;债务重组损失;计提的无形资产、固定资产及在建工程的减值准备;罚款支出;非常损失等。这些支出与施工企业施工生产经营活动没有直接关系,应冲减本年利润。

⑤在公积金、公益金中开支的支出。

⑥其他不应列入产品成本的支出。例如:施工企业被没收的财物,支付的滞纳金、赔偿金,以及赞助、捐赠等支出。

2)加强成本核算的各项基础工作。施工成本核算基础工作主要包括:建立健全原始记录制度,建立健全各项财产物资的收发、领退、清查和盘点制度,制定或修订企业定额,划清有关费用开支的界限。

3)加强费用开支的审核和控制。施工企业要由专人负责,依据有关法律法规及企业内部的定额标准等,对施工生产经营过程中发生的各项耗费进行及时的审核和控制,以监督检查各项费用是否应该开支,是否应该计入施工成本或期间费用,以节约消耗,降低费用,确保成本目标的实现。

4)建立工程项目台账。由于施工项目具有规模大、工期长等特点,工程施工有关总账、明细账无法反映各工程项目的综合信息,为了对各工程项目的基本情况做到心中有数,便于及时向企业决策部门提供所需信息,同时为有关管理部门提供所需要的资料,施工企业还应按单项施工承包合同建立工程项目台账。

4. 工程项目成本核算的程序

工程项目成本核算的程序是指企业在具体组织工程成本核算时应遵循的步骤与顺序。按照核算内容的详细程度,工程项目成本核算的程序主要分为两大步骤:

1)工程项目成本的总分类核算。施工企业对施工过程中发生的各项工程项目成本,应先按其用途和发生的地点进行归集。其中直接费用可以直接计入受益的各个工程项目成本核算对象的成本中;间接费用则需要先按照发生地点进行归集,再按照一定的方法分配计入受益的各个工程项目成本核算对象的成本中,并在此基础上,计算当期已完工程或已竣工工程的实际成本。

2)工程项目成本的明细分类核算。为了详细地反映工程项目成本在各个成本核算对象之间进行分配和汇总的情况,以便计算各项工程的实际成本,施工企业除了进行工程项目成本的总分类核算以外,还应设置各种施工生产费用明细账,组织工程成本的明细分类核算。施工企业一般应按工程项目成本核算对象设置工程成本明细账,用来归集各项工程所发生的施工费用。此外,还应按部门以及成本核算对象或费用项目分别设置辅助生产明细账、机械作业明细账、待摊费用明细账、预提费用明细账和间接费用明细账等,以便于归集和分配各项施工生产费用。

6.4.2 施工成本分析

施工成本分析是在成本形成的过程中，对施工项目成本进行的对比评价和总结工作。主要利用施工项目的成本核算资料，与计划成本、预算成本以及类似项目的实际成本等进行比较，了解成本的变动情况，分析主要技术经济指标对成本的影响，系统地研究成本变动的因素，检查成本计划的合理性，深入揭示成本变动的规律，寻找降低施工项目成本的途径，以便有效地进行成本控制。

1. 施工成本分析的依据

施工成本分析主要是根据会计核算、业务核算和统计核算提供的资料进行。

1）会计核算。会计核算主要是价值核算，会计是对一定单位的经济业务进行计量、记录、分析和检查，做出预测，实行监督，旨在实现最优经济效益的管理活动。它通过记账、填审凭证、成本计算和编制会计报表等方法，记录企业生产经营活动，并提出一些综合性经济指标，如企业资产、负债、所有者权益、营业收入、成本、利润等会计指标。由于会计核算记录具有连续性、系统性、综合性等特点，所以它是施工成本分析的重要依据。

2）业务核算。业务核算是各业务部门根据业务工作的需要而建立的核算制度，它包括原始记录和计算登记表，如工程进度登记、质量登记、工效登记、物资消耗记录、测试记录等。它的特点是对经济业务进行单项核算，只是记载单一的事项，最多略有整理或稍加归类，不求提供综合性指标。业务核算的范围比会计和统计核算要广，但核算范围不固定，方法也很灵活。业务核算的目的在于迅速取得资料，在经济活动中及时采取措施进行调整。

3）统计核算。统计核算是利用会计核算资料和业务核算资料，把企业生产经营活动客观现状的大量数据，按统计方法加以系统整理，表明其规律性。它的计量尺度比会计宽，可以用货币计算，也可以用实物或劳动量计量。它通过全面调查和抽样调查等特有的方法，不仅能提供绝对数指标，还能提供相对数和平均数指标，可以计算当前的实际水平，确定变动速度，可以预测发展的趋势。统计除了主要研究大量的经济现象以外，也很重视个别先进事例与典型事例的研究。

2. 施工成本分析的方法

1）比较法。比较法又称为指标对比分析法，是指通过技术经济指标的对比，检查目标的完成情况，分析产生差异的原因，进而挖掘内部潜力的方法。这种方法具有通俗易懂、简单易行、便于掌握的特点，因而得到了广泛的应用，但在应用时必须注意各技术经济指标的可比性。比较法的应用，通常有：实际指标与目标指标对比；本期实际指标与上期实际指标对比；与同行业平均水平、先进水平对比。

【例6-1】 某项目当年节约"三材"的目标为20万元，实际节约22万元，上年节约19万元，本企业先进水平节约23万元。试将当年实际数与当年目标数、上年实际数、企业先进水平对比。

解： 具体计算过程见表6-1，结果表明：本年实际数比本年目标数和上年实际数均有所增加，但是本企业比先进水平还少1万元，尚有潜力可挖。

表 6-1　成本分析比较表　　　　　　　　　　　　　　　　（单位：万元）

指标	本年目标数	上年实际数	企业先进水平	本年实际数	差异数		
					与目标比	与上年比	与先进比
"三材"节约额	20	19	23	22	+2	+3	-1

2）因素分析法。因素分析法又称为连锁置换法或连环代替法。这种方法可用来分析各种因素对成本的影响程度。在进行分析时，首先要假定众多因素中的一个因素发生了变化，而其他因素则不变，然后逐个替换，分别比较其计算结果，并确定各个因素的变化对成本的影响程度。因素分析法的计算步骤如下：

①确定分析对象，计算出实际数与目标数的差异。

②确定该指标是由哪几个因素组成的，并按其相互关系进行排序。排序规则是：先实物量，后价值量；先绝对值，后相对值。

③以目标数为基础，将各因素的目标数相乘，作为分析替代的基数。

④将各个因素的实际数按排列顺序进行替换计算，并将替换后的实际数保留下来。

⑤将每次替换计算所得的结果，与前一次的计算结果相比较，两者的差异即为该因素对成本的影响程度。

【例 6-2】 某基础结构混凝土工程，目标成本为 364000 元，实际成本为 383760 元，成本增加 19760 元，资料见表 6-2。用因素分析法分析成本增加的原因。

表 6-2　商品混凝土目标成本与实际成本对比表

项目	计划	实际	差额
产量/m³	500	520	+20
单价/(元/m³)	700	720	+20
损耗率（%）	4	2.5	-1.5
成本/元	364000	383760	+19760

解：

①分析对象是浇筑基础结构混凝土的成本，实际成本与目标成本的差额为 19760 元。该指标是由产量、单价、损耗率三个因素组成的，其排序见表 6-3。

②以目标数（500×700×1.04 元＝364000 元）为分析替代的基础。

第一次替代产量因素：以 520 替代 500，520×700×1.04 元＝378560 元。

第二次替代单价因素：以 720 替代 700，并保留上次替代后的值，520×720×1.04 元＝389376 元。

第三次替代损耗率因素：以 1.025 替代 1.04，并保留上两次替代后的值，520×720×1.025 元＝383760 元。

③计算差额。

第一次替代与目标数的差额＝378560 元-364000 元＝14560 元；

第二次替代与第一次替代的差额＝389376 元-378560 元＝10816 元；

第三次替代与第二次替代的差额＝383760 元-389376 元＝-5616 元。

④产量增加使成本增加了 14560 元，单价提高使成本增加了 10816 元，而损耗率下降使

成本减少了 5616 元。

⑤各因素的影响程度之和 = 14560 元 + 10816 元 - 5616 元 = 19760 元，与实际成本与目标成本的总差额相等。

为简便起见，可运用因素分析表来进行成本分析，其具体形式见表 6-3。

表 6-3 商品混凝土成本变动因素分析表

	连环替代计算	差异/元	因素分析
目标数	500×700×1.04		
第一次替代	520×700×1.04	14560	由于产量增加 20m³，成本增加 14560 元
第二次替代	520×720×1.04	10816	由于单价提高 20 元，成本增加 10816 元
第三次替代	520×720×1.025	-5616	由于损耗率下降 1.5%，成本减少 5616 元
合计		19760	

3）差额计算法。差额计算法是因素分析法的一种简化形式，它利用各个因素的目标值与实际值的差额来计算其对成本的影响程度。举例说明如下。

【例 6-3】 某施工项目某月的实际成本降低额比目标数提高了 2.4 万元，见表 6-4。试用差额计算法分析成本降低额超过目标数的原因，以及成本降低率对成本降低额的影响程度。

表 6-4 差额计算法分析表

项目	计划降低	实际降低	差异
预算成本/万元	300	320	+20
成本降低率（%）	4	4.5	+0.5
成本降低额/万元	12	14.4	+2.4

解： 成本增加对成本降低额的影响程度：(320-300)×4% 万元 = 0.8 万元。

成本降低率提高对成本降低额的影响程度：(4.5% -4%)×320 万元 = 1.6 万元。

以上合计：0.8 万元 + 1.6 万元 = 2.4 万元。其中成本降低率的提高是主要原因，根据有关资料可进一步分析成本降低率提高的原因。

4）比率法。比率法是指用两个以上指标的比例进行分析的方法。它的基本特点是：先把对比分析的数值变成相对数，再观察其相互之间的关系。常用的比率法有以下几种：

①相关比率法。相关比率法是指由于项目经济活动的各个方面是相互联系，相互依存，又相互影响的，因而可以将两个性质不同而又相关的指标加以对比，求出比率，并以此来考察经营成果的好坏。例如：产值和工资是两个不同的概念，但它们的关系又是投入与产出的关系。在一般情况下，都希望以最少的工资支出完成最大的产值。因此，用产值工资率指标来考核人工费的支出水平，就很能说明问题。

②构成比率法。构成比率法又称为比例分析法或结构对比分析法。通过构成比率，可以考察成本总量的构成情况及各成本项目占成本总量的比例，同时也可看出预算成本、实际成本和降低成本的比例关系，从而为寻求降低成本的途径指明方向。构成比率法样表见表 6-5。

表 6-5 构成比率法样表

成本项目	预算成本		实际成本		降低成本		
	金额	比例	金额	比例	金额	占本项（%）	占总量（%）
1. 人工费							
2. 材料费							
3. 机械使用费							
…							

③动态比率法。动态比率法就是将同类指标不同时期的数值进行对比，求出比率，以分析该项指标的发展方向和发展速度。动态比率的计算，通常采用基期指数和环比指数两种方法。动态比率法样表见表 6-6。

表 6-6 动态比率法样表

指标	第一季度	第二季度	第三季度	第四季度
降低成本/万元	45.60	47.80	52.50	64.30
基期指数（%），第一季度=100		104.82	115.13	141.01
环比指数（%），上一季度=100		104.82	109.83	122.48

6.4.3 工程项目成本考核

1. 工程项目成本考核的概念

所谓成本考核，就是指施工项目完成后，对施工项目成本形成中的各责任者，按施工项目成本目标责任制的有关规定，将成本的实际指标与计划指标进行对比和考核，评定施工项目成本计划的完成情况和各责任者的业绩，并以此给予相应的奖励和处罚。

施工项目成本考核的目的在于，贯彻落实责权利相结合的原则，促进成本管理工作的健康发展，更好地完成施工项目的成本目标。

2. 工程项目成本考核的内容

1）施工项目成本考核按时间可分为月度考核、阶段考核和竣工考核三种。

2）施工项目成本考核按考核对象可以分为两个层次：一是企业对项目经理的考核；二是项目经理对所属部门、施工队组的考核。

3. 工程项目成本考核的实施方法

1）施工项目的成本考核可采取评分制。

2）施工项目成本考核要与相关指标的完成情况相结合。

3）施工项目的成本考核应奖罚分明。

阅读材料

提高施工企业全员经济意识措施

工程项目成本管理对一个施工企业来说是一个永恒的话题。施工单位要提高市场竞争力最终要在项目施工中以尽量少的物化消耗和活劳动消耗来降低工程成本，把影响工程成本的各项耗费控制在计划范围内，必须加强成本管理。提高全员经济意识在项目部工程承包制中项目部要想做好成本管理工作，首先必须明确的一点是成本管理应该是全员管理。成本控制要做到全员参与，树立全员经济意识。而如何树立全员经济意识正是现在施工单位急需解决的一个问题。

在项目部工程承包制中提高全员经济意识应做到以下几点：

1) 由项目经理首先与上级领导签订责任书，明确自己在工程施工过程中遇到不同情况时所应承担的责任。在明确责任的同时要确定责任成本（责任成本是指按照责任者的可控程度所归集的应由责任者负责的成本），并进行相关的经济奖励与处罚。

2) 在项目部内部层层分解责任，层层分解责任成本，层层签订责任书。明确好项目部内各个成员的责任，谁负责、谁负担。提高项目部内成员的责任意识，可将责任书上墙，时刻提醒项目部内成员。

3) 在具体考核措施方面，可以在项目部内部成立一个考核小组，在每道工序完成后，根据项目部内成员责任成本完成情况，进行商议考核。在各自责任成本范围内予以考核，进行相关的经济奖励与处罚。运用"邯钢"经验，开展施工预算管理"邯钢"经验是邯钢人采用模拟市场的办法，模拟成本来控制成本的一套科学的、有效的管理经验，它是通过制定目标成本达到控制成本的有效方法。

项目经理部要对所承建段工程统一编制施工计划和方案，科学运筹，合理调配，避免浪费人力和物力，对全段工程的预期目标成本进行科学测定和划分，并对第一部分或每一段中的成本构成要素进行分析，找出可控成本、可调剂成本，进行重点控制。在人力上、机械上要做到科学摆布、避免浪费，探讨并采用先进的低成本的工艺流程和施工方法等来降低成本，实施成本控制。实践证明，运用"邯钢"经验，加强施工预算管理，制定目标成本，有条件地制定目标利润和盈亏保本点，这是进行成本控制的有效途径。严格管理，实施成本控制在施工中，以预算和目标成本作为工作目标，在保证施工质量的前提下，重点抓好落实工作。

1) 为实施有效的成本控制，在项目经理部建立"QC"小组，对成本支出构成比例大的和可控制成本进行重点分析，提出控制意见，制订对策措施。

2) 对重点材料采用竞标的办法，对能自定的材料、物资和大宗物品采用招标投标办法，在保证质量的前提下，降低采购成本，达到降耗的目的。

3) 科学施工，避免浪费。在铺油施工中，注重油石比，做到科学配料、科学拌油，不出废料与不合格产品，施工中讲求质量，避免问题和浪费的产生，客观来说，也达到降低成本的作用。

4) 控制非生产费用和综合支出，减少非生产支出，控制不合理综合费用的发生，对能克服和避免的费用严格控制，要从根本上杜绝。运用财务手段进行对比考核，监督指导目标成本运行情况。施工企业要对项目经理部进行财务服务，通过检查工作，考核目标成本的运行情况，查找不足，寻找差距，对存在的问题及时指导，提出改进措施和意见。可组织召集各类人员会议，研究目标成本的运行情况，及时查找问题，确定控制重点。同时对成本支出的单据的合法性、合理性进行检查，对不符合财务管理要求的要及时指出并纠正。工程完工结算时必须有工程任务单、工程验收结算单、协议或合同、发货票和付款凭证等。通过严格细密的财务核算手续，既满足了财务管理控制成本的作用，又对保证材料和工程质量起到了促进作用。实施单项工程项目决算制度，控制工程成本工程项目完工后，实施单项工程决算制度一直是一个很好的管理形式。

　　有效的成本控制方法，还是坚持执行单项工程开展单项工程财务决算审批办法。实施单项工程的项目经理部工程完工后，制订单项工程财务决算书，决算书的审批由项目施工企业的项目管理领导组织或该项目施工指挥部签批，施工企业按签批的单项工程财务决算书进行年度财务决算。开展内审工作，加强工程财务监督，控制成本就要发挥内部审计的职能作用。审计人员的超脱性、公正性决定了审计工作独立于管理工作之外的超脱监督，同时这种监督也是一种有效的管理形式，它不仅对工程项目成本支出进行监督，而且是对整个实施内部控制的各职能部门和人员的再监督。所以为保证工程项目的经济活动健康有序地进行和对其进行客观的评价和监督，就要求审计人员要照审计工作的要求，开展事前审计、事中审计和事后审计，对重大材料的采购重大费用的支出、大宗的资金支出、经济业务的合法性、合理性、有效性，原始单据是否合法有效，内控制度遵守等情况进行检查监督。对成本控制中出现的问题，及时与施工企业项目领导组织沟通，研究并采取措施，坚决予以纠正。

思 考 题

1. 简述施工成本管理的任务。
2. 工程项目成本计划的编制方式可以划分为哪几类？
3. 简述挣值法的三个基本参数。
4. 简述项目成本控制流程。
5. 施工成本分析因素分析法有哪些计算步骤？

习　题

　　某土方工程总挖方量为 $4000m^3$，预算单价为 45 元/m^3，该工程预算总费用为 18 万元。计划用 10d 完成，每天 $400m^3$。开工后第 7 天早晨，业主项目管理人员前去测量，取得两个数据：已完成挖方 $2000m^3$，支付给承包单位的工程进度款累计已达 12 万元。根据项目计划，开工后第 6 天结束时，承包单位应得到工程进度款累计额为 10.8 万元。计算费用偏差和进度偏差，再结合绩效指标分析工作是否按照计划进行。

第 7 章

工程项目招标投标管理

学习目标

了解建设工程招标投标制度的相关基础知识，招标投标主要形式和分类；掌握建设工程招标投标实施的范围和建设工程招标工作程序；掌握工程招标过程中的主要工作内容；掌握资格审查文件的步骤及方法，工程施工投标的步骤和方法；掌握投标报价的方法、投标文件的内容和编制程序。

7.1 概述

7.1.1 工程招标投标的概念、目的和原则

招标人是依照《中华人民共和国招标投标法》（2000年1月1日施行，2017年12月27日修正，以下简称《招标投标法》）规定提出招标项目、进行招标的法人或者其他组织。

投标人是响应招标、参加投标竞争的法人或者其他组织。

工程招标投标，是在市场经济条件下，国内外的工程承包市场上为买卖特殊商品而进行的由一系列特定环节组成的特殊交易活动，是在国家法律的保护和监督之下，双方同意的基础上的法人之间的经济活动。

工程招标投标的目的是将工程项目建设任务委托纳入市场管理，通过竞争择优选定项目的勘察、设计、设备安装、施工、装饰装修、材料设备供应、监理和工程总承包等单位，达到保证工程质量、缩短建设周期、控制工程造价、提高投资效益的目的。

工程项目招标投标应遵循以下原则：

1) 遵守国家的有关法律和法规的原则。
2) 鼓励竞争，防止垄断的原则。
3) 公开、公平、公正、诚实信用的原则。
4) 等价、有偿的原则。
5) 严格保守机密的原则。

工程项目招标是指业主（建设单位）为发包方，根据拟建工程的内容、工期、质量和投资额等技术经济要求，招请有资格和能力的企业或单位参加投标报价，从中择优选取承担可行性研究、方案论证、科学试验或勘察、设计、施工等任务的承包单位。

工程项目投标是指经审查获得投标资格的投标人，以同意发包方招标文件所提出的条件为前提，经过广泛的市场调查掌握一定的信息并结合自身情况（能力、经营目标等）以投标报价的竞争形式获取工程任务的过程。

根据国家颁布的有关法律和法规的要求，已将工程项目采用招标投标的方式选择实施单位作为建筑市场的一项管理制度广泛推行。招标投标制是实现项目法人责任制的重要保证之一。它的推行有利于促使工程建设按建设程序进行，保证建设的科学性、合理性；有利于保证工程质量，缩短工期，节约投资；有利于促进承包企业提高履约率，提高经营管理水平。

7.1.2 工程项目招标的分类

按行业分类：勘察设计招标、设备安装招标、土建施工招标、建筑装饰招标、货物采购招标、工程咨询和建设监理招标。

按建设项目组成分类：建设项目招标、单项工程招标、单位工程招标、分部分项工程招标。

按工程发包范围分类：工程总承包招标、工程分包招标。

7.1.3 工程项目招标的主要形式

1. 公开招标和邀请招标

《招标投标法》规定，招标分为公开招标和邀请招标。

公开招标，是指招标人以招标公告的方式邀请不特定的法人或者其他组织投标。依法必须进行招标项目的招标公告，应当通过国家指定的报刊、信息网络或者其他媒介发布。《中华人民共和国招标投标法实施条例》（2012年2月1日施行，2017年3月1日修订，以下简称《招标投标法实施条例》）明确规定，国有资金占控股或者主导地位的依法必须进行招标的项目，应当公开招标。

邀请招标，是指招标人以投标邀请书的方式邀请特定的法人或者其他组织投标。《招标投标法》规定，招标人采用邀请招标方式的，应当向三个以上具备承担招标项目的能力、资信良好的特定法人或者其他组织发出投标邀请书。国务院发展计划部门确定的国家重点项目和省、自治区、直辖市人民政府确定的地方重点项目不适宜公开招标的，经国务院发展计划部门或者省、自治区、直辖市人民政府批准，可以进行邀请招标。

《招标投标法实施条例》进一步规定，国有资金占控股或者主导地位的依法必须进行招标的项目，应当公开招标；但有下列情形之一的，可以邀请招标：

1）技术复杂、有特殊要求或者受自然环境限制，只有少量潜在投标人可供选择。

2）采用公开招标方式的费用占项目合同金额的比例过大。

2. 总承包招标和两阶段招标

《招标投标法实施条例》规定，招标人可以依法对工程以及与工程建设有关的货物、服务全部或者部分实行总承包招标。以暂估价形式包括在总承包范围内的工程、货物、服务属于依法必须进行招标的项目范围且达到国家规定规模标准的，应当依法进行招标。

以上所称暂估价，是指总承包招标时不能确定价格而由招标人在招标文件中暂时估定的工程、货物、服务的金额。

对技术复杂或者无法精确拟订技术规格的项目，招标人可以分两阶段进行招标。第一阶段，投标人按照招标公告或者投标邀请书的要求提交不带报价的技术建议，招标人根据投标人提交的技术建议确定技术标准和要求，编制招标文件。第二阶段，招标人向在第一阶段提交技术建议的投标人提供招标文件，投标人按照招标文件的要求提交包括最终技术方案和投标报价的投标文件。招标人要求投标人提交投标保证金的，应当在第二阶段提出。

7.2 工程招标

7.2.1 工程必须招标的范围

《招标投标法》第三条规定，在中华人民共和国境内进行下列工程建设项目，包括项目的勘察、设计、施工、监理以及与工程建设有关的重要设备、材料等的采购，必须进行招标：

1）大型基础设施、公用事业等关系社会公共利益、公众安全的项目。
2）全部或者部分使用国有资金投资或者国家融资的项目。
3）使用国际组织或者外国政府贷款、援助资金的项目。

前款所列项目的具体范围和规模标准，由国务院发展计划部门会同国务院有关部门制订，报国务院批准。法律或者国务院对必须进行招标的其他项目的范围有规定的，依照其规定。

为明确必须招标的大型基础设施和公用事业项目范围，根据《招标投标法》和《必须招标的工程项目规定》，制定《必须招标的基础设施和公用事业项目范围规定》。该规定主要内容如下：

不属于《必须招标的工程项目规定》第二条、第三条规定情形的大型基础设施、公用事业等关系社会公共利益、公众安全的项目，必须招标的具体范围包括：

1）煤炭、石油、天然气、电力、新能源等能源基础设施项目。
2）铁路、公路、管道、水运，以及公共航空和 A1 级通用机场等交通运输基础设施项目。
3）电信枢纽、通信信息网络等通信基础设施项目。
4）防洪、灌溉、排涝、引（供）水等水利基础设施项目。
5）城市轨道交通等城建项目。

7.2.2 工程必须招标的规模标准

为了确定必须招标的工程项目，规范招标投标活动，提高工作效率，降低企业成本，预防腐败，根据《招标投标法》第三条的规定，制定《必须招标的工程项目规定》。

经国务院批准，《必须招标的工程项目规定》自 2018 年 6 月 1 日起施行。该规定施行之日，2000 年 4 月 4 日国务院批准、2000 年 5 月 1 日原国家发展计划委员会发布的《工程建设项目招标范围和规模标准规定》同时废止。《必须招标的工程项目规定》主要内容如下：

1）全部或者部分使用国有资金投资或者国家融资的项目包括：

①使用预算资金 200 万元人民币以上，并且该资金占投资额 10%以上的项目。

②使用国有企业事业单位资金，并且该资金占控股或者主导地位的项目。

2）使用国际组织或者外国政府贷款、援助资金的项目包括：

①使用世界银行、亚洲开发银行等国际组织贷款、援助资金的项目。

②使用外国政府及其机构贷款、援助资金的项目。

3）不属于本规定第 1）条、第 2）条规定情形的大型基础设施、公用事业等关系社会公共利益、公众安全的项目，必须招标的具体范围由国务院发展改革部门会同国务院有关部门按照确有必要、严格限定的原则制订，报国务院批准。

4）必须招标的规模范围内的各类工程建设项目，包括项目的勘察、设计、施工、监理以及与工程建设有关的重要设备、材料等的采购，达到下列标准之一的，必须进行招标：

①施工单项合同估算价在 400 万元人民币以上的。

②重要设备、材料等货物的采购，单项合同估算价在 200 万元人民币以上的。

③勘察、设计、监理等服务的采购，单项合同估算价在 100 万元人民币以上的。

④同一项目中可以合并进行的勘察、设计、施工、监理以及与工程建设有关的重要设备、材料等的采购，合同估算价合计达到前款规定标准的，必须招标。

7.2.3　可以不进行招标的建设工程项目

《招标投标法》规定，涉及国家安全、国家秘密、抢险救灾或者属于利用扶贫资金实行以工代赈、需要使用农民工等特殊情况，不适宜进行招标的项目，按照国家有关规定可以不进行招标。

《招标投标法实施条例》还规定，除《招标投标法》规定可以不进行招标的特殊情况外，有下列情形之一的，可以不进行招标：

1）需要采用不可替代的专利或者专有技术。

2）采购人依法能够自行建设、生产或者提供。

3）已通过招标方式选定的特许经营项目投资人依法能够自行建设、生产或者提供。

4）需要向原中标人采购主体加层工程、货物或者服务，否则将影响施工或者功能配套要求。

5）国家规定的其他特殊情形。

2014 年 8 月经修改后公布的《中华人民共和国政府采购法》（以下简称《政府采购法》）规定，政府采购工程进行招标投标的，适用《招标投标法》。2015 年 1 月颁布的《中华人民共和国政府采购法实施条例》进一步规定，政府采购工程依法不进行招标的，应当依照《政府采购法》和《政府采购法实施条例》规定的竞争性谈判或者单一来源采购方式采购。

2013年12月财政部颁发的《政府采购非招标采购方式管理办法》进一步规定，竞争性谈判是指谈判小组与符合资格条件的供应商就采购货物、工程和服务事宜进行谈判，供应商按照谈判文件的要求提交响应文件和最后报价，采购人从谈判小组提出的成交候选人中确定成交供应商的采购方式。单一来源采购是指采购人从某一特定供应商处采购货物、工程和服务的采购方式。

7.2.4 招标基本程序及开标、评标

1. 招标基本程序

《招标投标法》规定，招标投标活动应当遵循公开、公平、公正和诚实信用的原则。

建设工程招标的基本程序主要包括：履行项目审批手续、委托招标代理机构、编制招标文件及标底、发布招标公告或投标邀请书、资格审查、开标、评标、中标和签订合同，以及终止招标等。

（1）履行项目审批手续 《招标投标法》规定，招标项目按照国家有关规定需要履行项目审批手续的，应当先履行审批手续，取得批准。招标人应当有进行招标项目的相应资金或者资金来源已经落实，并应当在招标文件中如实载明。

《招标投标法实施条例》进一步规定，按照国家有关规定需要履行项目审批、核准手续的依法必须进行招标的项目，其招标范围、招标方式、招标组织形式应当报项目审批、核准部门审批、核准。项目审批、核准部门应当及时将审批、核准确定的招标范围、招标方式、招标组织形式通报有关行政监督部门。

（2）委托招标代理机构 《招标投标法》规定，招标人具有编制招标文件和组织评标能力的，可以自行办理招标事宜。任何单位和个人不得强制其委托招标代理机构办理招标事宜。依法必须进行招标的项目，招标人自行办理招标事宜的，应当向有关行政监督部门备案。

《招标投标法实施条例》进一步规定，招标人具有编制招标文件和组织评标能力，是指招标人具有与招标项目规模和复杂程度相适应的技术、经济等方面的专业人员。

招标代理机构是依法设立、从事招标代理业务并提供相关服务的社会中介组织。《招标投标法》规定，招标人有权自行选择招标代理机构，委托其办理招标事宜。招标代理机构应当具备下列条件：

1）有从事招标代理业务的营业场所和相应资金。

2）有能够编制招标文件和组织评标的相应专业力量。

招标代理机构与行政机关和其他国家机关不得存在隶属关系或者其他利益关系。

（3）编制招标文件及标底 《招标投标法》规定，招标人应当根据招标项目的特点和需要编制招标文件。招标文件应当包括招标项目的技术要求、对投标人资格审查的标准、投标报价要求和评标标准等所有实质性要求和条件以及拟签订合同的主要条款。国家对招标项目的技术、标准有规定的，招标人应当按照其规定在招标文件中提出相应要求。

招标文件不得要求或者标明特定的生产供应者以及含有倾向或者排斥潜在投标人的其他内容。招标人对已发出的招标文件进行必要的澄清或者修改的。应当在招标文件要求提交投

标文件截止时间至少15日前，以书面形式通知所有招标文件收受人。该澄清或者修改的内容为招标文件的组成部分。

招标人应当确定投标人编制投标文件所需要的合理时间；但是，依法必须进行招标的项目，自招标文件开始发出之日起至投标人提交投标文件截止之日止，最短不得少于20日。

《招标投标法实施条例》进一步规定，招标人可以对已发出的资格预审文件或者招标文件进行必要的澄清或者修改。澄清或者修改的内容可能影响资格预审申请文件或者投标文件编制的，招标人应当在提交资格预审申请文件截止时间至少3日前，或者投标截止时间至少15日前，以书面形式通知所有获取资格预审文件或者招标文件的潜在投标人；不足3日或者15日的，招标人应当顺延提交资格预审申请文件或者投标文件的截止时间。

招标人应当按照资格预审公告、招标公告或者投标邀请书规定的时间、地点发售资格预审文件或者招标文件。资格预审文件或者招标文件的发售期不得少于5日。

招标人发售资格预审文件、招标文件收取的费用应当限于补偿印刷、邮寄的成本支出，不得以营利为目的。

招标人对招标项目划分标段的，应当遵守《招标投标法》的有关规定，不得利用划分标段限制或者排斥潜在投标人。依法必须进行招标的项目的招标人不得利用划分标段规避招标。招标人应当在招标文件中载明投标有效期。投标有效期从提交投标文件的截止之日起算。

招标人在招标文件中要求投标人提交投标保证金的，投标保证金不得超过招标项目估算价的2%。投标保证金有效期应当与投标有效期一致。依法必须进行招标的项目的境内投标单位，以现金或者支票形式提交的投标保证金应当从其基本账户转出。

2013年经修改后发布的《工程建设项目施工招标投标办法》进一步规定，投标保证金不得超过项目估算价的2%，但最高不得超过80万元人民币。投标人应当按照招标文件要求的方式和金额，将投标保证金随投标文件提交给招标人或其委托的招标代理机构。投标保证金除现金外，可以是银行出具的银行保函、保兑支票、银行汇票或现金支票。

实行两阶段招标的，招标人要求投标人提交投标保证金的，应当在第二阶段提出。招标人终止招标，已经收取投标保证金的，招标人应当及时退还所收取的投标保证金及银行同期存款利息。投标人撤回已提交的投标文件，招标人已收取投标保证金的，应当自收到投标人书面撤回通知之日起5日内退还。投标截止后投标人撤销投标文件的，招标人可以不退还投标保证金。

招标人最迟应当在书面合同签订后5日内向中标人和未中标的投标人退还投标保证金及银行同期存款利息。

潜在投标人或者其他利害关系人对招标文件有异议的，应当在投标截止时间10日前提出。招标人应当自收到异议之日起3日内做出答复；做出答复前，应当暂停招标投标活动。招标人编制招标文件的内容违反法律、行政法规的强制性规定，违反公开、公平、公正和诚实信用原则，影响潜在投标人投标的，依法必须进行招标的项目的招标人应当在修改招标文件后重新招标。

招标人可以自行决定是否编制标底。一个招标项目只能有一个标底。标底必须保密。接受委托编制标底的中介机构不得参加受托编制标底项目的投标，也不得为该项目的投标人编制投标文件或者提供咨询。招标人设有最高投标限价的，应当在招标文件中明确最高投标限价或者最高投标限价的计算方法。招标人不得规定最低投标限价。

《建筑工程施工发包与承包计价管理办法》中规定，国有资金投资的建筑工程招标的，应当设有最高投标限价。招标人设有最高投标限价的，应当在招标时公布最高投标限价的总价，以及各单位工程的分部分项工程费、措施项目费、其他项目费和税金。

全部使用国有资金投资或者以国有资金投资为主的建筑工程，应当采用工程量清单计价；非国有资金投资的建筑工程，鼓励采用工程量清单计价。工程量清单应当依据国家制定的工程量清单计价规范、工程量计算规范等编制。工程量清单应当作为招标文件的组成部分。

（4）发布招标公告或投标邀请书 《招标投标法》规定，招标人采用公开招标方式的，应当发布招标公告。招标公告应当载明招标人的名称和地址，招标项目的性质、数量、实施地点和时间，以及获取招标文件的办法等事项。

招标人采用邀请招标方式的，应当向3个以上具备承担招标项目的能力、资信良好的特定的法人或者其他组织发出投标邀请书。投标邀请书也应当载明招标人的名称和地址，招标项目的性质、数量、实施地点和时间，以及获取招标文件的办法等事项。

招标人可以根据招标项目本身的要求，在招标公告或者投标邀请书中，要求潜在投标人提供有关资质证明文件和业绩情况，并对潜在投标人进行资格审查。招标人不得以不合理的条件限制或者排斥潜在投标人，不得对潜在投标人实行歧视待遇。

招标人不得向他人透露已获取招标文件的潜在投标人的名称、数量，以及可能影响公平竞争的有关招标投标的其他情况。招标人设有标底的，标底必须保密。招标人根据招标项目的具体情况，可以组织潜在投标人踏勘项目现场。

（5）资格审查 资格审查分为资格预审和资格后审。

《招标投标法实施条例》规定，招标人采用资格预审办法对潜在投标人进行资格审查的，应当发布资格预审公告，编制资格预审文件。招标人应当合理确定提交资格预审申请文件的时间。依法必须进行招标的项目提交资格预审申请文件的时间，自资格预审文件停止发售之日起不得少于5日。

资格预审应当按照资格预审文件载明的标准和方法进行。国有资金占控股或者主导地位的依法必须进行招标的项目，招标人应当组建资格审查委员会审查资格预审申请文件。资格审查委员会及其成员应当遵守《招标投标法》和《招标投标法实施条例》有关评标委员会及其成员的规定。资格预审结束后，招标人应当及时向资格预审申请人发出资格预审结果通知书。未通过资格预审的申请人不具有投标资格。通过资格预审的申请人少于3个的，应当重新招标。

潜在投标人或者其他利害关系人对资格预审文件有异议的，应当在提交资格预审申请文件截止时间2日前提出。招标人应当自收到异议之日起3日内做出答复；做出答复前，应当暂停招标投标活动。招标人编制资格预审文件的内容违反法律、行政法规的强制性规定，违反公开、公平、公正和诚实信用原则，影响资格预审结果的，依法必须进行招标的项目的招标人应当在修改资格预审文件后重新招标。

招标人采用资格后审办法对投标人进行资格审查的，应当在开标后由评标委员会按照招标文件规定的标准和方法对投标人的资格进行审查。

2. 开标、评标、中标和签订合同

《招标投标法》规定，开标应当在招标文件确定的提交投标文件截止时间的同一时间公开进行；开标地点应当为招标文件中预先确定的地点。

开标由招标人主持，邀请所有投标人参加。开标时，由投标人或者其推选的代表检查投标文件的密封情况，也可以由招标人委托的公证机构检查并公证；经确认无误后，由工作人员当众拆封，宣读投标人名称、投标价格和投标文件的其他主要内容。招标人在招标文件要求提交投标文件的截止时间前收到的所有投标文件，开标时都应当当众予以拆封、宣读。开标过程应当记录，并存档备查。

《招标投标法实施条例》进一步规定，招标人应当按照招标文件规定的时间、地点开标。投标人少于3个的，不得开标，招标人应当重新招标。投标人对开标有异议的，应当在开标现场提出，招标人应当当场做出答复，并制作记录。

《招标投标法》规定，评标由招标人依法组建的评标委员会负责。招标人应当采取必要的措施，保证评标在严格保密的情况下进行。任何单位和个人不得非法干预、影响评标的过程和结果。

依法必须进行招标的项目，其评标委员会由招标人的代表和有关技术、经济等方面的专家组成，成员人数为5人以上单数，其中技术、经济等方面的专家不得少于成员总数的2/3。与投标人有利害关系的人不得进入相关项目的评标委员会；已经进入的应当更换。评标委员会成员的名单在中标结果确定前应当保密。

评标委员会可以要求投标人对投标文件中含义不明确的内容做必要的澄清或者说明，但是澄清或者说明不得超出投标文件的范围或者改变投标文件的实质性内容。评标委员会应当按照招标文件确定的评标标准和方法，对投标文件进行评审和比较；设有标底的，应当参考标底。评标委员会完成评标后，应当向招标人提出书面评标报告，并推荐合格的中标候选人。评标委员会经评审，认为所有投标都不符合招标文件要求的，可以否决所有投标。依法必须进行招标的项目的所有投标被否决的，招标人应当依法重新招标。

《招标投标法实施条例》进一步规定，评标委员会成员应当依照《招标投标法》和《招标投标法实施条例》的规定，按照招标文件规定的评标标准和方法，客观、公正地对投标文件提出评审意见。招标文件没有规定的评标标准和方法不得作为评标的依据。评标委员会成员不得私下接触投标人，不得收受投标人给予的财物或者其他好处，不得向招标人征询确定中标人的意向，不得接受任何单位或者个人明示或者暗示提出的倾向或者排斥特定投标人的要求，不得有其他不客观、不公正履行职务的行为。

招标项目设有标底的，招标人应当在开标时公布。标底只能作为评标的参考，不得以投标报价是否接近标底作为中标条件，也不得以投标报价超过标底上下浮动范围作为否决投标的条件。有下列情形之一的，评标委员会应当否决其投标：

1) 投标文件未经投标单位盖章和单位负责人签字。
2) 投标联合体没有提交共同投标协议。
3) 投标人不符合国家或者招标文件规定的资格条件。
4) 同一投标人提交两个以上不同的投标文件或者投标报价，但招标文件要求提交备选投标的除外。

5）投标报价低于成本或者高于招标文件设定的最高投标限价。

6）投标文件没有对招标文件的实质性要求和条件做出响应。

7）投标人有串通投标、弄虚作假、行贿等违法行为。

投标文件中有含义不明确的内容、明显文字或者计算错误，评标委员会认为需要投标人做出必要澄清、说明的，应当书面通知该投标人。投标人的澄清、说明应当采用书面形式，并不得超出投标文件的范围或者改变投标文件的实质性内容。评标委员会不得暗示或者诱导投标人做出澄清、说明，不得接受投标人主动提出的澄清、说明。

评标完成后，评标委员会应当向招标人提交书面评标报告和中标候选人名单。中标候选人应当不超过3个，并标明排序。评标报告应当由评标委员会全体成员签字。对评标结果有不同意见的评标委员会成员应当以书面形式说明其不同意见和理由，评标报告应当注明该不同意见。评标委员会成员拒绝在评标报告上签字又不书面说明其不同意见和理由的，视为同意评标结果。

《招标投标法》规定，招标人根据评标委员会提出的书面评标报告和推荐的中标候选人确定中标人。招标人也可以授权评标委员会直接确定中标人。

招标人和中标人应当自中标通知书发出之日起30日内，按照招标文件和中标人的投标文件订立书面合同。招标人和中标人不得再行订立背离合同实质性内容的其他协议。

《招标投标法实施条例》进一步规定，招标人和中标人应当依照《招标投标法》和《招标投标法实施条例》的规定签订书面合同，合同的标的、价款、质量、履行期限等主要条款应当与招标文件和中标人的投标文件的内容一致。

《招标投标法实施条例》规定，招标人终止招标的，应当及时发布公告，或者以书面形式通知被邀请的或者已经获取资格预审文件、招标文件的潜在投标人。已经发售资格预审文件、招标文件或者已经收取投标保证金的，招标人应当及时退还所收取的资格预审文件、招标文件的费用，以及所收取的投标保证金及银行同期存款利息。

《招标投标法》规定，依法必须进行招标的项目，其招标投标活动不受地区或者部门的限制。任何单位和个人不得违法限制或者排斥本地区、本系统以外的法人或者其他组织参加投标，不得以任何方式非法干涉招标投标活动。

《招标投标法实施条例》进一步规定，招标人不得以不合理的条件限制、排斥潜在投标人或者投标人。招标人有下列行为之一的，属于以不合理条件限制、排斥潜在投标人或者投标人：

1）就同一招标项目向潜在投标人或者投标人提供有差别的项目信息。

2）设定的资格、技术、商务条件与招标项目的具体特点和实际需要不相适应或者与合同履行无关。

3）依法必须进行招标的项目以特定行政区域或者特定行业的业绩、奖项作为加分条件或者中标条件。

4）对潜在投标人或者投标人采取不同的资格审查或者评标标准。

5）限定或者指定特定的专利、商标、品牌、原产地或者供应商。

6）依法必须进行招标的项目非法限定潜在投标人或者投标人的所有制形式或者组织形式。

7）以其他不合理条件限制、排斥潜在投标人或者投标人。

招标人不得组织单个或者部分潜在投标人踏勘项目现场。

工程案例 7-1

1．背景

某工程项目，建设单位通过招标选择了一家具有相应资质的监理单位中标，并在中标通知书发出后与该监理单位签订了监理合同，后双方又签订了一份监理酬金比中标价降低8%的协议。在施工公开招标中，有A、B、C、D、E、F、G、H等施工企业报名投标，经资格预审均符合资格预审公告的要求，但建设单位以A施工企业是外地企业为由，坚持不同意其参加投标。

2．问题

1）建设单位与监理单位签订的监理合同有何违法行为，应当如何处罚？

2）外地施工企业是否有资格参加本工程项目的投标，建设单位的违法行为应如何处罚？

3．分析

1）《招标投标法》第四十六条规定：招标人和中标人应当按照招标文件和中标人的投标文件订立书面合同。招标人和中标人不得再行订立背离合同实质性内容的其他协议。

《招标投标法实施条例》第五十七条第1款又做了进一步规定：招标人和中标人应当依照《招标投标法》和本条例的规定签订书面合同，合同的标的、价款、质量、履行期限等主要条款应当与招标文件和中标人的投标文件的内容一致。招标人和中标人不得再行订立背离合同实质性内容的其他协议。本案中的建设单位与监理单位签订监理合同之后，又签订了一份监理酬金比中标价降低8%的协议，属再行订立背离合同实质性内容其他协议的违法行为。对此，应当依据《招标投标法》第五十九条：关于招标人与中标人不按照招标文件和中标人的投标文件订立合同的，或者招标人、中标人订立背离合同实质性内容的协议的，责令改正；可以处中标项目金额5‰以上10‰以下的罚款的规定，予以相应的处罚。

2）《招标投标法》第六条规定：依法必须进行招标的项目，其招标投标活动不受地区或者部门的限制。任何单位和个人不得违法限制或者排斥本地区、本系统以外的法人或者其他组织参加投标，不得以任何方式非法干涉招标投标活动。本案中的建设单位以A施工企业是外地企业为由，不同意其参加投标，是一种限制或者排斥本地区以外法人参加投标的违法行为。A施工企业经资格预审符合资格预审公告的要求，是有资格参加本工程项目投标的。对此，《招标投标法》第五十一条规定：招标人以不合理的条件限制或者排斥潜在投标人的，对潜在投标人实行歧视待遇的，强制要求投标人组成联合体共同投标的，或者限制投标人之间竞争的，责令改正，可以处1万元以上5万元以下的罚款。

7.3 工程投标

现阶段，我国市场经济体制在逐步完善，企业作为市场竞争的主体参与工程投标是获取工程的一种途径。工程投标则是企业在激烈的竞争中，凭借本企业的实力和优势、经验和信誉以及投标水平和技巧获得工程项目承包任务的过程。

7.3.1 工程投标的程序

工程投标一般要经过以下几个步骤，如图 7-1 所示。
1）根据招标公告或投标邀请书，向招标人提交有关资格预审资料。
2）接受招标人的资格审查。
3）购买招标文件及有关技术资料。
4）参加现场踏勘，并对有关疑问提出书面询问。
5）参加投标答疑会。
6）编制投标书及报价。投标书是投标人的投标文件，是对招标文件提出的要求和条件做出实质性响应的文本。
7）参加开标会议。
8）如果中标，接受中标通知书，与招标人签订合同。

上述工作可归纳为投标决策、投标准备、投标报价、签约等几个阶段。

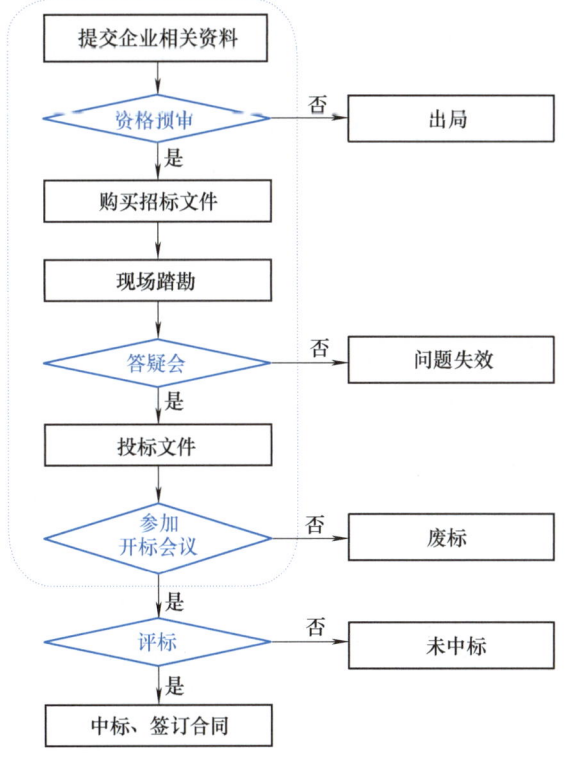

图 7-1　工程投标的主要步骤

7.3.2 工程投标的主要工作内容

投标过程主要是指投标人从填写资格预审表申报资格预审时开始,到将正式投标文件递交业主为止所进行的全部工作,一般需要完成下列工作。

1)投标初步决策:企业管理层分析工程类型、中标概率、盈利情况决定是否参与投标。

2)成立投标团队:团队成员包括经营管理类人才、专业技术人才、财经类人才。

3)参加资格预审,购买标书:投标企业按照招标公告或投标邀请函的要求向招标企业提交相关资料。资格预审通过后,购买投标书及工程资料。采用资格后审的工程,将资格审查材料正确装订入资格审查投标文件中,以待开标后由评标委员会进行审查。

4)参加现场踏勘和投标预备会:现场的考察(踏勘)是指招标人组织投标人对项目实施现场的地理、地质、气候等客观条件和环境进行的现场调查。

5)进行工程所在地环境调查:主要进行自然环境和人文环境调查,了解拟建工程当地的风土人情、经济发展情况以及建筑材料的采购运输等情况。

6)编制施工组织设计:施工组织设计是针对投标工程具体施工中的具体设想和安排,有人员机构、施工机具、安全措施、技术措施、施工方案和节能降耗措施等。

7)编制施工图预算:根据招标文件规定,翔实认真地编制施工图预算,仔细核对无误,注意保密,供决策层参考。

8)投标最终决策:企业高层根据收集到的业主情况、竞争环境、主观因素、法律法规及招标条件等信息,做出最终投标报价和响应性条件的决策。

9)投标书成稿:投标团队汇总所有投标文件,按照招标文件规定整理成稿,检查遗漏和瑕疵。

10)标书装订和密封:已经成稿的投标书进行美工设计,装订成册,按照商务标和技术标分开装订。

11)递交投标书、保证金,参加开标会。

7.3.3 投标文件的内容及相关要求

《招标投标法》规定,投标人应当按照招标文件的要求编制投标文件。投标文件应当对招标文件提出的实质性要求和条件做出响应。招标项目属于建设施工项目的,投标文件的内容应当包括拟派出的项目负责人与主要技术人员的简历、业绩和拟用于完成招标项目的机械设备等。

2013年3月国家发展和改革委员会、财政部、住房和城乡建设部等9部门经修改后发布的《标准施工招标资格预审文件》和《标准施工招标文件暂行规定》中进一步明确,投标文件应包括下列内容:

1)投标函及投标函附录。

2)法定代表人身份证明或附有法定代表人身份证明的授权委托书。

3)联合体协议书。

4)投标保证金。

5)已标价工程量清单。

6）施工组织设计。
7）项目管理机构。
8）拟分包项目情况表。
9）资格审查资料。
10）投标人须知前附表规定的其他材料。

但是，投标人须知前附表规定不接受联合体投标的，或投标人没有组成联合体的，投标文件不包括联合体协议书。

《招标投标法》规定，投标人在招标文件要求提交投标文件的截止时间前，可以补充、修改或者撤回已提交的投标文件，并书面通知招标人。补充、修改的内容为投标文件的组成部分。

《招标投标法实施条例》进一步规定，投标人撤回已提交的投标文件，应当在投标截止时间前书面通知招标人。

《招标投标法》规定，投标人应当在招标文件要求提交投标文件的截止时间前，将投标文件送达投标地点。招标人收到投标文件后，应当签收保存，不得开启。投标人少于3个的，招标人应当依法重新招标。在招标文件要求提交投标文件的截止时间后送达的投标文件，招标人应当拒收。

《招标投标法实施条例》进一步规定，未通过资格预审的申请人提交的投标文件，以及逾期送达或者不按照招标文件要求密封的投标文件，招标人应当拒收。招标人应当如实记载投标文件的送达时间和密封情况，并存档备查。

7.3.4 联合体投标的规定

联合体投标是一种特殊的投标人组织形式，一般适用于大型的或结构复杂的建设项目。

《招标投标法》第三十一条规定：两个以上法人或者其他组织可以组成一个联合体，以一个投标人的身份共同投标。

联合体各方均应当具备承担招标项目的相应能力；国家有关规定或者招标文件对投标人资格条件有规定的，联合体各方均应当具备规定的相应资格条件。由同一专业的单位组成的联合体，按照资质等级较低的单位确定资质等级。

联合体各方应当签订共同投标协议，明确约定各方拟承担的工作和责任，并将共同投标协议连同投标文件一并提交招标人。联合体中标的，联合体各方应当共同与招标人签订合同，就中标项目向招标人承担连带责任。

招标人不得强制投标人组成联合体共同投标，不得限制投标人之间的竞争。

《招标投标法实施条例》第三十七条规定，招标人应当在资格预审公告、招标公告或者投标邀请书中载明是否接受联合体投标。

招标人接受联合体投标并进行资格预审的，联合体应当在提交资格预审申请文件前组成。资格预审后联合体增减、更换成员的，其投标无效。

联合体各方在同一招标项目中以自己名义单独投标或者参加其他联合体投标的，相关投标均无效。

工程案例 7-2

1. 背景

某省有一重点工程项目，由于工程复杂、技术难度高，一般施工队伍难以胜任，建设单位于是自行决定采取邀请招标方式，于 9 月 28 日向通过资格预审的 A、B、C、D、E 五家施工企业发出了投标邀请书。这 5 家施工企业均接受了邀请，并于规定时间购买了招标文件。

按照招标文件的规定，10 月 18 日 16：00 为提交投标文件的截止时间，10 月 21 日 14：00 在建设单位办公大楼第 2 会议室开标。A、B、D、E 施工企业均在此截止时间之前提交了投标文件，但 C 施工企业却因中途堵车，于 10 月 18 日 17：00 才将投标文件送达。

10 月 21 日 14：00，当地招标投标监管机构在该建设单位办公大楼第 2 会议室主持了开标会议。

2. 问题

1) 该建设单位自行决定采取邀请招标的做法是否合法？
2) 建设单位是否可以接收 C 施工企业的投标文件？
3) 开标应当由谁主持，开标时间、地点是否合适？

3. 分析

1)《招标投标法》第十一条规定：国务院发展计划部门确定的国家重点项目和省、自治区、直辖市人民政府确定的地方重点项目不适宜公开招标的，经国务院发展计划部门或者省、自治区、直辖市人民政府批准，可以进行邀请招标。因此，本案中的建设单位擅自决定对省重点工程项目采取邀请招标的做法，违反了《招标投标法》的有关规定，是不合法的。

2)《招标投标法》第二十八条规定：在招标文件要求提交投标文件的截止时间后送达的投标文件，招标人应当拒收。《招标投标法实施条例》第三十六条规定：未通过资格预审的申请人提交的投标文件，以及逾期送达或者不按照招标文件要求密封的投标文件，招标人应当拒收。据此，建设单位应当对 C 施工企业逾期送达的投标文件予以拒收。如果未依法而接受的，按照《招标投标法实施条例》第六十四条的规定：招标人有下列情形之一的，由有关行政监督部门责令改正，可以处 10 万元以下的罚款：

①依法应当公开招标而采用邀请招标。

②招标文件、资格预审文件的发售、澄清、修改的时限，或者确定的提交资格预审申请文件、投标文件的时限不符合《招标投标法》和本条例规定。

③接受未通过资格预审的单位或者个人参加投标。

④接受应当拒收的投标文件。

招标人有前款第①项、第③项、第④项所列行为之一的，对单位直接负责的主管人员和其他直接责任人员依法给予处分。

3)《招标投标法》第三十五条规定：开标由招标人主持，邀请所有投标人参加。据此，本案例中由当地招标投标监管机构主持开标是不合法的。开标时间不合适，《招标投标法》第三十四条规定：开标应当在招标文件确定的提交投标文件截止时间的同一时间公开进行，即应于 10 月 18 日 16：00 开标。开标地点合适，开标地点应当为招标文件中预先确定的地点（建设单位办公大楼第 2 会议室）。

阅读材料

某招标投标案例及评析

业主招标制造两台50t的塔式起重机。招标文件包括98页的技术规范，并详细规定了设计要求。投标负责人在读过第2、3页，了解了主要的要求后，认为所要求的塔式起重机属于投标人公司的轻型塔式起重机，只要将投标人公司的相应塔式起重机加以改造就可以了。实际上后90多页的内容对塔式起重机有更具体的要求，塔式起重机根本不是轻型塔式起重机而是重型塔式起重机。投标人的报价低于400万美元，而次低报价超过700万美元。由于差距太大，业主要求投标人确认自己的报价。投标人对报价进行了书面确认。业主对确认还不放心，在开标以前召开了会议，进一步确定投标人是否理解了技术规范的要求，以及能否完成该要求。业主审查了技术和设计要求，但没有就巨大的报价差距进行磋商。业主要求投标人提供费用分析资料，投标人没有提供，但声称除了一个微不足道的错误外，没有其他错误，错误对总报价没有影响。考虑到投标人一再表示保证按照技术规范的要求履行合同，业主将合同授予投标人。

在进行初步设计时，业主意识到履约可能存在问题并决定开会讨论，这时投标人才发觉价格上的巨大差距。

投标人要求修改合同，延长工期并增加费用。投标人认为如果合同价格远远偏离实际成本是由于双方的错误造成的，那么业主无权要求投标人履行合同；如果业主坚持要求履行合同，那就得对合同的价格和工期进行公平的调整以使合同价格反映实际成本。

法院认为，投标人只读了部分技术规范，根据部分技术规范进行的投标属于判断错误，而不属于错读技术规范，因此拒绝了投标人修改合同或撤销合同的诉讼请求。

评析

一般地说，投标人要求修改合同，必须证明以下两点。

1）因为错误，投标人的投标报价有遗漏。（这里的错误主要是指重大误解，即本案中的错读技术规范。）

2）错误必须是书写错误、计算错误或者错读了技术规范。

本案由于投标人没有履行自己的职责认真阅读招标文件，仅仅根据其中的第2、3页制作了标书。而根据第2、3页技术规范制作的标书是投标人经过谨慎的考虑以后才决定选择标准塔式起重机加以改造来满足业主要求的。根据部分技术规范所做的投标属于一种判断错误，根据判断错误进行投标的错误，投标人不能要求获得额外付款。

为什么错读技术规范可以允许投标人撤回标书，而没读技术规范就不能允许撤回或给予费用调整呢？

因为错读技术规范与没读全部技术规范是有本质区别的。错读技术规范是投标人疏忽或其他原因造成的难以完全避免的结果，即使投标人非常认真仔细地制作标书也难免不发生疏漏；没有读全技术规范则是投标人没有认真履行自己的职责造成的，如果投标人认真一些，完全可以避免标书的错误。在本案中，业主多次要求投标人对自己的报价进行确认，投标人一再声明自己的报价是准确无误的，不能理解为重大误解。考虑到这样的因素，我们更容易理解法院判决不能对标价进行调整的理由。虽然判决结果有些残酷，但由此也提醒了投标人应当在招标投标过程中审慎对待每一项工作任务和步骤。

此外，在工程招标投标中，基于判断错误导致的标书错误也不允许投标人撤回投标书。在市场经济条件下，影响工程项目价格的因素很多，加之建筑产品生产周期长，因此，在投标时必须对相关影响因素和风险进行充分的、准确的估计，在投标后就不能随意改变；否则，就意味着将这些本应由投标人承担的经营风险转移给了业主。在本案中，投标人是依据部分技术规范进行判断的，其制作的标书是投标人所做出的真实想法表示，因此其标书错误属于判断错误，不能允许投标人撤回标书或对其标书进行修正。

思 考 题

1. 招标工程和招标单位应具备哪些条件？
2. 招标文件的主要内容有哪些？
3. 工程投标的步骤有哪些？
4. 《招标投标法》中规定哪些工程建设项目必须招标？
5. 公开招标的主要工作程序包括哪些？

习 题

一、单选题

1. 投标书是投标人的投标文件，是对招标文件提出的要求和条件做出（   ）的文本。
   A. 附和   B. 否定   C. 响应   D. 实质性响应
2. 投标文件正本（   ），副本份数见投标人须知前附表。正本和副本的封面上应清楚地标记"正本"或"副本"的字样。当副本和正本不一致时，以正本为准。
   A. 1 份   B. 2 份   C. 3 份   D. 4 份
3. 投标文件应用不褪色的材料书写或打印，并由投标人的法定代表人或其委托代理人签字或盖单位章。委托代理人签字的，投标文件应附法定代表人签署的（   ）。
   A. 意见书   B. 法定委托书 C. 指定委托书 D. 授权委托书
4. 投标人的投标团队成员应包括：经营管理类人才、专业技术人才和（   ）。
   A. 法律人才   B. 财经类人才 C. 公关人才   D. 保险类人才
5. 根据《招标投标法》规定，开标应由（   ）主持。
   A. 地方政府相关行政主管部门   B. 招标代理机构
   C. 招标人   D. 中介机构
6. 根据《招标投标法》的有关规定，招标人和中标人应当自中标通知书发出之日起（   ）内，按照招标文件和中标人的投标文件订立书面合同。
   A. 10 日   B. 15 日   C. 30 日   D. 3 个月
7. 根据《招标投标法》的有关规定，下列说法符合开标程序的是（   ）。
   A. 开标应当在招标文件确定的提交投标文件截止时间的同一时间公开进行
   B. 开标地点由招标人在开标前通知
   C. 开标由建设行政主管部门主持，邀请中标人参加
   D. 开标由建设行政主管部门主持，邀请所有投标人参加
8. 评标委员会成员应为（   ）人以上的单数，评标委员会中技术、经济等方面的专家不得少于成员总数的（   ）。
   A. 5, 2/3   B. 7, 4/5   C. 5, 1/3   D. 3, 2/3
9. 开标应当在招标文件确定的提交投标文件截止时间的（   ）进行。
   A. 当天公开   B. 当天不公开

C. 同一时间公开 D. 同一时间不公开
10. 提交投标文件的投标人少于（　　）个的，招标人应当依法重新招标。
　　A. 2　　　　　B. 3　　　　　C. 4　　　　　D. 5
11. 招标人采用邀请招标方式进行监理招标时，应当向（　　）个以上具备承担招标项目能力、资信良好的特定法人或者其他组织发出投标邀请书。
　　A. 3　　　　　B. 4　　　　　C. 5　　　　　D. 2
12. 某政府办公大楼项目监理任务对社会公开招标，招标文件中限定外省的投标人需与本省工程监理单位组成联合体方可参加竞标，此举违背了招标投标活动的（　　）。
　　A. 公开原则　　B. 公平原则　　C. 公正原则　　D. 诚实信用原则

二、多选题
1. 现场踏勘是指招标人组织投标人对项目实施现场的（　　）等客观条件和环境进行的现场调查。
　　A. 银行　　B. 地质　　C. 气候　　D. 地理　　E. 税务
2. 下列符合我国《招标投标法》关于评标的有关规定的有（　　）。
　　A. 招标人应当采取必要措施，保证评标在严格保密的情况下进行
　　B. 评标委员会完成评标后，应当向招标人提出书面评标报告，并决定合格的中标候选人
　　C. 招标人可以授权评标委员会直接确定中标人
　　D. 评标委员会经评审，认为所有投标都不符合招标文件要求的，可以否决所有投标
　　E. 任何单位和个人不得非法干预、影响评标的过程和结果
3. 我国《招标投标法》规定，开标时由（　　）检查投标文件密封情况，确认无误后当众拆封。
　　A. 招标人　　　　　　　　　B. 投标人或投标人推选的代表
　　C. 评标委员会　　　　　　　D. 地方政府相关行政主管部门　　E. 公证机构
4. 《招标投标法》规定，投标文件有下列情形，招标人不予受理（　　）。
　　A. 逾期送达的
　　B. 未送达指定地点的
　　C. 未按规定格式填写的
　　D. 无单位盖章并无法定代表人或其授权的代理人签字或盖章的
　　E. 未按招标文件要求密封的
5. 根据《招标投标法》的有关规定，下列建设项目中必须进行招标的有（　　）。
　　A. 利用世界教科文组织提供的资金新建教学楼工程
　　B. 某省会城市的居民用水水库工程
　　C. 国防工程
　　D. 某城市利用国债资金的垃圾处理场项目
　　E. 某住宅楼因资金缺乏停建后恢复建设，且承包人仍为原承包人
6. 《必须招标的基础设施和公用事业项目范围规定》中关系社会公共利益、公众安全的公用事业项目包括（　　）等。
　　A. 城市轨道交通等城建项目
　　B. 煤炭、石油、天然气、电力、新能源等能源基础设施项目
　　C. 商品住宅，包括经济适用住房
　　D. 科技、教育、文化等项目
　　E. 铁路、公路、管道、水运、公共航空等交通运输基础设施项目
7. 下列（　　）等特殊情况，不适宜进行招标的项目，按照国家规定可以不进行招标。
　　A. 涉及国家安全、国家秘密项目
　　B. 抢险救灾项目

C. 利用扶贫资金实行以工代赈，需要使用农民工等特殊情况

D. 使用国际组织或者外国政府资金的项目

E. 生态环境保护项目

8. 根据我国《招标投标法》规定，招标方式分为（　　）。
   A. 公开招标　　　B. 协议招标　　　C. 邀请招标　　　D. 指定招标　　　E. 行业内招标

9. 工程建设项目公开招标范围包括（　　）。
   A. 全部或者部分使用国有资金投资或者国家融资的项目
   B. 施工单项合同估算价在 100 万元人民币以上的
   C. 关系社会公共利益、公众安全的大型基础设施项目
   D. 使用国际组织或者外国政府资金的项目
   E. 关系社会公共利益、公众安全的大型公用事业项目

10. 在招标准备阶段，招标人的主要工作包括（　　）。
    A. 办理招标备案　　　　B. 编制招标文件　　　　C. 选择招标方式
    D. 进行资格预审　　　　E. 发布招标公告

三、案例题

案例 1

某项工程公开招标，在投标文件的编制与递交阶段，某投标单位认为该工程原设计结构方案采用框架剪力墙体系过于保守，该投标单位在投标报价书中建议，将框架剪力墙体系改为框架体系，经技术经济分析和比较，可降低造价约 2.5%。该投标单位将技术标和商务标分别封装，在投标截止日期前一天上午将投标文件报送业主。次日（即投标截止日当天）下午，在规定的开标时间前 1h，该投标单位又递交了一份补充资料，其中声明将原报价降低 4%。但招标单位的有关工作人员认为一个投标单位不能递交两份投标文件，因而拒收投标单位的补充资料。

该项目开标会由市招标办的工作人员主持，市公证处有关人员到会，各投标单位代表均到场。开标前，市公证处人员对各投标单位的资质进行审查，并对所有投标文件进行审查，确认所有投标文件有效后，正式开标。主持人宣读投标单位名称、投标价格、投标工期和有关投标文件的重要说明。

1. 招标单位的有关工作人员是否应拒绝该投标单位的投标？请说明理由。该投标单位在投标中运用了哪几种报价技巧？其是否得当？并加以说明。

2. 开标会中存在哪些问题？并加以说明。

案例 2

政府投资的某工程，该工程采用无标底公开招标方式选定施工单位。工程实施中发生了下列事件。

事件 1：工程招标时，A、B、C、D、E、F、G 共 7 家投标单位通过资格预审，并在投标截止时间前提交了投标文件。评标时，发现 A 投标单位的投标文件虽加盖了公章，但没有投标单位法定代表人的签字，只有法定代表人授权书中被授权人的签字（招标文件中对是否可由被授权人签字没有具体规定）；B 投标单位的投标报价明显高于其他投标单位的投标报价，分析其原因是施工工艺落后造成的；C 投标单位以招标文件规定的工期 380 天作为投标工期，但在投标文件中明确表示如果中标，合同工期按定额工期 400 天签订；D 投标单位投标文件中的总价金额汇总有误。

事件 2：评标委员会由 5 人组成，其中当地建设行政管理部门的招标投标管理办公室主任 1 人、建设单位代表 1 人、政府提供的专家库中抽取的技术经济专家 3 人。

事件 3：经评标委员会评审，推荐 G、F、E 投标单位为前 3 名中标候选人。在中标通知书发出前，建设单位要求监理单位分别找 G、F、E 投标单位重新报价，以价格低者为中标单位，按原投标报价签订施工合同后，建设单位与中标单位再以新报价签订协议书作为实际履行合同的依据。监理单位认为建设单位的要求不妥，并提出了不同意见，建设单位最终接受了监理单位的意见，确定 G 投标单位为中标单位。

事件 4：在中标通知书发出后第 45 天，与 G 投标单位签订了合同。

事件 5：开工前，总监理工程师组织召开了第一次工地会议，并要求 G 单位及时办理施工许可证，确定工程水准点、坐标控制点，按政府有关规定及时办理施工噪声和环境保护等相关手续。

1. 分别指出事件 1 中 A、B、C、D 投标单位的投标文件是否有效？请说明理由。
2. 事件 2 中，评标委员会组成的不妥之处，请说明理由，并写出正确做法。
3. 事件 3 中，建设单位的要求违反了招标投标有关法规的哪些具体规定？
4. 指出事件 4 中的不妥之处，并说明理由。
5. 指出事件 5 中的不妥之处，并说明正确做法。

案例 1 提示：

1. 招标单位的有关工作人员不应拒收承包商的补充文件，因为承包商在投标截止时间之前所递交的任何正式书面文件，都是投标文件的有效组成部分，也就是说补充文件与原投标文件共同构成一份投标文件，而不是两份相互独立的投标文件。

投标单位（施工企业或承包商以下同）运用了两种投标报价技巧，即增加建议方案法和突然降价法。

1）增加建议方案法运用得当，通过对两个结构体系的技术经济分析和比较（这意味着对两个方案均报了价），论证建议方案（框架体系）的技术可行性和经济合理性，对业主有很强的说服力。

2）突然降价法运用得当，原投标文件的递交时间比规定的投标时间仅提前 1 天多，这既符合常理，又为竞争对手调整、确定最终报价留有一定时间，起到了迷惑竞争对手的作用。若提前时间太多，会引起对手的怀疑。而在开标前 1h 突然递交一份补充文件，这时竞争对手已不可能再调整报价了。

2. 根据我国《招标投标法》，应由招标人（招标单位）主持开标会，并宣读投标单位名称、投标价格等内容，而不应由市招标投标办工作人员主持和宣读。

公开招标的资格审查应在投标之前进行，公证处人员无权对承包商资格进行审查，其到场的作用在于确认开标的公正性和合法性。

案例 2 提示：

1. A 单位的投标文件有效。招标文件对此没有具体规定，签字人有法定代表人的授权书；B 单位的投标文件有效，招标文件中对高报价没有限制；C 单位的投标文件无效。没有响应招标文件的实质性要求（或：附有招标人无法接受的条件）；D 单位的投标文件有效。总价金额汇总有误属于细微偏差（或：明显的计算错误允许补正）。

2. 评标委员会组成不妥，不应包括当地建设行政管理部门的招标投标管理办公室主任。正确组成应为：评标委员由招标人或其委托的招标代理机构熟悉相关业务的代表以及有关技术、经济等方面的专家组成，成员人数为 5 人以上的单数。其中，技术、经济等方面的专家不得少于成员总数的 2/3。

3. 确定中标人前，招标人不得与投标人就投标文件实质性内容进行协商；招标人与中标人必须按照招标文件和中标人的投标文件订立合同，不得再行订立背离合同实质性内容的其他协议。

4. 在中标通知书发出后第 45 天签订委托合同不妥，依照《招标投标法》，应于中标通知书发出后 30 天内签订合同。

5. 不妥之处之一：总监理工程师组织召开第一次工地会议，正确做法应由建设单位组织召开。

不妥之处之二：要求施工单位办理施工许可证。正确做法应由建设单位办理。

不妥之处之三：要求施工单位及时确定水准点与坐标控制点。正确做法应由建设单位（监理单位）确定。

第 8 章

工程项目安全管理与环境管理

学习目标

了解工程项目安全管理的基本概念;掌握工程项目施工安全的程序及方法并能制订安全措施计划;了解安全事故的处理方法;掌握现场文明施工和绿色施工的基本要求以及现场文明施工和现场环境保护方案的编制。

8.1 项目安全管理

1. 安全管理的概念

安全生产是指为了在项目施工过程中消除或降低危险因素,防止发生人身安全事故和财产损失,保障人身安全和财产安全,使施工项目在符合安全条件和工作秩序的情况下进行,从而保证了施工项目的效益和目标。

安全管理是管理科学的一个重要分支,它是为实现安全目标而进行的有关决策、计划、组织和控制等方面的活动;主要运用现代安全管理原理、方法和手段,分析和研究各种不安全因素,从技术上、组织上和管理上采取有力的措施,解决和消除各种不安全因素,防止事故的发生。

2. 安全管理的内容

1)建立安全生产制度。安全生产制度必须符合国家和地区的有关政策、法规、条例和规程,并结合本施工项目的特点,明确各级各类人员安全生产责任制,要求全体人员必须认真贯彻执行。

2)贯彻安全技术管理。编制施工组织设计时,必须结合工程实际,编制切实可行的安全技术措施。要求全体人员必须认真贯彻执行。执行过程中发现问题,应及时采取妥善的安全防护措施。要不断积累安全技术措施在执行过程中的技术资料,进行研究分析,总结提高,以利于以后工程的借鉴。

3)坚持安全教育和安全技术培训。组织全体人员认真学习国家、地方和本企业的安全生产责任制、安全技术规程、安全操作规程和劳动保护条例等。新工人进入岗位之前要进行安全纪律教育,特种专业作业人员要进行专业安全技术培训,考核合格后方能上岗。要使全体职工经常保持高度的安全生产意识,牢固树立"安全第一"的思想。

4)组织安全检查。为了确保安全生产,必须要有监督监察。安全检查员要经常查看现场,及时排除施工中的不安全因素,纠正违章作业,监督安全技术措施的执行,不断改善劳动条件,防止工伤事故的发生。

5)进行事故处理。人身伤亡和各种安全事故发生后,应立即进行调查,了解事故产生的原因、过程和后果,提出鉴定意见。在总结经验教训的基础上,有针对性地制订防止事故再次发生的可靠措施。

6)将安全生产指标作为签订承包合同时一项重要考核指标。

3. 安全管理的特点

(1) 安全管理的范围广 施工项目一般规模较大,周期较长,施工过程中人、材、设备的流动量大,一些项目生产工艺较复杂、作业位置多变。因此,项目实施过程中有许多不确定因素,安全隐患存在于各个方面,安全管理的控制范围很大。

(2) 安全管理具有动态性 由于施工每项工程所处的条件不同,所面临的危险因素和防范措施也有差异,即使有各种安全规章制度和安全技术交底的环节,但是在面对具体的生产环境时,仍然需要施工人员具有自己的判断和处理,适应各种不断变化的情况。

(3) 安全管理具有交叉性 施工项目受到自然环境的影响和社会环境的影响,施工安全管理需要把工程系统和环境系统以及社会系统结合起来。

(4) 管理的严谨性 安全状态具有触发性,安全控制措施必须严谨,一旦失控就会造成损失和伤害。因此,在施工安全管理过程中必须保持谨慎,不可疏忽大意。

4. 安全管理的目标

项目安全管理的目的是安全生产。项目安全管理的主要工作目标是避免或减少一般安全事故和轻伤事故,杜绝重大、特大安全事故和伤亡事故的发生。具体包括:

1)减少或消除人的不安全行为。

2)减少或消除设备、材料的不安全状态。

3)改善生产环境和保护自然环境。

4)使人与机械、设备、材料、环境之间相互协调。

5. 安全管理的方针

项目安全管理的方针必须符合国家安全管理的方针,即满足"安全第一,预防为主"的要求。"安全第一"是指把人身的安全放在第一位,充分体现"以人为本"的理念。"预防为主"是实现安全第一的最重要手段,采取正确的措施和系统的方法进行安全控制,尽量做到把事故消灭在萌芽状态。

6. 安全管理的保证体系

安全管理的工作目标是最大限度地保证施工中劳动者的人身和财产安全,是否达到这一目的,需要安全管理和安全技术来保证。实现该目标,必须建立施工安全保证体系。具体包括:

1)施工安全的组织保证体系。施工安全的组织保证体系是指负责施工安全工作的组织管理系统,一般包括最高管理权力机构、专职管理机构的设置和兼职安全管理人员的配备。

2)施工安全的制度保证体系。制度保证体系由岗位管理、措施管理、投入和物资管理及日常管理组成。

3)施工安全的技术保证体系。技术保证体系由专项工程、专项技术、专项管理、专项治理等构成,并且由安全可靠性技术、安全限控技术、安全保险技术和安全保护技术等环节来保证。

4）施工安全的投入保证体系。投入保证体系是为了确保施工安全应有与其要求相适应的人力、物力和财力投入，并且发挥其投入效果的保证体系。

5）施工安全的信息保证体系。施工安全的信息保证体系由信息工作条件、信息收集、信息处理和信息服务四部分组成。

7. 安全管理的基本要求

1）必须取得相关安全主管部门颁发的《安全生产许可证》才可以进行施工。
2）总承包单位和各分包单位都应持有《施工企业安全资格审查认可证》。
3）施工单位必须建立健全的安全管理制度。
4）各类人员必须具有相应的执业资格方可上岗。
5）所有的新工人必须经过三级安全教育，即进场作业前进公司、进项目部、进作业班的安全教育。
6）特殊工种作业人员必须持有特种作业操作证，并且按照规定进行定期复查。
7）对查出事故隐患要做到整改"五定"的要求：定整改责任人、定整改措施、定整改完成时间、定整改完成人和定整改验收人。
8）必须把好安全生产的"七关"标准：教育关、措施关、交底关、防护关、文明关、验收关和检查关。
9）保证施工现场所有安全设施齐全，并符合国家及地方有关规定。
10）施工机械设施必须经过安全检查合格后方可使用。
11）保证安全措施费用不被挪为他用。

8. 安全生产责任制

安全生产责任制是企业经济责任制的重要组成部分，是安全管理制度的核心。建立和落实安全生产责任制，就要求明确规定企业各级领导、管理干部、工程技术人员和工人在安全工作上的具体任务、责任和权力，以便把安全与生产在组织上统一起来，把"管生产必须管安全"的原则在制度上固定下来，做到安全工作层层有分工，事事有人管，人人有专责，办事有标准，工作有检查、考核。以此把与安全直接相关的领导、技术干部、工人、职能部门联系起来，形成一个严密的安全管理工作系统。一旦出现事故，可以查清责任，总结正反两方面的经验，更好地保证安全管理工作顺利进行。实践证明，只有实行严格的安全生产责任制，才能真正实现企业的全员、全方位、全过程的安全管理，把施工过程中各方面的事故隐患消灭在萌芽状态，减少或避免事故的发生。同时，还使上至领导干部，下到班组职工都明白该做什么、怎样做、负什么责、做好工作的标准是什么，为搞好安全施工提供基本保证。

8.2 工程项目安全生产控制

8.2.1 施工现场的危险源

1. 危险源的定义

危险源是可能导致人身伤害或疾病、财产损失、工作环境破坏或这些情况组合的危险因素和有害因素。危险因素是强调突发性和瞬间作用的因素，有害因素则强调在一定时期内的慢性损害和累积作用。

危险源是安全控制的主要对象，所以，有人把安全控制也称为危险控制或安全风险控制。

2. 危险源的分类

在实际生活和生产过程中的危险源是以多种多样的形式存在，危险源导致事故可归结为能量的意外释放或有害物质的泄漏。根据危险源在事故发生发展中的作用把危险源分为第一类危险源和第二类危险源两大类。

（1）第一类危险源　可能发生意外释放的能量的载体或危险物质称作第一类危险源。能量或危险物质的意外释放是事故发生的物理本质。通常把产生能量的能量源或拥有能量的能量载体作为第一类危险源来处理。

（2）第二类危险源　造成约束、限制能量措施失效或破坏的各种不安全因素称作第二类危险源。在生产、生活中，为了利用能量，人们制造了各种机器设备，让能量按照人们的意图在系统中流动、转换和做功为人类服务，而这些设备设施又可以看成限制约束能量的工具。正常情况下，生产过程中的能量或危险物质受到约束或限制，不会发生意外释放，即不会发生事故。但是，一旦这些约束或限制能量或危险物质的措施受到破坏或失效（故障），则将发生事故。第二类危险源包括人的不安全行为、物的不安全状态和不良环境条件三个方面。

3. 危险源与事故

事故的发生是两类危险源共同作用的结果，第一类危险源是事故发生的前提，第二类危险源的出现是第一类危险源导致事故的必要条件。在事故的发生和发展过程中，两类危险源相互依存，相辅相成。第一类危险源是事故的主体，决定事故的严重程度；第二类危险源出现的难易，决定事故发生的可能性大小。

8.2.2　施工安全技术措施

1. 建设工程施工安全技术措施计划

建设工程施工安全技术措施计划的主要内容包括：工程概况、控制目标、控制程序、组织机构、职责权限、规章制度、资源配置、安全措施、检查评价、奖惩制度等。

编制施工安全技术措施计划时，应制订和完善施工安全操作规程，编制各施工工种，特别是危险性较大工种的安全施工操作要求，作为规范和检查考核员工安全生产行为的依据。

2. 施工安全技术措施计划的实施

（1）安全生产责任制　建立安全生产责任制是施工安全技术措施计划实施的重要保证。安全生产责任制是指企业对项目经理部各级领导、各个部门、各类人员所规定的在他们各自职责范围内对安全生产应负责任的制度。

（2）安全教育　安全教育的要求如下：

1）广泛开展安全生产的宣传教育，使全体员工真正认识到安全生产的重要性和必要性，懂得安全生产和文明施工的科学知识，牢固树立安全第一的思想，自觉地遵守各项安全生产法律法规和规章制度。

2）把安全知识、安全技能、设备性能、操作规程、安全法规等作为安全教育的主要内容。

3）建立经常性的安全教育考核制度，考核成绩要记入员工档案。

4）电工、电焊工、架子工、司炉工、爆破工、机操工、起重工、机动车驾驶员等特殊工种工人，除一般安全教育外，还要经过专业安全技能培训，经考试合格持证后，方可独立操作。

5）采用新技术、新工艺、新设备施工和调换工作岗位时，也要进行安全教育，未经安全教育培训的人员不得上岗操作。

(3) 安全技术交底

1）安全技术交底的基本要求：项目经理部必须实行逐级安全技术交底制度，纵向延伸到班组全体作业人员。

①技术交底必须具体、明确，针对性强。

②技术交底的内容应针对分部分项工程施工中给作业人员带来的潜在危害和存在问题。

③应优先采用新的安全技术措施。

④应将工程概况、施工方法、施工程序、安全技术措施等向工长、班组长进行详细交底。

⑤定期向由两个以上作业队和多工种进行交叉施工的作业队伍进行书面交底。

⑥保持书面安全技术交底签字记录。

2）安全技术交底的主要内容：

①本工程项目的施工作业特点和危险点。

②针对危险点的具体预防措施。

③应注意的安全事项。

④相应的安全操作规程和标准。

⑤发生事故后应及时采取的避难和急救措施。

8.2.3 安全检查

安全检查是安全管理的重要内容，是识别和发现不安全因素，揭示和消除事故隐患，加强防护措施，预防工伤事故和职业危害的重要手段。安全检查工作具有经常性、专业性和群众性的特点。通过检查增强广大职工的安全意识，促进企业对劳动保护和安全生产方针、政策、规章、制度的贯彻落实，解决安全生产上存在的问题，有利于改善企业的劳动条件和安全生产状况，预防工伤事故发生；通过互相检查、相互督促、交流经验，取长补短，进一步推动企业搞好安全生产。

1. 安全检查的类型

根据安全检查的对象、要求、时间的差异，一般可分为定期安全检查和不定期安全检查两种类型。

(1) 定期安全检查　定期安全检查即依据企业安全委员会指定的日期和规定的周期进行安全大检查。检查工作由企业领导或分管安全的负责人组织，吸收职能部门、工会和群众代表参加。每次检查可根据企业的具体情况决定检查的内容。检查人员要深入施工现场或岗位实地进行检查，及时发现问题，消除事故隐患。对一时解决不了的问题，应订出计划和措施，定人、定位、定时、定责加以解决，不留尾巴，力求实效。检查结束后，要做出评语和总结。

（2）不定期安全检查　鉴于施工作业的安全状态受地质条件、作业环境、气候变化、施工对象、施工人员素质等复杂情况的影响，工伤事故时有发生，除定期安全检查外，还要根据客观因素的变化，开展经常性安全检查，具体内容如下：

1）施工准备工作安全检查。每项工程开工前，由单位隶属的上级单位组织有关部门进行安全检查，其主要内容有施工组织是否有安全设计；施工机械设备是否符合技术和安全规定；安全防护设施是否符合要求；施工方案是否进行书面安全技术交底；各种工序是否有安全措施等。

2）季节性安全检查。根据施工的气候特点，企业安全管理部门，会同其他有关部门适时进行检查。夏季检查防洪、防暑、防雷电情况，冬季检查防冻、防煤气中毒、防火、防滑情况，春秋季检查防风沙、防火情况。

3）节假日前后安全检查。节前职工安全生产的思想松懈，易发生事故，应进行防火、防爆、文明施工等方面的综合检查，发现隐患及时排除。节后为防止职工纪律松弛，应对遵章守纪状况及节前所查隐患整改落实情况进行检查。

4）专业性安全检查。对国家规定的焊接、电气、锅炉、压力容器、起重等特种作业，可组织专业安全检查组分别进行检查，及时了解各种专业设备的安全性能、管理使用状况，及岗位人员的安全技术素质等情况，对检查的危及职工人身安全的问题，及时采取措施解决。

5）日常检查。企业专职安全人员要经常深入施工现场，进行日常巡回检查，这是安全检查最基本、最重要的方法。因为专职安全人员经过专门安全技术培训，富有经验，善于发现事故隐患，准确反映企业安全生产状况，并能督促施工单位进行整改。

2. 安全检查的内容

施工现场安全检查的重点是违章指挥和违章作业，做到主动检查，实施风险预防。安全检查的主要内容包括意识检查、过程检查、隐患检查、整改检查和事故检查。检查结束后需编写内容包括：已达标项目、未达标项目、存在问题、原因分析、纠正和预防措施的安全检查报告。

3. 安全检查的主要方法

（1）"问"　对以项目经理未收的现场管理人员和操作人员进行应知、应会抽查，以便了解现场管理人员和操作工人的安全意识和安全素质。

（2）"看"　主要查看管理记录、持证上岗、现场标志、交接验收资料、"三宝"使用情况、"洞口"与"临边"防护情况、设备防护装置等。

（3）"量"　主要是用卷尺等长度计量器具进行实测实量，如对脚手架各种杆件间距、在建工程与高压线距离、电箱的安装高度等进行测量。

（4）"测"　用仪器、仪表实地进行测量，如用经纬仪测量塔式起重机塔身的垂直度，用接地电阻测试仪测量接地装置的接地电阻等。

（5）"现场操作"　由操作人员对各种限位装置进行实际动作，检验其使用设施、设备的安全装置的动作灵敏性和可靠性。

8.2.4　安全事故的处理

安全事故是指因生产过程及工作原因或与其相关的其他原因造成的伤亡事故。工程项目所发生的伤亡事故大体可以分为因工伤亡和非因工伤亡两类：

1）因工伤亡，即在施工项目生产过程中发生的伤亡。

2）非因工伤亡，即与施工活动无关的伤亡。

因工伤亡有两个条件：发生在生产区域且发生原因与生产有关。

1. 按事故发生的原因分类

按照 GB 6441—1986《企业职工伤亡事故分类》的规定，职业伤害事故分为以下 20 类：

1）物体打击。指落物、滚石、锤击、碎裂、崩块、砸伤等造成的人身伤害，不包括因爆破而引起的物体打击。

2）车辆伤害。指被车辆挤、压、撞和车辆倾覆等造成的人身伤害。

3）机械伤害。指被机械设备或工具绞、碾、碰、割、戳等造成的人身伤害，不包括处理车辆、起重设备引起的伤害。

4）起重伤害。指从事各种起重作业时发生的机械伤害事故，不包括上下驾驶室发生的坠落伤害，起重设备引起的触电及检修时制动失灵造成的伤害。

5）触电。由于电流经过人体导致的生理伤害，包括雷击伤害。

6）淹溺。由于水或液体大量从口、鼻进入肺内，导致呼吸道阻塞，发生急性缺氧而窒息死亡。

7）灼烫。指火焰引起的烧伤、高温物体引起的烫伤、强酸或强碱引起的灼伤、放射线引起的皮肤损伤，不包括电烧伤及火灾事故引起的烧伤。

8）火灾。在火灾时造成的人体烧伤、窒息、中毒等。

9）高处坠落。由于危险势能差引起的伤害，包括从架子、屋架上坠落以及平地坠入坑内等。

10）坍塌。指建筑物、堆置物倒塌以及土石塌方等引起的事故伤害。

11）冒顶片帮。指矿井作业面、巷道侧壁由于支护不当、压力过大造成的坍塌（片帮）以及顶板垮落（冒顶）事故。

12）透水。指从矿山、地下开采或其他坑道作业时，有压地下水意外大量涌入而造成的伤亡事故。

13）放炮。指由于放炮作业引起的伤亡事故。

14）火药爆炸。指在火药的生产、运输、储藏过程中发生的爆炸事故。

15）瓦斯爆炸。指可燃气体、瓦斯、煤粉与空气混合，接触火源时引起的化学性爆炸事故。

16）锅炉爆炸。指锅炉由于内部压力超出炉壁的承受能力而引起的物理性爆炸事故。

17）容器爆炸。指压力容器内部压力超出容器壁所能承受的压力引起的物理爆炸，容器内部可燃气体泄漏与周围空气混合遇火源而发生的化学爆炸。

18）其他爆炸。化学爆炸，炉膛、钢水包爆炸等。

19）中毒和窒息。指煤气、油气、沥青、化学、一氧化碳中毒等。

20）其他伤害。包括扭伤、跌伤、冻伤、野兽咬伤等。

2. 按事故后果的严重程度分类

根据生产安全事故（以下简称事故）造成的人员伤亡或者直接经济损失，事故一般分为以下等级：

1）特别重大事故，是指造成 30 人以上死亡，或者 100 人以上重伤（包括急性工业中毒，下同），或者 1 亿元以上直接经济损失的事故。

2）重大事故，是指造成 10 人以上 30 人以下死亡，或者 50 人以上 100 人以下重伤，或者 5000 万元以上 1 亿元以下直接经济损失的事故。

3）较大事故，是指造成 3 人以上 10 人以下死亡，或者 10 人以上 50 人以下重伤，或者 1000 万元以上 5000 万元以下直接经济损失的事故。

4）一般事故，是指造成 3 人以下死亡，或者 10 人以下重伤，或者 1000 万元以下直接经济损失的事故。

国务院安全生产监督管理部门可以会同国务院有关部门，制定事故等级划分的补充性规定。本条第一款所称的"以上"包括本数，所称的"以下"不包括本数。

3. 安全事故处理原则

安全事故处理坚持四不放过的原则，即：事故原因不清楚不放过；事故责任者和员工没有受到教育不放过；事故责任者没有处理不放过；制订的防范措施没有落实不放过。

4. 安全事故处理程序

1）做好安全事故报告。

2）处理安全事故，抢救伤员，排除险情，防止事故蔓延扩大，做好标志，保护现场等。

3）对安全事故进行调查。

4）对事故责任者进行处理。

5）制订整改措施并进行落实。

8.3　工程项目现场文明施工和绿色施工

8.3.1　文明施工

项目文明施工是指保持施工场地整洁、卫生，施工组织科学，施工程序合理的一种施工活动。实现文明施工，不仅要着重做好现场的场容管理工作，而且要相应做好现场材料、设备、安全、技术、保卫、消防和生活卫生等方面的管理工作。一个工地的文明施工水平是该工地乃至所在企业各项管理工作水平的综合体现。

1. 项目文明施工的基本条件

1）有整套的施工组织设计（或施工方案）。

2）有健全的施工指挥系统和岗位责任制度。

3）工序衔接交叉合理，交接责任明确。

4）有严格的成品保护措施和制度。

5）大小临时设施和各种材料。

6）施工场地平整，道路畅通，排水设施得当，水电线路整齐。

7）机具设备状况良好，使用合理，施工作业符合消防和安全要求。

2. 项目文明施工的基本要求

1）施工现场要建立文明施工责任制，划分区域，明确管理负责人，实行挂牌制，做到现场清洁整齐。

2）施工现场场地平整，道路坚实畅通，有排水措施，基础、地下管道施工完后要及时回填平整，清除积土。

3）现场施工临时水电要有专人管理，不得有长流水、长明灯。

4）施工现场的临时设施，包括生产、办公、生活用房、仓库、料场、临时上下水管道以及照明、动力线路，要严格按施工组织设计确定的施工平面图布置、搭设或埋设整齐。

5）工人操作地点和周围必须清洁整齐，做到活完脚下清，工完场地清，丢洒在楼梯、楼板上的杂物和垃圾要及时清除。

6）要有严格的成品保护措施，严禁损坏污染成品，堵塞管道。

7）建筑物内清除的垃圾渣土，要通过临时搭设的竖井或利用电梯井或采取其他措施稳妥下卸，严禁从门窗口向外抛掷。

8）施工现场不准乱堆垃圾及余物。应在适当地点设置临时堆放点，并定期外运。清运垃圾及流体物品，要采取遮盖防漏措施，运送途中不得遗撒。

9）根据工程性质和所在地区的不同情况，采取必要的围护和遮挡措施，并保持外观整洁。

10）针对施工现场情况设置宣传标语和黑板报，并适时更换内容，切实起到表扬先进、促进后进的作用。

11）施工现场严禁居住家属，严禁居民、家属、小孩在施工现场穿行、玩耍。

12）施工现场应建立不扰民措施，针对施工特点设置防尘和防噪声设施，夜间施工必须有当地主管部门的批准。

3. 项目文明施工的工作内容

企业应通过培训教育，提高现场人员的文明意识和素质，并通过建设现场文化，使现场成为企业对外宣传的窗口，树立良好的企业形象。项目经理部应按照文明施工标准，定期进行评定、考核和总结。

文明施工应包括下列工作：

1）进行现场文化建设。

2）规范场容，保持作业环境整洁卫生。

3）创造有序生产的条件。

4）减少对居民和环境的不利影响。

8.3.2 绿色施工

绿色施工是指工程建设中，在保证质量、安全等基本要求的前提下，通过科学管理和技术进步，最大限度地节约资源与减少对环境负面影响的施工活动，实现四节一环保（节能、节地、节水、节材和环境保护）。

1. 绿色施工的概念

绿色施工作为建筑全寿命周期中的一个重要阶段，是实现建筑领域资源节约和节能减排的关键环节。绿色施工是指工程建设中，在保证质量、安全等基本要求的前提下，通过科学管理和技术进步，最大限度地节约资源并减少对环境负面影响的施工活动，实现节能、节地、节水、节材和环境保护（"四节一环保"）。实施绿色施工，应依据因地制宜的原则，贯彻执行国家、行业和地方相关的技术经济政策。绿色施工应是可持续发展理念在工程施工中全面应用的体现，绿色施工并不仅仅是指在工程施工中实施封闭施工，没有尘土飞扬，没有噪声扰民，在工地四周栽花、种草，实施定时洒水等内容，它涉及可持续发展的各个方面，如生态与环境保护、资源与能源利用、社会与经济的发展等内容。

2. 绿色施工的基本原则

1）减少场地干扰，尊重基地环境。工程施工过程会严重扰乱场地环境，这一点对于未开发区域的新建项目尤其严重。场地平整、土方开挖、施工降水、永久及临时设施建造、场地废物处理等均会对场地上现存的动植物资源、地形地貌、地下水位等造成影响，还会对场地内现存的文物、地方特色资源等带来破坏、影响当地文脉的继承和发扬。因此，施工中减少场地干扰、尊重基地环境对于保护生态环境、维持地方文脉具有重要的意义。

2）施工结合气候条件。在选择施工方法、施工机械，安排施工顺序，布置施工场地时应结合气候特征。这可以减少因为气候原因而带来施工措施的增加，资源和能源用量的增加，有效降低施工成本；可以减少因为额外措施对施工现场及环境的干扰；可以有利于施工现场环境质量品质的改善和工程质量的提高。

3）节水节电环保。节约资源（能源）建设项目通常要使用大量的材料、能源和水资源。减少资源的消耗、节约能源、提高效益、保护水资源是可持续发展的基本观点。

4）减少环境污染，提高环境品质。工程施工中产生的大量灰尘、噪声、有毒有害气体、废物等会对环境品质造成严重的影响，也将有损于现场工作人员、使用者及公众的健康。因此，减少环境污染，提高环境品质也是绿色施工的基本原则。提高与施工有关的室内外空气品质是该原则最主要的内容。施工过程中，扰动建筑材料和系统所产生的灰尘，从材料、产品、施工设备或施工过程中散发出来的挥发性有机化合物或微粒均会引起室内外空气品质问题。

5）实施科学管理，保证施工质量。实施绿色施工，尽可能减少场地干扰，提高资源和材料利用效率，增加材料的回收利用等，但采用这些手段的前提是要确保工程质量。好的工程质量，可延长项目寿命，降低项目日常运行费用，利于使用者的健康和安全，促进社会经济发展，本身就是可持续发展的体现。

3. 绿色施工的基本要求

1）在临时设施建设方面，现场搭建活动房屋之前应按规划部门的要求取得相关手续。建设单位和施工单位应选用高效保温隔热、可拆卸循环使用的材料搭建施工现场临时设施，并取得产品合格证后方可投入使用。工程竣工后一个月内，选择有合法资质的拆除公司将临时设施拆除。

2）在限制施工降水方面，建设单位或者施工单位应当采取相应方法，隔断地下水进入施工区域。因地下结构、地层及地下水、施工条件和技术等原因，使得采用帷幕隔水方法很难实施或者虽能实施，但增加的工程投资明显不合理的，施工降水方案经过专家评审并通过后，可以采用管井、井点等方法进行施工降水。

3）在控制施工扬尘方面，工程土方开挖前施工单位应按《绿色施工规程》的要求，做好洗车池和冲洗设施、建筑垃圾和生活垃圾分类密闭存放装置、沙土覆盖、工地路面硬化和生活区绿化美化等工作。

4）在渣土绿色运输方面，施工单位应按照要求，选用已办理"散装货物运输车辆准运证"的车辆，持"渣土消纳许可证"从事渣土运输作业。

5）在降低声、光排放方面，建设单位、施工单位在签订合同时，注意施工工期安排及已签合同施工延长工期的调整，应尽量避免夜间施工。因特殊原因确需夜间施工的，必须到工程所在地区县建委办理夜间施工许可证，施工时要采取封闭措施降低施工噪声，并尽可能减少强光对居民生活的干扰。

4. 绿色施工的措施和途径

1）建设和施工单位要尽量选用高性能、低噪声、少污染的设备，采用机械化程度高的施工方式，减少使用污染排放高的各类车辆。

2）施工区域与非施工区域间设置标准的分隔设施，做到连续、稳固、整洁、美观。硬质围栏或围挡的高度不得低于2.5m。

3）易产生泥浆的施工，须实行硬地坪施工；所有土堆、料堆须采取加盖防止粉尘污染的遮盖物或喷洒覆盖剂等措施。

4）施工现场使用的热水锅炉等必须使用清洁燃料。不得在施工现场熔融沥青或焚烧油毡、油漆以及其他产生有毒、有害烟尘和恶臭气体的物质。

5）建设工程工地应严格按照防汛要求，设置连续、通畅的排水设施和其他应急设施。

6）市区（距居民区1000m范围内）禁用柴油冲击桩机、振动桩机、旋转桩机和柴油发电机，严禁敲打导管和钻杆，控制高噪声污染。

7）施工单位须落实门前环境卫生责任制，并指定专人负责日常管理。施工现场应设密闭式垃圾站，施工垃圾、生活垃圾分类存放。

8）生活区应设置封闭式垃圾容器，施工场地生活垃圾应实行袋装化，并委托环卫部门统一清运。

9）鼓励建筑废料、渣土的综合利用。

10）对危险废弃物必须设置统一的标志分类存放，收集到一定量后，交有资质的单位统一处置。

11）合理、节约使用水、电。大型照明灯须采用俯视角，避免光污染。

12）加强绿化工作，搬迁树木需手续齐全；在绿化施工中，科学合理地使用与处置农药，尽量减少对环境的污染。

阅读材料1

某国际广场绿色施工示范项目

某国际广场绿色施工示范项目有多栋住宅、商业裙房、商业及酒店工程。该项目住宅以绿色环保的低碳宜居为目标，打造居住区；超高层写字楼计划发展商务及总部经济。

建筑结构形式为框架-剪力墙结构、钢-混凝土结构。建筑面积为40万m^2。其中，地下建筑面积12万m^2，地上建筑面积28万m^2。建筑层数：地下3层，A5栋地上47层，A7栋及A8栋地上36层，B2栋地上4层，B3栋地上50层。建筑高度：A5栋建筑高度为175m，A7栋及A8栋建筑高度为120.9m，B2栋建筑高度为20.2m，B3栋建筑高度为235m，如图8-1所示。

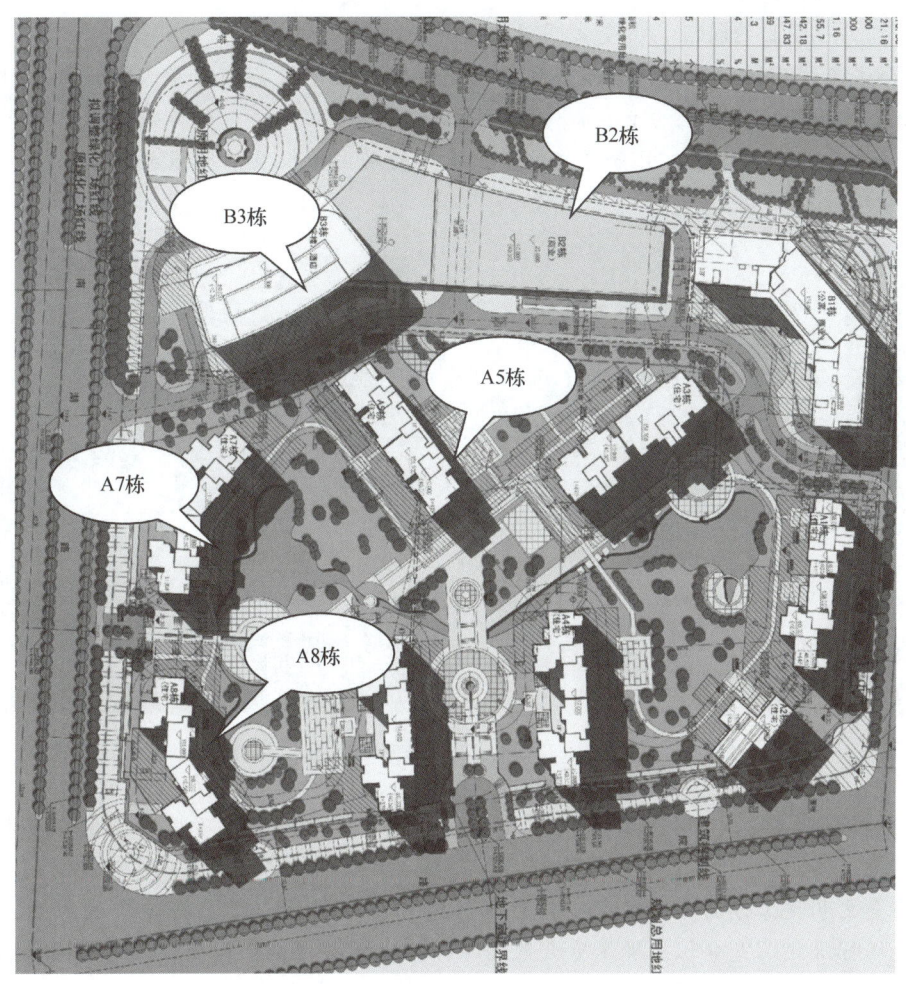

图 8-1 某国际广场绿色施工示范项目

工程现场场地狭窄，没有可以作为加工区域的场地，A5 栋及 A7 栋位于场地中央及南侧，施工难度较大。本工程红线内均为待建建筑和边坡，基本无任何施工场地，仅在工地西侧有一距基坑边宽 12m 左右的狭长地带可供现场临建施工。考虑开发进度的原因，整体地下室不能同时展开，而是先开始基坑中部 A5 栋地下室结构的施工，后开始 A7 栋，再是 A8 栋，然后是 B2 栋、B3 栋施工，这给现场道路及场地布置带来了很大的难度。解决地下室进度需要及下基坑临时道路与地下室顶板上道路的转换问题的难度大，现场平面布置困难。

本工程社会关注度高，合同要求 B3 栋创"鲁班奖"，其余栋号创"国优"，又因现场条件复杂、工程量大、专业覆盖面广、分包单位多，所以资源组织和施工总体协调难度较大。

针对以上问题，项目部现场策划。现场的平面布置是影响整个工程的关键所在，项目部在前期对现场布置进行了详细的策划，主要体现在以下几个方面：

1) 合理进行平面布置，充分利用现有场地。
2) 优化项目策划，加大策划执行力度。
3) 合理安排工序，确保进场材料有条不紊。
4) 充分考虑栋号先后施工顺序，确定临时道路转换关系。

针对本工程项目的特点，安全文明施工重点关注：

1) 群体工程厂区面积大，单体多且高度高，各种大型设备使用量大，设备管理、爬架管理和安全防护是安全管理的重点。

2) 因为是超高层建筑，且分包单位多，现场的动火审批及消防设施的完善是安全管理的重点，如图 8-2 所示。

图 8-2　项目动火审批及消防设施

3) 严格执行安全文明施工现场标准化，按绿色施工示范工程项目各项指标要求建设文明施工场地。

在安全文明施工方面，项目部安全管理坚持"防微杜渐，各个击破"的原则，严格执行施工现场标准化，充分识别现场重大危险源并指定预防措施，加强过程中的检查和整改落实，坚持"日检、周检、月检"制度，整个工程结束，未发生任何安全事故，并获得绿色施工示范工程项目。

阅读材料 2

港珠澳大桥建设"圆钢桶围岛"减少对环境的破坏

港珠澳大桥是一座巨大桥梁，是连接香港、珠海及澳门的大型跨海通道。港珠澳大桥属于 G94 珠三角环线高速的一部分，跨越珠江口伶仃洋海域。工程建设内容包括：港珠澳大桥经济地理辐射带、港珠澳大桥主体工程、香港口岸、珠海口岸、澳门口岸、香港接线以及珠海接线。大桥主体工程采用桥隧组合方式，大桥主体工程全长约 29.6km，海底隧道长 6.7km。

港珠澳大桥所在的位置有一条十分重要的航道"伶仃洋航道"，有 30 万 t 的大型油轮通行，因此桥塔高度要 88m，同时周围的香港机场也不允许有超过 80m 的建筑。于是放弃在海面修桥梁，在海面下修建超长海底隧道。桥梁与海底隧道的贯通需要岛屿连接，但是海域没有岛屿，因此建造人工岛。

大桥的技术性难题之一就是它的人工岛建设。处理不好，就会对环境造成破坏。

在伶仃洋海域的海底存在大量的淤泥,因此传统的人工岛建法是不行的,若挖掉淤泥会工程浩大,其泥量能建3座埃及的胡夫金字塔,同时对当地的生态环境造成严重的破坏。

因此设计师想出了另一种方法"圆钢桶围岛",如图8-3所示,用一组巨型圆钢桶直接固定在海床上,然后在中间直接填土形成人工岛。120个超级巨型圆钢桶组成隧道两端的人工岛,每个圆钢桶直径22.5m,高度55m,质量达到550t。上述做法很好地解决了淤泥问题,同时最大限度地降低了工程对环境的破坏。

图8-3　圆钢桶围岛

思　考　题

1. 工程项目安全管理的特点有哪些?
2. 简述施工安全管理的方针。
3. 施工安全保证体系包括哪些内容?
4. 安全检查的常用方式有哪些?
5. 安全检查的主要方法有哪些?
6. 事故按照后果严重程度如何分类?
7. 简述安全事故的处理程序。
8. 简述文明施工的主要内容。
9. 什么是绿色施工?绿色施工的基本原则是什么?

习　题

一、填空题

1. 根据危险源在事故发生发展中的作用,把危险源分为＿＿＿＿＿＿和＿＿＿＿＿＿。其中,第二类危险源包括＿＿＿＿＿＿、＿＿＿＿＿＿、＿＿＿＿＿＿。
2. 对查出事故隐患,要做到整改"五定"的要求:＿＿＿＿＿＿、＿＿＿＿＿＿、＿＿＿＿＿＿、＿＿＿＿＿＿、＿＿＿＿＿＿。
3. 新工人必须要经过三级安全教育,即＿＿＿＿＿＿、＿＿＿＿＿＿、＿＿＿＿＿＿的安全教育。
4. 必须要把好安全生产的"七关"标准,即＿＿＿＿＿＿、＿＿＿＿＿＿、

_____、_____、_____、_____、
_____。

5. 安全事故处理坚持"四不放过"原则,即_____、_____、_____、_____。

二、单选题

1. 下列属于作业环境不安全状态危险源的是( )。
   A. 违规分包　　　　　　B. 施工费用不足
   C. 安全责任制不健全　　D. 洞口和临边无防护

2. 脚手架施工前,( )应向安装作业人员进行安全技术交底。
   A. 施工负责人　　　　　B. 项目技术负责人
   C. 安全负责人　　　　　D. 项目负责人

3. 所有起重设备都应严格管理,符合国家关于特种设备的( )。
   A. 作业标准　　　　　　B. 检验规程
   C. 安全规程　　　　　　D. 作业指南

4. ( )是所管辖施工区域范围内安全生产第一负责人。
   A. 施工生产负责人　　　B. 项目负责人
   C. 项目专职安全员　　　D. 施工员

5. ( )是各项安全制度中最基本的一项制度,是安全管理制度的核心。
   A. 施工安全管理制度　　B. 安全生产责任制度
   C. 项目安全检查制度　　D. 项目安全资金保障制度

6. 安全管理检查的( )项目对人员生命、设备设施及环境安全起关键作用。
   A. 通用　　　　　　　　B. 重点
   C. 保证　　　　　　　　D. 关键

7. 以下各项中,属于文明施工管理措施的是( )。
   A. 防治大气污染措施　　B. 防治扰民措施
   C. 防治水污染措施　　　D. 防治固体废弃物污染措施

8. 在市区主要路段施工区域的硬质围栏或围挡的高度不得低于( )。
   A. 1m　　　　　　　　　B. 1.5m
   C. 2m　　　　　　　　　D. 2.5m

9. 夜间施工的照明灯,须采用俯视角,避免( )。
   A. 光污染　　　　　　　B. 大气污染
   C. 噪声污染　　　　　　D. 水土污染

10. 第一类危险源危险性的大小主要影响的因素不包括( )。
    A. 能量或危险物质的量　　　B. 能量或危险物质意外释放的强度
    C. 能量或危险物质的种类　　D. 意外释放的能量或危险物质的影响范围

第 9 章

工程项目合同管理

学习目标

掌握建设工程施工合同的管理方法；了解合同管理的重要性；了解施工合同文件的组成及类型；了解施工合同订立的程序和谈判；掌握施工合同的主要内容；掌握施工合同的变更和索赔；了解合同履行过程中的监管。

9.1 概述

合同管理是建设工程项目管理的重要内容之一。合同分配着工程任务，它详细地、具体地定义着与工程任务相关的各种问题。例如：

1) 责任人，即由谁来完成任务并对最终成果负责。
2) 工程任务的规模、范围、质量、工作量及各种功能要求。
3) 工期，即时间的要求。
4) 价格，包括工程总价格，各分项工程的单价和合价及付款方式等。
5) 完不成合同任务的责任等。这些构成了与工程相关的子目标。在项目中，目标和计划的落实是通过合同来实现的。

合同确定了项目的组织关系，它规定着项目参加者各方面的经济责权利关系和工作的分配情况，所以它直接影响着整个项目组织和管理系统的形态和运作。

合同作为工程项目任务委托和承接的法律依据，是工程过程中双方的最高行为准则。工程过程中的一切活动都是为了履行合同，都必须按合同办事，双方的行为主要靠合同来约束。所以，工程管理以合同为核心。

合同将工程所涉及的生产、材料和设备供应、运输、各专业设计和施工的分工协作关系联系起来，协调并统一工程各参加者的行为。

合同是工程过程中双方争执解决的依据。合同对争执的解决有两个决定性作用：

1) 争执的判定以合同作为法律依据，即以合同条文判定争执的性质，谁对争执负责，应负什么样的责任等。
2) 争执的解决方法和解决程序由合同规定。

合同是严肃的，具有法律效力，受到法律的保护和制约。订立合同是双方的法律行为。合同一经签订，只要合同合法，双方必须全面地完成合同规定的责任和义务。如果不能履行自己的责任和义务；甚至单方面撕毁合同，则必须接受经济的，甚至法律的处罚。如果没有合同和合同的法律约束力，就不能保证工程的各参加者在工程的各个方面，工程实施的各个环节上都按时、按质、按量地完成自己的义务；就不会有正常的工程施工秩序；就不可能顺利地实现工程总目标。所以，合同和它的法律约束力是工程施工和管理的要求和保证，同时它又是强有力的项目控制手段；合同对整个工程项目的设计和计划、实施过程有着决定性作用。

在建设工程项目的实施过程中，往往会涉及许多合同，所谓合同管理，不仅包括对每个合同的签订、履行、变更和解除等过程的控制和管理，还包括对所有合同进行筹划的过程。因此，合同管理的主要工作内容有：根据项目的特点和要求确定设计任务委托模式和施工任务承包模式（合同结构），选择合同文本，确定合同计价方法和支付方法，合同履行过程的管理与控制，合同索赔等。

9.2 建设工程合同的类型与内容

9.2.1 建设工程合同的类型

由于建设工程项目的规模和特点的差异，不同项目的合同数量、内容可能会有很大的差别。常见的合同类型根据不同的分类标准有不同的种类，详见表9-1。

表 9-1 合同类型分类

分类依据	合同种类	内容
按合同中的任务内容（工作性质）	勘察合同	发包人与勘察人就完成商定的勘察任务明确双方权利义务关系的协议
	设计合同	发包人与设计人就完成商定的工程设计任务明确双方权利义务关系的协议
	施工承包合同	建设工程施工承包合同即发包人与承包人为完成商定的建设工程项目的施工任务明确双方权利义务关系的协议
	物资采购合同	分建筑材料采购合同和设备采购合同，是指采购方（发包人或者承包人）与供货方（物资供应公司或者生产单位）就建设物资的供应明确双方权利义务关系的协议
	监理合同	是指建设单位（委托人）与监理人签订，委托监理人承担工程监理任务而明确双方权利义务关系的协议
	咨询合同	由委托人与咨询服务的提供者之间就咨询服务的内容、咨询服务方式等签订的明确双方权利义务关系的协议
	代理合同	工程建设过程中的代理活动有工程代建、招标投标代理等，委托人应该就代理的内容、代理人的权限、责任、义务及权利与代理人签订协议
按计价方式	单价合同	合同中明确每项工程内容的单位价格（如每米、每平方米或者每立方米的价格），实际支付时则根据每一个子项的实际完成工程量乘以该子项的合同单价计算该项工作的应付工程款
	总价合同	是指根据合同规定的工程施工内容和有关条件，业主应付给承包商的款额是一个规定的金额，即明确的总价。总价合同也称作总价包干合同
	成本加酬金合同	成本加酬金合同也称为成本补偿合同，这是与固定总价合同正好相反的合同，工程施工的最终合同价格将按照工程的实际成本再加上一定的酬金进行计算

(续)

分类依据	合同种类
按施工内容	主体结构合同、地基与基础合同、设备安装合同、水电合同、装修合同、电梯合同、幕墙合同、弱电工程合同、室外道路合同、园林绿化合同等
按行业的不同	建筑工程合同、市政工程合同、水利工程合同、公路工程合同、铁路工程合同、通信工程合同、航空工程合同、港口工程合同等
按承包合同主体	国内工程合同、国际工程合同

其中,建设工程施工合同有施工总承包合同和施工分包合同之分。施工总承包合同的发包人是建设工程的建设单位或取得建设项目总承包资格的项目总承包单位,在合同中一般称为业主或发包人。施工总承包合同的承包人是承包单位,在合同中一般称为承包人。

施工分包合同又有专业工程分包合同和劳务作业分包合同之分。分包合同的发包人一般是取得施工总承包合同的承包单位,在分包合同中一般仍沿用施工总承包合同中的名称,即仍称为承包人。而分包合同的承包人一般是专业化的专业工程施工单位或劳务作业单位,在分包合同中一般称为分包人或劳务分包人。

按照建设工程施工承包合同的计价方式,可分为单价合同、总价合同和成本加酬金合同。

1. 单价合同

单价合同又分为固定单价合同和变动单价合同。

在固定单价合同条件下,无论发生哪些影响价格的因素都不对单价进行调整,因而对承包商而言就存在一定的风险。固定单价合同适用于工期较短、工程量变化幅度不会太大的项目。

当采用变动单价合同时,合同双方可以约定一个估计的工程量,当实际工程量发生较大变化时可以对单价进行调整,同时还应该约定如何对单价进行调整;当然也可以约定,当通货膨胀达到一定水平或者国家政策发生变化时,可以对哪些工程内容的单价进行调整以及如何调整等。因此,承包商的风险就相对较小。

当施工发包的工程内容和工程量一时尚不能十分明确、具体地予以规定时,则可以采用单价合同形式,即根据计划工程内容和估算工程量,在合同中明确每项工程内容的单位价格(如每米、每平方米或者每立方米的价格),实际支付时则根据每一个子项的实际完成工程量乘以该子项的合同单价计算该项工作的应付工程款。

单价合同的特点是单价优先,如 FIDIC 土木工程施工合同中,业主给出的工程量清单表中的数字是参考数字,而实际工程款则按实际完成的工程量和合同中确定的单价计算。虽然在投标报价、评标以及签订合同中,人们常常注重总价格,但在工程款结算中单价优先,对于投标书中明显的数字计算错误,业主有权力先做修改再评标,当总价和单价的计算结果不一致时,以单价为准调整总价。

【例 9-1】 某单价合同的投标报价单中,采用清单计价,投标人报价见表 9-2,专家评审时发现钢筋混凝土单项合价与该项单价和数量乘积不符,请予以修正。

表 9-2 投标人报价

序号	工程分项	单位	数量	单价/元	合价/元
1					
2					
…					
X	钢筋混凝土	m^3	1000	350	35000
…					
总报价					8100000

解：

根据投标人的投标单价，钢筋混凝土的合价应该是 350000 元，而实际只写了 35000 元，在评标时应根据单价优先原则对总报价进行修正，所以正确的报价应该是 8100000 元 +（350000-35000）元 = 8415000 元。

在实际施工时，如果实际工程量是 1100m^3，则钢筋混凝土工程的价款金额应该是 350 元/m^3×1100m^3 = 385000 元。

由于单价合同允许随工程量变化而调整工程总价，业主和承包商都不存在工程量方面的风险，因此对合同双方都比较公平。另外，在招标前，发包单位无须对工程范围做出完整、详尽的规定，从而可以缩短招标准备时间，投标人也只需对所列工程内容报出自己的单价，从而缩短投标时间。

2. 总价合同

总价合同，是指根据合同规定的工程施工内容和有关条件，业主应付给承包商的款额是一个规定的金额，即明确的总价。总价合同也称作总价包干合同，即根据施工招标时的要求和条件，当施工内容和有关条件不发生变化时，业主付给承包商的价款总额就不发生变化。

总价合同的特点：

1）发包单位可以在报价竞争状态下确定项目的总造价，可以较早确定或者预测工程成本。
2）业主的风险较小，承包人将承担较多的风险。
3）评标时易于迅速确定最低报价的投标人。
4）在施工进度上能极大地调动承包人的积极性。
5）发包单位能更容易、更有把握地对项目进行控制。
6）必须完整而明确地规定承包人的工作。
7）必须将设计和施工方面的变化控制在最小限度内。

固定总价合同适用于以下情况：

1）工程量小、工期短，估计在施工过程中环境因素变化小，工程条件稳定并合理。
2）工程设计详细，图样完整、清楚，工程任务和范围明确。
3）工程结构和技术简单，风险小。
4）投标期相对宽裕，承包商可以有充足的时间详细考察现场，复核工程量，分析招标文件，拟订施工计划。

总价合同又分固定总价合同和可调总价合同两种。

采用固定总价合同，双方结算比较简单，但是由于承包商承担了较大的风险，因此报价中不可避免地要增加一笔较高的不可预见风险费。承包商的风险主要有两个方面：一是价格风险；二是工作量风险。价格风险有报价计算错误、漏报项目、物价和人工费上涨等；工作量风险有工程量计算错误、工程范围不确定、工程变更或者由于设计深度不够所造成的误差等。

可调总价合同又称为变动总价合同，合同价格是以图样及规定、规范为基础，按照信息价或市场价进行计算，得到包括全部工程任务和内容的暂定合同价格。它是一种相对固定的价格，在合同执行过程中，由于通货膨胀等原因而使所使用的工、料成本增加时，可以按照合同约定对合同总价进行相应的调整。当然，一般由于设计变更、工程量变化和其他工程条件变化所引起的费用变化也可以进行调整。因此，通货膨胀等不可预见因素的风险由业主承担，对承包商而言，其风险相对较小，但对业主而言，不利于其进行投资控制，突破投资的风险就增大了。

3. 成本加酬金合同

成本加酬金合同也称为成本补偿合同，这是与固定总价合同正好相反的合同，工程施工的最终合同价格将按照工程的实际成本再加上一定的酬金进行计算。在合同签订时，工程实际成本往往不能确定，只能确定酬金的取值比例或者计算原则。

采用这种合同，承包商不承担任何价格变化或工程量变化的风险，这些风险主要由业主承担，对业主的投资控制很不利。而承包商则往往缺乏控制成本的积极性，常常不仅不愿意控制成本，甚至还会期望提高成本以提高自己的经济效益，因此这种合同容易被那些不道德或不称职的承包商滥用，从而损害工程的整体效益。所以，应该尽量避免采用这种合同。

成本加酬金合同通常用于如下情况：

1）工程特别复杂，工程技术、结构方案不能预先确定，或者尽管可以确定工程技术和结构方案，但是不可能进行竞争性的招标活动并以总价合同或单价合同的形式确定承包商，如研究开发性质的工程项目。

2）时间特别紧迫，如抢险、救灾工程，来不及进行详细的计划和商谈。对业主而言，这种合同形式也有一定优点，如：

①可以通过分段施工缩短工期，而不必等待所有施工图完成才开始招标和施工。

②可以减少承包商的对立情绪，承包商对工程变更和不可预见条件的反应会比较积极和快捷。

③可以利用承包商的施工技术专家，帮助改进或弥补设计中的不足。

④业主可以根据自身力量和需要，较深入地介入和控制工程施工和管理。

⑤也可以通过确定最大保证价格约束工程成本不超过某一限值，从而转移一部分风险。

对承包商来说，这种合同比固定总价的风险低，利润比较有保证，因而比较有积极性。其缺点是合同的不确定性，由于设计未完成，无法准确确定合同的工程内容、工程量以及合同的终止时间，有时难以对工程计划进行合理安排。

9.2.2 建设工程合同的内容

本小节主要以施工合同为例进行介绍。

1. 施工合同文本的构成

各种施工合同示范文本一般都由协议书、通用条款、专用条款三部分组成。构成施工合同文本的组成部分，除了协议书、通用条款和专用条款以外，一般还应该包括：中标通知书、投标书及其附件、有关的标准、规范及技术文件、图样、工程量清单、工程报价单或预算书等。上述各个文件，其优先顺序是不同的，原则上应把文件签署日期在后的和内容重要的排在前面，以下是 GF—2017—0201《建设工程施工合同（示范文本）》通用条款规定的优先顺序：

1）合同协议书。
2）中标通知书（如果有）。
3）投标函及其附录（如果有）。
4）专用合同条款及其附件。
5）通用合同条款。
6）技术标准和要求。
7）图样。
8）已标价工程量清单或预算书。
9）其他合同文件。

2. 施工合同文本的主要内容

各种施工合同示范文本的内容一般包括：

1）工程概况。
2）合同文件组成及解释顺序。
3）合同文件使用的语言文字，运用的法律、法规、标准和规范。
4）合同双方的一般责任。
5）施工组织设计和工期。
6）质量与验收。
7）合同价款及其支付。
8）材料设备供应。
9）设计变更。
10）竣工验收、结算和保修。
11）争议、违约和索赔。
12）安全、保险和其他。
13）缔约双方当事人。

施工合同示范文本的主要内容详见本章阅读材料 1。

9.3 合同的谈判与签订

9.3.1 合同订立的程序

与其他合同的订立程序相同，建设工程合同的订立也要采取要约和承诺方式。要约，是当事人一方向对方发出的希望与对方订立合同的意思表示。承诺，是指对要约接受的一种意思表示。根据《招标投标法》对招标、投标的规定，招标、投标、中标的过程实质就是要约、承诺的一种具体方式。招标人通过媒体发布招标公告，或向符合条件的投标人发出招标邀请，为要约邀请；投标人根据招标文件内容在约定的期限内向招标人提交投标文件，为要约；招标人通过评标确定中标人，发出中标通知书，为承诺；招标人和中标人按照中标通知书、招标文件和中标人的投标文件等订立书面合同时，合同成立并生效。

建设工程施工合同的订立往往要经历一个较长的过程。在明确中标人并发出中标通知书后，双方即可就建设工程施工合同的具体内容和有关条款展开谈判，直到最终签订合同。

9.3.2 合同的谈判

1. 合同谈判的必要性

合同谈判是指准备订立合同的双方或多方当事人为相互了解、确定合同权利与义务而进行的商议活动，是对合同状态进一步优化和平衡的过程。尽管按照招标文件要求，承包商在投标书中已明确表示对招标文件中的投标条件与合同条件的完全认可，并接受它的约束，合同价格和合同条件不做调整和修改，但对招标文件分析中发现的不利的、单方面约束性的、风险型的合同条款问题和风险，可以在这个阶段争取修改。如承包商可以通过向业主提出更为优惠的条件（如降低报价，缩短工期，延长保修期，提出更好更先进的实施方案、技术措施，提供新的服务项目，扩大服务范围等），来换取业主对合同条件的修改。

2. 合同谈判的内容

施工合同谈判的主要内容：

（1）关于工程内容和范围的确认　招标人和中标人可就招标文件中的某些具体工作内容进行讨论、修改、明确或细化，从而确定工程承包的具体内容和范围。在谈判中双方达成一致的内容，包括在谈判讨论中经双方确定的工程内容和范围方面的修改或调整，应以文字方式确定下来，并以"合同补遗"或"会议纪要"方式作为合同附件，并明确它是构成合同的一部分。

对于为监理工程师提供的建筑物、家具、车辆以及各项服务，也应逐项详细地予以明确。

（2）关于技术要求、技术规范和施工技术方案　双方尚可对技术要求、技术规范和施工技术方案等进行进一步讨论和确认，必要的情况下甚至可以变更技术要求和施工技术方案。合同签订前变更施工技术方案由中标人承担，签订后业主变更的，由业主承担。

（3）关于合同价格条款　依据计价方式的不同，建设工程施工合同可以分为总价合同、单价合同和成本加酬金合同。一般在招标文件中就会明确规定合同将采用什么计价方式，在合同谈判阶段往往没有讨论的余地。但在可能的情况下，中标人在谈判过程中仍然可以提出降低风险的改进方案。

（4）关于价格调整条款　对于工期较长的建设工程，容易受通货膨胀等因素的影响，可能给承包人造成较大损失。价格调整条款可以比较公正地解决这一承包人无法控制的风险损失。

无论是单价合同还是总价合同，都可以确定价格调整条款，即是否调整以及如何调整等。可以说，合同计价方式以及价格调整方式共同确定了工程承包合同的实际价格，直接影响着承包人的经济利益。在建设工程实践中，由于各种原因导致费用增加的概率远远大于费用减少的概率，有时最终的合同价格调整金额会很大，远远超过原定的合同总价，因此承包人在投标过程中，尤其是在合同谈判阶段务必对合同的价格调整条款予以充分的重视。

（5）关于合同款支付方式的条款　建设工程施工合同的付款分四个阶段进行，即预付款、工程进度款、最终付款和退还保留金。关于支付时间、支付方式、支付条件和支付审批程序等有很多种可能的选择，并且可能对承包人的成本、进度等产生比较大的影响，因此，合同支付方式的有关条款是谈判的重要方面。

（6）关于工期和维修期　中标人与招标人可根据招标文件中要求的工期，或者根据投标人在投标文件中承诺的工期，并考虑工程范围和工程量的变动而产生的影响来商定一个确定的工期。同时还要明确开工日期、竣工日期等。双方可根据各自的项目准备情况、季节和施工环境因素等条件洽商适当的开工时间。

合同文本中应当对维修工程的范围、维修责任及维修期的开始和结束时间有明确的规定，承包人应该只承担由于材料和施工方法及操作工艺等不符合合同规定而产生的缺陷。

承包人应力争以维修保函来代替业主扣留的保留金。与保留金相比，维修保函对承包人有利，主要是因为可提前取回被扣留的现金，而且保函是有时效的，期满将自动作废。同时，它对业主并无风险，真正发生维修费用，业主可凭保函向银行索回款项。因此，这一做法是比较公平的。维修期满后，承包人应及时从业主处撤回保函。

（7）合同条件中其他特殊条款的完善　主要包括：关于合同图样；关于违约罚金和工期提前奖金；工程量验收以及衔接工序和隐蔽工程施工的验收程序；关于施工占地；关于向承包人移交施工现场和基础资料；关于工程交付；预付款保函的自动减额条款等。

3. 合同谈判的注意事项

由于已经确定承包商中标，其他的投标人已被排斥在外，所以承包商应积极主动争取对自己有利的妥协方案。

1）确定自己的目标。对准备谈什么，要达到什么样的目标和结果有充分的准备；合同谈判策略的制订等。

2）研究对方的目标和策略。对于合同谈判，承包商应事先做好策划和准备，并在此基础上准备让步方案、平衡方案，争取主动。

3）合同谈判应在投标人审查和分析招标文件的基础上进行。合同谈判的内容一般集中在：工程内容和范围的确认；技术要求、技术规范和施工技术方案的确认；合同价格条款、关于价格调整条款、合同款支付方式条款的商榷；工期和维修期的认定标准；合同条件的进一步完善。

4）争取一个合理的施工准备期。

5）以真诚合作的态度进行谈判。由于合同已经成立，准备工作必须紧锣密鼓地进行。万不可让对方认为承包商在找借口不开工，或中标了，又要提高价格。即使对方不让步，也不要争执。

由于合同谈判是双方对合同条件的进一步完善，双方必须都做出适当让步才有可能被双方接受，如果经合同谈判，双方仍达不成一致，则还要按照原投标中标函内容签订合同。

9.3.3　合同的签订

双方在合同谈判结束后，应按上述内容和形式形成一个完整的合同文本草案，经双方代表认可后形成正式文件。双方核对无误后,由双方代表签订,至此合同谈判阶段即告结束。此时,承包人应及时准备和递交履约保函,准备正式签署施工承包合同。

9.4 合同的实施管理

在工程实施的过程中要对合同的履行情况进行跟踪与控制,并加强工程变更管理,保证合同的顺利履行。

9.4.1 建立合同实施管理体系

1. 合同管理理念的建立

合同管理是合同内容的谈判、评审、合同订立、履行、管理、纠偏、终止等合同实施过程中全部环节的系统管理过程,是为实现项目目标而进行的管理过程。合同是建设项目管理的核心,项目管理是实现合同管理的必要手段。任何一个建设项目的实施,都是通过签订一系列的合同来实现的。通过对承包内容、范围、价款、支付、工期、质量标准、合同双方责权利和违约责任等合同条款的制订和履行,业主和承包商可以在合同环境下规范和调控建设项目的运行状态。通过对合同管理目标责任的分解,可以规范项目管理机构的内部职能,紧密围绕合同条款开展项目管理工作。因此,无论是对承包商的管理,还是对项目业主本身的内部管理,合同始终是建设项目管理的核心。

2. 合同结构体系的划分和确立

合理的项目合同结构体系对控制项目风险影响很大。工程项目的最终交付成果在项目开始时只是一个项目建议和可行性研究,无论是项目的方案、范围、时间还是费用都无法完全确定。同时,项目建成工程实体是一个渐近的过程,具有规模大、周期长、单件性和复杂性等特点,而且工程的投资大,一旦出现风险发生的损失将是非常巨大的,所以在项目实施阶段,项目合同体系的划分和确立是合同管理的第一个重点。

通过合同结构体系的划分和确立,可以将工程风险在项目参与者(包括业主、设计单位、监理单位、总承包商、分包商、供应商等)之间进行合理的分配,使每个参与者都有一定的风险责任,调动他们对项目管理和控制的积极性和创造性,保证项目的高效性。

3. 合同管理制度的建立

(1) 合同管理制度和其他制度的建设 为了保证合同管理体系的有效执行必须健全和完善内部各项管理制度,其中合同管理制度是项目管理制度的关键内容之一,工程指挥部实行合同归口管理工作,做好合同评审、合同签订、合同授权、合同履行的监督管理。同时制订必要的项目管理制度和细则,如施工管理、质量管理、HSE 管理、进度管理、投资管理等制度和细则作为合同的附件。规范建设各方行为,例如:规范设计单位行为,提高设计深度,优化设计方案,积极推行限额设计,切实加强对设计阶段的造价管理。规范监理单位行为,要求监理工程师督促施工单位按合同办事,并对建设工程实行"安全、投资、工期、质量"四大目标有效控制。要求监理人员做到"旁站监理,跟踪检查",及时发现和纠正施工中发生的问题。通过规范建设各方行为严格按照规定程序进行操作,以提高合同管理水平。

(2) 积极推行合同管理目标责任制 通过制订安全、质量、进度、投资等考核指标,推行合同管理目标责任制。通过在工程项目承包合同订立和履行过程中所进行的计划、组织、监督和协调等动态管理过程，促使指挥部内部各部门、各环节互相衔接、密切配合，以提高工程项目管理水平，保证工程项目经营管理活动的顺利进行，使项目管理活动达到预期目的。

（3）合同文本的统一化和标准化　合同文本统一化和标准化有助于合同管理，对当事人各方的权利、义务和责任做出全面、准确的规定和约定，使合同可操作性强，利于合同的正常履行，能有效地防止合同纠纷的发生，提高合同效率和质量。

（4）合同履约管理　为了保证合同管理体系的有效运行，应有明确的履约评价细则，建立完整的质量检查和验收制度。

9.4.2　合同的实施管理过程

1. 合同跟踪

合同签订以后，合同中各项任务的执行要落实到具体的项目经理部或具体的项目参与人员身上，承包单位作为履行合同义务的主体，必须对合同执行者（项目经理部或项目参与人）的履行情况进行跟踪、监督和控制，确保合同义务的完全履行。

合同跟踪有两个方面的含义：一是承包单位的合同管理职能部门对合同执行者的履行情况进行的跟踪、监督和检查；二是合同执行者本身对合同计划的执行情况进行的跟踪、检查与对比。在合同实施过程中二者缺一不可。

对合同执行者而言，应该掌握合同跟踪的以下方面：

1）工程施工的质量，包括材料、构件、制品和设备等的质量，以及施工或安装质量，是否符合合同要求等。

2）工程进度，是否在预定期限内施工，工期有无延长，延长的原因等。

3）工程数量，是否按合同要求完成全部施工任务，有无合同规定以外的施工任务等。

4）成本的增加和减少。

可以将工程施工任务分解交由不同的工程小组或发包给专业分包完成，工程承包人必须对这些工程小组或分包人及其所负责的工程进行跟踪检查、协调关系，提出意见、建议或警告，保证工程总体质量和进度。

对专业分包人的工作和负责的工程，总承包商负有协调和管理的责任，并承担由此造成的损失，所以专业分包人的工作和负责的工程必须纳入总承包工程的计划和控制中，防止因分包人工程管理失误而影响全局。

2. 合同实施的偏差分析

通过合同跟踪，可能会发现合同实施中存在着偏差，即工程实施实际情况偏离了工程计划和工程目标，应该及时分析原因，采取措施，纠正偏差，避免损失。

合同实施偏差分析的内容包括产生偏差的原因分析、合同实施偏差的责任分析、合同实施趋势分析几个方面。

针对合同实施偏差情况，可以采取不同的措施，应分析在不同措施下合同执行的结果与趋势，包括：

1）最终的工程状况，包括总工期的延误、总成本的超支、质量标准、所能达到的生产能力（或功能要求）等。

2）承包商将承担什么样的后果，如被罚款、被清算，甚至被起诉，对承包商资信、企业形象、经营战略的影响等。

3）最终工程经济效益（利润）水平。

3. 合同实施的偏差处理

根据合同实施偏差分析的结果，承包商应该采取相应的调整措施，调整措施可以分为：

1）组织措施，如增加人员投入，调整人员安排，调整工作流程和工作计划等。

2）技术措施，如变更技术方案，采用新的高效率的施工方案等。

3）经济措施，如增加投入，采取经济激励措施等。

4）合同措施，如进行合同变更，签订附加协议，采取索赔手段等。

9.4.3 合同实施过程中的变更管理

工程变更一般是指在工程施工过程中，根据合同约定对施工的程序、工程的内容、数量、质量要求及标准等做出的变更。

1. 工程变更的原因

工程变更一般主要有以下几个方面的原因：

1）业主新的变更指令，对建筑的新要求，如业主有新的意图、修改项目计划、削减项目预算等。

2）由于设计人员、监理方人员、承包商事先没有很好地理解业主的意图，或设计的错误，导致施工图修改。

3）工程环境的变化，预定的工程条件不准确，要求实施方案或实施计划变更。

4）由于产生新技术和知识，有必要改变原设计、原实施方案或实施计划，或由于业主指令及业主责任的原因造成承包商施工方案的改变。

5）政府部门对工程新的要求，如国家计划变化、环境保护要求、城市规划变动等。

6）由于合同实施出现问题，必须调整合同目标或修改合同条款。

2. 工程变更的范围

根据 FIDIC 施工合同条件，工程变更的内容包括以下几个方面：

1）改变合同中所包括的任何工作的数量。

2）改变任何工作的质量和性质。

3）改变工程任何部分的标高、基线、位置和尺寸。

4）删减任何工作，但要交他人实施的工作除外。

5）任何永久工程需要的任何附加工作、工程设备、材料或服务。

6）改动工程的施工顺序或时间安排。

根据我国 GF—2017—0201《建设工程施工合同（示范文本）》第 10.1 款变更的范围：除专用合同条款另有约定外，合同履行过程中发生以下情形的，应按照本条约定进行变更：

1）增加或减少合同中任何工作，或追加额外的工作。

2）取消合同中任何工作，但转由他人实施的工作除外。

3）改变合同中任何工作的质量标准或其他特性。

4）改变工程的基线、标高、位置和尺寸。

5）改变工程的时间安排或实施顺序。

3. 工程变更的程序

根据统计，工程变更是索赔的主要起因。由于工程变更对工程施工过程影响很大，会造成工期的拖延和费用的增加，容易引起双方的争执，所以要十分重视工程变更管理问题。一般工程施工承包合同中都有关于工程变更的具体规定。工程变更一般按照如下程序进行：

（1）提出工程变更　根据工程实施的实际情况，承包商、业主方、设计方都可以根据需要提出工程变更。

（2）工程变更的批准　发包人提出变更的，应通过监理人向承包人发出变更指示，变更指示应说明计划变更的工程范围和变更的内容；承包商提出的工程变更，应该交予工程师审查并批准；由设计方提出的工程变更应该与业主协商或经业主审查并批准；由业主方提出的工程变更，涉及设计修改的应该与设计单位协商，并一般通过工程师发出。工程师发出工程变更的权力，一般会在施工合同中明确约定，通常在发出变更通知前应征得业主批准。

（3）工程变更指令的发出及执行　为了避免耽误工程，工程师和承包人就变更价格和工期补偿达成一致意见之前有必要先行发布变更指示，先执行工程变更工作，再就变更价格和工期补偿进行协商和确定。

工程变更指示的发出有两种形式：书面形式和口头形式。一般情况下要求用书面形式发布变更指示，如果由于情况紧急而来不及发出书面指示，承包人应该根据合同规定要求工程师书面认可。

工程变更的责任分析与补偿要求　根据工程变更的具体情况可以分析确定工程变更的责任和费用补偿。

4. 工程变更应注意的问题

1）必须明确工程设计文件，经过审批的文件不能任意变更。若需要变更，要根据变更分级按照规定逐级上报，经过审批后才能进行变更。

2）工程变更须符合需要、标准及工程规范，做到切实有序开展，节约工程成本，保证工程质量与进度的同时还要兼顾各方利益，确保变更有效。

3）工程变更须依次进行，不能细化分解为多次、多项小额的变更计划。

4）及时提交书面变更申请，提出变更申请时，要上交完整变更计划，计划中标明变更原因、原始记录、变更施工图、变更工程造价计划书等。若变更为业主（工程师）的口头指令，为了防止拖延和遗忘，应及时进行书面确认。

5）在施工过程中承包方不要擅自变更工程，若发现图样错误或须进行变更的工程内容时，要首先上报工程师，经同意后按照规定程序进行工程变更。否则变更后不仅无法得到应有赔偿，还会为今后的工程增添麻烦。

6）最好在执行变更前就对索赔补偿的范围补偿办法、索赔值的计算方法、补偿款的支付时间等达成一致，并签订合同，避免纠纷。

7）如果工程变更已经成为事实，可以通过控制工程进度、保留完整的变更记录和工程照片等证据材料、协商费用补偿方案等措施维护自己的合法权益。

9.4.4　合同履行过程中的监管

1. 建筑业中的失信现象

建设单位大量拖欠工程款，将极大影响施工单位正常的生产和发展，进而形成了施工单位拖欠分包企业的工程款、材料设备供应厂商的货款、农民工工资和国家税款、银行贷款的债务链,给社会安定带来了影响和隐患。尽管建设单位拖欠工程款是造成施工单位"被动"拖欠的一大原因,但也不排除许多施工单位"主动"恶意拖欠的情况。

施工单位之间"陪标"现象严重。相当多的资质和技术力量薄弱的建筑企业,为了"合法中标",除了"挂靠"资质较高的建筑企业进行投标之外,还不惜代价私下找其他建筑企业进行"陪标"。施工单位之间相互"陪标",破坏了招标投标制度的合理竞争机制。"陪标"会造成以下问题:一是由于投标单位之间的竞争大大减少或者没有竞争,造成中标单位高价中标,致使建设单位付出过高的建设资金;二是资质不高的施工单位进入施工现场,给工程质量埋下了隐患。

总承包单位中标后,违法"转包"和"分包"。具有一定资质、信誉和综合实力的施工单位中标后,因自身资源不够或为了赚取更多利润,不惜违反国家法规,将中标项目肢解后,转包或分包给另外几个施工单位,通过收取高额管理费和压低工程造价坐收渔利。在施工中往往偷工减料、以次充好,尽量降低工程成本,以图蒙混过关,从而给整个工程带来质量隐患。

施工过程中偷工减料、以次充好。微利甚至赔本中标的施工单位,在工程施工过程中往往采取降低建筑材料和设备标准或者缺斤短两,造成工程质量低下。据有关部门调查,全国每年因建筑工程倒塌事故其中有许多是由于施工单位施工中偷工减料、以次充好引起的。

目前,建筑业的信用缺失不仅仅局限于施工单位,其他建筑市场主体也都存在着不同程度的失信行为,如业主、设计单位、物资供应单位、工程监理单位、招标代理单位和造价管理单位等。这些失信行为严重阻碍了建筑业的健康发展,威胁到了建筑业的产业地位,导致支柱产业不硬,不能起到应有的作用。

2. 施工合同履行过程中的监管

为进一步规范建筑市场秩序,健全建筑市场诚信体系,加强对建筑市场各方主体的动态监管,营造诚实守信的市场环境,住房和城乡建设部先后采取了许多措施。2007年1月,发布了《建筑市场诚信行为信息管理办法》(建市[2007]9号),要求各地建设行政主管部门要对建筑市场信用体系建设工作高度重视,加强组织领导和宣传贯彻,并结合当地实际,制定落实实施细则。省会城市、计划单列市以及地级城市要建立本地区的建筑市场综合监管信息系统和诚信信息平台,推动建筑市场信用体系建设的全面实施。

良好行为记录是指建筑市场各方主体在工程建设过程中严格遵守有关工程建设的法律、法规、规章或强制性标准,行为规范,诚信经营,自觉维护建筑市场秩序,受到各级建设行政主管部门和相关专业部门的奖励和表彰,所形成的良好行为记录。不良行为记录是指建筑市场各方主体在工程建设过程中违反有关工程建设的法律、法规、规章或强制性标准和执业行为规范,经县级以上建设行政主管部门或其委托的执法监督机构查实和行政处罚,形成的不良行为记录。不良行为记录认定标准详见本章阅读材料2。

诚信行为记录由各省、自治区、直辖市建设行政主管部门在当地建筑市场诚信信息平台上统一公布。其中,不良行为记录信息的公布时间为行政处罚决定做出后7日内,公布期限一般为6个月至3年;良好行为记录信息公布期限一般为3年,法律、法规另有规定的从其规定。公布内容应与建筑市场监管信息系统中的企业、人员和项目管理数据库相结合,形成信用档案,内部长期保留。属于《全国建筑市场各方主体不良行为记录认定标准》范围的不良行为记录除在当地发布外，还将由住房和城乡建设部统一在全国公布，公布期限与地方确定的公布期限相同，法律、法规另有规定的从其规定。

各地建筑市场综合监管信息系统，要逐步与全国建筑市场诚信信息平台实现网络互联、信息共享和实时发布。

省、自治区和直辖市建设行政主管部门负责审查整改结果，对整改确有实效的，由企业提出申请，经批准，可缩短其不良行为记录信息公布期限，但公布期限最短不得少于3个月，同时将整改结果列于相应不良行为记录后，供有关部门和社会公众查询；对于拒不整改或整改不力的单位，信息发布部门可延长其不良行为记录信息公布期限。

9.5 合同的索赔管理

工程索赔是承包人和发包人保护自身正当权益、弥补工程损失的重要而有效的手段。

9.5.1 索赔的含义

建设工程索赔通常是指在工程合同履行过程中，合同当事人一方因对方不履行或未能正确履行合同或者由于其他非自身因素而受到经济损失或权利损害，通过合同规定的程序向对方提出经济或时间补偿要求的行为。索赔是一种正当的权利要求，它是合同当事人之间一项正常的而且普遍存在的合同管理业务，是一种以法律和合同为依据的合情合理的行为。

索赔的成立，应该同时具备以下三个前提条件。

1）与合同对照，事件已造成了承包人工程项目成本的额外支出，或直接工期损失。

2）造成费用增加或工期损失的原因，按合同约定不属于承包人的行为责任或风险责任。

3）承包人按合同规定的程序和时间提交索赔意向通知和索赔报告。

索赔也包括反索赔，反索赔就是反驳、反击或者防止对方提出的索赔，不让对方索赔成功或者全部成功。一般认为，索赔是双向的，业主和承包商都可以向对方提出索赔要求，任何一方也都可以对对方提出的索赔要求进行反驳和反击，这种反击和反驳就是反索赔。针对一方的索赔要求，反索赔的一方应以事实为依据，以合同为准绳，反驳和拒绝对方的不合理要求或索赔要求中的不合理部分。

在工程实践过程中，当合同一方向对方提出索赔要求，合同另一方对对方的索赔要求和索赔文件可能会有三种选择：

1）全部认可对方的索赔，包括索赔之数额。

2）全部否定对方的索赔。

3）部分否定对方的索赔。

9.5.2 索赔的分类

（1）按索赔的当事人分类

1）承包人与发包人之间的索赔。

2）承包人与分包人之间的索赔。

3）承包人或发包人与供货人之间的索赔。

4）承包人或发包人与保险人之间的索赔。

（2）按索赔目的和要求分类

1）工期索赔，一般是指承包人向业主或者分包人向承包人要求延长工期。

2）费用索赔，即要求补偿经济损失，调整合同价格。

（3）按索赔事件的性质分类　按索赔事件的性质可分为工程延期索赔、工程加速索赔、工程变更索赔、工程终止索赔、不可预见的外部障碍或条件索赔、不可抗力事件引起的索赔、其他索赔。

（4）按索赔的处理方式分类　按索赔的处理方式可分为单项索赔和综合索赔。

（5）按索赔的合同依据分类　按索赔的合同依据可分为合同内索赔、合同外索赔、道义索赔（又称为额外支付）。

9.5.3 索赔的程序

工程施工中承包人向发包人索赔、发包人向承包人索赔以及分包人向承包人索赔的情况都有可能发生，以下介绍承包人向发包人索赔的一般程序，如图 9-1 所示。

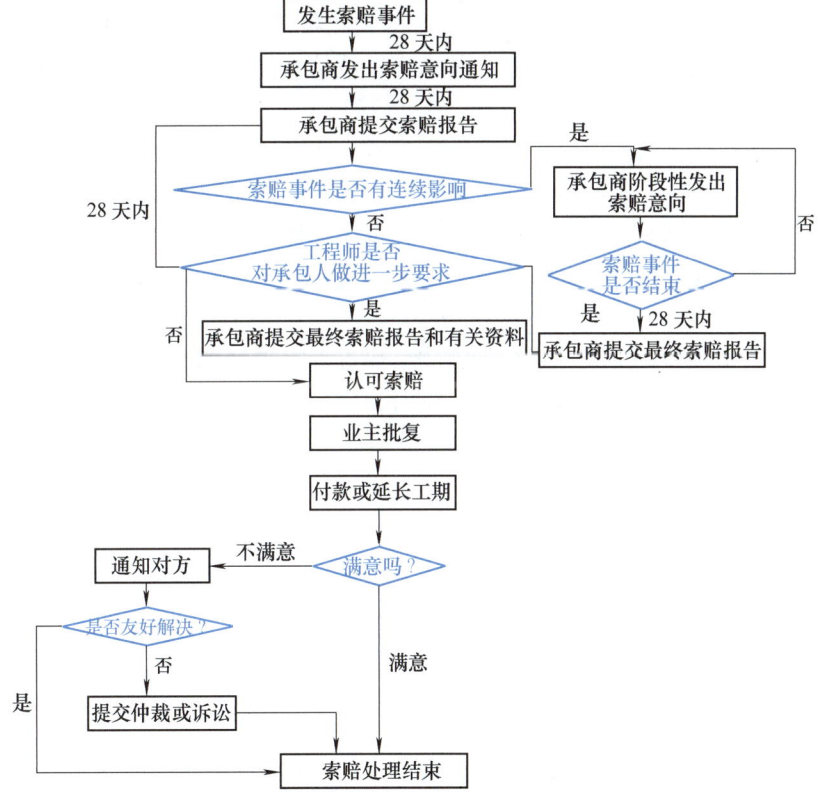

图 9-1　建设工程施工合同承包人索赔程序流程图

1. 索赔意向通知

在工程实施过程中发生索赔事件以后，或者承包人发现索赔机会，首先要提出索赔意向，即在合同规定时间内将索赔意向用书面形式及时通知发包人或者工程师，向对方表明索赔愿望、要求或者声明保留索赔权利，这是索赔工作程序的第一步。

索赔意向通知要简明扼要地说明索赔事由发生的时间、地点、简单事实情况描述和发展动态、索赔依据和理由、索赔事件的不利影响等。

2. 索赔资料的准备

在索赔资料准备阶段，主要工作如下：

1）跟踪和调查干扰事件，掌握事件产生的详细经过。
2）分析干扰事件产生的原因，划清各方责任，确定索赔根据。
3）损失或损害调查分析与计算，确定工期索赔和费用索赔值。
4）搜集证据，获得充分而有效的各种证据。
5）起草索赔文件。

3. 索赔文件的提交

提出索赔的一方应该在合同规定的时限内向对方提交正式的书面索赔文件。例如，FIDIC合同条件和我国GF—2017—0201《建设工程施工合同（示范文本）》都规定，承包人必须在发出索赔意向通知后的28天内或经过工程师同意的其他合理时间内向工程师提交一份详细的索赔文件和有关资料。如果干扰事件对工程的影响持续时间长，承包人则应按工程师要求的合理间隔（一般为28天），提交中间索赔报告，并在干扰事件影响结束后的28天内提交一份最终索赔报告。否则将失去就该事件请求补偿的索赔权利。

4. 索赔文件的审核

对于承包人向发包人的索赔请求，索赔文件首先应该交由工程师审核。工程师根据发包人的委托或授权，对承包人索赔的审核工作主要分为判定索赔事件是否成立和核查承包人的索赔计算是否正确、合理两个方面，并可在授权范围内做出判断：初步确定补偿额度，或者要求补充证据，或者要求修改索赔报告等。对索赔的初步处理意见要提交发包人。

5. 发包人审查

对于工程师的初步处理意见，发包人首先需要进行审查和批准，然后工程师才可以签发有关证书。当索赔额度超过了工程师权限范围时，应由工程师将审查的索赔报告报请发包人审批，并与承包人谈判解决。

6. 协商

对于工程师的初步处理意见，发包人和承包人可能都不接受或者其中的一方不接受，三方可就索赔的解决进行协商，达成一致，其中可能包括复杂的谈判过程，经过多次协商才能达成。如果经过努力无法就索赔事宜达成一致意见，则发包人和承包人可根据合同约定选择采用仲裁或者诉讼方式解决。

9.5.4 索赔的证据

可以作为证据使用的材料与常见的工程索赔证据类型见表9-3。

索赔证据是当事人用来支持其索赔成立或和索赔有关的证明文件和资料。索赔证据作为索赔文件的组成部分，在很大程度上关系到索赔的成功与否。证据不全、不足或没有证据，索赔是很难获得成功的。

在工程项目实施过程中，会产生大量的工程信息和资料，这些信息和资料是开展索赔的重要证据。因此，在施工过程中应该自始至终做好资料积累工作，建立完善的资料记录和科学管理制度，认真系统地积累和管理合同、质量、进度以及财务收支等方面的资料。

表 9-3　可以作为证据使用的材料与常见的工程索赔证据类型

可以作为证据使用的材料	常见的工程索赔证据类型	索赔证据要求
1. 书证。书证是指以其文字或数字记载的内容起证明作用的书面文书和其他载体。如合同文本、财务册、欠据、收据、往来信函，以及确定有关权利的判决书、法律文件等 2. 物证。物证是指以其存在、存放的地点外部特征及物质特性来证明案件事实真相的证据。如购销过程中封存的样品，被损坏的机械、设备，有质量问题的产品等 3. 证人证言。证人证言是指知道、了解事实真相的人所提供的证词，或向司法机关所做的陈述 4. 视听材料 5. 被告人供述和有关当事人陈述 6. 鉴定结论。鉴定结论是指专业人员就案件有关情况向司法机关提供的专门性的书面鉴定意见，如损伤鉴定、痕迹鉴定、质量责任鉴定等 7. 勘验、检验笔录	1. 各种合同文件 2. 工程各种往来函件、通知、答复等 3. 各种会谈纪要 4. 经过发包人或者工程师批准的承包人的施工进度计划、施工方案、施工组织设计和现场实施情况记录 5. 工程各项会议纪要 6. 气象报告和资料，如有关温度、风力、雨雪的资料 7. 施工现场记录 8. 工程有关照片和录像等 9. 施工日记、备忘录等 10. 发包人或者工程师签认的签证 11. 发包人或者工程师发布的各种书面指令和确认书，以及承包人的要求、请求、通知书等 12. 工程中的各种检查验收报告和各种技术鉴定报告 13. 工地的交接记录（应注明交接日期，场地平整情况，水、电、路情况等），图样和各种资料交接记录 14. 建筑材料和设备的采购、订货、运输、进场、使用方面的记录、凭证和报表等 15. 市场行情资料，包括市场价格、官方的物价指数、工资指数、中国人民银行的外汇比率等公布材料 16. 投标前发包人提供的参考资料和现场资料 17. 工程结算资料、财务报告、财务凭证 18. 各种会计核算资料 19. 国家法律、法令、政策文件	1. 真实性 2. 及时性 3. 全面性 4. 关联性 5. 有效性

此外还应掌握一定的索赔技巧：

1）要及时发现索赔机会。在投标报价时就应考虑将来可能要发生索赔的问题，要仔细研究招标文件中合同条款和规范，仔细查勘施工现场，探索可能索赔的机会，在报价时要考虑索赔的需要。

2）对口头变更指令要得到确认。监理工程师或业主代表常常乐于用口头指令变更，如果承包商不对监理工程师的口头指令予以书面确认，就进行变更工程的施工，此后，有的监理工程师矢口否认，拒绝承包商的索赔要求，使承包商有苦难言。例如：在工程中，由于甲方对工程进度往往要求很紧，如果完全按照正常途径操作，势必影响工程的正常进度。于是在很多类似的情况下，甲方都口头要求我方先行施工，并答应施工完后再予签证认可。可待工程完成后，很多签证送到甲方相关部门，可甲方往往想方设法进行推脱，最后不了了之，故一定要及时办理，最好现场办理签证。

3）注意索赔证据资料的收集。索赔的成功很大程度上取决于承包商对索赔做出的解释和强有力的证据材料。因此，承包商在正式提出索赔报告前的资料准备工作是极为重要的，就要求承包商注意记录和积累保存以下资料，并可随时从中索取与索赔事件有关的证据资料。

4) 注意索赔谈判技巧。索赔一般都在谈判桌上最终得以解决，索赔谈判是双方面对面的交易，是索赔能否取得成功的关键。首先，在谈判之前要做好充分准备，对谈判可能出现的问题要做好分析，如怎样保持谈判的友好和谐气氛，估计对方在谈判过程中会提出什么问题，采取什么样的行动，应采取什么措施争取有利的时机等。其次，谈判过程中要讲事实、重证据，既要据理力争，坚持原则，又要适当让步，机动灵活。

9.5.5 索赔费用的计算

1. 索赔费用的组成

索赔费用的主要组成部分，同工程款的计价内容相似。按我国现行《建筑安装工程费用项目组成》（建标〔2013〕44号）。

从原则上说，承包人有索赔权利的工程成本增加，都是可以索赔的费用。但是，对于不同原因引起的索赔，承包人可索赔的具体费用内容是不完全一样的。哪些内容可索赔，要按照各项费用的特点、条件进行分析论证。

（1）人工费　人工费包括施工人员的基本工资、工资性质的津贴、加班费、奖金以及法定的安全福利等费用。对于索赔费用中的人工费部分而言，人工费是指完成合同之外的额外工作所花费的人工费用；由于非承包人责任的工效降低所增加的人工费用；超过法定工作时间加班劳动；法定人工费增长以及非承包人责任工程延期导致的人员窝工费和工资上涨费等。

（2）材料费　材料费的索赔包括：由于索赔事项材料实际用量超过计划用量而增加的材料费；由于客观原因导致材料价格大幅度上涨；由于非承包人责任工程延期导致的材料价格上涨和超期储存费用。材料费中应包括运输费、仓储费以及合理的损耗费用。如果由于承包人管理不善，造成材料损坏失效，则不能列入索赔计价。承包人应该建立健全物资管理制度，记录建筑材料的进货日期和价格，建立领料耗用制度，以便索赔时能准确地分离出索赔事项所引起的材料额外耗用量。为了证明材料单价的上涨，承包人应提供可靠的订货单、采购单，或官方公布的材料价格调整指数。

（3）施工机具使用费　施工机具使用费的索赔包括：由于完成额外工作增加的机械使用费；非承包人责任工效降低增加的机械使用费；由于业主或监理工程师原因导致机械停工的窝工费。窝工费的计算，如系租赁设备，一般按实际租金和调进调出费的分摊计算；如系承包人自有设备，一般按台班折旧费计算，而不能按台班费计算，因台班费中包括了设备使用费。

（4）分包费用　分包费用索赔是指分包人的索赔费，一般也包括人工、材料、机械使用费的索赔。分包人的索赔应如数列入总承包人的索赔款总额以内。

（5）现场管理费　索赔款中的现场管理费是指承包人完成额外工程、索赔事项工作以及工期延长期间的现场管理费，包括管理人员工资、办公、通信、交通费等。

（6）利息　在索赔款额的计算中，经常包括利息。利息的索赔通常发生于下列情况：拖期付款的利息、错误扣款的利息。

（7）总部（企业）管理费　索赔款中的总部管理费主要是指工程延期期间所增加的管理费。包括总部职工工资、办公大楼、办公用品、财务管理、通信设施以及总部领导人员赴工地检查指导工作等开支。

(8) 利润　一般来说，由于工程范围的变更、文件有缺陷或技术性错误、业主未能提供现场等引起的索赔，承包人可以列入利润。但对于工程暂停的索赔，由于利润通常是包括在每项实施工程内容的价格之内的，而延长工期并未影响削减某些项目的实施，也未导致利润减少。所以，一般监理工程师很难同意在工程暂停的费用索赔中加进利润损失。

索赔利润的款额计算通常是与原报价单中的利润百分率保持一致。

2. 索赔费用的计算

索赔费用的计算方法有实际费用法、总费用法和修正的总费用法。

（1）实际费用法　实际费用法是计算工程索赔时最常用的一种方法。这种方法的计算原则是以承包人为某项索赔工作所支付的实际开支为根据，向业主要求费用补偿。

（2）总费用法　总费用法就是当发生多次索赔事件以后，重新计算该工程的实际总费用，实际总费用减去投标报价时的估算总费用，即索赔金额，即

$$\text{索赔金额} = \text{实际总费用} - \text{投标报价估算总费用} \tag{9-1}$$

（3）修正的总费用法　修正的总费用法是对总费用法的改进，即在总费用计算的原则上，去掉一些不合理的因素，使其更合理。修正的内容如下：

①将计算索赔款的时段局限于受到外界影响的时间，而不是整个施工期。

②只计算受影响时段内的某项工作所受影响的损失，而不是计算该时段内所有施工工作所受的损失。

③与该项工作无关的费用不列入总费用中。

④对投标报价费用重新进行核算：按受影响时段内该项工作的实际单价进行核算，乘以实际完成的该项工作的工程量，得出调整后的报价费用。

按修正后的总费用计算索赔金额的公式如下

$$\text{索赔金额} = \text{某项工作调整后的实际总费用} - \text{该项工作的报价费用} \tag{9-2}$$

修正的总费用法与总费用法相比，有了实质性的改进，它的准确程度已接近于实际费用法。

9.5.6　工期索赔的计算

工期延误，又称为工程延误或进度延误，是指工程实施过程中任何一项或多项工作的实际完成日期迟于计划规定的完成日期，从而可能导致整个合同工期的延长。工期延误对合同双方一般都会造成损失。工期延误的后果是形式上的时间损失，实质上会造成经济损失。工期索赔一般是指承包人向业主或者分包人向承包人提出批准顺延合同工期的要求，以取得业主或承包人对工期延长的合法性的确认。常用的工期索赔的分析和计算方法主要有以下几种：

（1）直接法　如果某干扰事件直接发生在关键线路上，造成总工期的延误，可以直接将该干扰事件的实际干扰时间（延误时间）作为工期索赔值。

（2）比例分析法　如果某干扰事件仅仅影响某单项工程、单位工程或分部分项工程的工期，要分析其对总工期的影响，可以采用比例分析法。

采用比例分析法时，可以按工程量的比例进行分析。

【例 9-2】 某项目主体工程施工中出现了意外情况，导致工程量由原来的 5600m^3 增加到 7000m^3，原定工期是 80d，则承包商可以提出的工期索赔值为

解：

工期索赔值 = 原工期 × 新增工程量/原工程量 = 80d × (7000m^3 − 5600m^3)/5600m^3 = 20d

本例中，如果合同规定工程量增减10%为承包商应承担的风险，则工期索赔值应该是

工期索赔值 = 80d × (7000m³ − 5600m³ × 110%)/5600m³ = 12d

工期索赔值也可以按照造价的比例进行分析。

【例9-3】 某工程合同价为1800万元，总工期为24个月，施工过程中业主增加额外工程300万元，则承包商提出的工期索赔值为

解：

工期索赔值 = 原合同工期 × 附加或新增工程造价/原合同总价 = 24 × 300/1800 = 4

（3）网络分析法 在实际工程中，影响工期的干扰事件可能会很多，每个干扰事件的影响程度可能都不一样，有的直接在关键线路上，有的不在关键线路上，多个干扰事件的共同影响结果究竟是多少可能引起合同双方很大的争议，采用网络分析法是比较科学合理的方法，其思路是：假设工程按照双方认可的工程网络计划确定的施工顺序和时间施工，当某个或某几个干扰事件发生后，网络中的某个工作或某些工作受到影响，使其持续时间延长或开始时间推迟，从而影响总工期，则将这些工作受干扰后的新的持续时间和开始时间等代入网络中，重新进行网络分析和计算，得到的新工期与原工期之间的差值就是干扰事件对总工期的影响，也就是承包商可以提出的工期索赔值。网络分析法通过分析干扰事件发生前和发生后网络计划的计算工期之差来计算工期索赔值，可以用于各种干扰事件和多种干扰事件共同作用所引起的工期索赔。

工程案例

某建筑工程，建筑面积3.8万m²，地下一层，地上十六层。施工单位（以下简称"乙方"）与建设单位（以下简称"甲方"）签订了施工总承包合同，合同工期600天。合同约定，工期每提前（或拖后）1天，奖励（或罚款）1万元。乙方将屋面和设备安装两项工程的劳务进行了分包，分包合同约定，若造成乙方关键工作的工期延误，每延误1天，分包方应赔偿损失1万元。主体结构混凝土施工使用的大模板采用租赁方式，租赁合同约定，大模板到货每延误1天，供货方赔偿1万元。乙方提交了施工网络计划，并得到了监理单位和甲方的批准。网络计划示意图如图9-2所示。

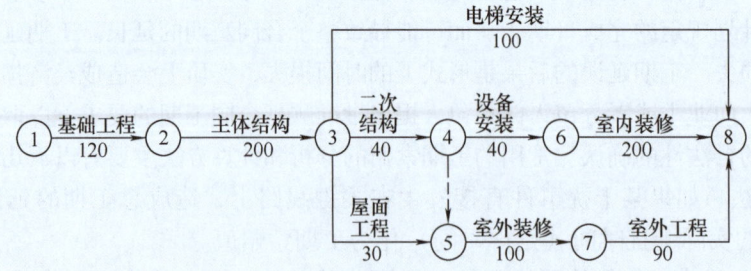

图9-2 某建筑工程网络计划图

施工过程中发生了以下事件：

事件一，在基坑开挖后，发现局部有软弱下卧层，按甲方代表指示乙方配合地质复查。地质复查后，根据经甲方代表批准的地基处理方案继续施工，因地质复查和处理使基础工程作业时间延长6天，增加费用合计8万元。

事件二，底板防水工程施工时，因特大暴雨突发洪水原因，造成基础工程施工工期延长 5 天，因人员窝工和施工机械闲置造成乙方直接经济损失 10 万元。

事件三，主体结构施工时，大模板未能按期到货，造成乙方主体结构施工工期延长 10 天，直接经济损失 20 万元。

事件四，在房屋装修施工基本结束时，甲方代表对某项电气暗管的敷设位置是否准确有疑义，要求乙方进行剥离检查。检查结果为某部位的偏差超出了规范允许范围，乙方根据甲方代表的要求进行返工处理，合格后甲方代表予以签字验收。因该项电气暗管的重新检验和返工处理使安装设备的开始作业时间推迟了 1 天，人工费和材料费合计 4000 元。

事件五，因为甲方对外装修设计的色彩不满意，局部设计变更通过审批后，使乙方外装修晚开工 30 天，直接费损失 0.5 万元。

其余各项工作，实际完成工期和费用与原计划相符。

问题：
指出乙方向甲方索赔成立的事件，并分别说明索赔内容和理由。

解：
1) 事件一：乙方可以向甲方提出工期补偿和费用补偿要求，因为地质条件变化属于甲方应承担的责任，且该项工作位于关键线路上。

2) 事件二：乙方可以向甲方提出工期索赔；因洪水属于不可抗力原因，风险共担，工程本身的损失由甲方承担，其余损失其所属单位负责。该工作属于关键工作，会对总工期造成影响，故可进行工期索赔。

3) 事件五：乙方可以向甲方提出费用索赔，设计变更属甲方责任，但该工作属于非关键工作且有足够机动时间，并未对总工期造成影响。

结论：
1) 索赔成立的前提条件是非承包商原因造成的损失。

2) 非承包商原因造成的索赔根据目的一般分为工期索赔和费用索赔，其中工期索赔是否能成立要看影响的工作是否为关键工作，如果为非关键工作，要看拖延的天数是否超过该工作的总时差，对总工期造成的影响才是工期可以索赔的天数。

3) 不可抗力原因造成的损失，风险共担，工程本身的损失由甲方承担，其余损失其所属单位负责。故一般只能进行工期索赔和与工程本身有关的费用损失索赔。

4) 隐蔽工程的重新检查是否能索赔，应看隐蔽前是否按正常程序配合检查，如果非承包商原因未进行检查，后面甲方或者监理工程师又要求要进行检查的，由此造成的工期和费用的损失是否能索赔主要看检查结果是否合格。如果检查结果合格，则工期和费用的损失可以进行索赔，如果检查结果不合格，则不能索赔。

阅读材料 1

《建设工程施工合同（示范文本）》节选

第一部分　合同协议书

发包人（全称）：_____

承包人（全称）：_____

根据《中华人民共和国合同法》《中华人民共和国建筑法》及有关法律规定，遵循平等、自愿、公平和诚实信用的原则，双方就_____工程施工及有关事项协商一致，共同达成如下协议：

一、工程概况

1. 工程名称：_____

2. 工程地点：_____

3. 工程立项批准文号：_____

4. 资金来源：_____

5. 工程内容：_____

6. 工程承包范围：

（1）_____

（2）_____

（3）_____

二、合同工期

计划开工日期：_____年_____月_____日。

计划竣工日期：_____年_____月_____日。

工期总日历天数：_____天。工期总日历天数与根据前述计划开竣工日期计算的工期天数不一致的，以工期总日历天数为准。

三、质量标准

_____

四、签约合同价与合同价格形式

1. 签约合同价为：人民币（大写）_____（¥_____元）。

其中，

（1）安全文明施工费：

人民币（大写）_____（¥_____元）；

（2）材料和工程设备暂估价金额：

人民币（大写）_____（¥_____元）；

（3）专业工程暂估价金额：

人民币（大写）_____（¥_____元）；

（4）暂列金额：

人民币（大写）_____（¥_____元）。

2. 合同价格形式：_____。

本合同价款采用_____。本合同中的_____包括_____等所有费用，合同双方应根据合同履行期间可能发生的以上各种费用变化做好分析应对，本合同履行期间综合单价不做任何调整。

五、项目经理
承包人项目经理：_____。

六、合同文件构成
本协议书与下列文件一起构成合同文件：
（1）中标通知书（如果有）；
（2）投标函及其附录（如果有）；
（3）专用合同条款及其附件；
（4）通用合同条款；
（5）技术标准和要求；
（6）图样；
（7）已标价工程量清单或预算书；
（8）其他合同文件。

在合同订立及履行过程中形成的与合同有关的文件均构成合同文件组成部分。

上述各项合同文件包括合同当事人就该项合同文件所做出的补充和修改，属于同一类内容的文件，应以最新签署的为准。专用合同条款及其附件须经合同当事人签字或盖章。

七、承诺
1. 发包人承诺按照法律规定履行项目审批手续、筹集工程建设资金并按照合同约定的期限和方式支付合同价款。

2. 承包人承诺按照法律规定及合同约定组织完成工程施工，确保工程质量和安全，不进行转包及违法分包，并在缺陷责任期及保修期内承担相应的工程维修责任。

3. 发包人和承包人通过招标投标形式签订合同的，双方理解并承诺不再就同一工程另行签订与合同实质性内容相背离的协议。

八、词语含义
本协议书中词语含义与第二部分通用合同条款中赋予的含义相同。

九、签订时间
本合同于_____年_____月_____日签订。

十、签订地点
本合同在_____签订。

十一、补充协议
合同未尽事宜，合同当事人另行签订补充协议，补充协议是合同的组成部分。

十二、合同生效
本合同自_____生效。

十三、合同份数
本合同一式_____份，均具有同等法律效力，发包人执_____份，承包人执_____份。

发包人：　　（公章）　　　　　　承包人：　　（公章）

法定代表人或其委托代理人：　　　　法定代表人或其委托代理人：
（签字）　　　　　　　　　　　　（签字）

组织机构代码：　　　　　　　　　　组织机构代码：
地　址：　　　　　　　　　　　　　地　址：
邮政编码：　　　　　　　　　　　　邮政编码：
法定代表人：　　　　　　　　　　　法定代表人：
委托代理人：　　　　　　　　　　　委托代理人：
电　话：　　　　　　　　　　　　　电　话：
传　真：　　　　　　　　　　　　　传　真：
电子信箱：　　　　　　　　　　　　电子信箱：
开户银行：　　　　　　　　　　　　开户银行：
账　号：　　　　　　　　　　　　　账　号：

阅读材料 2

不良行为记录认定标准

《全国建筑市场各方主体不良行为记录认定标准》（建市〔2007〕9 号）由住房和城乡建设部制定和颁布，施工企业的不良行为记录认定标准见表 9-4。

表 9-4　施工企业不良行为记录认定标准

行为类别	行为代码	不良行为	法律法规依据
D1-1 资质	D1-1-01	未取得资质证书承揽工程的，或超越本单位资质等级承揽工程的	《建筑法》第十三条、第二十六条，《建设工程质量管理条例》第二十五条
	D1-1-02	以欺骗手段取得资质证书承揽工程的	《建筑法》第十三条，《建设工程质量管理条例》第二十五条
	D1-1-03	允许其他单位或个人以本单位名义承揽工程的	《建筑法》第二十六条，《建设工程质量管理条例》第二十五条
	D1-1-04	未在规定期限内办理资质变更手续的	《建筑业企业资质管理规定》第二十一条
	D1-1-05	涂改、伪造、出借、转让《建筑企业资质证书》	《建筑业企业资质管理规定》第十六条
	D1-1-06	按照国家规定需要持证上岗的技术工种的作业人员未经培训、考核，未取得证书上岗，情节严重	《建筑业企业资质管理规定》第十四条

（续）

行为类别	行为代码	不良行为	法律法规依据
D1-2 承揽业务	D1-2-01	利用向发包单位及其工作人员行贿、提供回扣或者给予其他好处等不正当手段承揽的	《建筑法》第十七条
	D1-2-02	相互串通投标或者与招标人串通投标的；以向招标人或者评标委员会成员行贿的手段谋取中标的	《招标投标法》第三十二条
	D1-2-03	以他人名义投标或者以其他方式弄虚作假，骗取中标的	《招标投标法》第三十三条
	D1-2-04	不按照与招标人订立的合同履行义务，情节严重的	《招标投标法》第四十八条
	D1-2-05	将承包的工程转包或者违法分包的	《建筑法》第二十八条，《建设工程质量管理条例》第二十五条
D1-3 工程质量	D1-3-01	在施工中偷工减料的，使用不合格的建筑材料、建筑构配件和设备的，或者不按照工程设计图或者施工技术标准施工的其他行为的	《建筑法》第五十八条、第五十九条，《建设工程质量管理条例》第二十八条
	D1-3-02	未按照节能设计进行施工的	《民用建筑节能管理规定》第二十条
	D1-3-03	未对建筑材料、建筑构配件、设备和商品混凝土进行检验，或者未对涉及结构安全的试块、试件以及有关材料取样检测的	《建筑法》第五十九条，《建设工程质量管理条例》第二十一条
	D1-3-04	工程竣工验收后，不向建设单位出具质量保修书的，或质量保修的内容、期限违反规定的	《建设工程质量管理条例》第三十九条
	D1-3-05	不履行保修义务或者拖延履行保修义务的	《建设工程质量管理条例》第四十一条
D1-4 工程安全	D1-4-01	主要负责人在本单位发生重大生产安全事故时，不立即组织抢救或者在事故调查处理期间擅离职守或者逃匿的；主要负责人对生产安全事故隐瞒不报、谎报或者拖延不报的	《安全生产法》第七十条，《建设工程安全生产管理条例》第五十条、第五十一条
	D1-4-02	对建筑安全事故隐患不采取措施予以消除的	《建筑法》第四十四条
	D1-4-03	未设立安全生产管理机构、配备专职安全生产管理人员或者分部分项工程施工时无专职安全生产管理人员现场监督的	《建设工程安全生产管理条例》第二十三条、第二十六条
	D1-4-04	主要负责人、项目负责人、专职安全生产管理人员、作业人员或者特种作业人员未经安全教育培训或者经考核不合格即从事相关工作的	《建筑法》第四十六条，《建设工程安全生产管理条例》第二十五条、第三十六条、第三十七条

（续）

行为类别	行为代码	不良行为	法律法规依据
D1-4 工程安全	D1-4-05	未在施工现场的危险部位设置明显的安全警示标志，或者未按照国家有关规定在施工现场设置消防通道、消防水源、配备消防设施和灭火器材的	《建设工程安全生产管理条例》第二十八条、第三十一条
	D1-4-06	未向作业人员提供安全防护用具和安全防护服装的	《建设工程安全生产管理条例》第三十二条
	D1-4-07	未按照规定在施工起重机械和整体提升脚手架、模板等自升式架设设施验收合格后登记的	《建设工程安全生产管理条例》第三十五条
	D1-4-08	使用国家明令淘汰、禁止使用的危及施工安全的工艺、设备、材料的	《建设工程安全生产管理条例》第三十四条
	D1-4-09	违法挪用列入建设工程概算的安全生产作业环境及安全施工措施所需费用	《建设工程安全生产管理条例》第二十二条
	D1-4-10	施工前未对有关安全施工的技术要求做出详细说明的	《建设工程安全生产管理条例》第二十七条
	D1-4-11	未根据不同施工阶段和周围环境及季节、气候的变化，在施工现场采取相应的安全施工措施，或者在城市市区内的建设工程的施工现场未实行封闭围挡的	《建设工程安全生产管理条例》第二十八条、第三十条
	D1-4-12	在尚未竣工的建筑物内设置员工集体宿舍的	《建设工程安全生产管理条例》第二十九条
	D1-4-13	施工现场临时搭建的建筑物不符合安全使用要求的	《建设工程安全生产管理条例》第二十九条
	D1-4-14	未对因建设工程施工可能造成损害的毗邻建筑物、构筑物和地下管线等采取专项防护措施的	《建设工程安全生产管理条例》第三十条
	D1-4-15	安全防护用具、机械设备、施工机械及配件在进入施工现场前未经查验或者查验不合格即投入使用的	《建设工程安全生产管理条例》第三十四条
	D1-4-16	使用未经验收或者验收不合格的施工起重机械和整体提升脚手架、模板等自升式架设设施的	《建设工程安全生产管理条例》第三十五条
	D1-4-17	委托不具有相应资质的单位承担施工现场安装、拆卸施工起重机械和整体提升脚手架、模板等自升式架设设施的	《建设工程安全生产管理条例》第十七条
	D1-4-18	在施工组织设计中未编制安全技术措施、施工现场临时用电方案或者专项施工方案的	《建设工程安全生产管理条例》第二十六条

(续)

行为类别	行为代码	不良行为	法律法规依据
D1-4 工程安全	D1-4-19	主要负责人、项目负责人未履行安全生产管理职责的，或不服管理、违反规章制度和操作规程冒险作业的	《建设工程安全生产管理条例》第二十一条、第三十三条
	D1-4-20	施工单位取得资质证书后，降低安全生产条件的；或经整改仍未达到与其资质等级相适应的安全生产条件的	《安全生产许可证条例》第十四条
	D1-4-21	取得安全生产许可证发生重大安全事故的	《安全生产许可证条例》第十四条
	D1-4-22	未取得安全生产许可证擅自进行生产的	《安全生产许可证条例》第二条
	D1-4-23	安全生产许可证有效期满未办理延期手续，继续进行生产的，或逾期不办理延期手续，继续进行生产的	《安全生产许可证条例》第九条
	D1-4-24	转让安全生产许可证的；接受转让的；冒用或者使用伪造的安全生产许可证的	《安全生产许可证条例》第十三条
D1-5 拖欠工程款或工人工资	D1-5-01	恶意拖欠或克扣劳动者工资	《劳动法》第五十条

思 考 题

1. 请说明建设项目合同的作用和类型。
2. 工程建设项目施工合同文件的组成在一般情况下应包括几部分内容？
3. 施工合同谈判的主要内容有哪些？
4. 施工合同分析的主要内容有哪些？
5. 试简述工程变更的范围。
6. 试简述工程变更的程序。
7. 施工索赔的概念和条件是什么？
8. 请说明施工索赔的程序。
9. 试简述索赔的依据和证据有哪些。
10. 如何进行工期索赔和费用索赔的计算？
11. 施工合同履行过程中的监督措施有哪些？
12. 试简述国际常用的施工承包合同条件。
13. 试简述施工承包合同争议的解决方式。

习 题

一、单选题

1. 下列哪种合同承包人将承担最大风险（　　）。

A. 固定总价合同 　　　　　B. 可调总价合同
C. 估计工程量单价合同 　　D. 单价合同

2. 施工合同示范文本中规定的施工合同文件组成不包括（　　）。
A. 投标书 　　　　　　　　B. 招标文件
C. 工程量清单 　　　　　　D. 合同履行过程的变更协议

3. 订立合同过程中，（　　）是要约。
A. 招标公告 　　　　　　　B. 投标书
C. 寄送的价目表 　　　　　D. 招标说明书

4. 工程索赔中的证据不包括（　　）。
A. 招标公告 　　　　　　　B. 来往信件
C. 各种会议纪要 　　　　　D. 施工现场的工程文件

二、多选题

1. 下列属于按承包工程计价方式分类的建设工程有（　　）。
A. 单价合同 　　　B. 成本加酬金合同 　　C. 有偿合同
D. 分包合同 　　　E. 总价合同

2. 固定总价合同一般适用于（　　）的工程项目。
A. 工期较短 　　　B. 技术不太复杂 　　　C. 工程量能够准确计算
D. 风险不大 　　　E. 纠纷不多

3. 如果发包人以单价合同的形式发包工程建设项目。对于该类合同，在具体的运用中（　　）。
A. 投标报价时，人们常常注重合同的单价
B. 投标报价时，人们常常注重合同的总价格
C. 施工过程的工程款结算时，以合同单价优先
D. 实际支付时根据招标投标时确定的合同总价为依据
E. 当工程量发生变化，可以以合同单价为准调整总价

4. 我国的 GF—2017—0201《建设工程施工合同（示范文本）》由（　　）组成。
A. 建筑工程施工协议书
B. 建筑工程施工专用条款
C. 洽商、变更等明确双方权利义务的纪要、协议
D. 建筑工程施工通用条款
E. 标准、规范和其他有关技术资料、技术要求

5. 根据 GF—2017—0201《建设工程施工合同（示范文本）》通用条款的规定，当合同的组成文件之间出现矛盾或歧义时，下列有关文件优先解释顺序中，正确的有（　　）。
A. 中标通知书—合同协议书—合同专用条款
B. 中标通知书—投标书—合同通用条款
C. 履行过程中的书面洽商—合同专用条款—工程量清单
D. 投标书—合同专用条款—标准规范
E. 图样—合同专用条款—工程量清单

6. 根据合同实施偏差分析处理的结果，承包商应该采取相应的调整措施，包括（　　）。
A. 组织措施 　　　B. 技术措施 　　　C. 经济措施
D. 合同措施 　　　E. 法律措施

7. 工程变更的原因主要有（　　）。
A. 业主变更指令 　　B. 设计出现错误 　　C. 工程环境的变化
D. 工程进度的超前 　　E. 合同实施出现问题，必须调整合同目标或条款

8. 工程变更的一般程序包括（   ）。
   A. 提出工程变更　　　B. 工程变更的批准　　　C. 工程变更指令的发出
   D. 工程变更引起价格和工期补偿的协商和确定
   E. 工程变更指令的执行
9. 在以下关于索赔的说法中，（   ）是正确的。
   A. 索赔是一种合法的正当权利要求，不是无理争利
   B. 索赔可以是双向的
   C. 索赔的一句是合同和有关法律、法规和规章
   D. 索赔施工索赔的目的是补偿在工期和经济上的损失
   E. 索赔成功的关键在于索赔技巧
10. 按照索赔目的分类，索赔可以分为（   ）。
    A. 综合索赔　　　B. 单项索赔　　　C. 工期索赔
    D. 合同内索赔　　E. 费用索赔
11. 索赔程序包括（   ）。
    A. 提出索赔要求　　　B. 报送索赔资料　　　C. 领导批准
    D. 工程师答复、工程师逾期答复后果、持续索赔　　E. 仲裁或诉讼
12. 当承包人提出索赔后，工程师要对其提供的证据进行审查。属于有效的证据包括（   ）。
    A. 工程师书面指令　　　　　　　　　　B. 施工会议纪要
    C. 招标文件中的投标须知　　　　　　　D. 招标阶段发包人对承包人质疑的书面解答
    E. 检查和试验记录

第10章

工程项目资源管理

> **学习目标**
>
> 了解工程项目资源管理的概念、内容和管理过程；熟悉工程项目人力资源管理、材料管理、机械设备管理、技术管理和资金管理。

10.1 工程项目资源管理概述

10.1.1 工程项目资源管理的概念

工程项目资源是工程项目中使用的人力资源、材料、机械设备、技术、资金和基础设施的总称。工程项目资源管理是对项目所需的人力、材料、机械设备、技术、资金和基础设施所进行的计划、组织、指挥、协调和控制等活动。

工程项目资源管理的目的是实现资源优化配置、动态控制和成本节约。优化配置就是按照优化的原则安排各资源在时间和空间上的位置，满足生产经营活动的需要，在数量、比例上合理，实现最佳的经济效益。动态控制则是不断调整各种资源的配置和组合，最大限度地使用好项目部有限的人、财、物去完成施工任务，最大可能地保持各种资源的最优组合，从而节约成本，实现最佳的经济效益。

10.1.2 工程项目资源管理的内容

1. 人力资源管理

人力资源是能够推动经济和社会发展的体力和脑力劳动者，在工程项目中包括不同层次的管理人员和各种工人。工程项目人力资源管理是指项目组织对该项目的人力资源所进行的科学计划、适当培训、合理配置、准确评估和有效激励等方面的一系列管理工作。

施工企业或项目经理部的劳动成员包括固定工、临时工、合同工等。项目经理应根据施工进度计划和作业特点配置劳动力需求计划，报主管部门并协助配置。

人力资源是一种特殊而又重要的资源，是各种生产力要素中最具有活力和弹性的部分，它具有以下的基本特征。

（1）生物性　与其他任何资源不同，人力资源属于人类自身所有，存在于人体之中，是一种"活"的资源，与人的生理特征、基因遗传等密切相关，具有生物性。

（2）时代性　人力资源的数量、质量以及人力资源素质的提高，即人力资源的形成受时代条件的制约,具有时代性。

(3) 能动性　人力资源的能动性是指人力资源是体力与智力的结合,具有主观能动性,具有不断开发的潜力。

(4) 两重性　两重性(双重性)是指人力资源既具有生产性,又具有消费性。

(5) 时效性　人力资源的时效性是指人力资源如果长期不用,就会荒废和退化。

(6) 连续性　人力资源开发的连续性(持续性)是指人力资源是可以不断开发的资源,不仅人力资源的使用过程是开发的过程,培训、积累、创造过程也是开发的过程。

(7) 再生性　人力资源是可再生资源,通过人口总体内各个体的不断替换更新和劳动力的"消耗、生产、再消耗、再生产"的过程实现其再生。人力资源的再生性除受生物规律支配外,还受到人类自身意识、意志的支配,人类文明发展活动的影响,新技术革命的制约。

项目经理部应对进入现场的劳动力下达施工任务书,并可对劳动力进行补充和减员。加强培训工作,进行适当激励,以提高劳动效率,保证作业质量,是项目经理部进行劳动力管理的重要任务之一。

2. 材料管理

材料管理是为顺利完成工程施工任务,合理使用和节约材料,努力降低材料成本所进行的材料计划、订货采购、运输、库存保管、供应加工、使用、回收等一系列的组织和管理工作。

3. 机械设备管理

根据所承担工程项目的具体情况,科学优化选择和配备施工机械,并在生产过程中合理使用,进行维修保养等各项管理工作。机械设备管理的中心环节是尽量提高施工机械设备的使用效率和完好率,严格实行责任制,依操作规程加强机械设备的使用、保养和维修。

4. 技术管理

技术管理是项目经理部在项目施工的过程中,对各项技术活动过程和技术工作的各种资源进行科学管理的总称,主要包括:技术管理基础性工作、项目实施过程中的技术管理工作、技术开发管理工作、技术经济分析与评价。技术活动过程是指技术计划、技术运用、技术评价等。技术工作资源是指技术人才、技术装备、技术规程等。技术作用的发挥,除决定于技术本身的水平外,很大程度上还依赖于技术管理水平。没有完善的技术管理,先进的技术是难以发挥作用的。

5. 资金管理

资金管理是指工程项目经理部根据工程项目施工过程中资金运动的规律,进行资金预测、编制资金计划、筹集投入资金、资金核算与分析等一系列资金管理工作。项目的资金管理要以保证收入、节约支出、防范风险和提高经济效益为目的。通过对资金的预测和对比及资金计划等方法,不断进行分析对比、调整与考核,以达到降低成本、提高效益的目的。

10.1.3　工程项目资源管理的全过程

工程项目资源管理的全过程包括项目资源的计划、配置、控制和处理四个环节。

(1) 工程项目资源管理计划　该过程是优化配置和组合的手段,目的是对资源投入量、投入时间、投入步骤做出合理安排,以满足项目实施的需要。

（2）工程项目资源优化配置　该项工作是按照编制的工程项目资源管理计划优化工程项目的需要。优化是资源管理目标的计划预控，通过项目管理实施规划和施工组织予以实现，包括市场资源和内部资源的合理选择、供应、使用。

（3）工程项目资源控制　该项工作是根据每种资源的特性，设计合理的措施，进行动态配置和组合，协调投入，合理使用，不断纠正偏差，以尽可能少的资源满足项目要求，达到节约资源的目的。动态控制是资源管理目标的过程控制，包括对资源利用率和使用效率的监督、闲置资源的清退、资源随项目实施任务的增减变化及时调度等，通过管理活动予以实现。

（4）工程项目资源处理　该项工作是在各种资源投入、使用和产生核算的基础上，进行使用效果分析，一方面是对管理效果的总结，找出经验和问题，评价管理活动；另一方面又为管理提供反馈信息，指导下一阶段的管理工作，并持续改进。

10.1.4　工程项目资源管理程序

1）按合同要求，编制工程项目资源配置计划，确定投入资源的数量和时间。
2）根据项目资源配置计划，做好各种资源的供应工作。
3）根据各种资源的特性，采取科学的措施，进行有效组合，合理投入，动态控制。
4）对资源投入和使用情况定期分析，找出问题，总结经验并持续改进。

10.2　工程项目人力资源管理

10.2.1　工程项目人力资源管理计划

人力资源管理计划是从工程项目目标出发，根据内外部环境的变化，通过对项目未来人力资源需求的预测，确定完成项目所需人力资源的数量和质量、各自的工作任务，以及相互关系的过程。

1. 人力资源需求计划

人力资源要求计划是为了实现项目目标而对所需人力资源进行预测，并为满足这些需要而预先制订的计划。

（1）工程项目管理人员需求　企业应根据岗位编制计划，使用合理的预测方法，来进行人员需求预测，最终要形成一个有员工数量、招聘成本、技能要求、工作类别、管理人员数量和层次的分列表。

（2）综合劳动力和主要工种劳动力需求　综合劳动力需要量计划是确定暂设工程规模和组织劳动力进场的依据。劳动力需要量计划是根据施工方案、施工进度和预算，依次确定的专业工种、进场时间、劳动量和工人数，汇集成表格，作为现场劳动力调配的依据。劳务人员的优化配置，应根据承包项目的施工进度计划和工种需要数量进行。

2. 人力资源配置计划

企业应根据组织发展计划和组织工作方案，结合人力资源核查报告，来制订人员配置计划。人员配置计划阐述了单位每个职位的人员数量、人员的职务变动、职务空缺数量的补充办法。

（1）人力资源配备计划　该计划用于计划人力资源在何时、以何种方式加入和离开项目小组。人员计划可能是正式的，也可能是非正式的，可能详细，也可能是框架概括型的，依项目需要而定。

（2）资源库说明　该说明用于明确可供项目使用的人力资源情况。

（3）制约因素　制约因素包括招聘惯例、原则和程序。

3. 人力资源培训计划

人力资源培训计划包括新员工的上岗培训、老员工的继续教育以及各种专业培训等。培训计划涉及培训政策、培训需求分析、培训目标、培训内容、培训方式。

（1）培训内容　培训内容包括规章制度、安全施工、操作技术和文明教育四个方面。具体有：业务技能知识、法律法规及相关要求、操作和管理的沟通配合须知、施工合规（符合规定）的意识、人体工效要求等。

（2）培训方式　培训应因地制宜、因人制宜、不拘形式、讲求实效，根据各企业自身的不同特点和现场实际情况，以及不同工种、不同业务的工作需要，采取多种形式。

1）按办学方式，分为企业自办、几个单位联合办或委托培训等形式。

2）按脱产程度不同，分为业余培训、半脱产培训和全脱产培训，还可采取岗位练兵、师带徒等形式。

3）按培训时间，分为长期培训和短期培训。

10.2.2　工程项目人力资源配置

1. 劳动力的优化配置

劳动力的优化配置是为了保证工程项目进度计划实现，使人力资源充分利用，降低工程成本。劳动力需要量计划是根据项目经理部的生产任务和劳动生产率水平以及项目施工进度计划的需要和作业特点进行的。

劳动力的来源包括以下几个方面。

1）企业的劳动力主要来源：自有固定工人、从建筑劳务基地招募的合同制工人、其他合同工人。

2）工程项目的劳动力主要来源：大部分由内部劳务市场按项目经理部的劳动力计划提供，有任务需要时，与企业内部劳务市场管理部门签订合同，任务完成后，解除合同，劳动力退归劳务市场。

对于特殊的劳动力，经企业劳务部门授权，由项目经理部自行招募。项目经理享有和行使劳动用工自主权。

劳动力的配置：项目经理部应根据施工进度计划、劳动力需要量计划和工种需要量计划进行合理配置。

2. 管理人员的配置

企业应根据人力资源需求计划对管理人员数量、职务名称、知识技能等方面的要求，遵循公开、平等、竞争、全面等原则选择工程项目管理人员。

3. 劳务合同

劳务承包合同一般分为两种形式：一是按施工预算或投标价承包；二是按施工预算中的清工承包（包工队或公司不购材料，只出人工、技术和施工工艺的一种做法）。

劳务分包合同的内容应包括：工程名称、工作内容及范围、提供劳务人员的数量、合同工期、合同价格及确定原则、合同价款的结算和支付、安全施工、重大伤亡及其他安全事故处理、工程质量、验收与保修、工期延误、文明施工、材料机具供应、文物保护、发包人及承包人的权利和义务、违约责任等。

10.2.3 人力资源培训

人力资源培训的管理包括培训岗位、人数、培训内容、目标、方法、地点和培训费用等，应重点培训关键岗位的操作运行人员和管理人员。人力资源培训的内容包括管理人员的培训和工人的培训。

1. 管理人员的培训

1）岗位培训。岗位培训是按照不同的劳动规范，本着"干什么学什么，缺什么补什么"的原则进行的培训活动。

2）继续教育。企业应建立技术、业务人员继续教育体系，采取按系统、分层次、多形式的方法，对具有中专以上学历的处级以上职务的管理人员进行继续教育。

3）学历教育。学历教育主要是有计划选派部分管理人员到高等院校深造，毕业后仍回本单位继续工作。

2. 工人的培训

工人的培训包括：班组长培训、技术工人等级培训、特种作业人员的培训、对外埠施工队伍的培训。

10.2.4 劳动力的组织形式

劳动力的组织形式是指企业内部劳务市场向工程项目供应劳动力的组织方式，即施工班组中工人的结合方式，具体有以下几种。

1. 内部劳务市场

内部劳务市场由若干作业队组成，按所签订的劳务合同可以承包项目经理部所辖的一部分或是全部工程的劳动作业。作业队内一般设10人以内的管理人员，规模可达200~400人，职责是接受劳务部门的派遣、承包工程，进行内部核算、职工培训、生产服务、支付报酬。

2. 项目经理部

项目经理部根据计划和合同的要求，在接收作业队派遣的作业人员之后，根据工程需要，保持原建制不变，或重新组合。

1）专业班组。专业班组是由同一工种（专业）的工人组成的班组。组建专业班组有利于提高专业施工水平，提高熟练程度和劳动效率，但专业班组间的配合难度大。

2）混合班组。混合班组是由多工种工人组合的综合性班组，工人可以在一个集体中混合作业。混合班组打破了工种界限，有利于专业配合，但不利于专业技能及熟练水平的提高。

3）大包队。大包队是扩大了的专业班组或混合班组，大包队内还可以划分专业班组。大包队可以进行综合承包，独立施工能力强，有利于协作配合，简化了管理工作。

10.2.5　劳动力的动态管理

1. 原则

劳动力的动态管理以劳务合同和工程项目的进度计划为依据；以企业内部市场为依托，允许劳动力在市场内做合理流动；以企业内部劳务的动态平衡和日常调度为手段；以劳动力的优化组合和作业人员的积极性得到充分调度为目的。

2. 项目经理部劳动力动态管理的责任

1）按项目劳动力需要量计划向企业劳务管理部门中心申请派遣劳务人员，并签订劳务合同；按计划在项目中分配劳务人员，并下达施工任务单或承包任务书。

2）在项目施工中不断进行劳动力平衡、调整、解决施工要求与劳动力数量、工种、技术能力等在相互配合中存在的矛盾。

3）优化劳动组合。优化劳动组合也称为合理劳动组合，是指企业在核定的编制定员之内，打破原有班组界线，在自愿的基础上，通过竞争、考试考核，择优上岗，签订上岗合同，形成新的劳动组织。优化劳动组合包括两方面的内容：一是废除干部职务终身制，在企业经营管理人员中实行聘任制；二是废除工人一次分配定终身，实行项目部领导、班组长与工人相互选择。

10.2.6　劳动分配方式

劳动分配的依据包括：企业的劳动分配制度、劳动工资核算资料及设计预算、劳务承包合同、施工任务书、劳务考核记录等。劳动分配的方式有劳动定额和劳动定员两种形式。

1. 劳动定额

劳动定额是指在正常生产条件下，为完成单位产品（或工作）所规定的劳动消耗的数量标准。其表现形式有两种：时间定额和产量定额，时间定额是指完成合格产品所必需的时间，产量定额是指单位时间内应完成合格产品的数量，二者在数值上互为倒数。

（1）劳动定额的作用　劳动定额是劳动效率的标准，是劳动管理的基础，其主要作用是：

1）劳动定额是编制施工项目劳动计划、作业计划、工资计划等各项计划的依据。

2）劳动定额是项目经理部合理定编、定岗、定员及科学地组织生产劳动推行经济责任制的依据。

3）劳动定额是衡量考评工人劳动效率的标准，是按劳分配的依据。

4）劳动定额是施工项目实施成本控制和经济核算的基础。

（2）劳动定额水平　劳动定额水平必须先进合理。在正常生产条件下，定额应控制在多数工人经过努力能够完成，少数先进工人能够超过的水平上。定额要从实际出发，充分考虑到达到定额的实际可能性，同时还要注意保持不同工种定额水平之间的平衡。

2. 劳动定员

劳动定员是指根据施工项目的规模和技术特点，为保证施工的顺利进行，在一定时期内（或施工阶段内）项目必须配备的各类人员的数量和比例。

（1）劳动定员的作用

1）劳动定员是建立各种经济责任制的前提。

2) 劳动定员是组织均衡生产，合理用人，实施动态管理的依据。

3) 劳动定员是提高劳动生产率的重要措施之一。

(2) 劳动定员方法

1) 按劳动定额定员，适用于有劳动定额的工作，计算公式为

$$某工种的定员人数 = \frac{某工种及计划工作量}{该工种工人产量定额 \times 计划出勤工日利用率} \quad (10\text{-}1)$$

2) 按施工机械设备定员，适用于如车辆及施工机械的驾驶员、装卸工人、机床工人等的定员。计算公式为

$$某机械设备定员人数 = \frac{必需的机械设备台数 \times 每台设备工作班次}{工人看管定额 \times 计划出勤工日利用率} \quad (10\text{-}2)$$

10.2.7 劳动绩效评价与激励

劳动绩效评价主要着眼于工作结果，是个体或群体劳动的最终成绩或贡献。考核劳动绩效既要考虑劳动者的工作业绩，又要考虑劳动者的工作过程、行为方式和客观环境条件，最终要有激励机制的配合。

1. 绩效评价的含义

绩效评价就是按既定标准，采用具体的绩效评价方法，检查和评定劳动者工作过程、工作行为、工作结果，以确定工作成绩，并将评价结果反馈给劳动者的过程。

绩效评价是以工作目标为导向，以工作标准为依据，对劳动者的行为及其结果进行综合管理的一种制度，目的是确认劳动者的工作成就，改进员工的工作方式，奖优惩劣，提高工作效率和经营效益。

2. 员工激励

现代项目人力资源管理中运用员工激励措施是做好项目管理的必要手段，管理者必须深入了解项目员工个体或群体的各种需要，正确选择激励手段，制订合理的奖惩制度并适时地采取相应的奖惩和激励措施。

激励可以提高项目员工的工作效率，有助于项目整体目标的实现，有助于提高项目员工的素质。

10.3 工程项目材料管理

10.3.1 工程项目材料管理计划

1. 材料需求计划

项目经理部所需要的主要材料、大宗材料应编制材料需求计划，由组织物资部门负责采购。根据各工程量汇总表所列各建筑物和构筑物的工程量，查万元定额或概算指标便可得出各工程项目所需的材料需要量。

材料计划必须准确，对材料两算（设计预算材料分析、施工预算材料分析）存在的问题有明确的说明或两算的补充说明。材料供应必须满足施工项目进度的要求。

2. 材料使用计划

根据工程项目总进度计划表，大致估计出某些建筑材料在某季度的需要量，从而按照时

间、地点要求编制出建筑材料需要量计划。它是材料和构件等落实组织货源，签订供应合同，确定运输方式，编制运输计划，组织进场，确定暂设工程规模的依据。

10.3.2 工程项目材料资源的控制

1. 材料供应

（1）供应方式

1）包工不包料。材料由业主负责供应，施工企业只承包工程的用工。

2）包工包料。施工企业不仅承包工程的用工，而且承包全部材料的申请、订货、运输和供应。

（2）材料供应体制

1）材料供应权应主要集中在法人层次上。为便于各项目材料供应的管理协调，达到节约材料费用、降低成本的目的，必须建立统一的企业内部材料供应机构，使企业法人的材料供应地位不被社会材料市场和项目经理代替。企业取得采购权以后，供料机构对工程项目所需的主要材料、大宗材料实行统一计划、统一采购、统一供应、统一调度和统一核算，承担"一个漏斗，两个对接"的功能，即一个企业绝大部分材料主要通过企业层次的材料机构进入企业，形成漏斗；企业的材料机构既要与社会建材市场对接，又要与本企业的项目管理层对接。

2）企业应建立内部材料市场。为便于材料供应权主要集中在法人层次上，并与社会市场对接，建立新型生产方式，适应市场经济发展和项目施工，企业必须以经济效益为中心，在专业分工的基础上，把商品市场的契约关系、交换方式等引入企业，建立企业材料市场。材料的企业市场，企业材料部门是卖方，项目管理层是买方，各自的权限和利益由双方签订买卖合同加以明确。除了主要材料由内部材料市场供应外，周转材料、大型工具均采用租赁方式，小型及随手工具采取支付费用方式，由班组在内部市场自行采购。

3）项目经理部有部分的材料采购供应权。企业内部材料市场建立后，作为买方的项目经理部的材料管理主要任务是提出材料需要量计划，与企业材料部门签订供料合同，控制材料使用，加强现场管理，设计材料节约措施，完工后组织材料结算与回收等。

2. 现场材料管理

（1）管理责任 项目经理是现场材料管理全面领导责任者；项目经理部主管材料人员是施工现场材料管理直接责任人；班组料具员在主管材料员业务指导下，协助班组长组织并监督本班组合理领料、用料、退料。

（2）管理内容

1）材料进场验收。为把住质量和数量关，在材料进场时根据进料计划、送料凭证、质量保证书或产品合格证，进行验收；验收按质量验收规范和计量检测规定进行；验收内容包括品种、规格、型号等；验收要做好记录、办理验收手续；对不符合要求的材料应拒绝验收。

2）材料的储存与保管。材料入库，应建立台账；现场的材料必须防火、防盗、防雨、防变质、防损坏；施工现场材料放置要合理，保管得当；要日清、月结、定期盘点、账物相符。

3）材料领发。凡工程用料，凭限额领料单领发材料；超限额的用料，用料前办理手续，填写超限额领料单，注明消耗原因，经签发批准后实施；建立领发料台账，记录领发状况和节超状况。

（3）材料使用监督　现场材料管理责任者应对现场材料的使用进行分工监督。监督内容包括：是否按材料计划合理用料，是否严格执行配合比，是否认真执行领发料手续，是否做到谁用谁清、随领随用，是否按规定进行用料交底和作业交接，是否按要求保护材料等。检查是监督的手段，检查要做到情况有记录、原因有分析、责任有明确、处理有结果。

（4）材料回收　班组余料必须收回，及时办理退料手续，并在限额领料单中登记扣除；设施用料、包装物及容器在使用周期结束后组织回收，建立回收台账，处理好经济关系。

（5）周转材料的现场管理

3. 材料的统计与核算

项目材料组自项目开始到项目竣工验收阶段，应做好各种资料收集整理并装订成册，按月做好统计核算工作，以便项目经理和监理方随时检查，为他们了解和控制项目的实际资源消耗状况提供参考。

4. 材料的采购管理

（1）物资采购管理　物资采购计划确定后，企业的物资部门要做好订货和采购工作，其中一项重要工作就是签订订货合同，合同的内容要完整准确，符合国家法律规定，一般应建立合同台账，以加强对合同执行的管理。商品流通企业的商品采购要按照以下三项基本原则：以销定进原则；勤进快销原则；以进促销原则。

（2）库存控制原则

1）定量库存控制法。

$$F = \frac{D \cdot K}{E} + \frac{E \cdot P/2}{I} \tag{10-3}$$

式中　E——某物资每次订购量（批量）；

D——每年某物资的耗用量；

K——每次订货的采购费用；

P——某物资的单位价格；

I——每年的储存费用比率（年储存费用与存储物资的价值相比，用百分比表示）。

2）定期库存控制法。

$$\text{订购数量} = （\text{订购周期}+\text{备运天数}）\times \text{平均每日需用量}+\text{保险储备量}-\text{现有库存量}-\text{已订未到量} \tag{10-4}$$

3）ABC 分类控制法。ABC 分类控制法是根据库存物资的主要特征进行分类排队，分清重点和一般，从而实行不同的控制管理的方法。

10.4　工程项目机械设备管理

工程项目机械设备管理是对施工机械设备运动全过程的管理，从对施工机械设备的选择开始，到投入生产领域使用、磨损、修理、改造、更新，再到报废退出生产领域为止的全过程进行管理。

10.4.1　机械设备管理计划

1. 需求计划

对于主要施工机械的需要量，根据施工进度计划、主要建筑物施工方案和工程量，并套用机械产量定额求得。工程项目所需的机械设备有四种提供方式：从本企业专业租赁公司租赁设备、从社会上的机械设备租赁市场上租用设备、分包队伍自有设备、企业新购买设备。

2. 机械设备使用计划

机械设备使用计划的编制依据是工程项目施工组织设计。编制施工组织设计，应在考虑合理的施工方法、工艺、技术安全措施时，考虑用什么样的设备组织生产，才能最合理、最有效地保证工期和质量，降低生产成本。

3. 机械设备保养与维修计划

设备进入现场经验收合格后，在使用的过程中，其保护装置、机械质量、可靠性等都有可能发生质的变化，对使用过程的保养与维修是确保其安全、正常使用必不可少的手段。

机械设备保养的目的是保持机械设备的良好技术状态，提高设备运转的可靠性和安全性，减少零件的磨损，延长使用寿命，降低消耗，提高经济效益。

10.4.2　机械设备控制

1. 综合评分法

机械设备的综合特性包括：工作效率、工作质量、使用费和维修费、能源消耗量、占用的操作人员和辅助人员、安全性等。由于因素较多，在综合考虑时如果优劣倾向不明显，则可用定量计算法求出综合指标，再加以比较。方法有简单评分法和加权评分法等。

2. 经济分析法

1）单位工程量成本比较法。机械设备使用时要发生一定的费用。一类是随着机械的工作时间而变化的费用，称为可变费用；另一类是按一定施工期限分摊的费用，称为固定费用。一般以单位工程量成本低的机械设备做选择对象。

2）界限使用时间比较法。界限使用时间就是两台机械设备单位工程量成本相等的时间。

3）折算费用法（等值成本法）。如果要选择的机械设备较长时间地服务于一项工程，在选择时必须涉及机械设备的原始投资并且考虑成本的时间价值，这时可采用折算费用法进行计算选择，低者为优。折算费用法就是在预计的机械设备服务寿命期内，按年或月摊入成本的机械设备费用。

10.4.3　机械设备的合理使用

（1）人机固定　实行机械使用保养责任制，指定专人使用、保养，将机械设备的使用效益与个人经济利益联系起来。

（2）实行操作证制度　专职的操作人员必须经过培训及企业或部门的统一考试，确认合格，发给上岗证，这是保证机械设备得到合理使用的必要条件。

（3）遵守走合期的使用规定　所谓的走合期，就是指新机械设备和经过大修或改造的机械设备在投产使用初期，经过运行磨合使机械零配件摩擦表面逐渐达到良好配合的时间。

这样可以防止机件早期磨损,延长机械设备的使用寿命和修理周期。

(4) 实行单机或机组核算　根据考试的成绩实行奖罚,是一项提高机械设备管理水平的重要措施。

(5) 合理组织机械设备施工

(6) 培养机务队伍　采取办训练班,进行岗位练兵等形式,有计划、有步骤地做好培养和提高工作。

(7) 搞好机械设备的综合利用　现场安装尽量做到一机多用,按小时安排好机械的工作,充分利用时间,大力提高其利用率。

(8) 努力组织好机械设备的流水施工　当施工进度主要取决于机械设备而不是人力时,必须以机械设备的服务能力作为划分施工段的决定因素,使机械设备连续作业,必要时"歇人不歇马",三班作业。

(9) 机械设备安全作业　项目经理部在机械作业前应向操作人员进行安全操作交底,使操作人员对施工要求、场地环境等安全生产要素有所了解。项目经理部按机械设备的安全操作要求安排工作和进行指挥,不得要求操作人员违章作业,也不得强令机械设备带病操作,更不得指挥和允许操作人员野蛮施工。

(10) 为机械设备的施工创造良好的条件　现场环境、施工平面图布置应适合机械作业要求,交通路畅通无障碍,夜间施工安排好照明。

10.4.4　机械设备的保养与维修

1. 机械设备的保养

保养的目的是保持机械设备的良好技术状态,提高机械设备运转的可靠性和安全性,减少零件的磨损,延长使用寿命,降低消耗,提高机械设备施工的经济效益。保养分为例行保养和强制保养。

(1) 例行保养　例行保养是指根据制度规定按一定周期和内容分级进行保养。它不占用机械设备的运转时间,由操作人员在机械设备运行间隙进行。

(2) 强制保养　强制保养是指间隔一定周期,需要占用机械设备运转时间而停工进行的保养。这种制度贯彻了以预防为主的精神,有利于机械设备处于良好的技术状态。保养周期根据各类机械设备的磨损规律、作业条件、维护水平及经济性四个主要因素决定。

2. 机械设备的维修

机械设备的维修是指对机械设备的自然损耗进行修复,排除机械设备运行故障,对损坏的零部件进行更换、修复。对机械设备的预检和修理,可以保证机械设备的使用效率,延长寿命。机械设备的维修可分为大修、中修和零星小修。

1) 大修是对机械设备进行全面的解体检查修理,保证各零部件质量和配合,尽可能使机械设备恢复原有精度、性能、效率,达到良好的技术状态。

2) 中修是更换与修复机械设备的主要零部件和数量较多的其他磨损件,并校正机械设备的基准,恢复机械设备的精度、性能和效率,保证其能使用到下一次修理而安排的修理。

3) 零星小修一般是临时安排的修理,目的是消除操作人员无力排除的突然故障,个别零件的损坏或一般性损坏等问题,一般是和保养相结合,不列入修理计划之中。

3. 机械设备操作人员管理

机械设备操作人员必须持证上岗，通过专业培训考核合格后注册，操作证年审合格，在有效期内，操作的机种与证上允许的吻合。操作人员须明确责任制，建立考核制度，使其操作的机械设备发挥出最大的效能。

10.5 工程项目技术管理

10.5.1 工程项目技术管理的内涵

1. 工程项目技术管理的内容

1）技术基础工作的管理，包括实行技术责任制，执行技术标准与技术规程，制定技术管理制度，开展科学实验，交流技术情报，管理技术文件等。

2）施工过程中技术工作的管理，包括组织设计，施工工艺管理，技术试验，技术核定，技术检查，标准化管理等。

3）技术开发管理，包括技术培训，技术革新，技术改造，合理化建议等。

4）技术经济分析与评价，包括对各种技术方案进行计算、比较与论证。

2. 工程项目技术管理的职责

1）主持项目的技术管理。

2）主持制订项目技术管理工作计划。

3）组织有关人员熟悉与审查图样，主持编制项目管理实施规划的施工方案并组织落实。

4）负责技术交底。

5）组织做好测量及其核定。

6）指导质量检验和试验。

7）审定技术措施计划并组织实施。

8）参加工程验收，处理质量事故。

9）组织各项技术资料的签证、收集、整理和归档。

10）领导技术学习，交流技术经验。

11）组织专家进行技术攻关。

10.5.2 主要技术管理制度

技术管理制度是技术管理基本规律和工作经验的总和。建立健全严格的管理制度，可把工程项目的技术工作科学地组织起来，保证技术管理任务的完成。技术管理制度包括以下内容。

1）学习与会审施工图制度。

2）施工组织设计管理制度。

3）技术交底制度。

4）工程项目材料、设备检验制度。

5）工程质量检查及验收制度。

6）技术组织措施计划制度。

7）施工技术资料管理制度。

8）其他技术管理制度。

10.5.3　主要技术管理工作

1）设计文件的学习和施工图会审。施工图会审是指施工单位熟悉、审查施工图，了解工程特点、设计意图和关键部位的工程质量要求，是帮助设计单位减少差错的重要手段，避免技术事故和经济的浪费。施工图会审有三方代表：建设单位或其委托的监理单位、设计单位和施工单位。

2）工程项目技术交底，技术交底应在单位工程和分部分项工程施工之前进行。它是一项技术性很强的工作，对保证工程质量至关重要。目的是参与施工的人员熟悉了解所担负的工程的特点、设计意图、技术要求、施工工艺和应注意的问题。建立技术交底责任制，加强施工质量检查、监督和管理，从而提高质量。

3）隐蔽工程检查与验收，在施工过程中将会被下一道工序掩盖的工程项目为隐蔽工程，在掩盖前应进行严密检查，做出记录，签署意见，办理验收手续，不得后补。有问题需复验的须办理复验手续，并由复验人做出结论，填写复验日期。

4）施工的预检，是该工程项目或分部分项工程在未施工前所进行的预先检查。预检是保证工程质量，防止可能发生差错造成质量事故的重要措施。除施工单位自身进行预检外，监理单位应对预检工作进行监督，并予以审核认证。预检时要做出记录。

5）技术措施计划，技术措施是为了克服生产中薄弱环节，挖掘生产潜力，保证完成生产任务，获得良好的经济效果，在提高技术生活水平方面采取的各种手段和办法。它是在综合已有的先进经验或措施，如节约原材料、保证安全、降低成本等措施。

6）施工组织设计工作，施工组织设计是以工程项目为对象编制的，用以指导施工过程各项活动的技术、经济、组织、协调和控制的综合性文件。基本任务是根据施工项目的具体要求和合同规定，确定经济合理的施工规划方案，对拟建项目在人力和物力、空间和时间、组织和技术上进行全面合理地安排，以保证按照规定，按质按量如期地完成施工任务。

10.6　工程项目资金管理

资金是企业拥有、占有和支配的财产物质价值形态，是企业进行生产经营活动的前提条件和物质基础。

企业应在其财务部门设立项目专用账号，由财务部门统一对外，所有资金的收支均按财务制度的要求由财务部门对外运作。资金进入财务部门后，按照承包人的资金使用制度分流到项目。项目经理部负责施工项目资金的使用管理。

10.6.1　工程项目资金管理计划

年度资金收支计划的编制，要根据施工合同工程款支付的条款和年度生产计划安排，预测年内可能达到的资金收入，安排好工、料、机费用等资金分阶段投入，做好收入与支出在时间上的平衡。

编制年度计划，主要是摸清工程款到位情况，测算筹集资金的额度，安排资金分期支付、平衡资金，确立年度资金管理工作总体安排。季度、月度资金收支计划的编制，是年度资金收支计划的落实和调整，要结合生产计划的变化，安排好季度、月度资金收支。特别是月度资金收支计划，要以收定支，量入为出。

10.6.2 工程项目资金预测

1. 资金收入预测

项目资金是按项目合同价款收取的，在工程项目实施过程中，应从收取工程预付款开始，每月按进度收取工程进度款，直到最终竣工结算。

应依据项目施工进度计划及工程项目合同按时间测算收入数额，做出项目收入预测表，绘出项目资金按月收入图及项目资金按月累加收入图。资金收入测算工作应注意以下问题：

1) 由于资金测算是一项综合性工作，因此要在项目经理主持下，由职能人员参加，共同分工负责完成。

2) 加强施工管理，依据合同保质、保量、按期完成，以免由于质、量、工期问题罚款造成经济损失。

3) 严格按合同规定的结算办法测算每月实际应收的工程进度款数额，同时要注意收款滞后的时间因素。

2. 资金支出预测

（1）项目资金支出预测的依据　成本费用控制计划；施工组织设计；材料、物资储备计划。根据以上依据，测算出随着工程项目的实施，每月预计的人工费、材料费、机械使用费等各项支出，使整个项目费用的支出在时间上和数量上有个总体概念，以满足项目资金管理上的需要。

（2）项目资金支出预测的程序　首先根据成本控制计划、施工组织设计、物质储备计划，测算出每月支出款额，然后绘制项目费用支出图，最后绘制项目费用支出累加图。

3. 资金收入与支出的对比

将工程项目资金收入预测累计结果和支出预测累计结果绘制在一个坐标图上，绘制出资金收入与支出对比示意图。

（1）工程项目资金的来源　资金来源一般是在承包合同条件中做出规定，由发包方提供工程备料款和分期结算工程款。为了保证生产过程的正常进行，施工企业可垫支部分自有资金，但应有所控制，以免影响整个企业生产经营活动的正常进行。因此，工程项目资金来源渠道是预收工程备料款、已完施工价款结算、银行贷款、企业自有资金、其他项目资金的调剂占用。

（2）资金筹措的原则

1) 充分利用自有资金。

2) 必须在经过收支对比后，按差额筹措资金，以免造成浪费。

3) 尽量利用低利率的贷款。

10.6.3 工程项目资金的使用管理

建立健全工程项目资金管理责任制，明确项目资金的使用管理由项目经理负责，项目经理部财务人员负责协调组织日常工作，做到统一管理、归口负责，明确项目预算员、计划员、统计员、材料员、劳动定额员等有关职能人员的资金管理职责和权限。

1. 项目资金的使用原则

项目资金的使用管理应本着促进生产、节省投资、量入为出、适度负债的原则；本着国家、企业、员工三者利益兼顾的原则，优先考虑上缴国家的税金和应上缴的各项管理费；要依法办事，按照劳动法保证员工工资按时发放，按照劳务分包合同，保证外包工劳务费按合同规定结算和支付，按材料采购合同按期支付货款，按分包合同支付分包款。

2. 项目资金的使用管理

项目资金的使用管理反映了项目施工管理的水平，从施工计划安排、施工组织设计、施工方案的选择上，用先进的施工技术提高效率、保证质量、降低消耗，努力做到以较少的资金投入，创造较大的经济价值。

项目经理部按组织下达的用款计划控制使用资金，以收定支，节约开支，应按会计制度规定设立财务台账记录资金支出情况，加强财务核算，及时盘点盈亏。

1）按用款计划控制资金使用，项目经理部各部门每次领用支票或现金，都要填写用款申请表，由项目经理部部门负责人具体控制该部门支出。额度不大时可在月度用款计划范围内由经办人申请，部门负责人审批。各项支出的有关发票和结算验收单据，由各用款部门领导签字，并经审批人签证后，方可向财务报账。

2）设立财务台账，记录资金支出。为预防债务问题，做会计账不便于对各工程繁多的债务债权逐一开设账户，做出记录，因此为控制资金，项目经理部需设立财务台账，作为会计核算的补充记录，进行债权债务的明细核算。

3）加强财务核算，及时盘点盈亏。项目经理部要随着工程进展定期进行资产和债务的清查，因为单位工程只有到竣工决算时，才能确定最终该工程的盈利准确数字，在施工中的财务结算只是相对准确，所以要根据工程完成部位，适时进行财产清查。对项目经理部所有资产方和所有负债方及时盘点，通过资产和负债加上级拨付资金平衡关系比较看出盈亏趋向。

10.6.4 资金的风险管理

注意发包方资金到位情况，签好施工合同，明确工程款支付办法和发包方供料范围。在发包方资金不足的情况下，尽量要求发包方供应部分材料，要防止发包方把属于甲方供料、甲方分包的范围转给承包方支付。

关注发包方资金动态，在已经发生垫资施工的情况下，要适当掌握施工进度，以利于回收资金。如果出现工程垫资超出原计划控制幅度的情况，就要考虑调整施工方案，压缩规模，甚至暂缓施工，并积极与发包方协调，保证开发项目，以利于回收资金。

阅读材料

某工程项目工程材料管理

某市政建设工程有限公司通过竞争性谈判与公开招标投标市场，取得了 A 市珠江路快速通道工程的承包权，工程采用 BT 模式。该公司按照业主要求，负责项目资金筹措和工程建设管理，待项目竣工验收合格后，业主再分期出资回购。考虑到材料成本占整个项目的成本 60%以上，企业在这样的建设模式下，成功控制好材料采购与供应，会大大化解项目的风险，材料供应管理工作需要采取不同于传统市政工程的供应管理模式，才能最有效地发挥全盘控制作用，为企业创造更大的利益，通过管理实现企业利润的最大化。

珠江路工程位于 A 市南部凤凰山北侧，是连接主城区的快速通道。工程全长 5613.38m，道路标准横断面为：3.5m（人行道）+4.5m（非机动车行道）+3.5m（机非分隔带）+12m（机动车行道）+6m（中央分隔带）+12m（机动车行道）+3.5m（机非分隔带）+4.5m（非机动车行道）+3.5m（人行道），总规划道路红线为 53m。道路路面结构为：4cm 沥青混凝土（AC-13I）+6cm 中粒式沥青混凝土（AC-20I）+0.5cm 下封层+透层+30cm 二灰碎石+20cm 二灰土，结构层总厚度为 60.5cm。主要工程量分析：

1) 4cm 细粒式沥青混凝土层，206814m^2。
2) 6cm 细粒式沥青混凝土层，206814m^2。
3) 雨水管道 10909m，污水管道 2113m，检查井 409 座。
4) 人行道 25053m^2。
5) 桥梁重力式桥台基础 C25 混凝土 356m^3，预制空心板梁 52 块。
6) 桥面铺装 10cm C40 钢筋混凝土层 42.98m^3，10cm 沥青混凝土面层 891m^2。

市政公用工程建设项目材料管理往往采用的是规定、规范的精细管理模式，侧重于材料的计量与计划、定额与用量分析、发放控制与余料回收、对账与验收等工作，属于项目内部控制管理。这种事中和事后控制，对不可预见因素关注较小。材料管理的策划属于事前控制，是在材料精细化管理的基础上，对材料管理的全过程、全方位科学预测和谋划，对材料采购供应过程中出现的各种不利于成本的因素追求最佳对策与方法。前期策划直接影响整个材料成本的实现，抓好材料管理的前期策划尤为重要。

1) 项目材料全部分析。项目部会同经营、造价部门，按中标工程量清单及图样，重新审核项目的全部材料，审核材料数量、中标价格、市场价格、材料规格及型号，以及施工组织设计的进度要求，按照进度和施工组织设计，编制项目材料的消耗总纲要，按动态管理的原则，建立材料的基本管理控制模型。

2) 管理策划的基础调查。管理者要对工程项目材料的采供管全过程进行策划，它关系到工程进度能否按期达到，工程质量是否达到规范标准，生产安全健康文明能否达标，经济目标能否实现。主要包括：材料用量的统计、材料价格的市场调查、交通运输价格与环境的调查、自然资源的调查、地理环境的调查、业主及设计单位意图的调查。

3) 建立项目材料管理的横向沟通。项目经理部内部各部门之间对生产网络计划所需各种材料计划（含质量、规格、型号、用量、资金、成本、效益等）编制的沟通，包括项目部、技术部门、采购部门、质量安全管理部门、经营预算部门、造价核算部门、财务部门等。

4) 项目特殊材料的策划。因项目需要的特殊材料，如项目特有的花岗岩花坛两端的弧形材料，大面积道口扇形弧度道板砖等，该公司与项目部策划将图样提前交由厂家订制并现场直接安装，成为策划的亮点之一。

材料采购管理模式的确定：

1) 制订采供方案及组织管理模式，充分发挥公司采购部门专业管理优势，加强材料集中采购管理，降低项目材料采购供应成本，实现规模效益；公司在整个过程中，控制材料的指导价格，并实时发布项目可购范围内的同类型材料价格，给项目部提供参考。

2）该项目由公司采购中心负责集中统一采购与供应，根据本项目特点，成立材料采购办公室，与项目部签订材料代理服务协议，明确各自的责任与材料供应范围，以采购中心的集中议价能力，以及合理延长信用付款的能力，来降低项目部管理的风险和成本，尤其是降低了材料占用资金的发生成本。

3）该公司总部采购中心具体负责制订实施性的采购供应方案，建立采购与供应管理的组织机构，做好协议范围内的材料代理服务工作。

通过专业化外包的思路，以及结合施工组织设计的管理策划，使得建立了一种外包式的、以项目经理部为核心的、市场化高度参与和内部竞争性的材料供应管理方式，使得项目部和公司均成为相互依存的制约的主体，在管理模式下成为相互受益者。

材料管理的架构与分工、标准建立：项目材料管理实行统一领导、集中采购、归口管理、分类供应、逐级负责的管理体制。为了更好地完成工程项目的材料管理工作，公司成立项目专属的材料管理及招标领导小组，领导本项目材料管理工作；项目经理部分别设立材料设备管理部；各施工区设置专门材料管理人员。

思 考 题

1. 工程项目资源包括哪些方面？
2. 简述工程项目资源管理的内容。
3. 劳动力的组织方式有哪几种？
4. 工程项目材料管理包括哪些内容？
5. 工程项目机械设备的来源有哪几种方式？
6. 工程项目技术管理制度包括哪些？
7. 简述工程项目资金管理的要点。

习 题

1. 总承包单位根据工程特点、工作量和施工方法等影响劳动效率因素，计划主体结构施工工期为120d，预计总用工为5.76万个工日，每天安排2个班次，每个班次工作时间为7h。编制劳动力需求计划时，确定劳动效率通常应考虑哪些因素？计算主体施工阶段需要多少名劳动力？

2. 某施工项目年度需要某材料总量为24000t，材料单价为180元/t，一次采购费用为60元，仓库年保管费率为3.35%，则该材料的经济采购批量为多少？

3. 基于安全考虑，建设单位要求仍按原合同约定的时间完成底板施工，为此施工单位采取调整劳动力计划，增加劳动力等措施，在15d内完成了2700t钢筋制作［工效为4.5t/（人·工作日）］计算钢筋制作的劳动力投入量，并说明编制劳动力需求计划时，需要考虑哪些参数？

第11章

工程项目风险管理

> **学习目标**
>
> 掌握风险和风险管理的概念,了解风险识别、风险评估、风险应对和风险监控。

工程项目的立项、各种分析、研究、设计和计划都是基于对将来情况(政治、经济、社会、自然等各方面)预测基础上的,基于正常的、理想的技术、管理和组织之上的。而在实际实施以及项目的运行过程中,这些因素都有可能会产生变化,在各个方面都存在着不确定性。这些变化会使得原定的计划、方案受到干扰,使原定的目标不能实现。这些事先不能确定的内部和外部的干扰因素,人们将它们称为风险。风险是项目系统中的不可靠因素。

风险在任何工程项目中都存在。风险会造成工程项目实施的失控现象,如工期延长、成本增加、计划修改等,最终导致工程经济效益降低,甚至项目失败。但风险和机会同在,通常只有风险大的项目才能有较高的盈利机会,所以风险又是对管理者的挑战。风险控制能获得非常高的经济效果,同时有助于竞争能力的提高,素质和管理水平的提高。因此在现代项目管理中,风险的控制问题已成为研究的热点之一。无论在学术领域,还是在应用领域,人们对风险都做了很多研究,甚至有人将风险管理作为项目管理目标系统的内容之一。

11.1 风险的含义

11.1.1 项目的风险、风险量和风险等级的内涵

1) 风险指的是损失的不确定性,它是不利事件或损失发生的概率及其后果的函数,用数学公式表示为

$$R = f(P, C)$$

式中 R——风险;

P——不利事件发生的概率;

C——该事件发生的后果。

对建设工程项目管理而言,风险是指可能出现的影响项目目标实现的不确定因素。

2) 风险量反映不确定的损失程度和损失发生的概率。若某个可能发生的事件其可能的

损失程度和发生的概率都很大，则其风险量就很大，如图 11-1 所示的风险区 A。若某事件经过风险评估，它处于风险区 A，则应采取措施，降低其概率，即使它移位至风险区 B；或采取措施降低其损失量，即使它移位至风险区 C。风险区 B 和 C 的事件则应采取措施，使其移位至风险区 D。

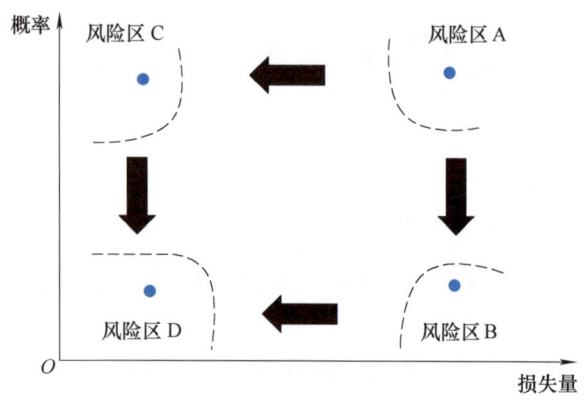

图 11-1　事件风险量的区域

3）风险等级。风险等级评估见表 11-1。

表 11-1　风险等级评估

可能性	后果		
	轻度损失	中度损失	重大损失
很大	3（中度风险）	4（重大风险）	5（巨大风险）
中等	2（较大风险）	3（中度风险）	4（重大风险）
极小	1（可忽略风险）	2（较大风险）	3（中度风险）

按表 11-1 的风险等级划分，图 11-1 中的各风险区的风险等级如下：

1）风险区 A——5 等风险。
2）风险区 B——3 等风险。
3）风险区 C——3 等风险。
4）风险区 D——1 等风险。

11.1.2　建设工程项目的风险类型

业主方和其他项目参与方都应建立风险管理体系，明确各层管理人员的相应管理责任，以减少项目实施过程中不确定因素对项目的影响。为了方便研究和有效地进行风险管理，有必要对风险进行分类。风险分类可以从不同的角度，根据不同的标准进行，表 11-2 列举了一些常见的风险分类结果。

表 11-2　风险分类

分类依据	风险种类	内　　容
风险原因	自然环境风险	自然力的不确定性给施工项目带来的风险，如地震、洪水、沙尘暴，反常的恶劣的雨、雪天气，冰冻天气等
	社会环境风险	社会治安状况、宗教信仰的影响、风俗习惯、人际关系及劳动者素质等形成的障碍或不利条件给项目施工带来的风险 权力部门（主管部门、城市公共部门）的不合理干预和个人需求 施工现场周边居民、单位的干预 国家政治方面的各种事件，如战争、政变、动乱、恐怖袭击、国际关系变化、政策多变、权力部门专制和腐败等
	经济风险	国家经济政策的变化，产业结构的调整，项目产品的市场变化；项目的工程承包市场、材料供应市场、劳动力市场的变动，工资的提高，物价上涨，通货膨胀速度加快、原材料进口风险、金融风险，外汇汇率的变化、企业财务状况恶化等
	技术风险	由于科技进步、技术结构及相关因素的变动给施工技术管理带来的风险 由于项目所处施工条件或项目复杂程度带来的风险 施工中采用新技术、新工艺、新材料、新设备带来的风险 施工技术、方案不合理，施工工艺落后，施工安全措施不当
	材料设备风险	材料设备的采购风险、材料设备的运输风险、材料设备的保管风险
风险的行为主体	承包商	对项目环境调查、预测不准确，错误理解业主意图和招标文件，投标报价失误 项目合同条款遗漏、表达不清，合同索赔管理工作不力 工程价款估算错误、结算错误 项目组织结构不合理、不健全，人员素质差，纪律涣散，责任心差
	业主	经济实力不强，抵御施工项目风险能力差 经营状况恶化，支付能力差或撤走资金，改变投资方向或项目目标 缺乏诚信，不能履行合同：不能及时交付场地、供应材料、支付工程款 业主违约，苛刻刁难，发出错误指令，干扰正常施工活动
	监理工程师	起草错误的招标文件、合同条件 管理组织能力低，不能正确执行合同，下达错误指令，要求苛刻 缺乏职业道德和公正性
	勘察设计	设计内容不全，有错误、遗漏，或不能及时交付图样，造成返工或延误工期 未预测到的施工项目的复杂水文地质条件、不利的现场条件、恶劣的地理环境等，使交通运输受阻，施工无法正常进行，造成人财损失等风险
	分包商	分包商、供应商违约，影响工程进度、质量和成本

(续)

分类依据	风险种类	内　　容
风险对目标的影响	工期风险	造成局部或整个工程的工期延长，项目不能及时投产
	费用风险	包括报价风险、财务风险、利润降低、成本超支、收入减少等
	质量风险	包括材料、工艺、工程不能通过验收、试生产不合格，工程质量评价为不合格
	信誉风险	造成对企业形象和信誉的损害
	安全风险	造成人身伤亡，工程或设备的损坏
产生风险的原因	静态风险	在经济条件没有变化的情况下，一些自然的或人为的失当行为导致的风险
	动态风险	由于经济或社会结构的变动导致的风险
是否有获利机会	纯粹风险	只造成损失，而不带来收益或机会的风险
	投机风险	既有损失的可能，又有收益的可能的风险
是否可控和可预测	可管理风险	可预测和可控制的风险
	不可管理风险	不可预测和不可控制的风险

11.2　风险管理

11.2.1　风险管理的定义

风险管理（Risk Management）是指经济单位对可能遇到的风险进行预测、识别、评估、分析，并在此基础上有效地处置风险，以最低成本实现最大安全保障的科学管理方法。

11.2.2　风险管理的过程和方法

风险管理的全过程如图 11-2 所示。

由图 11-2 可知，整个风险管理过程是一个闭环系统，随着风险应对计划的实施，风险会出现许多变化，这些变化的信息可及时反馈，风险预测和识别者就能及时地对新情况进行风险评估和分析，从而调整风险应对计划，并实施新的风险应对计划。这样循环往复，保持风险管理过程的动态性就能达到风险管理的预期目的。

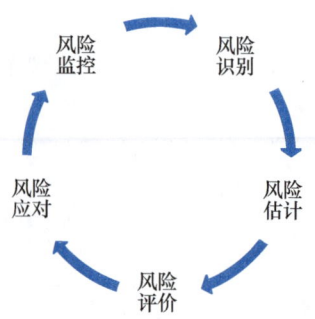

图 11-2　风险管理的全过程示意图

11.2.3　风险管理的目标

企业的风险管理目标必须和企业的总目标一致。这些总目标是：企业利润、充分的社会职责和权利、企业领导者个人偏好的满足。风险管理的目标是在损失发生之前做经济的保证，而在损失发生后有令人满意的复原。因此，风险管理的目标在损失发生前与之后会有不同的内容。

1. 损前目标

1）经济性。表现为：尽可能避免不必要的费用支出和事故损失以增加企业盈利；尽可能选择费用低、代价小而又能够保证风险处理效果的方案和措施。

2）安全状况目标。力求使企业置身于一种安全可靠、轻松自如的环境也是企业开展风险管理活动应达到的一个重要目标。

3）社会责任目标。开展企业风险管理活动，避免或减少损失，可以使社会免受其害，使企业更好地承担社会责任和履行义务。同时，企业在生产经营过程中，必然受到政府和主管部门有关政策和法规以及企业公共责任的制约。因此，必须考虑到如何使企业更好地承担社会责任、履行义务和树立良好的公众形象这一目标。

2. 损后目标

即使十分完善的风险管理计划和方案，也不能完全避免损失的发生，因此确定损失发生后的风险管理目标也是必要的。与损失发生前目标不同，确定损后目标重在考虑最大限度地补偿和挽救损失带来的后果及影响。损后目标应包括：

1）维持生存的目标。对于一个企业来说，风险事故所带来的最严重的后果，就是使企业丧失继续生存的权利。只有维护生存的条件，企业才有恢复和发展的基础。

2）保持生产经营正常的目标。损失发生后，风险管理应达到的第二位目标，就是要维护企业生产经营活动不因风险事故的影响而中断，保证员工生产和生活的正常进行。

3）实现稳定收益的目标。企业开展风险管理活动，不仅要达到维护企业生存和生产经营活动的正常进行的基本目标，同时，还必须力求尽快实现企业在事故前的原有稳定收益。

4）实现持续增长的目标。执行和实施风险管理计划和方案，及时、有效地处理各种损失结果，并不断地根据可能出现的新情况拟订新的风险管理计划和方案，周而复始地执行计划、实施方案，从而使企业实现持续稳定地增长，这是风险管理应达到的高层次目标。

5）履行社会职责目标。正如损前目标中强调企业承担社会责任和履行义务的道理一样，有效地处理风险事故所带来的损失后果，减少因损失造成的各种不利影响。

11.3 风险识别

11.3.1 风险识别的定义

风险识别（Risk Identification）是风险管理的基础和重要组成部分，是进行风险评价的前提。风险识别就是确定何种风险事件可能影响项目，并将这些风险特性整理成文档。

风险识别是识别风险来源，确定风险发生条件，描述风险特征，并评价风险影响的过程。

风险识别需要确定三个相互关联的因素：

1）风险来源：时间、费用、技术、法律等。

2）风险事件（Risk Event）：给项目带来积极或消极影响的事件。

3）风险征兆（Risk Symptoms）：又称为触发器，是指实际的风险事件的间接表现。

11.3.2 风险识别的目的与程序

风险识别的主要目的有如下两点：为了便于估计和评价风险的大小；为了选择最适当的

管理对策。

要管理风险必须首先识别风险,然后才能对风险的严重程度及可能造成多大的损失进行估量,如果风险不能被识别,它就不能被控制、转移或管理。然而在大多数情况下,风险并非显而易见,也不容易辨识和预测,至少不容易准确地预测。风险通常具有隐蔽特征,而人们常容易被一些表面现象迷惑,或被一些细小利益所引诱,而看不到内在的危险。因此,风险识别在风险管理中显得尤为重要。

风险识别结论的正确与否直接关系到风险管理的成效。如果在风险识别的过程中,关键的风险因素没有被识别出来,而仅就非关键的风险去识别、分析和处理,这将会对整个项目产生很大的负面影响,使承包商面临没有意识到的风险。

风险识别的主要程序如下:
1) 工程项目包括哪些活动。
2) 各活动中存在哪些风险。
3) 风险产生的原因是什么。
4) 风险可能引起的后果。
5) 风险发生的时间。

风险识别的基础是历史数据、经验和洞察力。然而每一个建设项目都不同,即使在相似的建设项目上,类似的风险也不一定重复发生,这就决定了使风险识别达到可接受的准确性在很大程度上依赖于关键项目人员的经验和洞察力。风险识别所需的信息,主要是通过调查、问询、现场等途径获得。风险识别工作可以借助风险管理协会或保险公司等学术团体或机构编制并提供的一般识别图表,根据各施工企业自身的特点,并结合有关的分析方法进行。

11.3.3 风险识别的方法与工具

风险的识别有很多成熟的方法。常用的方法可以分成专家调查法和分析法两大类。专家调查法常用的有头脑风暴法、德尔菲法、问卷调查法等。分析法类似于系统分析中的结构分解方法,根据事物本身的规律和个人的历史经验将项目风险进行分解。常用分析法有检查表法、流程图法、SWOT 分析法、情景分析法、工作分解结构法等。风险识别方法见表 11-3。

表 11-3 风险识别方法

	方法	方法描述	假设条件	适用环境	特点	不足
专家调查法	头脑风暴法	一般采用专家小组会议的形式进行,大家就具体问题发表个人意见,畅所欲言,集思广益	专家了解项目,并有丰富的经验	缺乏客观资料且探讨的问题较简单	集思广益,充分利用专家经验	易导致"群体思维",即趋向于权威或大多数人意见
	德尔菲法	专家被要求回答一系列问题,组织者对其答复分析后,反馈给各专家,以此往复,直到多数专家意见集中在一定的范围内		缺乏客观资料且对项目期望值较高	取各家之长避之短,避免了"群体思维"	选择适合的专家较困难,征询意见的时间较长
	专家访谈法	以专家为索取信息的对象,通过专家访谈,找出各种潜在的风险,并对后果做出分析与估计		缺乏客观资料	集思广益,充分利用专家经验	易受专家心理因素影响
	问卷调查法					

（续）

方法		方法描述	假设条件	适用环境	特点	不足
分析法	检查表法	将项目可能发生的许多潜在风险列于一个表上，供识别人员进行检查核对，用来判别某项目是否存在表中所列或类似的风险	同类项目的发展是相似的	有类似工程的历史资料	分类归纳项目风险，系统化；简单实用	收集时间长，资料来源的可靠性，容易重复或遗漏
	流程图法	将项目按空间或时间顺序以若干个模块形式组成一个流程图，并在模块中标出潜在的风险	工作可分步	条理清楚，可按逻辑分点的工作	闭环和判断点	按标准流程进行
	SWOT分析法	Strength Weakness Opportunity Threat，优势、劣势、机遇、挑战，环境形势分析	了解项目外部的机会和威胁	战略决策和系统分析	动态定性分析	形式简单，但需长期积累
	情景分析法	通过有关数字、图表、曲线等，对项目未来某种状态进行详细的描述和分析，从而识别关键因素及其影响	分析者对风险有较好的把握	均可	符合人的逻辑思维	易导致"隧道眼光"
	工作分解结构法	可根据工程项目一般的分解方法，将其分解为单项工程、单位工程、分部工程、分项工程，甚至具体到工序。然后，从工程项目的最小单元开始逐步识别风险	工作可分解	项目管理的其他方面，如范围、进度和成本管理，也使用工作分解结构	项目的组成、各个组成部分的性质、它们之间的联系以及项目同环境之间的关系清晰	对于大的工程项目时，分解过于复杂、烦琐
	外推法	前推法	根据历史的经验和数据，推断出未来事件发生的概率及其后果	历史数据具有可借鉴性	历史数据具有明显的周期性	类比性	历史数据的可靠性、工程实际的特殊性
		后推法	利用未来的已知事件与后果，倒推初始未知事件及后果	对已知事件把握良好	手头没有历史数据可供使用	逻辑性	人的能动性影响较大
		旁推法	利用类似项目的数据进行推测	同类项目的发展是相似的	有类似项目历史数据	充分利用历史资料与经验	工程的单一性
	因果分析图	针对目标寻求风险事件及其发生原因，最终形成类似鱼刺形状的图	因果关系明了	因果关系明确的工作	层次分明	不适宜逻辑关系复杂的大型项目风险分析
	故障树分析法	将大故障分解成小故障，或对各种引起故障的原因进行分解	因果关系明了	分析质量风险，寻求失效事件之间的关系	把影响整体目标的诸多因素的因果关系清楚地表示出来	大型故障树不易理解，在数学上往往非单一解，包含复杂的逻辑关系

1. 专家调查法

专家调查法是以专家为索取信息的重要对象，主要利用各领域专家的专业理论和丰富的实践经验，找出各种潜在的风险并对后果做出分析和估计。专家调查法的优点是在缺乏足够统计数据和原始资料的情况下，可以做出定量的估计。缺点主要是易受心理因素的影响。专家调查法有十余种方法。其中专家个人判断法、头脑风暴法（智暴法）和德尔菲法是用途较广、具有代表性的方法。

（1）头脑风暴法　头脑风暴法这个词是从英文 Brainstorming 一词翻译过来的。它是一种刺激创造性、产生新思想的技术。头脑风暴法作为一种创造性的思维方法在风险识别中得到了广泛的应用。头脑风暴法一般采用专家小组会议的形式进行，参加的人数不要太多，一般只有五六个人，多则十来个人。大家就以具体问题发表个人意见，畅所欲言，做到集思广益。在参加人员的选择上，应注意使参加者不感到有什么压力和约束。头脑风暴法适用于探讨的问题比较单纯，目标比较明确、单一的情况。如果问题牵涉面太广，包含因素太多，那就要首先进行分析和分解，然后采用此法分步进行讨论。对头脑风暴法的结论还要进行详细的分析，既不能轻视，也不能盲目接受。一般来说，只要有少数几条意见得到实际应用，已是很有成绩了。即使除原有结果之外，所有头脑风暴法产生的新思想都被证明是不适用的，那么头脑风暴法作为对原有分析结果的一种讨论和论证，给领导决策也会带来益处。

（2）德尔菲法　德尔菲法起源于20世纪40年代末，最初由美国兰德公司首先使用。其做法是：首先选定与该项目有关的专家，并与这些适当数量的专家建立直接的函询关系，通过函询收集专家意见，然后加以综合整理，再反馈给各位专家，再次征询意见，再集中，再反馈，这样反复多次，逐步使专家的意见趋于一致，作为最后识别的根据。

德尔菲法有三个特点：

1）在风险识别过程中发表意见的专家互相匿名，这样可以避免公开发表意见时各种心理对专家们的影响。

2）对各种意见进行统计处理，如计算出风险发生概率的平均值和标准差等，以便将各种意见尽量客观地、准确地反馈给专家们。

3）有反馈地反复地进行意见交换，使各种意见相互启迪，集思广益，从而容易做出比较全面的预测。

德尔菲法是系统分析方法在意见和判断领域的一种有限延伸。它突破了传统的数据分析限制，为更合理地决策开阔了思路。由于该法能够对未来发展中的各种可能出现和期待出现的前景做出概率估计，因此可为决策者提供多方案选择的可能性，而用其他方法都很难获得这样重要的以概率表示的明确结论。但是理论上并不能证明所有参加者的意见能收敛于客观实际。它在本质上是一种利用函询形式的集体匿名思想交流过程。德尔菲法应用领域很广，一般用该方法得出的结果也较好。

（3）专家访谈法　征求专家个人意见的优点是不受外界影响，没有心理压力，可以最大限度地发挥个人的创造能力。但是仅仅依靠个人判断，容易受到专家知识面、知识深度和占有资料以及对所调查的问题是否感兴趣所左右，难免带有片面性。

（4）问卷调查法　问卷调查法的一般程序是：设计调查问卷，选择调查对象，分发问卷，回收和审查问卷，对问卷调查结果进行统计分析和理论研究。设计调查问卷与设计提纲、表格、卡片等调查工具一样，大体上也要经历选择调查课题、进行初步探索、提出研究假设等几个先行步骤。问卷调查的优点是，对调查的双方都比较方便、节省人力、时间和经费，它的答案是预先设计的、标准化的，它不仅有利于被调查者正确理解和回答问题，节约回答时间，提高问卷的回复率和有效率，而且有利于对回答进行统计和定量研究。问卷调查法的缺点也是非常明显的，其中最突出的一点就是它只能获得书面的社会信息，而不能了解到生动、具体的社会情况。

2. 分析法

（1）检查表法　对同类已完工项目的环境与实施过程进行归纳总结后，可以建立该类项目的基本风险结构体系，并以表格形式按照风险来源排列，该表称为风险识别核对表。检查表中除了罗列项目常见风险事件及来源外，还可包含很多内容，如项目成败的原因、项目各个方面（范围、成本、项目产品或服务的说明书、项目成员的技能、项目的规划以及项目可用的资源）等。它的优点是：结合当前工程项目的建设环境、建设特性、建设管理现状、资源状况，再参考对照核对表，可以有所借鉴，对风险的识别查漏补缺。缺陷是：我国在工程项目风险管理方面的积累较少，目前尚没有企业或咨询机构编制工程项目风险核对表。由于缺少专业的风险核对手册之类的基础资料，每一个项目的风险识别都需收集大量相关信息和资料，从最基础的工作做起，这就加大了风险管理的成本，照搬国外的资料又不一定符合国内实际情况。因此，我国有必要加强此方法，建立符合国情的风险核对表。

（2）流程图法　流程图法是以项目流程为分析风险之依据，属于动态分析。借助于流程图可以帮助项目识别人员去分析和了解项目风险所处的具体项目环节、项目各个环节之间存在的风险以及项目风险的起因和影响。通过对项目流程的分析，可以发现和识别项目风险可能发生在项目的哪个环节或哪个地方，以及项目流程中各个环节对风险影响的大小。

项目流程图包括：项目系统流程图、项目实施流程图、项目作业流程图等多种形式，以及不同详细程度的项目流程图。

绘制项目流程图的步骤：首先，确定工作过程的起点（输入）和终点（输出）；其次，确定工作过程经历的所有步骤和判断；最后，按顺序连接成流程图。

流程图用来描述项目工作的标准流程，它与网络图的不同之处在于：流程图的特色是判断点，而网络图不能出现闭环和判断点；流程图用来描述工作的逻辑步骤，而网络图用来排定项目的工作时间。

（3）SWOT分析法　SWOT四个英文字母分别代表Strength、Weakness、Opportunity、Threat，意思分别为：强项、优势、弱项、劣势、机会、机遇、威胁、对手。从整体上看，SWOT可以分为两部分。第一部分为SW，主要用来分析内部条件；第二部分为OT，主要用来分析外部条件。另外，每一个单项如S又可以分为外部因素和内部因素，这样就可以对情况有一个较完整的概念。SWOT分析，就是指在了解自己组织的优势与弱势的基础上，将组织内部的资源因素与外部因素造成的机会与风险进行合理的、有效的匹配，从而制订良好的战略，以掌握外部机会、规避威胁的一种方法。

（4）情景分析法　情景分析法是由壳牌石油公司的科研人员Pierre Wack于1971年提出的。它是根据发展趋势的多样性，首先通过对系统内外相关问题的系统分析，设计出多种可能的未来前景，然后用类似于撰写电影剧本的手法，对系统发展态势做出自始至终的情景和画面的描述。情景分析法是一种适用于对可变因素较多的项目进行风险预测和识别的系统技术，它在假定关键影响因素有可能发生的基础上，构造出多重情景，提出多种未来的可能结果，以便采取适当措施防患于未然。情景分析特别适用于以下几种情况：

1）提醒决策者注意措施或政策可能引起的风险及后果。
2）建议需要监视的风险范围。
3）研究某些关键性因素对未来过程的影响。
4）提醒人们注意某种技术的发展会给人们带来哪些风险。

当存在各种相互矛盾的结果时，应用情景分析法可以在几个幕景中进行选择。不过，这种方法有很大的局限性，好像从隧道中观察外界事物一样，看不到全面情况。所有情景分析都是围绕着分析者目前的考虑、现实的价值观和信息水平进行的，容易产生偏差，这一点需要分析者和决策者有清晰的估计。因此可考虑与其他方法结合使用。

（5）工作分解结构法　用工作分解结构识别风险，可根据工程项目一般的分解方法，首先将其分解为单项工程、单位工程、分部工程、分项工程，甚至具体到工序。然后，从工程项目的最小单元开始逐步识别风险。它可以减少项目结构的不确定性，弄清项目的组成、各个组成部分的性质、它们之间的联系以及项目同环境之间的关系等。

工作分解结构图的优点在于：由于项目管理的其他方面，如范围、进度和成本管理，也要使用工作分解结构，在风险识别中利用这个已有的现成工具并不会给项目管理增加额外的工作量。它的缺点是：对于大的工程项目进行分解时，分解过程过于复杂、烦琐。

（6）故障树分析法（FTA法）　故障树分析法多被广泛用于大型工程项目风险分析识别系统中。该方法是利用图解的形式，将大的故障分解成各种小的故障，或对各种引起故障的原因进行分析。故障树分析实际上是借用可靠性工程中的失效树形式对引起风险的各种因素进行分层次的识别。图的形式像树枝一样，越分越多，故称为故障树。进行故障树分析的一般步骤如下：

1）定义工程项目的目标，此时应将影响项目目标的各种风险因素予以充分的考虑。
2）做出风险因果图（失效逻辑图）。
3）全面考虑各个风险因素之间的相互关系，从而研究对工程项目风险所应采取的对策或行动方案。故障树经常用于直接经验较少的风险识别。该方法的主要优点是：比较全面地分析了所有故障原因，包括人为因素，因而包罗了系统内、外所有失效机理；比较形象化，直观化较强。不足之处是：这种方法应用于大的系统时，容易产生遗漏和错误。

综上可知，风险的识别不仅取决于风险分类方法的恰当与否、小组采用何种类型，还更大程度上取决于小组的具体运作方式。风险识别技术的采用，在很大程度上取决于小组行为方式的合理与否。高效率的风险识别需要小组领导者适时地采用最合理的手段和技术，以确保关于项目的各种信息得到充分的利用。

11.4　风险评估

在识别了各种风险及潜在损失之后应对风险进行估计与评价，即估计各种损失将发生的频率及这些损失的严重程度，以便于评价各种潜在损失的相对重要性，从而为确定风险管理对策的最佳组合提供依据。

11.4.1 风险估计

风险估计就是对识别出的风险进行测量，给定某一风险发生的概率。它具有以下几个方面的目的：加深对项目自身和环境的理解；进一步寻找实现项目目标的可行方案；务必使项目所有的不确定性和风险都经过充分、系统而又有条理的考虑；明确不确定性对项目其他各方面的影响；估计和比较项目各种方案或行动路线的风险大小，从中选择出威胁最少、机会最多的方案或行动路线。

对风险进行概率估计的方法有两种：一种是根据大量试验，用统计的方法进行计算，这种方法所得数值是客观存在的，不依人的意志为转移，称为客观概率。但实际可行性研究中进行风险分析时，所遇到的事件经常不可能做试验。又因事件是将来发生的，所以不可能做出准确的分析，很难计算出客观概率。另一种是主观概率法。由于决策的需要，必须对事物出现的可能性做出估计，于是由有关专家对事件的概率做出一个合理的估计，这就是主观概率。主观概率是估计者根据合理的判断和当时能收集到的有限信息以及过去长期的经验所进行估计的结果。主、客观概率的使用方法完全一样，而主观概率在风险估计中的应用近年来已日益引起人们的重视。

对于大型工程项目，由于缺乏历史资料的借鉴，经常利用主观概率估计的方法对辨识出的风险进行估计。

11.4.2 风险评价

风险估计只是对项目各阶段单个风险分别进行估计和量化，而风险评价则考虑单个风险综合起来的整体风险以及项目主体对风险的承受能力。由此识别出来的每一风险都是自身的规律和特点、影响范围和影响量。

1. 风险评价的内容

对识别出来的风险必须做如下的分析和评价：

1) 风险存在和发生的时间分析。风险存在和发生的时间分析，即风险可能在项目的哪个阶段，哪个环节上发生。有许多风险有明显的阶段性，有的风险是直接与具体工程活动相联系的，这对风险预警有很大的作用。

2) 风险的影响和损失分析。风险的影响是个非常复杂的问题，有的风险影响面较小，有的风险影响面很大，甚至引起整个工程的中断或报废。许多风险之间又是有联系的。一个项目中，风险之间的相互影响被定义为风险关系。例如，某个工程活动受到干扰而拖延，则可能影响它后面的许多活动；经济形式的恶化不仅会造成物价上涨，而且可能引起业主支付能力的变化；通货膨胀引起了物价上涨，则不仅会影响后期的采购、人工工资及各种费用支出，而且会影响整个后期工程的工程费用。

由于设计图提供不及时，不仅会造成工期拖延，而且会造成费用提高（如人工和设备闲置、管理费开支），还可能在原本可以避开的冬雨期施工，造成更大的工期拖延和费用增加。

有的风险是相克的，其作用可以相互抵消。例如，反常的气候条件、设计图拖延、承包人设备拖延等在同一时间发生，则它们之间对总工期的影响可能是重叠的，不能简单地相加。

3）风险发生的可能性分析。它研究风险自身的规律性，通常用概率表示。人们可以通过各种方法研究风险发生的概率。

4）风险级别。风险因素非常多，涉及各个方面，但人们并不能对所有风险都十分重视，否则将大大提高管理费用，并且过分谨慎，反而会干扰正常决策过程。这就要求对项目各个风险进行比较和评价，确定它们的先后顺序。

2. 风险评价的结果

风险评价结果必须以文字、表格的形式形成风险分析报告，这个结果不仅是风险分析的结果，也是风险管理的基本依据。图表的内容可以按照分析的对象进行编制，如以项目单元作为对象进行风险评价，按照风险的结构进行分析研究和评价。

11.4.3　风险估计与评价常用的方法

风险估计与评价是指应用管理科学技术，采用定性与定量相结合的方式，最终定量地估计风险大小，找出主要的风险源，并评价风险的可能的影响，以便以此为依据，对风险采取相应的对策。

在风险的估计与评价中，应处理好定性与定量分析的关系。定性评估指的是不对危险性进行量化处理，只做定性的比较。定性评估使用系统工程方法，将系统进行分解，依靠人的观察分析能力，借助有关法规、标准、规范、经验和判断能力进行评估。定量评估指的是在危险性量化的基础上进行评估，主要依靠历史统计数据，运用数学方法构造数学模型进行评估。

在实际应用中，大量采用专家调查法进行风险估计。从理论上分析，这种方法当然有准确度和数据处理上的难度。但是在我国的实际情况下，仍不失为一种解决风险估计的较好手段。定量分析大都采用仿真方法，但它也有不足之处。首先存在基础数据不足的难处；其次是不易求解。定性与定量结合是一种比较好的办法。在项目风险管理过程中，风险估计是最困难的，管理者往往陷入困难的境地，而为了准确，就必须应用复杂的概率计算方法或采用精度较高的模型，但是限于资料的稀缺或时间的紧迫，这种方法或模型就被迫放弃。大多数的管理者宁愿放弃精度较高的方法而采用定性或半定量的预测方法，即将风险的概率估计予以主观量化。

1. 常见的定性和半定量分析的方法

常见的定性和半定量分析的方法见表 11-4。

表 11-4　风险评估常用的方法

序号	方法	方法描述	适用环境	优点	不足
1	调查与专家打分法	首先通过风险辨识将工程项目所有风险列出，设计风险调查表，然后利用专家经验，对各个风险的重要性进行评估，再综合成整个项目风险	缺乏客观资料且探讨的问题较简单	充分利用专家经验	易受专家心理因素影响，主观性太强

（续）

序号	方法	方法描述	适用环境	优点	不足
2	层次分析法	首先把风险因素分解成若干层次，接着自上而下对各层次的各个风险因素两两比较，得出评价结果。然后，通过计算获得该系统方案的优劣顺序，供决策者决策时参考	特别适用于评价因素难以定量化且复杂的评价问题	能使主、客观因素综合考虑，从而避免了单靠直觉与经验进行评价的影响	运用的过程中构造判断矩阵很大程度上依赖于专家的个人判断
3	故障树分析法	将大故障分解成小故障，或对各种引起故障的原因进行分解	分析质量风险，寻求失效事件之间的关系	从结果找原因	大型故障树不易理解，在数学上往往非单一解，包含复杂的逻辑关系
4	头脑风暴法	一般采用专家小组会议的形式进行，大家就具体问题发表个人意见，畅所欲言，集思广益	缺乏客观资料且探讨的问题较简单	集思广益，充分利用专家经验	易导致"群体思维"，即趋向于权威或大多数人意见
5	概率与影响矩阵	在概率与影响矩阵中针对每项目标（如成本、进度和质量）单独评定一项风险的等级	评估的风险事件需要进行积极的管理	可以确定风险事件的发生概率及其影响等级	这两个量纲适用于具体风险事件，而不是整个项目
6	敏感性分析法	考虑影响工程目标成本的几个主要因素的变化，如利率、投资额、运行成本等影响，再综合成整个项目风险	一般在项目决策阶段的可行性研究中使用敏感性分析法分析工程风险	能向决策者简要地提供可能影响项目成本变化的因素及其影响的重要程度	不可能得出具体的风险影响程度资金值，它只能说明一个影响程度

2. 常用的定量分析的方法

常用的定量分析的方法主要有概率风险评价法、伤害（或破坏）范围评价法和危险指数评价法。

（1）概率风险评价法　概率风险评价法是根据事故的基本致因因素的发生概率，应用数理统计中的概率分析方法，求取事故基本致因因素的关联度或重要度或整个评价系统事故发生概率的风险评价方法。常用的概率风险评价法有决策树分析、事故树分析、故障类型及影响分析、逻辑树分析、概率理论分析、马尔可夫模型分析、原因结果分析、管理失误和风险树分析、模糊矩阵法、统计图表分析法。

【例 11-1】　某承包商经研究决定参与某工程投标。经造价工程师估价，该工程估算成本为1500万元，其中材料费占60%。拟议高、中、低三个报价方案的利润率分别为10%、7%、4%。根据过去类似工程的投标经验，相应的招标概率分别为0.3、0.6、0.9。编制投标文件的费用为5万元。该工程业主在招标文件中明确规定采用固定总价合同。据估计，在施工过程中材料费可能平均上涨3%，其发生的概率为0.4。

问题：该承包商应按哪个方案投标？

解：

计算各投标方案的利润

1）投高标材料不涨价时的利润：1500 万元×10% = 150 万元
2）投高标材料涨价时的利润：150 万元 − 1500 万元×60%×3% = 123 万元
3）投中标材料不涨价时的利润：1500 万元×7% = 105 万元
4）投中标材料涨价时的利润：105 万元 − 1500 万元×60%×3% = 78 万元
5）投低标材料不涨价时的利润：1500 万元×4% = 60 万元
6）投低标材料涨价时的利润：60 万元 − 1500 万元×60%×3% = 33 万元

将以上计算结果列于表 11-5 中。

表 11-5　各投标方案情况

方案	效果	概率	利润/万元
高标	好	0.6	150
	差	0.4	123
中标	好	0.6	105
	差	0.4	78
低标	好	0.6	60
	差	0.4	33

画出的决策树如图 11-3 所示，表明各方案的概率和利润。

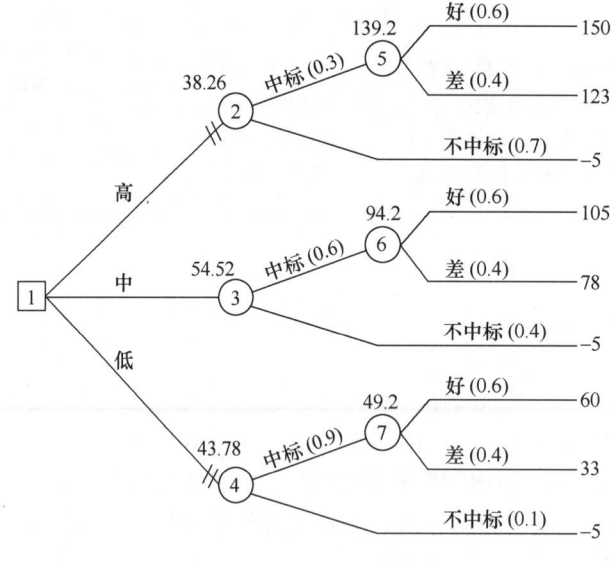

图 11-3　【例 11-1】决策树

投高标的期望值为：EA（高标）= 139.2 万元×0.3+（−5 万元）×0.7 = 38.26 万元
投中标的期望值为：EA（中标）= 94.2 万元×0.6+（−5 万元）×0.4 = 54.52 万元
投低标的期望值为：EA（低标）= 49.2 万元×0.9+（−5 万元）×0.1 = 43.78 万元
所以投中标是有利的。

（2）伤害（或破坏）范围评价法　伤害（或破坏）范围评价法是根据事故的数学模型，

应用计算数学方法，求取事故对人员的伤害模型范围或对物体的破坏范围的风险评价方法。

（3）危险指数评价法　危险指数评价法是应用系统的事故危险指数模型，根据系统及其物质、设备（设施）和工艺的基本性质和状态，采用推算的办法，逐步给出事故的可能损失、引起事故发生或使事故扩大的设备、事故的危险性以及采取安全措施的有效性的风险评价方法。

11.5 风险应对

对项目风险进行识别、分析和评价之后，风险管理人员必须根据项目风险的性质及其潜在影响，并以项目总体目标为依据，规划并选择合理的风险处置对策，以尽可能地减少项目风险的潜在损失和提高对项目风险的控制能力。风险处置对策的目的在于：减少项目风险潜在损失，提高对项目风险的控制能力。

项目风险处置的基本对策为风险回避、风险自留、风险减轻（控制）、风险转移和风险利用五种形式。这五种对策各有不同的性质、优点和局限性。因此，当风险管理人员决策时，选择的常常不只是一种对策，而是几种对策的组合。

11.5.1 风险回避

风险因素的存在是项目风险的必要条件，风险回避对策就是通过回避项目风险因素，回避可能产生的潜在损失或不确定性。这是风险处理的一种常用方法。风险回避对策具有以下特点：

1）回避也许是不可能的，项目风险定义得越广，回避就越不可能。
2）回避失去了从中获益的可能性。
3）回避一种项目风险，有可能产生新的项目风险。

风险回避对策经常作为一种规定出现，如禁止使用对人体有害的建筑材料等。因此，为了实施风险回避对策，风险管理人员在确定产生项目风险的所有活动后，有可能制定一些禁止性的规章制度。

在工程中，如果风险很大，项目明显亏损，风险损失超过自己的承受能力，项目把握不大，分包商和材料、设备供应商实力差、信誉不佳，就可以考虑放弃工程，回避风险。

11.5.2 风险自留

风险自留是一种重要的财务性管理技术，承包商将承担项目风险所至的损失。与风险控制技术不同，风险自留对策并未改变项目风险的性质及其发生的频率和损失的严重性。

自留风险一般有以下三种情况：

1）被动自留，对风险的程度估计不足，认为该风险不会发生，或没有识别出这种风险的存在，但是在承包商毫无准备时风险发生了。
2）被迫自留，即这种风险不仅无法回避，而且没有转移的可能性，承包商别无选择。
3）主动自留，是经分析和权衡，认为风险损失微不足道，或者自留比转移更有利，而决定由自己承担风险。

其中被迫自留、主动自留又可称为计划自留，因为这时承包商都已做好了应对风险的准备。

采用自留风险策略的有利情况如下：
1）自留费用低于保险人的附加保费。
2）项目的期望损失低于保险公司的估计。
3）项目有许多风险单位（意味着风险较小，承包商抵御风险能力较大）。
4）项目的最大潜在损失与最大预期损失较小。
5）短期内承包商有承受项目最大预期损失的经济能力。
6）费用和损失支付分布于很长的时间里，因而导致很大的机会成本。

风险自留对策应与风险减轻对策结合使用，实行风险自留对策时，应尽可能地保证重大项目风险已经进行工程保险或实施风险控制计划。因此，风险自留对策的选择主要考虑它与工程保险对策的比较。

11.5.3 风险减轻（控制）

风险减轻（控制）方法是通过减少损失发生的机会，或通过降低所发生损失的严重性来处理项目风险。与风险回避相同，损失控制是以处理项目风险本身为对象而不是设立某种基金来对付。但回避偏重于一种消极的放弃和中止。风险减轻（控制）措施可根据其目的分为：
1）损失预防手段、安全计划等。
2）损失减小手段。又分为损失最小化方案、灾难计划和损失挽救方案、应急计划。

损失预防手段旨在减少或消除损失发生的可能，损失减小手段则试图降低损失的潜在严重性。损失控制方案可以是损失预防手段和损失减少手段的组合。安全计划、灾难计划和应急计划是风险控制计划中的关键组成部分。安全计划的目的在于有针对性地预防损失的发生，灾难计划则为人们提供处理各种紧急事故的程序，而应急计划可以帮助人们在事故发生后以最小的代价使施工或运营恢复正常。

因此，损失控制就是通过这一系列控制计划的实施，将项目风险发生的可能性以及其后果对目标的影响尽可能降低到最小。

11.5.4 风险转移

风险转移是工程项目风险管理中一项重要而且广泛应用的对策，主要分为两种形式：

1. 非保险或合同的转移方式

通常通过签订合同及协商等方式将项目风险转移给业主、分包商、设计方、材料设备供应商等非保险方，或由双方合理分担风险。

2. 工程保险的转移方式

工程项目实施阶段的保险，是指通过专门机构（保险公司）以收取保险费的方式监理保险基金，一旦发生自然灾害或意外事故，造成参加者的财产损失或人身伤亡时，即用保险金给以补偿的一种制度。它的好处是，参加者付出一定的销量保险费，换得遭受大量损失时得到补偿的保障，从而增强抵御风险的能力。尽管这种对于风险后果的补偿只能弥补整个工程项目损失的一部分，但在特定情况下却能保证承包商不致破产而获得生机。

保险的种类很多，工程上应投保哪种险，要按标书中合同条件的规定以及该项目所处的外部条件、工程性质和业主与承包商对风险的评价和分析来决定。其中，合同条件的规定是决定的主要因素。凡是合同条件要求保险的项目一般都是强制性的。常见的险种有：

(1) 建筑工程一切险（包括第三者责任险） 建筑工程一切险是对各种建筑工程项目提供全面保障，即对在施工期间工程本身、施工机具或工地设备所遭受的损失予以赔偿，也对因施工而给第三者造成的物资损失或人员伤亡承担赔偿责任。

(2) 安装工程一切险 安装工程一切险为技术险种。这种保险的目的在于为各种机器的安装及钢结构工程的实施提供尽可能全面的专门保险。安装工程一切险主要是用于安装各种常用的机器、设备、储油罐、钢结构、起重机以及包含机械工程因素的各种建造工程。

(3) 雇主责任险 雇主责任险是指雇主为其雇员办理的保险，保障雇员在受雇期间因工作而遭受意外而致受伤、死亡或患有与业务有关的职业性疾病情况下获取医疗费、工伤休假期间的工资，并负责支付必要的诉讼费等。

(4) 人身意外伤害保险 人身意外伤害保险与雇主责任的保险标的都是保证人身遭受意外伤害时负赔偿责任，但两者之间有重要区别，雇主责任险由雇主为雇员投保，保费由雇主承担，所指伤害应与工作相关。而人身意外伤害险不一定由雇主投保，投保人可以是雇主，也可以是雇员或个体生产者或自由职业者。

(5) 货物运输险 货物运输险是指承包商为实施工程而需要通过河运、海运、空运和陆运的手段，将工程所需材料运至工地过程中可能发生的危险损失负赔偿责任。

保险是目前工程使用较多的处理风险的方法。

11.5.5 风险利用

风险利用，是指对于风险与利润并存的投机风险，承包商可以在确认可行性和效益性的前提下，所采取的一种承担风险并排除（减小）风险损失而获取利润的策略。如前所述，投机风险的不确定性结果表现为造成损失、没有损失、获得收益三种。因此，利用风险并不一定能保证每次利用成功，它本身也是一种风险。

承包商采取利用风险策略的条件：

1) 所面临的是投机风险，并具有利用的可行性。

2) 承包商有承担风险损失的经济实力，有远见卓识、善抓机遇的风险管理人才。

3) 慎重决策，权衡冒风险所付出的代价，确认利用风险的利大于弊。

4) 分析形势，事先制订利用风险的策略和实施步骤，并随时监测风险态势及其因素的变化，做好应变的紧急措施。

利用风险的策略，因风险性质、施工项目特点及其内外部环境、合同双方的履约情况不同而多种多样，承包商应具体情况具体分析，因势利导，化损失为赢利。

对风险采用这五种应对方法，态度从消极到积极，收益以同一事件为基础，由小到大，如图11-4所示。

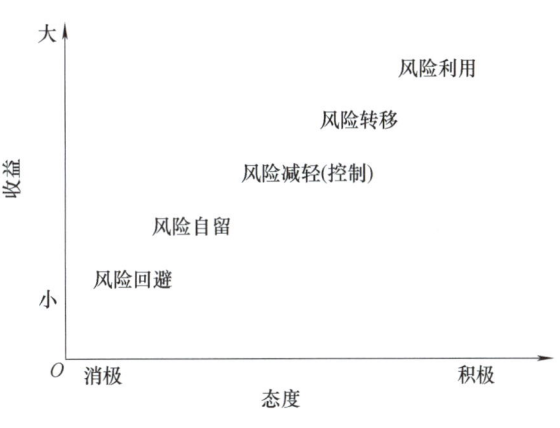

图 11-4 风险应对方法的态度与收益图

【例 11-2】 某工业项目，建设单位委托一家监理单位协助组织工程招标，并负责施工监理工作。总监理工程师在主持编制监理规划时，安排了一位专业监理工程师负责项目风险分析和相应监理规划内容的编写工作。经过风险识别、评价，按风险量的大小将该项目中的风险归纳为大、中、小三类。根据该建设项目的具体情况，监理工程师对建设单位的风险事件提出了正确的风险对策，相应制订了风险控制措施，见表 11-6。

表 11-6 风险对策及控制措施

序号	风险事件	风险对策	控制措施
①	通货膨胀	风险转移	建设单位与承包单位签订固定总价合同
②	承包单位技术、管理水平低	风险回避	出现问题向承包单位索赔
③	承包单位违约	风险转移	要求承包单位提供第三方担保或提供履约担保
④	建设单位购买的昂贵设备运输过程中的意外事故	风险转移	从现金净收入中支出
⑤	第三方责任	风险自留	建立非基金储备

问题：（1）分析监理工程师在风险对策及控制措施表中提出的各项风险控制措施是否正确，并说明理由。

（2）针对监理工程师提出的风险转移、风险回避和风险自留三种风险对策，提出各自的适用对象（指风险量大小）。

解：（1）序号①正确。固定总价合同对建设单位没有风险。

序号②不正确。应选择技术管理水平高的承包单位。

序号③正确。第三方担保或承包单位提供的履约保函可转移风险。

序号④不正确。从现金净收入中支出属风险自留（或"应购买保险"）。

序号⑤正确。出现风险损失，从非基金储备中支付，有应对措施。

（2）风险转移适用于风险量大或中等的风险事件；风险回避适用于风险量大的风险事件；风险自留适用于风险量小的风险事件。

11.6 风险的监控

风险的监控就是跟踪已识别的风险，监视残余风险，识别新出现的风险，修改风险管理计划，保证风险计划的实施，并评估风险减轻的效果。

项目风险监控的内容主要包括：反复进行项目风险的识别与度量，监控项目潜在风险的发展，监测项目风险发生的征兆，采取各种风险防范措施以减小风险发生的可能性，应对和处理发生的风险事件，减轻项目风险事件发生的后果，管理和使用项目的不可预见费，实施项目风险管理计划等。

第 11 章 工程项目风险管理

阅读材料

某俱乐部风险管理的启示

1. 背景

2008年9月20日22时50分，火灾发生时某俱乐部内有数百人正在喝酒，看歌舞表演。在节目表演过程中，由于演员将烟花打到了顶棚上，击中了大厅正中的一盏舞灯，舞灯立即起火。大火立即蔓延到整个大厅的顶棚并向四周扩散，人们在惊慌之中纷纷向楼梯涌去。起火点位于俱乐部3楼，现场有一条大约10m长的狭窄过道。现场人员发现起火一起涌向出口，使得过道上十分拥挤，造成惨剧。消防部门在接到报警后，迅速赶到现场抢救，火灾在23时30分被扑灭。44人死亡，88人受伤，51名伤者被立即送往附近医院救治。起火建筑属于单栋钢筋混凝土框架结构，共五层。一层为旧货市场，二层东半部分为茶餐厅、西半部分为旧货仓库，第三层为俱乐部（设有一个演艺大厅和10个包房，其中演艺大厅建筑面积约为700m^2），第四层一部分空置、一部分为俱乐部员工宿舍，第五层为俱乐部办公室。

此次火灾的死者主要死于一氧化碳和氰化物中毒，是俱乐部屋顶的装修材料聚氨酯隔声棉燃烧产生的毒气。这次火灾的受火面积有100多m^2，桌子都没有烧，其他地方也没有烧。这场没有特别大明火、受火面积仅100多m^2的火灾之所以导致了44人死亡，关键是因为排烟不畅。俱乐部安装了排烟系统，但是因为线路只有一条，没有安装双线路，所以排烟系统没有发挥作用。加上自动喷淋系统有问题，所以导致了火势没有及时得到控制。消防通道的确存在堵塞和较窄的问题，但是原来的建筑有3条消防通道，分别在建筑的两侧。当时只有熟悉内部构造的员工和常客从安全出口逃出来，大量人员都在惊恐和混乱中或随人群向大门涌去。

2. 风险识别——危险源识别（见表11-7）

表 11-7　危险源识别表

项次	危险源描述	可能导致的后果
①	演员表演施放烟火	顶棚着火断电
②	屋顶采用了大量吸声海绵装修	海绵燃烧后生成大量的有毒气体
③	排烟系统没安装双路线	排烟不畅
④	自动喷淋系统出问题	火势没有被及时控制
⑤	10m长的狭窄过道	发生火灾后人员不能及时撤离
⑥	消防通道堵塞	发生火灾后人员不能及时撤离
⑦	只有极少数员工知道安全出口的位置	大部分人员未能及时逃出

3. 风险评估

风险管理的相关量化指标和标准。

（1）可能性分级（见表 11-8）

表 11-8　可能性分级

1 极不可能	近十年内国内外俱乐部未发生
2 不太可能	近十年内国内外俱乐部偶尔发生
3 可能性很小	国内俱乐部每年偶尔发生
4 相对可能	本俱乐部每年偶尔发生
5 特别频繁	本俱乐部每年发生多次

（2）严重度分级（见表 11-9）

表 11-9　严重度分级

1 可忽略的	人员：没有受伤
	俱乐部营业状况：极少的职员失误，没有导致直接损失
	设备：没有损失或极少的故障，没有导致直接损失
	媒体关注：没有引起媒体关注
	公众信心：没有影响到公众信心
2 轻微的	人员：急救受伤，没有残疾，但造成工作延误
	俱乐部营业状况：少量直接损失，安全度未降低
	设备：设备轻微损坏
	媒体关注：引起俱乐部所在地媒体关注
	公众信心：可能会降低，但公众觉得情况可以接受
3 严重的	人员：人员受伤，需要住院养护，造成直接损失，没有人员残疾
	俱乐部营业状况：安全度显著降低
	设备：设备中度损坏，但经过维护可以继续使用，造成直接损失
	媒体关注：媒体要将发生的事件公开，引起当地管理部门的关注
	公众信心：公开的媒体报告导致公众信心显著降低
4 特别严重的	人员：造成人员残疾和严重受伤
	俱乐部营业状况：安全度大幅度降低，造成俱乐部秩序混乱，带来直接损失，应急程序启动
	设备：主要设备损坏，需要长时间的维修才能投入使用
	媒体关注：媒体报道引起民航局关注
	公众信心：公众对俱乐部的安全性造成怀疑，相当数量的公众不再到俱乐部消费
5 灾难性的	人员：造成人员死亡或顾客受伤，公众生命受威胁
	俱乐部营业状况：安全度严重降低，造成俱乐部关闭数小时，给俱乐部带来严重的直接损失
	设备：设备严重损坏，不能继续使用
	媒体运行：媒体关注引起公众对俱乐部的问责
	公众信心：公众表现出对俱乐部的强烈抵制

(3) 风险度分级

评估风险的标准,评估风险的标准用风险度(Risk)表示。

风险度(Risk)= 可能性(Likelihood)×严重度(Severity)。

根据不同的风险度,俱乐部将风险分为3级,见表11-10。

表11-10 风险度分级

风险度	措　施
1~4	低风险,在考虑风险的各种因素后,俱乐部正常运行
5~9	中等风险,俱乐部可以继续运行,但必须采取风险控制措施
≥10	高风险,不可以接受。俱乐部采取对应的控制措施,直至风险降低后才能恢复运行

(4) 危险源安全评价与分析(见表11-11)

表11-11 危险源安全评价与分析

危险源编号	可能性	严重性	风险度	可接受程度
①	4	3	12	不可接受
②	4	3	12	不可接受
③	3	4	12	不可接受
④	3	3	9	风险缓解后可接受
⑤	3	4	12	不可接受
⑥	2	4	8	风险缓解后可接受
⑦	3	4	12	不可接受

4. 风险应对

选择风险控制方案并按照要求制订实施计划:

1) 对于危险源①,采取的风险控制措施为在进行表演前确定表演的安全性,使用合格的道具,并制订应急方案。

2) 对于危险源②,采取的风险控制措施为俱乐部的装修符合防火标准,不使用海绵等易燃材料。

3) 对于危险源③,采取的风险控制措施为安装双路线排烟系统,并在每天营业前对其进行检查。

4) 对于危险源④,采取的风险控制措施为每天营业前对自动喷淋系统进行检查。

5) 对于危险源⑤,采取的风险控制措施为扩宽走廊,使其宽度达到防火间距的要求,同时在走廊安装应急指示灯。

6) 对于危险源⑥,采取的风险控制措施为疏通消防通道,不在通道上堆放杂物。

7) 对于危险源⑦,采取的风险控制措施为对员工进行安全培训,让他们知道安全通道的位置,同时在每一个房间都贴一张安全通道的指示图。

5. 风险监控

俱乐部的安全监管部每个月组织其成员对俱乐部设备的维护工作及记录进行检查,逐项核对各级管理者与员工是否履行其职责。

对于检查中发现的问题,在每个季度的安全总结会议上提出。同时提出改进措施,明确各方的职责,使其更加有效地实施。

俱乐部所在地的消防部门每个季度组合人员,对俱乐部进行消防安全抽样检查,对于检查中出现的问题,俱乐部应进行及时改进。

俱乐部安监部每半年进行一次消防安全的全面检查,重点检查每个月中出现的安全问题,看其是否进行了整改。

在每年末的安全工作总结会上,总结本年度出现的问题及改进的效果,同时提出下一年度的安全计划。

思 考 题

1. 风险的概念是什么?
2. 风险管理的过程和方法有哪些?
3. 风险识别的目的和方法有哪些?
4. 风险评估的方法有哪些?
5. 对常见的风险因素有哪些应对措施?
6. 风险监控的内容主要包括哪些?

习 题

1. 风险量是一个衡量（　　）的变量。
   A. 风险大小　　　　　　　　　　B. 风险事件发生的概率
   C. 风险事件发生对项目目标的影响程度　　D. 风险发生的可能性
2. 某施工单位在对项目开展风险管理工作时,确定的主要管理环节包括:①风险识别;②风险响应;③风险控制;④风险评估。则下列流程排序正确的是（　　）。
   A. ①②③④　　　　　　　　　　B. ①④②③
   C. ④①②③　　　　　　　　　　D. ④①③②
3. 下列选项不属于建设工程项目组织风险的是（　　）。
   A. 承包商管理人员和一般技工的能力　　B. 施工机械操作人员的能力和经验
   C. 损失控制和安全管理人员的资历和能力　　D. 合同风险
4. 建设工程风险识别的结果是（　　）。
   A. 建设工程风险分解　　　　　　B. 识别建设工程风险后果
   C. 建立建设工程初始风险清单　　D. 建立建设工程风险清单
5. 在项目实施中,由于材料价格上涨导致成本增加的风险,属于（　　）风险。
   A. 组织　　　　　　　　　　　　B. 工程环境
   C. 经济与管理　　　　　　　　　D. 技术
6. 如果某项目估计材料价格上涨的风险发生可能性很大,且该风险发生造成的损失属于重大损失,则此种风险的等级应评为（　　）级。
   A. 2　　　　B. 3　　　　C. 4　　　　D. 5
7. 若风险事件甲的发生概率大于风险事件乙的发生概率,但风险事件甲的潜在损失小于风险事件乙的潜在损失,则甲、乙两风险事件的风险量（　　）。
   A. 肯定相等　　B. 甲>乙　　C. 可能相等　　D. 甲<乙
8. 下列选项中,属于风险评估工作的是（　　）。

  A. 分析存在哪些风险因素   B. 确定识别出的风险的等级
  C. 向保险公司投保   D. 对识别出的风险进行监控
9. 在定量评价建设工程风险时，首要工作是将各种风险的（　　）定量化，这一工作也称为风险衡量。
  A. 发生概率   B. 潜在损失
  C. 发生概率及潜在损失   D. 发生概率或潜在损失
10. 对难以控制的风险向保险公司投保是（　　）的一种措施。
  A. 风险规避   B. 风险减轻
  C. 风险转移   D. 风险自留

第12章

工程项目管理数字化

> **学习目标**
>
> 掌握工程项目管理数字化的基本概念及基本知识,了解工程项目管理数字化技术和工程项目管理数字化系统。

12.1 工程项目管理数字化概述

12.1.1 工程项目管理数字化的概念

工程项目管理数字化是指借助数据处理技术对工程项目建设中的内容进行量化,同时对工程项目建设中出现的各种数据进行有效的收集和处理,从而将相关的信息及时反馈到相关的部门。在对相关数据进行有效的分析与处理时,要确保工程项目的预期目标得到有效实现,通常将这种管理形式也称作数字化管理。数字化管理和工程项目建设中的信息化管理在内容上存在极大的差异性,信息化管理就是对管理环节中出现的各种信息进行分析或者信号传输,借助计算机开展的工程项目管理,也可以实现建筑工程中的信息共享,对于信息处理的效率和速度也将起到显著的提升作用。工程项目生命周期将数字化管理手段的实现与信息化平台进行融合,将在很大程度上强化管理水平和工作效率,对于工程项目建设中的质量也将起到极大的帮助。

12.1.2 工程项目管理数字化的内容

工程项目管理的信息化和数字化是必然趋势,数字技术和计算机技术已经在多个领域得到了应用,在建筑施工行业同样也在发挥着其作用,给从业人员带来更科学的理念和更完善的管理方法。通过数字化的方式,展现信息的价值,促进企业的创新和发展,围绕关键内容建立信息模型,推动管理的进步。

近年来,工程建设结构变化明显。迪拜的哈利法塔、中国的国家体育馆(鸟巢)等一些高、大、难、新建筑项目不断涌现;工程建设技术含量不断加大,如节能、绿色、智能等;工程建设的商务条件愈加苛刻,如垫资、支付条件严格等;业主新需求不断产生,全社会、人民群众对建筑产品的要求普遍提高。建设行业技术、经济、结构等方面的变革推动了工程项目管理水平的不断提高,在思想、方法和工具等层面均呈现出新的发展趋势。

工程项目的数字化管理意味着将工程相关的信息转化为计算机系统的可识别符号,利用这种方式实现快速的信息收集和信息共享，促进工程项目管理水平的提高，转变企业的发展方式。数字化的工程项目管理需要建设工程数字化管理系统，从核心工作、核心业务流程入手，围绕工程数字化管理的内核，工程项目管理数字化内容包括以下两个方面。

1）人力资源管理的数字化。人力资源管理的数字化是实现建筑工程数字化管理体系构建目标的基础与前提，做好底层建设工作，才能保证后续工作的稳定推进，在实际参与工程数字化管理体系构建与实践工作的过程中，由于人员所存在的局限性会给数字化造成一定的难度，因此必须要更加重视人员管理和人才培养，重视人力资源信息管理，为后续工作奠定扎实的基础，推动管理的科学化。

2）工程信息数据管理的数字化。工程中所涉及的各项数据、档案、技术等都会对项目产生极大的影响，通过数字化的方式，根据企业的资金链和发展规划等，科学地引进与使用数字技术和计算机技术等，让技术和管理工作深度融合，自然渗透到工作中，促进管理理念和管理手段的进步。

12.1.3　工程项目管理数字化的特点

1）管理过程智能化。将项目的各个环节纳入管理范畴，实现全面、高效的信息集成，可对项目的各项指标进行实时监控和分析，提供全面的数据支持，自动化分配任务和跟踪进度。通过工程项目管理软件，项目经理可以将任务分配给合适的成员，并实时监控任务的进展情况。这样可以避免发生任务分配不当或进度延误的情况，提高项目的执行效率；采用先进的自动化技术，能够自动完成诸如文件传递、信息交流、数据分析等重复性工作，减轻了工作人员的负担，提升了工作效率；具有丰富的配置选项和自定义功能，可以根据企业的需求进行个性化定制，满足不同项目的特殊要求，并随着企业的发展不断升级，适应变化的需求。

2）管理过程可视化。通过图表、报表、数据可视化等方式，数字化管理软件将项目的信息呈现在用户面前，使得管理者能够直观地了解项目的进展情况和问题，及时做出科学的决策。

3）数据驱动。以数据为基础，通过数据分析和挖掘，为企业提供准确的项目评估、预测和决策依据，帮助企业更好地规划和调整战略方向，利用先进的软件和平台，实现实时的数据交流和共享，项目成员可以通过网络平台随时查看项目进展、交流问题、共享文档等，这种实时交流和共享能够增强项目团队的协作能力，提高决策的准确性和效率。

4）数据分析和决策支持。管理数字化可以对项目执行过程中的数据进行收集和分析，为决策提供依据。通过对大量数据的分析，项目经理可以及时发现问题，做出准确的决策，提高项目的成功率；可以通过数据分析和模拟来识别和评估项目风险；还可以在项目启动阶段就对潜在风险进行分析和评估，制订相应的应对措施，这样可以降低项目的风险，提高项目成功的概率。

12.1.4　工程项目管理数字化的理论基础

丹麦学者 Lauris Koskela 在 1992 年提出要将制造业已经成熟应用的生产原则（包括精益管理等）应用到建筑业，以提高建筑业的管理水平，并于 1993 年在 IGLC（International Group of Lean Construction）大会上首次提出"精益建造"（Lean Construction）概念。随后世界上许多学者、机构和建筑公司纷纷投入这一领域的研究,其中 IGLC 和 LCI(Lean Construction Institute)两大组织已成为精益建造研究和推广应用的重要机构。

精益建造由精益生产延伸而来,精益生产是流动的产品由固定的人员来生产,而建筑施工则是固定的产品由流动的人员来生产。建筑项目具有复杂性和不确定性,所以精益建造不是简单地将精益生产的概念应用到建造中,而是根据精益生产的思想,结合建造的特点,对建造过程进行改造,形成功能完整的建造系统。

中国精益建造技术中心把精益建造定义为:综合生产管理理论、建筑管理理论以及建筑生产的特殊性,面向建筑产品的全生命周期,持续地减少和消除浪费,最大限度地满足顾客要求的系统性方法。与传统建筑管理理论相比,精益建造更强调面向建筑产品的全生命周期,持续地减少和消除浪费,把完全满足顾客需求作为终极目标,从而实现建筑企业的利润最大化。精益建造是精益生产在建筑业的应用,是基于生产管理的方法实现项目交付的新方式,特别适用于复杂、不确定和快速建造项目。

通过众多精益建造理论倡导者 20 年来的不懈努力,精益建造理论和成果日益丰富,主要的研究主题和成果有以下十个方面:基础理论研究;生产计划和控制研究;产品开发和设计管理研究;建筑生产系统设计;建筑企业文化和创新;项目供应链管理研究;预制件和开放型工程项目实施研究;项目管理和信息系统结合;安全、质量和环境;合同和成本管理。

12.1.5　工程项目管理数字化的实施模式

美国建筑师协会将"集成产品开发"(Integrated Product Development,IPD)定义为一种项目交付模式,在该模式中,人员、体系、实践活动和商业架构被整合进统一过程,借助协作平台,充分利用所有参与方的技能和知识,通过设计、建造以及运营各阶段的共同努力,减少浪费,使工程项目的结果最佳化、效益最大化,给业主创造更大的价值。该项目交付全新模式始于英国北海石油钻井平台项目,然后在欧美地区迅速发展并逐步成熟,在众多交付项目中具有出色表现。根据国外相关调查显示,应用 IPD 项目交付模式,70.3%的项目实现成本节约,59.4%的项目缩短了项目工期,58.6%的项目实现了信息的充分共享利用。而目前在我国 IPD 项目交付模式的研究和应用相对较少。IPD 项目交付模式最终的目的是,在预算内安全、高效、准时地向业主交付高性能的建筑,并持续为业主创造更大的价值。它以 IPD 合同架构为基础、以互信透明为合作准则,通过集成信息、组织、过程和系统,最终实现业主的既定目标,主要体现了集成理念、建筑全生命周期管理理念、精益理念及持续改进理念。

IPD 项目交付模式是一个协作程度非常高的模式,它包括了项目的设计、施工、运营等多个阶段。IPD 项目交付模式不同于传统的交付模式,它的重点在 IPD 团队的组成、协作、生产过程的把控,通过团队优势的集中使得项目效益最大化。IPD 团队在组建的同时还考虑了顾客的需求,完成过程中各方为使得项目效益最大化自然会进行精细化管理,因此项目的实现过程还结合了精益建造的理念。

随着项目越来越复杂,工程信息处理的效率越来越低下,单一的文本数据共享已经无法满足参建各方对项目实时管理的需求,而建筑信息模型(Building Information Modeling,BIM)技术能为 IPD 团队提供一个项目管理工具,对团队交流进行技术支撑,解决大量数据共享的困难。同时 IPD 模式又为 BIM 的运用组建了一个完整的团队,很好地解决了 BIM 技术由于双务合同形式所带来的局限。

通过研究，不难看出 IPD 项目交付模式和 BIM 技术的结合不仅可以发挥协同作用，也能够满足精益建造的理念。精益建造理念的中心是顾客的需求，在满足顾客需求的前提下通过精益设计、精益管理来实现成本最优、效益最大。结合 IPD 项目交付模式和 BIM 技术的特点可知，IPD 项目交付本身就有精益建造的理念存在，而 BIM 作为精细设计、精准施工的工具，其本身就更符合精益建造的理念，因此只要将 IPD 项目交付模式和 BIM 技术结合在一起，就能够实现精益建造的要求。IPD 项目交付模式下基于 BIM 的精益建造理念实现模型图如图 12-1 所示。

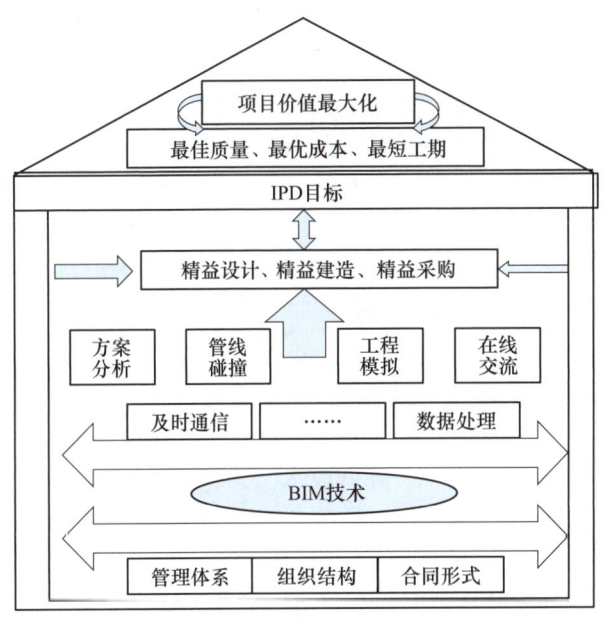

图 12-1　工程项目 IPD 实施模式

总体来说，精益建造是 IPD 项目交付模式下必须坚持的管理理念，以求动态纠偏，减少浪费，增加顾客满意度。因此，实现了 IPD 项目交付模式就实现了精益建造的理念。BIM 技术则为精益建造的实现提供了技术工具。BIM 技术作为连接项目各参与方的一个桥梁，搭建起了一个信息交流的平台，使得项目各方可以及时、高效地共享信息，传递信息，并且通过 BIM 的多维技术，使得工程成本能够更有效地被控制。因此，IPD 项目交付模式与 BIM 技术相结合对工程成本的优化作用是 1+1 大于 2 的。

12.1.6　工程项目管理数字化的意义

当前，以数字化、在线化、智能化为典型特征的新型 IT 技术正将各行业带入智能技术新时代，与此同时，为适应时代发展、迎接第四次工业革命浪潮，我国政府提出数字中国的概念，并将其作为国家发展新战略。纵观世界各发达国家，均提出了数字化、人工智能、工业 4.0 等国家战略，行业的数字化转型和变革在所难免。

传统建造过程中，工程项目管理模式粗犷，其成本、进度、质量、安全、环境各方面都遭遇着巨大挑战。根据麦肯锡研究报告显示，在过去的 20 年里，建筑业总体劳动生产率年增长速度只有1%左右，显著落后于世界经济2.7%的年增长率，更落后于制造业3.6%的年增长率；耗能巨大，占社会总耗能的46.7%，污染巨大，现有建筑面积至少产生25亿t建筑垃圾；工人老龄化加重，安全事故频发，高居各行业第二位；全球近80%的项目成本超过预定投资额，利润低下；质量差，投诉频发；科技含量低，全球建筑业数字化程度排倒数第二，仅高于农业。全球化革命浪潮、国家战略及行业发展，已经在倒逼工程项目开启数字化转型。

在工程项目建设过程中，工程项目管理往往决定着一个工程的成败与否，工程项目管理数字化转型是否成功，在很大程度上决定着整个行业的数字化转型是否能够顺利进行。在传统的管理模式中，工程项目管理中的"三管一控一协调"实施难度大，数字化程度低，往往面临着以下难题：工作岗位协调难度大，现场管理基本靠吼，岗位协作消耗精力大；记录的单据经常出现错误、丢失等问题，成本、进度、质量、安全、环境等管控难以到位，证据难以留存，责权难以划分；各类数据汇总极为繁杂，经常出现错记、漏记，最终使得数据并不能为管理所用，无法科学地利用数据进行精准决策。因此，为适应国家战略发展和行业转型升级，工程项目管理数字化势在必行。

12.2 工程项目管理数字化技术

建筑施工企业面临着项目现场管理的挑战，而智能化与数字化管理则成为提高施工效率和质量的关键。通过引入先进的技术和创新的管理方法，建筑施工企业可以实现项目现场的智能化和数字化管理，提高生产效率、降低成本，并确保项目的顺利交付。

12.2.1 现代化信息技术

1）物联网技术。通过在设备和工具上安装传感器和智能设备，实现对设备状态和使用情况的实时监测和管理，提高设备的利用率和维护效率。

2）无人机技术。利用无人机进行项目现场的勘察、测量和巡视，快速获取高精度的数据，减少人力成本和时间消耗。

3）建筑信息模型（BIM）。采用BIM技术进行项目的设计、施工和运营管理，实现信息的集成和协同，提高施工效率和质量。

4）云计算。云计算技术也是智慧工地建设方案中不可或缺的重要组成部分。它可以实现建筑数据的在线共享和存储，大大提高了数据的安全性和可用性。通过云计算技术，工程设计人员可以方便地将工程设计方案上传到云端，各方利益相关者可以在任何时间和地点查看和共享设计方案，同时，云计算技术还能够用于智能建材的选购和库存管理，大大提高了建筑生产和施工的效率。

5）人工智能技术。人工智能技术在智慧工地建设方案中也发挥了重要作用。通过人工智能技术，可以实现智能化的施工调度和质量控制。例如，利用人工智能技术可以实现工程进度和质量的预测和监管。此外，人工智能技术还可以利用大数据技术进行诊断和预测，防止工程项目施工中的各种质量问题和安全隐患。

12.2.2 数字化项目管理技术

1）工程项目信息管理。利用工程项目管理软件和云平台,集中管理项目的各类信息,包括图样、合同、进度计划、材料清单等,提高信息的透明度和共享性。

2）施工进度管理。借助数字化工具,实时监控和调整施工进度,优化资源分配和协调,提高施工效率,缩短项目交付时间。

3）质量管理与安全监控。采用数字化工具进行质量检查和安全监测,包括检查表单、照片记录、传感器监测等,提高施工的质量和安全性。

12.2.3 智能化施工场地

1）智能安全管理。利用智能摄像头、人脸识别和视频分析技术,实现对施工场地的安全监控和入场管理,减少事故风险和安全隐患。

2）智能设备管理。通过 RFID 技术和物联网设备,对施工现场的设备和材料进行追踪和管理,减少盗窃和损失。

3）智能能源管理。采用智能能源监控和管理系统,实现对施工现场能源的有效利用和节约,降低能源成本和环境影响。

12.2.4 工程物联网

工程物联网是物联网技术在工程建设领域的扩展,通过工程要素的泛在感知与连接,实现建造工序协同优化、建造环境实时响应、建造资源合理配置及建造过程的按需执行,如图 12-2 所示。

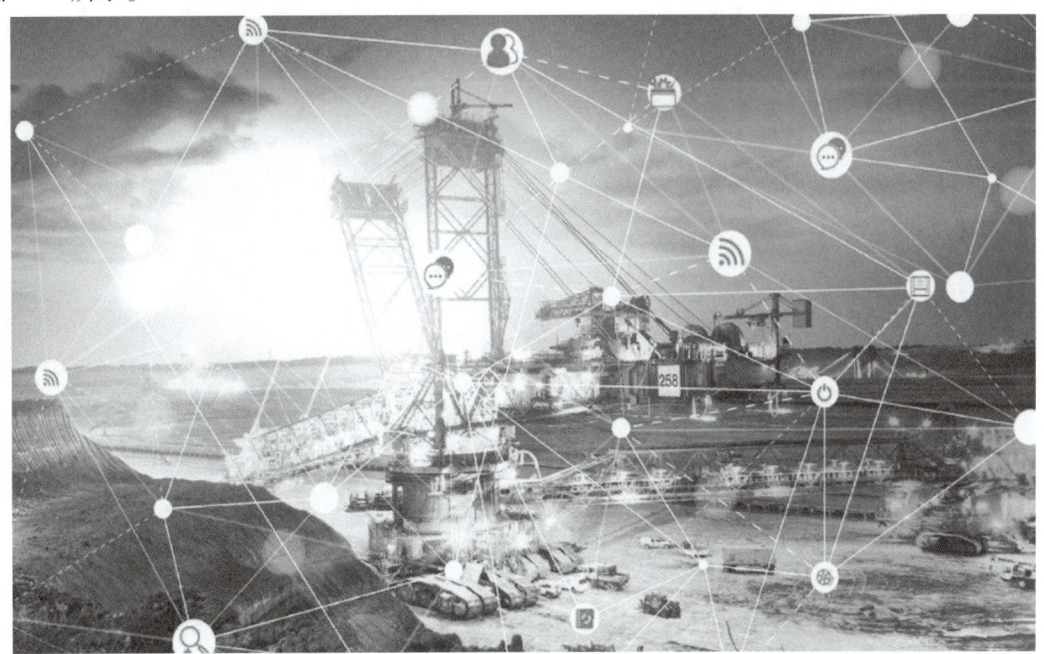

图 12-2 工程物联网

物联网的本质特征就是构建一套工程物理空间与数字空间基于数据自动流动的泛在感知、异构互联、虚实映射、分析决策、精准执行、优化自治的闭环赋能体系。其中，泛在感知是工程数据获取的基础；异构互联是工程数据传输的前提；虚实映射是工程数据表达的方法；分析决策是工程数据处理的手段；精准执行是工程数据价值的体现；优化自治是工程数据应用的效果。

目前，工程物联网技术主要体现了以下六个方面的发展趋势：终端智能化、感知融合化、连接泛在化、计算边缘化、网络扁平化和服务平台化。

12.2.5 人工智能与大数据分析

1）智能决策支持。借助人工智能技术和大数据分析，对施工过程中的数据进行挖掘和分析，为管理者提供决策支持和预测能力。

2）质量预测与优化。通过分析施工数据和历史经验，预测施工质量问题的可能性，并提出相应的改进措施，提高施工质量和减少缺陷。

3）基于大数据的工程项目管理。通过应用大数据和人工智能技术，通过对工程项目人和物的行为进行自动萃取、并根据不同人员的操作行为特征进行智能群体区分并建立动态的行为基线模型，从而识别异常行为，进行有效预防工程项目安全风险，如图12-3所示。

图12-3 基于大数据的工程项目管理

12.3 工程项目管理数字化系统

从精益建造视角出发，工程项目管理数字化应该围绕工程项目建设过程中需要进行的决策诉求，通过统一平台将决策数据逐层分解，逐渐分解到项目的各个生产要素单元，通过对各要素的数字化管理，完成基础作业数据的采集，通过基于业务模型的数据分析，实现对工程项目建设过程决策数据的实时反馈，依据管控规则进行动态预警，辅助工程项目的智能决策和智能调度。

从IPD视角出发，工程项目管理数字化应该通过共建共享的模型化指标数据库和协作平台，统一数据标准、作业流程、项目计划、安全、质量、成本，统筹各方利益，实现工程项目各要素间的信息实时传递与更新，以此为基础进行工程项目的价值分析、合约管理、过程控制、效应分析,实现工程项目的决策最优。

从 IPD 和精益建造两个视角可以得知:构建工程项目管理数字化平台是使其工程项目管理取得进一步成功的关键措施,也是工程项目管理数字化的实施路径。构建工程项目管理数字化平台的核心要素如图 12-4 所示。

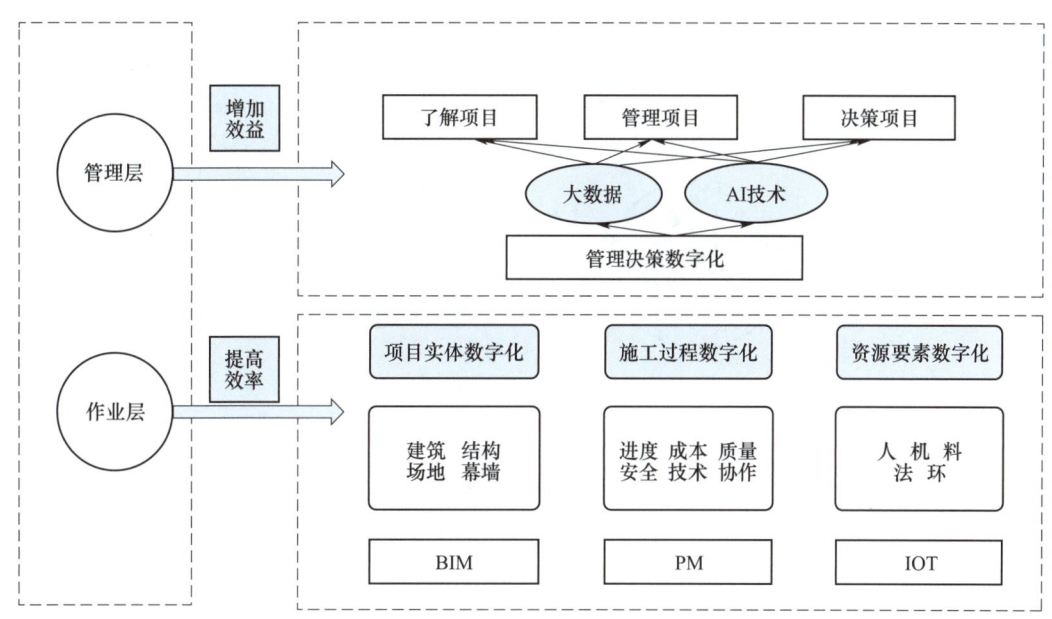

图 12-4　工程项目管理数字化平台的核心要素

如图 12-4 所示,通过工程项目管理数字化平台,可以先实现作业层的数字化:

1)建筑实体数字化,即通过 BIM 技术集成并深化各专业模型。

2)基于模型,实现作业过程的数字化,即进度、成本、质量、安全、技术、协作等的数字化。

3)作业过程的数字化过程中,统筹人、机、料、法、环等全面质量管理的五大要素,实现作业层的数字化。

通过作业层的数字化,可以搜集作业层各关键数据,拉通各业务之间的数字化以及联系形成网络效应和 PDCA 循环,最终以数据驱动决策指标,将管理决策数字化,实现工程项目管理数字化,达到工程目标的同时降本增效,使项目成功,如图 12-5 所示。

工程项目管理数字化系统,如图 12-6 所示,其要素连接方式有以下几种:

(1)专业协同　未来的工程建造活动必然需要各个专业之间尽量减少冲突与矛盾,实现建造目标的价值最大化、信息与过程的集成成为解决这一问题的关键。而在 BIM 技术的不断发展下,各个专业集成在 BIM 平台下共同进行建造活动成为可能,如图 12-7 所示。BIM 平台可以整合从设计源头到运营阶段的全部工程信息,各个专业之间不需要进行复杂、烦琐的信息传递过程,只需要及时在 BIM 平台中更新工程信息,就可以指导自身建造活动的开展。这种 BIM 平台减少了专业之间信息传递的损失,使各个专业主体在同一个平台上平等对话,可以有效地解决由于专业化分工带来的信息隔阂问题。

(2)数字技术　数字技术加速了全球化进程,在人类历史上第一次成功构建了全球性

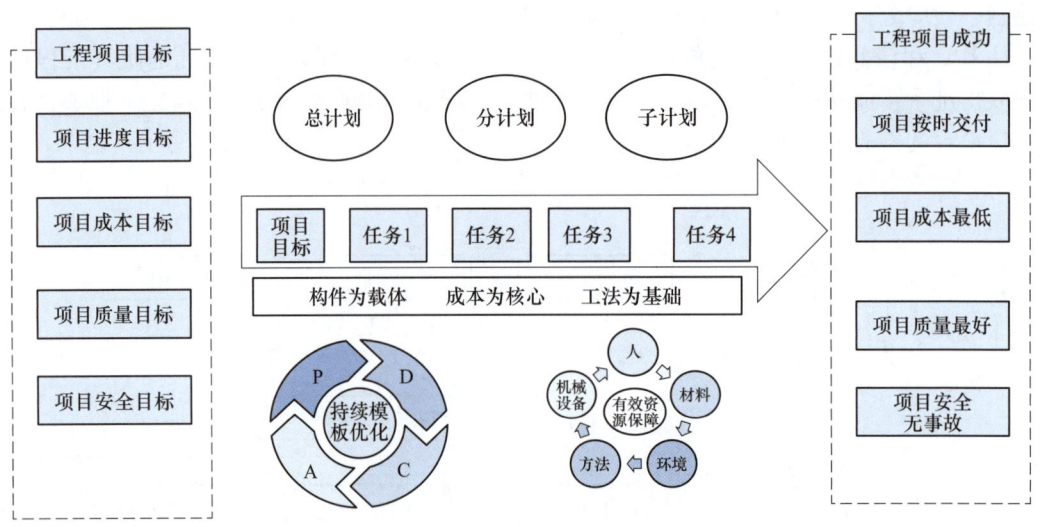

图 12-5　工程项目管理数字化项目成功路径

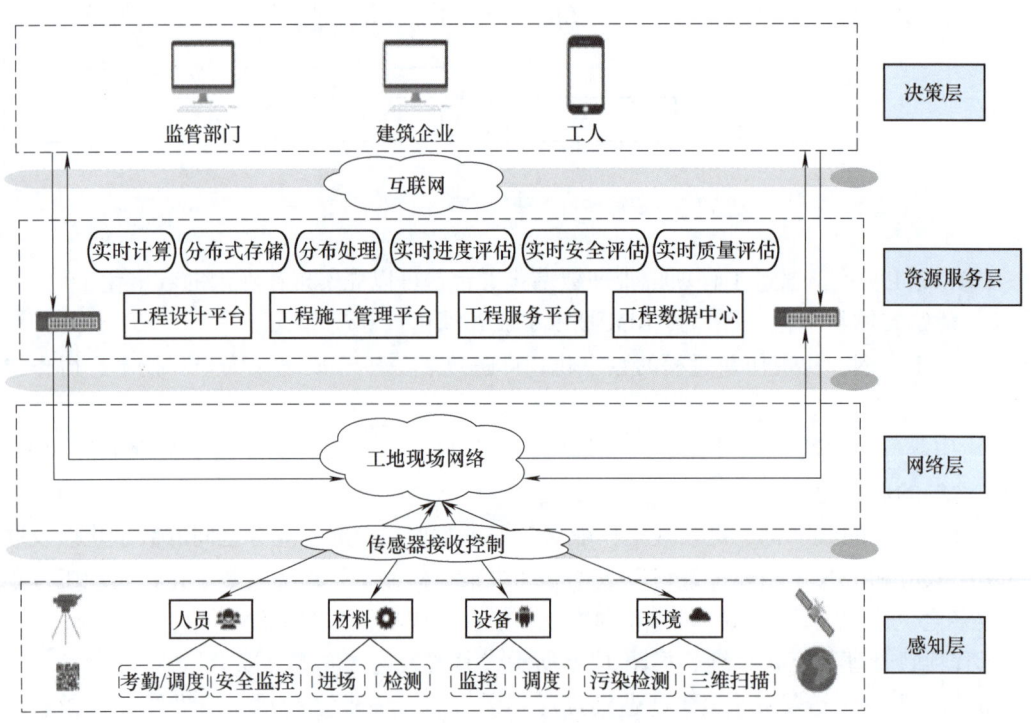

图 12-6　工程项目管理数字化系统

的网络社会。在这个网络社会中，交往的深度和广度都得到拓展，生产要素相较于之前流动的范围更广，更便于合适的位置充分发挥自身的价值和优势。数字技术为人类提供了新的交往方式，人们的交往不再受到地域和业务的限制，只要双方有共同的需求并且认同交往内容，就可以产生联系。这种跨越地域和商业边界的交往方式将不同的组织动态地连接在一起，赋予组织更多的自由度和开放性。数字建造下的组织之间摆脱了空间的束缚。首先，在

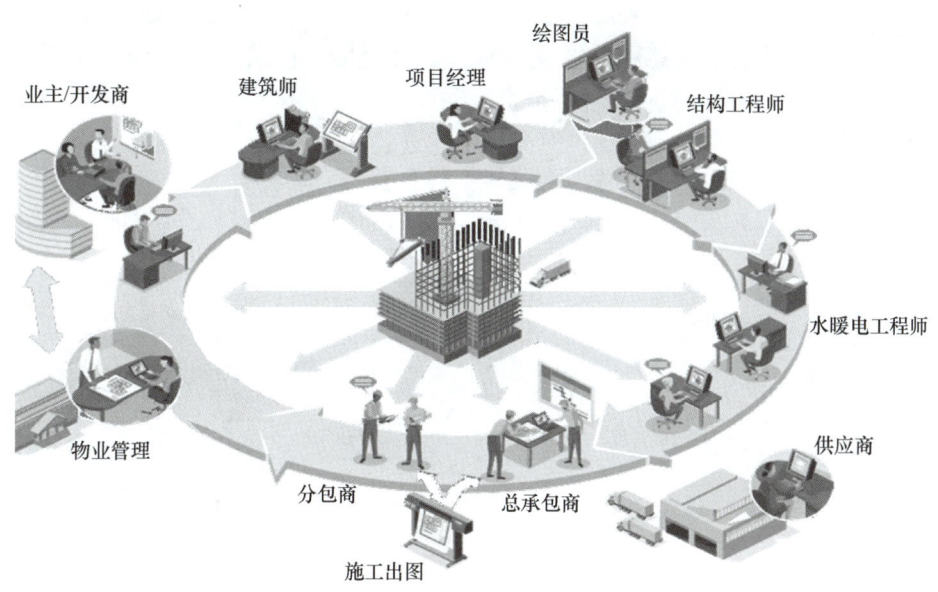

图 12-7　基于 BIM 的工程项目数字化平台

任何地点利用移动和协同技术可以进行实时对话。其次，各组织的界限将慢慢淡化，传统的雇佣关系被打破，各单位为了同一目标形成合作共同体。例如，数字化管理平台强调给工程项目参建各单位授权，激励相关人员发展各种能力，使传统的纵向组织模式变为扁平型和网状型的组织形式。这种模式强调主体沟通与交流，从而提高管理效率和效果。最后，组织沟通方式的改变也会影响项目决策。随着参与的程度越来越深，项目决策不再是单个主体智慧的发挥，而是各单位主体形成群体智慧在决策中发挥价值。

(3) 全生命周期集成　数字技术弥合了设计、施工、运维等阶段之间的空隙，使其紧密地联系在一起，集成了全生命周期工程建造活动。未来工程建造活动必须拥有全生命周期理念，在传统注重施工过程的基础上，加强对纵向价值链资源的整合，将管理的触角伸入前期的投资融资阶段以及后期项目的运维阶段，集成全生命周期管理。例如，领先全球建筑行业的 5D BIM 大数据技术提供德国 RIB 与世界领军企业 3D 建筑、工程与施工软件公司 Autodesk 公司相互合作，为建筑、工程与施工产业升级打造全面整合、多方协作全流程解决方案，如图 12-8 所示。两大公司的深化合作将促进 RIB 5D 技术的 3D BIM 引擎升级，降低项目风险，为行业提供一个高性价比的管理平台来增大产业利润率。

(4) 虚实互联　西门子是"工业 4.0"最早的发起者和创建者之一，它首先在制造业提出了"Digital Twins"模型概念，也就是实际的企业与虚拟的企业之间相互映射的关系模型。

"Digital Twins"模型是指利用数字化技术创建一个现实对象的虚拟模型，模拟现实对在现实环境中的行为特征，进而实现以数字化方式在虚拟空间中呈现物理对象的需求。"Digital Twins"模型通过开发、测试、运营维护等角度，打破了现实与虚拟间的屏障，其用自身模块化、自治性以及连接性的特点，实现了产品在全生命周期内的生产、管理以及相连接的数字化与模块化。

数字建造中的虚拟互联主要是指实体建造要素在数字化技术下变成虚拟实体，在虚拟的

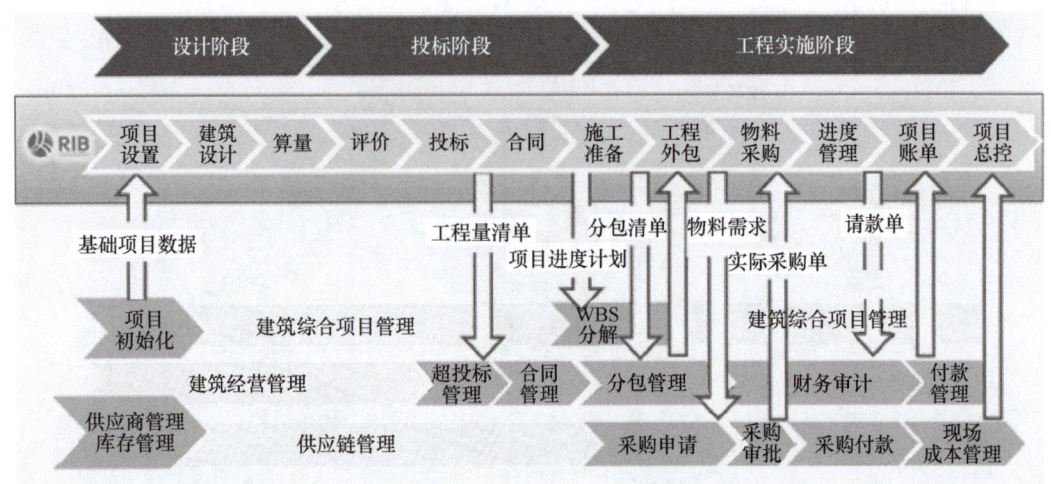

图 12-8 iTWO 5D BIM 全流程解决方案

环境中模拟实际建造过程,生成虚拟的建造产品。虚拟互联是指虚拟环境和实体环境的互联、虚拟建造产品与实际建造产品之间的互联、虚拟建造过程与实体建造过程之间的互联。

1)虚拟环境和实体环境的互联。工程项目所在地周围的环境信息是工程建设的基本资料,地质条件、地形地势、日照情况等环境信息是项目设计与施工等工作的重要依据。而通过三维建模形成的虚拟环境模型可以全方位地展现地理环境信息,为项目决策与优化提供科学的判断依据。

2)虚拟建造产品与实际建造产品之间的互联。工程建设的上一阶段不仅向下一阶段交付实体的工程产品,还向下一阶段提交描述相应工程的数字模型(产品)。每一阶段的实体交付与数字交付都体现着一个价值增值的过程。工程项目竣工时,功能完整的实体建筑和描述完整的数字建筑两个产品同时交付,并且这一数字产品在工程运营存续的整个过程中起着重要作用,为工程的运营维护乃至报废提供支持。

3)虚拟建造过程与实体建造过程之间的互联。物质建造过程的核心是构筑一个新的存在物,其过程主要体现为把工程设计图上的数字产品在特定场地空间变成实物的施工。通过施工工序,将物质供应链提供的"物料"(如钢筋、混凝土等)通过人机设备加工、浇筑、安装成为具备特定功用的建筑构件与空间。产品数字化过程是一个不断丰富完善的过程,体现为随着项目的不断推进、从初步设计、施工图设计、深化设计到建筑安装再到运营维护。建设项目全生命周期不同阶段都有相对应的数字信息不断地被增加进来,形成一个完整的数字产品,其承载着产品设计信息、建造安装信息、运营维修信息、管理绩效信息等。

阅读材料

"数字建造"跑出智慧机场建设"加速度"

智慧民航建设是助力民航高质量发展、打造机场建设品质工程的客观要求,也是创新机场建设管理模式、加强工程要素精准管控的内在需要。民航机场建设工程有限公司(以下简称民航建工)作为中国民航机场建设集团旗下基建板块核心骨干单位和民航机场建设领域的"国家队",在机场建设过程中聚焦智慧民航建设主线,运用建筑信息模型(BIM)、数字化装备、智慧施工管理等手段,不断提升施工精细化管理水平和效率,持续深入推进智能建造与建筑工业化协同发展,多项优质精品工程获得了行业内外的高度认可。

"多年来,特别是自 2019 年改制以来,民航建工积极贯彻新发展理念,推进智慧机场建设,加快数字化技术在机场施工建设中的创新应用,以北京大兴机场、鄂州花湖机场、上海浦东机场为代表的多个机场项目实现数字驱动、智慧管理、顺畅运行,'民航建工永不停航'成为业内响当当的金字招牌",民航建工党委负责人介绍,"未来,我们将依托智慧民航管理理念和技术手段,持续推动民航建设工业化、数字化、智能化转型升级,勇当智慧民航建设排头兵,打造四型机场,以数字建造奋力谱写交通强国建设民航新篇章"。

1. BIM 赋能智造品质跑道

2022 年 7 月 17 日,波音 767-300 全货机在湖北鄂州花湖机场起飞,标志着民航建工承建的鄂州花湖机场正式通航投运。这是亚洲首个专业货运机场,也是全国第一个全周期、多维度、高标准应用 BIM 技术的机场项目,如图 12-9 所示。民航建工的主要施工内容包括西跑道及配套快速出口滑行道和平滑道、土石方和地基处理、排水、围界安装等飞行区附属工程及相应的数字化建造,施工总面积约 319 万 m^2,其中西跑道全长 3600m、宽 45m,按照 4E 级标准建设,可起降波音 747 等宽体客货机。

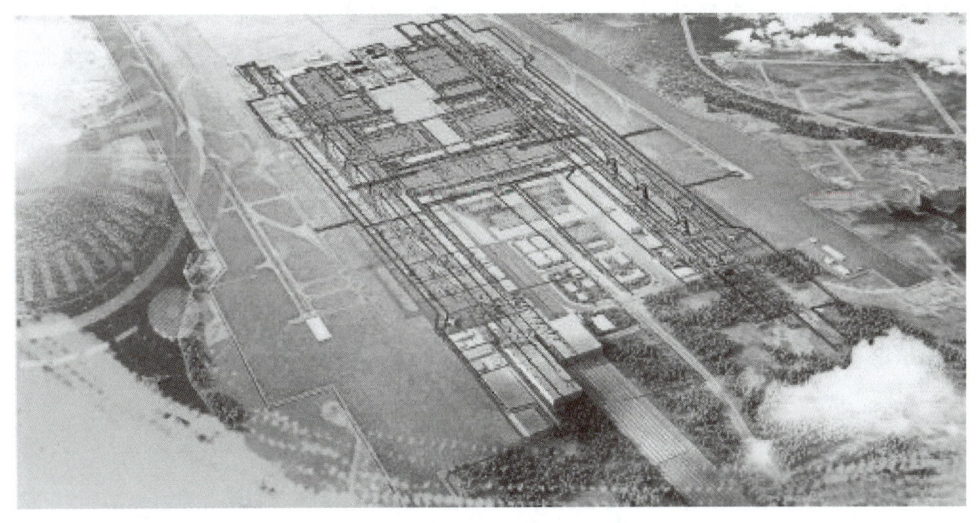

图 12-9　鄂州花湖机场飞行区投标效果图

在参建过程中,民航建工项目团队着眼全新领域,组建专项攻坚团队,深度钻研建模要点,"一模到底"探索搭建场道 BIM 建模平台,实现"精确建模—按模施工—按模验评—按模计量支付"的全流程全周期信息模型应用,以智慧建造铸就品质跑道,助力鄂州机场启航腾飞。

为确保数据精准,项目团队庖丁解牛,按机场道面高程对场道模型进行切片,通过划分切片生成每块道面的建筑轮廓线,并对参数进行微调校准,将每块道面有机整合到完整的跑道中,在一片荒地上建立起项目 BIM 模型库,累计构件超 800 万个,数据容量超 50G,完成了从设计到施工的全程可视化操作,先后荣获全球 open BIM 大奖赛荣誉提名奖、2021 年基础设施数字化光辉大赛奖等奖项。

面对场地交付条件复杂、多专业交叉施工、雨季漫长、主跑道堆载周期长等重重困难，项目团队充分利用 BIM 技术对施工细节进行预演模拟，向施工班组进行"所见即所得"的可视化交底，通过 BIM 动画演示，杜绝传统图样施工过程中的错、漏、碰、缺问题，实现工序工艺"零返工"，大大提高了施工管理效率；同时，在精准建模的基础上，项目团队将 BIM 引入工程质量管控领域，与现场实测实量相结合，实行可回溯的工程质量验评管理，实现工期动态监管及全过程质量管控，并采取数字压实、数字摊铺、物料监控、配比监控等措施，项目土基、道面基础及面层等部位施工实体质量显著提升，工程实体质量一次验收合格率均达到 100%；利用 BIM 对工程构件进行编码，赋予数字模型造价属性，做到工程量清单快速计量，提高过程支付精准性与时效性，有效解决工程计量审计难度大的问题，助力工程交验驶入"快车道"。

民航建工项目团队还在 BIM 建模基础上持续进行延伸性研究，融合无人机、GPS 雷达、光纤传感等感知设备，分别在西安咸阳机场、广州白云机场等多个在建项目中进行"BIM+GIS""BIM+装配式道面"等多场景融合应用试点探索，助力机场施工建设数字化、智慧化转型升级。

2. 数字施工助力提质增效

"调整碾压位置，向东移动……"一声声指令在操作室发出，电子屏幕三维立体土面区模型逐渐由红转绿，标志着飞行区土面区工程压实度全部达标。这是民航建工承建北京大兴国际机场场道工程（见图 12-10）的数字化施工场景，主要施工内容包括飞行区西一、西二部分跑道、场区土面区、5 号下穿通道、飞行区服务设施等，施工面积约 170 万 m^2。

图 12-10　北京大兴国际机场场道工程（数字化强夯施工）

作为全球空港建设的标杆，北京大兴机场于 2019 年 9 月正式通航，有"新世界七大奇迹之首"的美誉。整个飞行区工程占地面积 1800 万 m^2，道面下部下穿通道、管廊工程，纵横交错，土基为压实难度大的粉砂土，施工有效期短、任务重，是一根难啃的"硬骨头"。

项目结合工程存在地质条件复杂、道面不均匀、沉降风险大等施工难点,在国内首次采用强夯、冲碾、压实全过程数字化施工体系与监控技术,在传统机械设备上加装高精度传感器、GPS 定位、雷达探测仪等终端设备,并接入数字化施工管理平台,就像给施工场地做 X 光扫描,将人机数量、填筑范围、平整度、压实度等各项工程数据以数字化、图像化的方式实时精准呈现在系统监测屏幕上,对施工过程中存在的问题予以标注,便于施工人员及时解决,保障了复杂地基的处理质量。项目团队充分利用数字化施工系统,高效优质完成建设任务,获得了国家优质工程金奖。

民航建工与时俱进,不断完善数字化施工系统,数字化水稳摊铺机在鄂州花湖机场施工过程中"一战成名"。该设备采用智能操作系统,在施工时用全站仪追踪捕获摊铺机空间姿态、振动频率、移动速度等光学标靶信息,将实测数据与预设三维 BIM 模型进行分析比对,通过数字化系统自动实现对摊铺机熨平板高程和坡度的精确控制,可将误差控制在毫米级,大大解决了传统水稳施工道面厚度偏差、材料浪费等问题,实现了道面混凝土零损耗,创下了十几个小时内完成 1.1 万 m^2 水稳摊铺作业的场道施工速度奇迹。

在广州白云机场项目(见图 12-11)中,民航建工项目团队还将数字化施工管理运用到不停航施工中,通过设置电子围栏、即时通话、预警提醒等功能,对机场飞行禁区内作业人员进行厘米级实时定位,建立分时段分区域准入机制,杜绝跑道侵入,保障不停航施工安全及机场顺利运营。

图 12-11 广州白云机场三期扩建工程效果图

3. 智慧工地打造精品工程

来到民航建工智慧工地施工现场,一进大门,门禁系统便自动识别人脸,完成人员入场登记,智慧安全帽同步记录人员移动轨迹,并可在智慧管理系统内查看人员信息,自动生成考勤表、退场单等汇总数据,实现人员管理自动化,为劳务结算提供大数据支撑;物料运输车辆可根据进场地泵采集车辆载重数据,通过软硬件结合、互联网手段实现物料现场验收环节全方位管控;施工机械设备加装特定功能传感设备,可对机械状态、行进路径进行回溯……实现人员、物料、机械实时动态管控后,工程管理人员仿佛有了"千里眼",手指轻点便知工地事，及时精准地对施工情况进行监管，大大提高了管理效率，如图 12-12 所示。

图 12-12　碾压机械数字化监控（鄂州机场飞行区工程）

此外，民航建工积极进行技术科研攻关，助力智慧工地建设。其所属子公司民航科技积极开展道面精铣刨及装配式道面的研究试验；在西藏日喀则定日机场进行高原机场场道冻土质量控制研究，考证道面抗弯拉强度与劈裂强度的关系；在上海浦东机场 EF 滑行道及第二跑道局部换板工程积极探索更有效的跑道长期养护路径，实施高聚物注浆试验段，用于评估高聚物注浆技术加固机场场道地基的可行性，便于对跑道养护修复进行技术研究……民航建工以坚实的技术基础和创新成果应用打造机场建设品质工程，持续擦亮"永不停航"的企业名片。

思 考 题

1. 简述工程项目管理数字化和工程项目信息化的关系。
2. 简述工程项目管理数字化的实施模式。
3. 简述几种工程项目管理数字化技术。
4. 简述工程项目管理数字化系统要素的连接方式。

习　题

一、多选题

1. 工程项目管理数字化的内容包括（　　）。
   A. 项目实体数字化　　　　　B. 施工过程数字化
   C. 资源要素数字化　　　　　D. 以上都不是
2. 工程物联网技术主要体现了以下六个方面的发展趋势，有（　　）。
   A. 终端智能化　　　　　　　B. 感知融合化
   C. 连接泛在化　　　　　　　D. 计算边缘化

E. 网络扁平化　　　　　　　F. 服务平台化

二、名词解释

1. 工程项目管理数字化
2. 精益建造

三、判断题

1. 工程项目管理数字化就是工程项目信息化。　　　　　　　　　　　　　　　（　　）
2. 虚实互联就是指虚拟建造产品与实际建造产品之间的互联。　　　　　　　（　　）

参 考 文 献

[1] 丁士昭．建设工程项目管理［M］．2 版．北京：中国建筑工业出版社，2010．

[2] 成虎．工程项目管理［M］．3 版．北京：中国建筑工业出版社，2009．

[3] 建设工程项目管理规范编写委员会．建设工程项目管理规范实施手册［M］．2 版．北京：中国建筑工业出版社，2006．

[4] 王辉．建设工程项目管理［M］．3 版．北京：北京大学出版社，2019．

[5] 宋春岩．建设工程招投标与合同管理［M］．4 版．北京：北京大学出版社，2018．

[6] 全国一级建造师执业资格考试用书编写委员会．建设工程项目管理［M］．北京：中国建筑工业出版社，2017．

[7] 全国二级建造师执业资格考试用书编写委员会．建设工程法规及相关知识［M］．北京：中国建筑工业出版社，2017．

[8] 项勇，王辉，卢立宇．工程项目管理［M］．2 版．北京：机械工业出版社，2022．

[9] 丛培经．工程项目管理［M］．5 版．北京：中国建筑工业出版社，2017．

[10] 全国一级建造师执业资格考试用书编写组．一级建造师 2018 建筑专业一建教材用真题试卷［M］．哈尔滨：哈尔滨工程大学出版社，2016．

[11] 司武军．2017 全国一级建造师执业资格考试考点图表速记与历年真题详解：建设工程项目管理［M］．北京：中国电力出版社，2017．

[12] 吴卫红．工程项目管理理论与实践［M］．北京：机械工业出版社，2016．

[13] 杨晓庄．工程项目管理［M］．2 版．武汉：华中科技大学出版社，2010．

[14] 成虎，肖静，虞华．工程项目管理［M］．2 版．北京：高等教育出版社，2013．

[15] 卜永军．建设工程项目管理一本通［M］．北京：地震出版社，2007．

[16] 张明轩．建设工程项目进度管理［M］．北京：中国计划出版社，2007．

[17] 程鸿群．工程项目管理学［M］．武汉：武汉大学出版社，2008．

[18] 田金信．建设项目管理［M］．3 版．北京：高等教育出版社，2017．

[19] 刘伊生．建设项目管理［M］．4 版．北京：北京交通大学出版社，2022．

[20] 冯辉红．工程项目管理［M］．北京：中国水利水电出版社，2016．

[21] 闫文周，吕宁华．工程项目管理［M］．北京：清华大学出版社，2015．

[22] 全国注册咨询工程师（投资）资格考试参考教材编写委员会．工程项目组织与管理（2012 年版）［M］．3 版．北京：中国计划出版社，2011．

[23] 贺成龙．工程项目管理［M］．北京：中国电力出版社，2012．

[24] 孙慧．项目成本管理［M］．3 版．北京：机械工业出版社，2018．

[25] 肖凯成，郭晓东，李灵．建筑工程项目管理［M］．北京：北京理工大学出版社，2012．

[26] 鲁贵卿．工程项目成本管理实论［M］．北京：中国建筑工业出版社，2015．

[27] 郭华良．工程项目成本管理［M］．武汉：华中科技大学出版社，2013．

[28] 何关培．BIM 和 BIM 相关软件［J］．土木建筑工程信息技术，2010（4）：110-117．

[29] 刘占省，赵雪峰．BIM 技术与施工项目管理［M］．北京：中国电力出版社，2015．

[30] 丁烈云．BIM 应用·施工［M］．上海：同济大学出版社，2015．

[31] 叶堃晖. 工程项目管理 [M]. 2版. 重庆：重庆大学出版社，2022.
[32] 丁烈云. 数字建造导论 [M]. 北京：中国建筑工业出版社，2020.
[33] 骆汉宾. 数字建造项目管理概论 [M]. 北京：机械工业出版社，2021.
[34] 邓尤东. 建筑企业数字化与项目智慧建造管理 [M]. 北京：中国建筑工业出版社，2020.
[35] 中华人民共和国住房和城乡建设部. 建设工程项目管理规范：GB/T 50326—2017 [S]. 北京：中国建筑工业出版社，2018.